ÄGYPTEN
Kairo
Suez-kanal
Rotes Meer
Nil
Khartum
SUDAN
Asmara
Eritrea
Gondar
Tigre
Assab
DJIBOUTI
Golf von Aden
Diredaua
Addis Abeba
Harrar
ÄTHIOPIEN
Ogaden
SOMALIA
Mogadischo
KENIA
UGANDA
Kampala
Mount Kenia
ÄQUATOR
Nairobi
RUANDA
BURUNDI
Dodoma
TANZANIA
Sansibar
Dar es Salaam
SEYCHELLEN
KOMOREN
Moroni
Mahoré (Fr.)
Lubumbashi
ZAMBIA
M-A-L-A-W-I
Lilongwe
Lusaka
Cahora-Bassa-Staudamm
Harare (Salisbury)
MOÇAMBIQUE
Quelimane
ZIMBABWE
Bulawayo
Beira
MADAGASKAR
Antananarivo
MAURITIUS
Réunion (Fr.)
INDISCHER OZEAN
Pretoria
Maputo
SWAZILAND
LESOTHO
Kwazulu
Maseru
Durban
Port Elizabeth

Dorothea Gräfin Razumovsky
Letzte Hoffnung am Kap

Dorothea
Gräfin Razumovsky

Letzte Hoffnung am Kap

Bericht aus dem südlichen Afrika

Deutsche Verlags-Anstalt
Stuttgart

CIP-Titelaufnahme der Deutschen Bibliothek

Razumovsky, Dorothea Gräfin:
Letzte Hoffnung am Kap :
Bericht aus dem südlichen Afrika /
Dorothea Gräfin Razumovsky. –
Stuttgart : Deutsche Verlags-Anstalt, 1990
ISBN 3-421-06561-6

Lektorat: Ulrich Volz
Typographische Gestaltung: Sigrid Steller
Karten: Horst W. Auricht, Stuttgart
Gesamtherstellung: Ludwig Auer GmbH, Donauwörth
Printed in Germany

Inhalt

Vom Wind des Wandels

In diesen Tagen an der Schwelle der neunziger Jahre, in denen der Kalte Krieg zu Ende geht, treten nicht nur in Europa, sondern – oft kaum wahrgenommen – in der ganzen Welt bislang kaum denkbare Veränderungen ein. Vermeintlich ewige Strukturen lösen sich auf, Eisblöcke schmelzen dahin, verwandeln sich in Bäche und Ströme, die anschwellen, immer reißender werden, über ihre Ufer treten und Staudämme und Mauern, die für immer errichtet schienen, durchbrechen, als wären sie aus Sand oder Stroh. Die Schleusen für neues Denken sind geöffnet, weil die Sperren alter Denkverbote aufgehoben und die Wehren gängiger Feindbilder, auf die man noch vor kurzem kaum verzichten zu können glaubte, hinweggespült sind. Die Menschen können wieder sagen, was sie denken, und werden dadurch auf völlig neue Gedanken gebracht. Bis jetzt wußten sie allenfalls, was sie nicht mehr wollten, doch was sie statt dessen wollen, hatten sie noch nicht zu denken gewagt.

Die Entwicklung ist mithin nach Jahren der Stagnation zu einer derart reißenden Flut geworden, daß es kaum erstaunlich ist, wenn jetzt auch professionelle Beobachter bisweilen ratlos am Rande sitzen, wenn bewährte alte Kämpen, die man lange nur mit Mühe daran hindern konnte, zu den Waffen zu greifen, sich jetzt für Sieger halten, obgleich nicht etwa gesteigerte Spannung, sondern Entspannung, nicht Schließung, sondern Öffnung den überraschenden Wandel herbeigeführt haben.

Die strukturellen Probleme des ehemaligen Ostblocks, vor allem aber die totale Korrumpierung der Machthaber und die völlige Demoralisierung der Bevölkerung waren natürlich allesamt schon lange da, wurden jedoch erst durch den Riß im Eisernen Vorhang für alle sichtbar, so daß der machtpolitisch jederzeit mißbrauchbare Schein einer unmittelbaren militärischen Bedrohung Westeuropas durch die Sowjetunion, der von Jalta bis Malta die westliche Außenpolitik bestimmt hat, nicht länger aufrechterhalten werden kann. Und daß mithin die Veteranen des Kalten Krieges sich, von ihrer Kreuzzugsobsession befreit, beruhigt entspannen können. Die eigentlich Leidtragenden sind die Waffenproduzenten (allein bei den angekündigten Sparmaßnahmen des amerikanischen Verteidigungsministeriums gehen 42 000 zivile Arbeitsplätze verloren) und die Exporteure der zur Waffenproduktion benötigten Rohstoffe.

Mitten im Strom die Pferde zu wechseln, wie dies die politische Führung von Berlin bis Baku in der ersten Phase der großen Gegen-Revolution unserer Tage, von der immer stürmischer aufbegehrenden Bevölkerung aus dem Sattel gedrängt, versucht, ohne die Zügel ganz aus der Hand gleiten zu lassen, ist nicht eben leicht. Vor allem fehlt jede Ruhe für den Blick in die Ferne, für ein über längere Zeit gültiges Programm. Ist es da nicht vollends vermessen, ein Buch schreiben zu wollen, das auch noch nach Monaten, wenn nicht Jahren, in großen Zügen gelten soll? Aber ist andererseits denn nicht gerade dies eine Phase, in der historisch fundierte Information zum Verständnis der Ausgangslage wie der weiteren Entwicklung unabdingbar notwendig ist?

Kaum weniger als für Mittel- und Osteuropa trifft das hier Gesagte auf eine nicht nur geographisch uns sehr viel fernere Weltgegend zu, nämlich für das südliche Afrika. Auch dort ist eine Bewegung in Gang gekommen, die kaum mehr aufzuhalten ist; und auch sie hat ihren ersten Anstoß von außen, nämlich dadurch erhalten, daß die Supermächte sich zurückzogen. Was bis jetzt starr schien, ist in Schwung geraten, was dauerhaft geregelt schien, ist der Kontrolle entglitten, und viele politisch Verantwortliche bestimmen nicht mehr die Entwicklung, sondern sie laufen hinter ihr her. Vorbei sind nicht nur die Zeiten der Breschnew-Doktrin, die allen jenen Staaten die »brüderliche Hilfe« des Warschauer Paktes als Allheilmittel verschrieb, in denen der Sozialismus gefährdet schien; auch die Zeit der Reagan-Doktrin, welche jedweder Terrororganisation Beistand versprach, die nur einigermaßen glaubhaft beteuern konnte, pro-westlich und anti-kommunistisch zu sein, geht unaufhaltsam ihrem Ende entgegen. Vorbei geht die Teilung unserer unteilbaren Welt in ein russisches und ein amerikanisches Reich.

In Südafrika erzählte man sich noch vor ein paar Jahren die Geschichte von einem enttäuschten Ministerpräsidenten irgendeines winzigen europäischen Staates, sagen wir einmal Liechtenstein, dem Washington jede Hilfe verweigert, weil es in Vaduz keine Kommunisten gibt. Der unglückselige Regierungschef wendet sich in seiner Not an den französischen Außenminister und bittet diesen um ein paar Leihkommunisten, damit er US-Hilfe bekommen könne. Der Franzose hört ihm aufmerksam zu, lehnt dann jedoch bedauernd ab: »Leider brauchen wir jeden Kommunisten, den wir haben, selbst.«

Es ist durchaus typisch für das auf Europa fixierte Denken der meisten weißen Südafrikaner, daß diese kleine Episode dort angesiedelt ist. Für Afrika träfe nämlich die genau gegensätzliche Lesart zu: Hier entsprach der Grad der Hilfsbereitschaft meist direkt proportional der propagierten Weltanschauung der oft ganz zufällig und nur mit Hilfe von außen an die Spitze gekommenen neuen Machthaber. Seit sich nun aber die internationale Aufmerksamkeit der Entwicklung Mittel- und Osteuropas zuzuwenden beginnt, leben südlich der Sahara viele Regierungschefs in großer Furcht, daß all das fest eingeplante und oft allein schon zur Finanzierung der Schuldendienste dringend benötigte Geld in Zukunft andere Wege gehen werde.

Schon hat der Internationale Währungsfonds seine Bereitschaft bekanntgegeben, die Wirtschaftshilfe für Osteuropa deutlich zu erhöhen, und die Europäische Gemeinschaft hat ein ähnliches Programm beschlossen; aber auch die Sowjetregierung hat mitgeteilt, daß sie den militärischen Beistandspakt mit Äthiopien, ihrem letzten Bollwerk in Afrika, für 1991 aufkündigen werde; und das eben noch »stabile Zaire«, dessen Präsident Mobutu zwischen 1965 und 1987 als Kreuzritter gegen die kommunistische Expansion von Washington mehr als 800 Millionen Dollar erhielt und auch vom IWF bevorzugt behandelt wurde, wird in den Vorhersagen des *Economist* für die neunziger Jahre als Investitionsland mit fünfundachtzigprozentigem Risiko eingestuft, also als eines der unsichersten Länder Afrikas, weil »wegen unkontrollierbarer Korruption« die Begeisterung des Pentagon für diesen afrikanischen Noriega abzukühlen beginnt.

Je mehr die gewohnte Hilfe ausbleibt, desto besorgter hält man in Afrika Ausschau nach neuen Gönnern. Europa sei nun einmal der natürliche Partner seiner südlichen Nachbarn, sagen die Experten. Alle geopolitischen, geostrategischen und finanzpolitischen Analysen hätten dies gezeigt. Doch solange Europa mit sich selbst beschäftigt ist, weiten allenfalls Israel (beglückt, so aus seiner Isolierung herauszukommen), Japan und China ihren Einfluß auf dem dunklen Kontinent aus, während die muselmanischen Staaten Nordafrikas in aller Stille ein Land nach dem anderen mit Moscheen und Minaretten wie Zitronen mit Gewürznelken bestecken.

Auch der afrikanische Süden, von dem in diesem Buch vor allem die Rede sein soll, wird von den Supermächten fallengelassen, als wäre er plötzlich nichts mehr wert. Vergessen sind die Worte des bayerischen Ministerpräsidenten, der seinerzeit noch für viele sprach: »Wenn es Moskau gelänge, die für die freie Welt wichtigen, für Westeuropa unentbehrlichen und für die Bundesrepublik existenznotwendigen Rohstoffvorräte im südlichen Afrika unter seine Kontrolle zu bringen, wäre es der wirkliche Herr in Europa – ohne einen Schuß abzugeben.«

Oder nicht so ganz? Seit zwei Jahren jedenfalls versuchen die Vereinigten Staaten und die Sowjetunion mit vereinten Kräften, bewaffnete Konflikte im südlichen Afrika zu beenden, die sie durch sehr viel mehr Jahre gegeneinander nicht nur angeheizt und eifrig geschürt, sondern auch mit immer neuen Waffen angefeuert hatten.

Nur so war die Lösung des Namibia-Konfliktes möglich geworden, die allzu lange unmöglich schien. Nominell wurde die letzte afrikanische Kolonie, das ehemalige Deutsch-Südwestafrika, am 21. März 1990 in die Unabhängigkeit entlassen, als 50. souveräner afrikanischer Staat, als 69. Mitglied jener Ländergruppe Afrikas, der Karibik und des pazifischen Raumes, die von der Europäischen Gemeinschaft im Rahmen der sogenannten Lomé-Abkommen gefördert werden, und sicher schon bald auch als Mitglied der Vereinten Nationen und des Commonwealth. Wirklich unabhängig werden kann Namibia jedoch nicht, denn mit mehr als einer Nabelschnur bleibt das menschenleere Territorium an seine ehemalige Mandatsmacht, den überstarken Nachbarn Südafrika, angebunden. Und je mehr die Großmächte sich aus dem südlichen Afrika zurückziehen, desto größer und nicht etwa kleiner wird die Abhängigkeit von diesem letzten afrikanischen Staat, dessen Schicksal noch immer fast ausschließlich von Weißen bestimmt wird: von Europäern, die sich zwar selber Afrikaaner nennen, sich jedoch gleichzeitig weigern, mit anderen Afrikanern auf gleicher Stufe zu stehen.

Aber nicht nur das junge Staatsgebilde mit Namen Namibia, sondern auch die anderen Staaten der Region werden durch die neueste Entwicklung in die Fangarme der Riesenkrake Südafrika zurückgedrängt, aus deren Zugriff sie sich seit Jahren unter Einsatz aller Kräfte zu befreien versuchen. Kaum daß das plötzliche Desinteresse der Supermächte in Pretoria verstanden worden war, wandelte sich denn auch die dortige Außenpolitik: An die Stelle offener militärischer Aggression trat die Bereitschaft zu Verhandlungen. Statt weiterhin auf seine wehrlosen Nachbarn einzupeitschen, schlang ihnen – um im Bild zu bleiben – der Polyp seine Tentakeln wieder wie ehedem lautlos um den Hals.

An der prekären Situation der Nachbarn änderte sich dadurch nicht viel. Die drei ehemaligen britischen Protektorate Botswana, Lesotho und Swaziland – immerhin eine funktionierende Mehrparteiendemokratie und zwei konstitutionelle Königreiche – zappeln hilflos wie kleine Lausbuben im Schwitzkasten des überlegenen Raufkumpanen. In Malawi hält sich seit 1964 ein bald hundertjähriger »antikommunistischer« Despot, während die eigene Bevölkerung und eine halbe Million Flüchtlinge am Existenzminimum dahinvegetieren (1983 betrug das Pro-Kopf-Einkommen nur 230 Dollar im Jahr). In Zambia hat, von fraglos verfehlter internationaler Hilfe künstlich an der Macht gehalten, ein glückloser Alleinherrscher im Namen des Humanismus die Ausbeutung des Menschen durch den Menschen in ihr Gegenteil verkehrt und gleichzeitig auch das gängige Vorurteil von der Instabilität afrikanischer Staaten anschaulich widerlegt. (Auch er herrscht seit 1964).

In Moçambique hingegen tobt seit 15 Jahren ein Bürgerkrieg, der von außen, nämlich zunächst von Rhodesien aus, dann von Südafrika nebst vielen internationalen Helfershelfern im Namen des Antikommunismus betrieben wurde und wird. Eine Million der 13 Millionen Einwohner sind inzwischen in Nachbarländer geflohen, fünfeinhalb Millionen sind »displaced persons« im eigenen Land, wenigstens 650 000 Menschen wurden getötet, die meisten Dörfer, Schulen, Krankenhäuser und Geschäfte sind zerstört. Obwohl die Regierungspartei sich auf ihrem letzten Kongreß von den Zielen des Marxismus-Leninismus losgesagt hat, haben die einstweilen nur indirekten Friedensverhandlungen bisher kaum Erfolg gezeitigt. Angola schließlich, an der anderen Seite des Subkontinents, jenes Land, das eines der reichsten und schönsten der Welt sein könnte, ist von dreißigjährigem Krieg erschöpft.

80 Prozent seiner Einwohner haben niemals eine echte Chance gehabt; sie haben nie etwas anderes als Kampf, Not und Tod gekannt. Genau wie in Moçambique kontrolliert die Regierung seit langem nur noch die größeren Städte, während auf dem weiten Land jede herkömmliche Form ländlichen Lebens durch Tretminen und Mörderbanden verhindert wird. Wohl nirgends gibt es mehr verstümmelte und verkrüppelte Menschen als dort.

Und selbst Zimbabwe, der Glücksfall der Region – Zyniker zaudern nicht, das späte Datum der Unabhängigkeit als Gnade zu preisen, als wären die Toten des 15jährigen Befreiungskampfes kein allzu hoher Preis – nähert sich einem kritischen Punkt: Sobald sich das Datum der Unabhängigkeit zum zehnten Mal jährt, genügt eine Zweidrittelmehrheit des Parlaments, die seit 1980 gültige erste Verfassung zu ändern. Die Gefahr ist groß, daß dann, auf dem Weg zum Einparteistaat, etliche kostbare Menschenrechte auf der Strecke bleiben werden, wie etwa das Recht auf beliebige politische Vereinigung oder das Recht auf angemessene Entschädigung bei Enteignungen. Vor der Unabhängigkeit gehörte die Hälfte, zehn Jahre später noch immer ein Drittel allen ackerbaren Bodens etwa viertausend weißen Siedlern, die damit 80 Prozent aller Nahrungsmittel auf dem Markt produzierten. Als Robert Mugabe 1980 Regierungschef wurde, versprach er jedoch 162 000 »schwarzen« Familien eigenes Land. Zwei Drittel von ihnen warten noch immer darauf, während die Bevölkerung alljährlich um weitere drei Prozent wächst, wodurch die Zahl der Arbeitslosen und Unzufriedenen stetig steigt, zumal für die Verteidigung des Landes von der Bevölkerung immer größere Opfer gefordert werden.

Warum nur befindet jetzt auch Zimbabwe sich auf dem Weg zum Einparteistaat? Warum nur sind in ganz Afrika Einparteistaaten nicht die Ausnahme, sondern geradezu die Regel geworden, ganz gleich, ob es sich um »sozialistische« oder »kapitalistische« Staaten handelt, von Angola bis Zaïre?

Der Einparteistaat sei deshalb eine Notwendigkeit, weil er sich besonders dazu eigne, in Staatsgebieten eine nationale Gemeinsamkeit zu erzwingen, die andernfalls aufgrund ihrer historischen, ökonomischen und geographischen Gegebenheiten von ethnischen Konflikten zerrissen würden – so sagen uns nachdenkliche Afrikaner. Konflikten, die, sobald sie offen ausbrechen, jeweils fremden Mächten Gelegenheit bieten, sich einzumischen nach dem Grundsatz des *divide et impera* und die staatliche Unabhängigkeit somit erneut zu gefährden, die gerade eben erst erkämpft worden ist. Fraglos hat das Machtmonopol einer Partei den Zustand so manchen Staates stabilisiert. Die Kosten jedoch waren immer hoch. Einparteistaaten haben, genau wie in Europa, auch in Afrika politische Systeme geschaffen, in denen ein einmal gewählter Staatschef mit einiger Wahrscheinlichkeit bis zu seinem Lebensende an der Macht bleibt, wenn er nicht vorher gewaltsam gestürzt wird. Wenn aber keinerlei Einmischung von außen droht, stehen dann nicht vielleicht auch in Afrika die Chancen besser für ein Mehrparteiensystem? Noch wurde nicht die Probe aufs Exempel gemacht.

Erst drei Jahrzehnte ist es schließlich her, daß der damalige konservative britische Premier, Harold Macmillan, nach einer ausgedehnten Tour durch die aufbegehrenden afrikanischen Kolonien an der Südspitze des Kontinents eintraf und dort, in Kapstadt, vor der Großen Versammlung beider Häuser des Parlaments seine vielzitierte Rede hielt über den epochalen »wind of change«. Der tiefste Eindruck seiner Reise, sagte er dort, sei die Stärke des afrikanischen nationalen Bewußtseins gewesen, das er überall angetroffen habe. »An verschiedenen Orten mag dies verschiedene Formen annehmen, aber zu finden ist es überall. Der Wind des Wandels fegt über den Kontinent. Ob es uns paßt oder nicht, dieses Anwachsen des politischen Bewußtseins ist politische Realität. Unsere eigene Politik muß dieser Tatsache Rechnung tragen.« Direkt an seine südafrikanischen Zuhörer gewandt fuhr er fort: »Sie verstehen das natürlich so gut wie jedermann. Sie stammen aus Europa, der Heimat des Nationalismus. Und hier in Afrika haben Sie selbst eine ganze Nation hervorgebracht – eine neue Nation. In unseren Geschichtsbüchern wird sie sogar als der erste aller afrikanischen Nationalismen verzeichnet sein...«

Hörten die weißen Afrikaaner schon das nicht gern, daß nämlich ihr eigener burischer Nationalismus mit dem irgendwelcher »Kaffern« vergleichbar sei, so lösten die folgenden Sätze des arroganten Briten vollends allgemeine Empörung aus: »Als Partner im Commonwealth wünschen wir aufrichtig, Südafrika Hilfe und Ermutigung zuteil werden zu lassen, aber es macht Ihnen hoffentlich nichts aus, wenn ich offen bekenne, daß es einige Aspekte Ihrer Politik gibt, die es uns unmöglich machen, dies zu tun, ohne unsere eigene tiefe Überzeugung von der politischen Bestimmung freier Menschen zu verraten, die wir in unseren Territorien durchzusetzen versuchen...«

Der südafrikanische Regierungschef und Apartheidstratege Hendrik Verwoerd wußte die allgemeine Wut über Macmillans Worte wohl zu nutzen. Nur einen Monat später wandte er sich an die gleiche Versammlung: »Das war nicht eine Republik Südafrika, der da gesagt wurde, ›deshalb werden wir euch nicht unterstützen‹. Diese Worte waren an die Monarchie Südafrika gerichtet, und doch haben wir hier genau die gleiche Monarchin wie diese Person aus Großbritannien, die so zu uns gesprochen hat. Das war eine Warnung an uns alle, ob wir nun Englisch oder Afrikaans sprechen, ob wir Republikaner oder Anti-Republikaner sind. Uns allen wurde klargemacht, daß wir, soweit es um diese Fragen geht, fortan auf eigenen Füßen stehen müssen.«

Nur wenige Tage nach dieser Rede schossen weiße Polizisten blindwütig in eine friedfertige Menge gegen die soeben verschärften Paßgesetze Verwoerds demonstrierender schwarzer Menschen und töteten 69 von ihnen. Das Echo dieser Schüsse hallte weltweit wider. Obwohl der ANC für diese ohnehin gewaltfreien Demonstrationen von Sharpeville gar nicht verantwortlich gewesen war, sondern der wesentlich radikalere Panafrikanische Kongreß (PAC), wurde er gemeinsam mit diesem verboten; beide Bewegungen gingen in den Untergrund und bildeten noch im gleichen Jahr bewaffnete Kampforganisationen. Von nun an drehte sich die Schraube der Gewalt. Und hatte Verwoerd noch ganz bewußt den Weg der Konfrontation nach innen wie nach außen gewählt, so trieb sein Land von jetzt an auch ohne sein Zutun, wie Treibgut auf einem starken Strom, unaufhaltsam in die Isolation. Für dreißig Jahre sollte Macmillan – abgesehen von einigen Provinzpotentaten – der letzte Regierungschef der Ersten Welt gewesen sein, der freiwillig südafrikanischen Boden betrat.

Schon fünfzehn Monate nach Macmillans Rede hatte Südafrika das Commonwealth verlassen und wurde Republik. Eine Republik im Namen des »Afrikaaner-Nationalismus«, unter der alleinigen Führung der afrikaanischen Nationalpartei. Apartheid, nämlich die strikte Trennung aller Rassen, war das politische Instrument dieses Afrikaaner-Nationalismus und erst sehr viel später, im erweiterten Sinne, eines »Nationalismus« der weißen Südafrikaner. Alle Reformen der Apartheid nach Verwoerd, von Vorster über Botha bis de Klerk, waren und sind zunächst nichts anderes als politische Manöver zum Schutz der Interessen dieser so eng verstandenen »Nation«, also zur Erhaltung der Macht einer Clique.

Diesem steht der »Nationalismus« des afrikanischen politischen Bewußtseins gegenüber, am klarsten formuliert vom »Afrikanischen Nationalkongreß« (ANC), der sich seinerseits nun aber nicht, wie dies dem burischen Nationalismus entspräche, auf eine bestimmte Volks- oder Rassenzugehörigkeit bezieht, sondern auf alle Bewohner Südafrikas, ohne Ansehen ihrer Rasse, Sprache oder kulturellen Herkunft.

Alle Versuche der nationalistischen Regierung, der Mehrheit ihrer politisch rechtlosen Oppositionellen, die eine nichtrassische, allen gemeinsame Staatsform wünscht (»a non-racial unitary state«), einzureden, ihr Nationalismus sei gleichfalls völkisch oder gar rassistisch, sind bisher kläglich gescheitert. Aber nicht nur der Begriff der Nation wird verschieden aufgefaßt, sondern auch so elementare Begriffe wie Demokratie, Mehrheit oder Minderheit, Volks- oder Gruppenzugehörigkeit werden in Südafrika unterschiedlich definiert. Die regierende Gruppe behauptet beispielsweise, das politische System sei »demokratisch«, weil dort tatsächlich regelmäßig Wahlen abgehalten werden, aus denen die Legislative hervorgeht. Nach Auffassung der außerparlamentarischen Opposition jedoch herrscht in Südafrika eindeutig eine Oligarchie mit dem Alleinvertretungsanspruch einer Clique (der Buren oder, weiter gefaßt, der Weißen) – genau wie ihn sich noch kürzlich die Sozialistische Einheitspartei in der DDR anmaßte –, nebst kooptierten Mitläufern (afrikaanssprachigen Mischlingen, Indern und anderen Asiaten), vergleichbar den ostdeutschen »Blockparteien«. Das bewußte Verwirrspiel mit politischen Begriffen, die immer wieder willkürlich neu definiert werden, erschwert natürlich nicht nur das Verständnis Südafrikas für Außenseiter, sondern es hindert vor allem jede Verständigung dort.

Je mehr durch keineswegs nur kosmetische Reformen politischer Ballast abgeworfen wird, desto deutlicher tritt die eigentliche Problematik zutage, daß nämlich von der Mehrheit der Bevölkerung nicht irgendein bestimmtes Gesetz, sondern die grundsätzliche Alleinregierungs-Anmaßung der herrschenden Gruppe als der eigentliche Ballast empfunden wird, den es abzuwerfen gilt, weil er als ungerechtfertigt und ungerecht empfunden wird.

Es mag also durchaus so sein, daß uns als nichtbetroffenen Ausländern die Reformpolitik Pieter Willem Bothas gefallen hat und deren Fortsetzung durch dessen in jeder Hinsicht sehr viel »zivileren« Nachfolger Frederik Willem de Klerk noch viel besser gefällt – darauf kommt es nicht an. Auch Gysi oder

Modrow sind gefälliger als Honecker oder gar Ulbricht; dennoch repräsentieren sie dieselbe Clique. Ihnen allen – selbst dem weitsichtigen und wagemutigen Sowjetführer Gorbatschow – geht es zunächst und zumeist um die Erhaltung der Macht einer Gruppe, die sich selbst »Elite« nennt; ob aus Rassen- oder Klassendünkel, bleibt für die Untertanen nebensächlich.

So rufen denn die politisch rechtlosen Massen auf ihren Demonstrationen von Dresden bis Soweto unisono: »Die Macht dem Volke!« oder »Wir sind das Volk!«, und obwohl im Leipziger Duden noch immer steht, das Wort Demokratie bezeichne »jene Staatsform, deren Charakter durch die jeweils herrschende Klasse bestimmt wird«, so ist doch nicht nur in Leipzig den meisten bewußt, daß es Demokratie ohne Volk und gegen das Volk nicht gibt.

Wenn aber nun über den Fußballstadien von Soweto bei derartigen Anlässen genau jene roten Fahnen wehen, die die Menschen in Osteuropa gleichzeitig von den Stangen herunterreißen, so ist dies allein die Folge verantwortungsloser Propaganda der Regierung, die seit Jahren mit dem tückischen Trick der falschen Alternativen (diesen Begriff prägte Pierre Bourdieu) operiert. Die Zukunft wird jeweils so dargestellt, als gäbe es nur zwei Möglichkeiten: entweder die Willkürherrschaft der seit 1948 allein regierenden Gruppe (de facto ist nämlich auch Südafrika ein afrikanischer Einparteistaat) oder kommunistischen Terror und Chaos. Schon liberales Denken gilt als »kommunistisch«, weil niemand erfahren soll, daß es ein Drittes gibt: das weder Ceauşescu noch Thatcher, weder Moskau noch Washington, weder Menghistu oder Machel, noch Bokassa oder Botha, weder Staatsdirigismus noch Sozialdarwinismus, sondern beispielsweise eine soziale Marktwirtschaft ist, jedenfalls ein politisches System, das auf der Zustimmung der Bevölkerung beruht.

Genau wissend, was sie nicht mehr wollen, haben viele Menschen in der DDR die einzige sichtbare Alternative gewählt: die Flucht. In Südafrika aber wurden alle jene, die für die Rechte der Rechtlosen kämpften, von der Regierung als Kommunisten beschimpft und verfolgt, also wählte die aufgebrachte Bevölkerung, vor allem die Jugend, ohne rechte Kenntnis von dessen real existierenden Formen, den »Sozialismus« zu ihrem Ideal. Und auf die Gewalttätigkeit der Regierung reagierte auch sie immer gewalttätiger. Jetzt ist es die Aufgabe verantwortlicher Führer, einen Weg aus dieser Polarisierung zu zeigen, der den Teufelskreis der Gewalt unterbricht.

Schon heute läßt sich unterdessen vom ganzen übrigen Afrika sagen, daß die Ideologie des Marxismus-Leninismus, vor allem in ihrer sowjetischen Prägung, der Vergangenheit angehört. In einer nicht genannten Stadt, an geheimem Ort und Zeitpunkt traf sich Mitte 1989 auch die Führung der Südafrikanischen Kommunistischen Partei (SACP) zu einem Kongreß – es war dies erst der 7. Parteitag seit ihrem Verbot im Jahre 1950 – und verabschiedete ein völlig neues Programm. Im August 1989 wurde dies unter dem anspruchsvollen Titel »Der Weg zur Macht« verschiedentlich veröffentlicht. (Daß darüber in den sogenannten freien Medien so gut wie nicht berichtet wurde, gehört wohl zu den Nachwehen einer allzu lange auf Feindbilder fixierten Welt.)

Dieses Programm, »The Path to Power«, unterstützt vorbehaltlos die Reformen Gorbatschows und verurteilt »die kriminellen Verletzungen sozialistischer Gerechtigkeit« innerhalb der Sowjetunion. Mehr noch: dank der Vorrangstellung der Sowjetunion innerhalb der internationalen kommunistischen Bewegung hätten einige dieser negativen Tendenzen auch auf andere kommunistische Parteien übergegriffen, »einschließlich unserer eigenen«, heißt es dort. Was aber die künftige Entwicklung in Südafrika betrifft, nimmt die SACP von der Idee eines »klassischen Guerilla-Kampfes« Abschied, der, wie ihr Programm betont, unter den besonderen südafrikanischen Gegebenheiten überhaupt nicht möglich sei. Fortan solle der

»bewaffnete Kampf« dem »politischen Kampf« untergeordnet sein – und nicht etwa umgekehrt.

Bei einem Treffen interner Anti-Apartheid-Gruppen mit Führungskadern der SACP im Juli 1989 befürworteten letztere sogar einen Menschenrechtskodex, Informationsfreiheit und ein pluralistisches System, ja, sie warnen ausdrücklich vor allzu weitgehender Verstaatlichung und jeglichen Maßnahmen, die ausländische Investoren abschrecken und weiße Fachleute vertreiben könnten.

Während im Rahmen ökonomischer Perestroika vom Ural bis Utah die Rüstungsausgaben eingeschränkt, während in Polen und in der DDR der Wehrdienst drastisch gekürzt und während allenthalben die geheimen Sicherheitsorgane von »Stasi« bis »Securitate« aus ihren Rattenlöchern gejagt werden, während sogar der selbstherrlichen CIA vom Kongreß Kontrollen auferlegt werden und diese weltumspannende Organisation – »gerechte Sachen« (wie Panama) hin oder her – keine Umsturzpläne mehr »verdeckt« unterstützen darf, »die den Tod des politischen Führers eines anderen Landes zum Ziel haben«, scheint auch in Südafrika eine »Pretoriastroika« in Gang gekommen zu sein und in weiten Teilen des Subkontinents Kants »ewiger Friede« anzubrechen.

Denn nicht nur sind die Kämpfe um Südwestafrika beendet und die südafrikanischen Truppen zunächst aus Angola, dann aus Namibia zurückgezogen worden, sondern auch in Angola und Moçambique wird über eine friedliche Lösung des Dauerkonflikts verhandelt. Darüber hinaus hat in Südafrika selbst der diplomatische neue Präsident die bedrückende Allmacht des Staatssicherheitsapparates auf ein vielleicht erträgliches Maß zurückgestutzt, das weitgespannte Netz des Informationssystems der Nationalen Sicherheit aufgelöst, den Waffendienst der immer noch allein wehrpflichtigen weißen Minderheit halbiert und schließlich seinen von Botha ererbten Verteidigungsminister, General Malan, erklären lassen, er werde seine Truppen künftig nicht mehr mit Kommandoübergriffen in die Nachbarländer – wegen deren Politik oder wegen Unterstützung des ANC – einfallen lassen.

Nach den Sicherheitsabkommen der Republik Südafrika mit den Nachbarländern Swaziland (angeblich 1982) und Moçambique (1984) und vollends seit dem Waffenstillstand mit Angola (1988), der dessen Regierung zur Auflösung aller ANC-Lager verpflichtet (das war die Belohnung für Südafrika), sind ohnehin nur noch Zimbabwe und Botswana als mögliche Sprungbretter für Guerilla-Attacken übriggeblieben. Die Grenze zu Zimbabwe ist nur 250 Kilometer lang und wird bald vollständig durch einen elektrischen Zaun gesichert sein, an dem bereits viele Grenzgänger starben, während der Weg durch Botswana wegen des offenen, weithin wasserlosen Terrains für einen Buschkrieg denkbar ungeeignet ist.

Und am 2. Februar 1990 schließlich, fast auf die Stunde genau dreißig Jahre nach Macmillans großer Kapstädter Rede, schwang sich Verwoerds Nachfolger Frederik Willem de Klerk zu einer kaum minder epochalen Rede auf, in der er mit beachtlichem Mut von den Fehlern dieser dreißig Jahre Abschied nahm. Vom Prinzip der Apartheid freilich nicht. Der Parteivorsitzende und Präsident kündigte die Wiederzulassung aller verbotenen politischen Organisationen an (einschließlich der kommunistischen Partei), hob den seit 1986 geltenden nationalen Notstand mit seinen weitreichenden Sicherheits- und Maulkorbgesetzen teilweise auf, versprach die Einschränkung der Todesstrafe und die Freilassung der politischen Häftlinge; allen voran Nelson Mandelas, jenes zum Mythos verklärten ANC-Führers, der nach dem Willen der Regierung in naher Zukunft »im Namen der Schwarzen« (also auch weiterhin auf der Basis von Rassentrennung) mit »den Weißen« über eine neue Verfassung verhandeln soll. Damit ist nach dreißig Jahren Haß, Bitterkeit, ja Verzweiflung, endlich der Weg zu Gesprächen geebnet. Konfrontation und Isolation – das unselige Erbe dieser Jahre – sollten allmählich zu überwinden und die Türen zu friedlichen Konsultationen – mit dem eigenen Volk wie mit den Nachbarvölkern – ein gutes Stück geöffnet sein.

Dennoch werden uns im Laufe dieses Buches an der Berechtigung zu großem Optimismus Zweifel kommen. Die südafrikanische Regierung rechnet mit Verhandlungen, die sich lange hinziehen werden. Fünf bis zehn Jahre mindestens, wie de Klerk versichert hat. Die Mehrheit der Schwarzen – vor allem die Jugend – hat aber kaum noch für Jahre Geduld. Daß es ihnen irgendwann einmal, in ferner Zukunft, besser gehen werde, hat man ihnen schon zu oft gesagt. Noch jede neue weiße Regierung trat mit einem vielversprechenden Reformprogramm an, doch immer blieb dessen Verwirklichung hinter den Erwartungen zurück. Unruhen waren die logische Folge, die Antwort darauf verschärfte Repression. Bedenken wir nur den ersten Abschnitt jenes »philosophischen Entwurfs«, »welcher die Präambel zum ewigen Frieden unter Staaten enthält«: »Es soll kein Friedensschluß für einen solchen gelten, der mit dem geheimen Vorbehalt des Stoffs zu einem künftigen Kriege gemacht wurde«, heißt es da. Oder: »Es soll kein für sich bestehender Staat (klein oder groß, das gilt hier gleich viel) von einem anderen Staate durch Erbung, Tausch, Kauf oder Schenkung, erworben werden können.« Und schließlich: »Kein Staat soll sich in die Verfassung und Regierung eines andern Staates gewalttätig einmischen.«

An diese Grundsätze, die zwar heute weltweit akzeptiert, aber immer noch von keiner Instanz, einschließlich der Vereinten Nationen, durchzusetzen sind, hat sich Südafrika seit vielen Jahren nicht gehalten. Die Gefahr ist folglich groß, daß das gesamte südliche Afrika, seit es – mit seinen angeblich unverzichtbaren strategischen Mineralien – den Großmächten (verglichen mit dem Risiko eines dritten Weltkrieges, der ihre gegenseitige Zerstörung bedeuten würde) nicht mehr hinreichend begehrlich erscheint, sich selbst und damit der falschen Alternative überlassen wird: entweder beim Versuch, die noch junge Unabhängigkeit zu verteidigen, weder leben noch sterben zu können oder aber sich dem Hegemoniestreben Südafrikas zu unterwerfen, auf Gedeih und Verderb.

Solange die Prinzipien der Freiheit und Gleichheit innerhalb Südafrikas nicht durchgesetzt sind, ist dieser oligarchisch und nicht demokratisch organisierte Staat zu einem dritten Weg, nämlich zu jener freien Föderation unter gleichwertigen Partnern, nicht fähig, in der Kant schon vor 200 Jahren, fraglos vom damaligen Wind des Wandels beflügelt, die einzige Garantie für dauerhaften Frieden zwischen Nachbarstaaten sah.

Sechs Generationen später, in seiner »Ansprache vor Hamburger Studenten«, 1953, äußerte sich Thomas Mann zur deutschen Frage: »Wir wissen nicht, wie es geschehen, wie das unnatürlich zweigeteilte Deutschland wieder eins werden soll. Es ist uns dunkel, und wir sind auf den Glauben angewiesen, daß die Geschichte schon Mittel und Wege finden wird, das Unnatürliche aufzuheben und das Natürliche herzustellen: ein Deutschland als selbstbewußt dienendes Glied eines in Selbstbewußtsein geeinten Europa – nicht als sein Herr und Meister.

Täuschen wir uns nicht darüber, daß zu den Schwierigkeiten, die die Einigung Europas verzögern, ein Mißtrauen gehört in die Reinheit der deutschen Absichten, eine Furcht anderer Völker vor Deutschland und vor hegemonialen Plänen, die seine vitale Tüchtigkeit ihm eingeben mag und die es nach ihrer Meinung schlecht verhehlt. Wir wollen nur zugeben, daß diese Besorgnis nicht ganz ohne Fundament und Berechtigung ist. Der Traum von einem deutschen Europa spukt selbst heute – so elend er in Hitler zuschanden geworden ist. Sache der heraufkommenden deutschen Generation, der deutschen Jugend ist es, dies Mißtrauen, diese Furcht zu zerstreuen, indem sie das längst Verworfene verwirft und klar und einmütig ihren Willen kundgibt – nicht zu einem deutschen Europa, sondern zu einem europäischen Deutschland.«

Setzen wir statt Deutschland die in *homelands* zerstückelte

Republik Südafrika und statt Europa das südliche Afrika in diesen Text ein, dann kann er unverändert bestehen bleiben. Auch Südafrika muß die bleibende Furcht, das bisher berechtigte Mißtrauen erst zerstören und eindeutig seinen Willen kundtun, nicht zu einem von Pretoria dominierten südlichen Afrika, sondern zu einem afrikanischen Südafrika. Nur so kann auch hier zusammenwachsen, was, wie wir sehen werden, aus vielen Gründen zusammengehört.

Angola

Die dritte Welt ... das ist die Kunst,
zwischen zwei Scharen
von Geiern zu überleben.
Nadine Gordimer
in »A Guest of Honour«, 1970

Das 300 000-Dollar-Mißverständnis

Portugal, April 1974: Seit fünfeinhalb Jahren regiert nun schon Marcelo Caetano, der im Herbst 1968 den sterbenskranken (nur acht Tage nach Hitler geborenen) Diktator Antonio de Oliveira Salazar abgelöst hat. Vergeblich versucht Caetano, die innenpolitische Lage seines Landes zu entspannen – die wirtschaftlichen Probleme erweisen sich als zu groß. Schuld daran tragen vor allen anderen Faktoren die steigenden Kosten des Kolonialkriegs in Afrika, der inzwischen bereits etwa vierzig Prozent des gesamten Staatshaushalts verschlingt. Denn mit Beginn der großen Entkolonisierungswelle, die seit 1957 zur Unabhängigkeit vieler afrikanischer Staaten führte, hatten sich auch in den portugiesischen Besitzungen Befreiungsbewegungen gebildet. Diese organisierten von Anfang der sechziger Jahre an immer häufigere und heftigere Aufstände, bis sich der Konflikt schließlich zu einem regelrechten Befreiungskrieg ausweitete.

In diesem April freilich ist die Lage angespannter denn je. Vor wenigen Wochen ist nämlich ein Buch herausgekommen, das die portugiesische Öffentlichkeit noch immer lebhaft bewegt: General Antonio Sebastiao Ribeiro de Spinola, der erst im Januar zum stellvertretenden Generalstabschef beförderte bisherige Gouverneur und Militärbefehlshaber von Portugiesisch-Guinea, trägt in dieser Veröffentlichung unter dem Titel »Portugal e o futuro« (»Portugal und die Zukunft«) seine Überzeugung vor, daß der Kolonialkrieg militärisch nicht zu gewinnen sei und daß deshalb nach einer politischen Lösung – etwa eine Förderation zwischen den Überseegebieten und dem Mutterland – gesucht werden müsse. Damit spricht er vielen jungen Offizieren aus dem Herzen, die sich längst in einer oppositionellen »Bewegung der Streitkräfte« (Movimento das Forcas Armadas, MFA) zusammengetan hatten.

Unter dem Einfluß der aufregenden Publikation, jedoch ohne Beteiligung Spinolas, putschen am 25. April die eher linksgerichteten MFA-Offiziere. Sie stürzen Caetano, bilden eine Militärregierung, ernennen Spinola zum Staatspräsidenten und verabschieden ein weitreichendes Reformprogramm. Die »baldige und bedingungslose Selbstbestimmung« für alle Kolonien, wie sie schon 1960 in der Entkolonisierungs-Deklaration der Vereinigten Nationen gefordert worden war, steht auf ihrer Wunschliste ganz obenan. In den überseeischen Gebieten soll die staatliche Macht möglichst sofort, notfalls sogar ohne vorhergehende Volksabstimmung, an einheimische Regierungen übergeben werden.

So wurde denn, einmal mehr, über das Schicksal Afrikas an den grünen Tischen Europas entschieden.

Am 7. September 1974 kam es zum Abkommen von Lusaka (Zambia), das für Portugal der damalige Außenminister Mario Soares und für die moçambikanische Befreiungsbewegung Frelimo (Frente de Libertaçao de Moçambique) deren Präsident Samora Machel unterschrieb. Dieses Abkommen bedeutete Waffenstillstand und eine Koalitionsregierung unter Führung der Frelimo, bis zu deren endgültiger alleiniger Machtübernahme, die für den 25. Juni 1975 vorgesehen war.

Doch in Moçambiques Hauptstadt Lourenço Marques (heute Maputo) rebellierten weiße Siedler, die meist erst unter Salazar eingewandert waren, gegen diese ihnen unangenehme Übergangslösung. Sie stürmten die Gefängnisse und ließen alle zweihundert während des Umsturzes dort eingesperrten Agenten des portugiesischen Geheimdienstes »Pide« (»Polícia Internacional e de Defesa do Estado«) frei. Dann fielen sie über die Wohnsiedlungen der Schwarzen her und schossen dort wahllos um sich. Die verschreckten Moçambikaner wurden nun ihrerseits gewalttätig, errichteten Straßensperren und zündeten Autos an.

Nach diesem Zwischenfall breitete sich unter den weißen Siedlern Angst und Schrecken aus, und die meisten von ihnen verließen das Land so schnell sie konnten. Zurück blieben allenfalls eine Handvoll Lehrer und Ärzte – für etwa zwölf Millionen zu 90 Prozent analphabetische Einwohner keinesfalls genug – und eine nur sehr unvollkommene Infrastruktur (zum Beispiel kein durchgehendes Straßennetz), weil Portugal schon lange viel zu arm gewesen war, um seine überseeischen Besitzungen nicht nur auszubeuten, sondern auch sinnvoll zu entwickeln. Machel, der seit dem gewaltsamen Tode Eduardo Mondlanes 1969 die Frelimo führte, rief von Tanzania aus in leidenschaftlichen Appellen alle Moçambikaner, Schwarze wie Weiße, zum Frieden auf und schickte einen noch nicht ganz 35jährigen »Generalmajor« seiner Guerillahorden ins Land, um dort Ruhe und Ordnung zu schaffen und die Interimsregierung zu übernehmen: Joaquim Alberto Chissano, den späteren Außenminister und heutigen Präsidenten von Moçambique.

Am 5. Juli 1975 wurden die Kapverdischen Inseln und eine Woche später Sâo Tomé und Príncipe unabhängig. Spinolas Portugiesisch-Guinea war sogar schon im September 1974 unter seinem neuen Namen Guinea-Bissau in die Vereinten Nationen aufgenommen worden. In Angola jedoch, wo drei Befreiungsbewegungen die jeweils ungeteilte Macht anstrebten, kam es zum Bürgerkrieg.

Diese drei konkurrierenden Organisationen waren das »Movimento Popular de Libertaçao de Angola« (Volksbewegung zur Befreiung Angolas, MPLA) unter dem dichtenden

Arzt Agostinho Neto, die »Frente Nacional de Libertaçao de Angola« (FNLA) unter Holden Roberto und die »Uniao Nacional para a Independencia Total de Angola« (UNITA) unter Jonas Savimbi.

Die MPLA war schon 1956 unter dem Einfluß der neugegründeten Kommunistischen Partei Angolas – einem Zweig notabene der portugiesischen KP – aus dem Zusammenschluß einiger kleinerer radikaler Gruppen entstanden, und sie zog vor allem die städtischen Intellektuellen, darunter viele sogenannte *assimilados*[1], häufig euro-afrikanische Mischlinge, an. Neto wurde 1962 ihr Präsident und hatte diesen Posten bis zu seinem Tode 1979 inne. Vor der angolanischen Unabhängigkeit unterhielt die MPLA Stützpunkte in den Nachbarländern Zambia und der Volksrepublik Kongo.

Die FNLA konnte sich vor allem auf starken Rückhalt unter den BaKongo stützen, den Nachkommen der Bevölkerung des alten Königreichs Kongo, das durch die willkürlichen Grenzziehungen europäischer Kolonialherren auseinandergeschnitten worden war. Die Mehrheit der BaKongo lebt im heutigen Zaïre. Ursprünglich trug Holden Robertos Organisation den Namen »Uniao das Populacoes de Angola« (UPA). Die Bezeichnung FNLA entstand erst 1962 für den militärischen Flügel der UPA, als sich in Kinshasa eine angolanische Exilregierung (»Governo Revolucionario de Angola no Exilio«, GRAE) etablierte, die von Anfang an die volle Unterstützung des von Washingtons Gnaden in Kinshasa regierenden Lumumba-Nachfolgers Joseph-Désiré (heute nennt er sich Sese Seko) Mobutu genoß. Dessen Auslandsguthaben werden im übrigen gleich hoch eingeschätzt wie die Auslandsschulden seines Landes. Die Rolle Mobutus, sowohl bei der Gründung der GRAE und der FNLA als auch bei den anhaltenden Anstrengungen, seinen Schwager Roberto zum Regierungschef Angolas zu machen, könne überhaupt nur vor dem Hintergrund seiner eigenen Machtergreifung mit Hilfe der USA verstanden werden, stellte schon 1976 das Internationale Friedensforschungsinstitut von Stockholm, SIPRI, in einer überzeugend dokumentierten politisch-militärischen Untersuchung des eskalierenden Konflikts im südlichen Afrika fest.[2] Mit anderen Worten: auch hinter der FNLA stand von allem Anfang an als Geld- und wohl auch als Auftraggeber die CIA. Auch in Afrika gilt schließlich die alte bayerische Bauernregel: Wer zahlt, schafft an!

Die UNITA wiederum war zunächst in der Absicht gegründet worden, die zerstrittenen Widerstandsorganisationen aufzufangen und unter neuer Führung zu vereinen. Sie war allerdings selbst bereits aus einer Spaltung der GRAE hervorgegangen. Ihr Führer, Jonas Savimbi, der noch nie besondere Bereitschaft gezeigt hatte, sich anderen Anführern unterzuordnen, hatte schon im Jahre 1964 ein Angebot der MPLA zur Zusammenarbeit ausgeschlagen und sich in den menschenleeren Südosten des riesigen Landes zurückgezogen, wo er die Landbevölkerung mobilisierte. Seine UNITA war zunächst wie eine kommunistische Partei strikt nach dem Prinzip des »demokratischen Zentralismus« organisiert gewesen, und sie nennt sich auch heute noch – wenngleich sie von Südafrika und gewissen Kreisen in den USA als Bollwerk des Antikommunismus gepriesen wird – ausdrücklich »sozialistisch«.

Savimbi galt in seinem wechselhaften Leben schon als überzeugter Leninist, Maoist, als Marionette des portugiesischen Geheimdienstes und natürlich als Lakai Pretorias. Selbst sein wohlmeinender Biograph, der britische Journalist Fred Bridgland[3], schreibt: »Es war Roberto, der bei Kissinger (dem damaligen Außenminister Washingtons) in höchster Gunst stand, denn der FNLA-Führer war offen antikommunistisch und trat für eine freie Marktwirtschaft ein. Savimbi hingegen war in China als Guerilla-Kämpfer ausgebildet worden, war ein Bewunderer Mao Tsetungs und wurde von einigen amerikanischen Journalisten als der allerradikalste Marxist unter sämtlichen nationalistischen Anführern Angolas beschrieben. Wenn er in Washington also keineswegs als verläßlicher Bündnispartner galt, so war er denn wenigstens ein Gegner der Männer Moskaus in Angola.«

Seine Organisation war besser aufgebaut und sehr viel straffer geführt als Robertos wilder Haufen, wovon der CIA-Experte John Stockwell sich im August 1975 persönlich überzeugte. »Savimbi ist ein guter Mann, egal, mit welchem Maßstab man ihn mißt«, schrieb Stockwell später[4]. In Wahrheit habe er keine permanenten Freunde, gestand Savimbi einmal – in Anlehnung an ein bekanntes Churchill-Bonmot – in seinem Hauptquartier »Jamba« mitten im angolanischen Busch der Verfasserin; er habe lediglich permanente Interessen. Und diese Interessen, soviel können wir heute mit Sicherheit sagen, trugen immer nur einen Namen: Macht.

Zur Zeit des Umsturzes in Portugal unterstützte der (damalige) Maoist Savimbi noch rückhaltslos die namibische Befreiungsorganisation SWAPO (South West African People's Organization), die gleichfalls im Süden Angolas ihre Basen einrichtete: Und noch zu Beginn der achtziger Jahre unterhielten diese beiden Bewegungen, obwohl sie inzwischen längst ideologisch einander feindlichen Lagern angehörten, im fernen tanzanischen Dar es Salaam einen gemeinsamen Briefkasten.

Alle drei angolanischen Befreiungsbewegungen verfügten jedenfalls längst über großspurig »Befreiungsarmeen« genannte bewaffnete Einheiten, als der Wettlauf um die Macht begann, der Sturm auf die Hauptstadt Luanda, in der am 11. November 1975 der unabhängige junge Staat Angola aus der Taufe gehoben werden sollte. Die MPLA besaß einen kaum einzuholenden Vorsprung: Ihre Zellen hatten sich in den Hütten, Gassen, Schulen und Ateliers der Hauptstadt gebildet und auch dort eingeigelt – sie war schon da.

Der polnische Journalist Ryszard Kapuściński, einer der wenigen Reporter, die nicht erst zu den eigentlichen Unabhängigkeitsfeierlichkeiten angeflogen kamen, sondern schon einige Wochen vorher im Lande gereist waren, hat 1976 in seiner anschaulichen, lebensnahen, jedoch keineswegs unparteiischen Art dieses Wettrennen um die Macht beschrieben, bei dem er selbst unverhohlen der MPLA beide Daumen drückte. Der Wert seines Berichtes[5] liegt denn auch nicht in dessen objektiver Sachlichkeit, sondern im Einfangen plastischer Bilder von einem winzigen Teil Afrikas, der von seiner europäischen Bevölkerung plötzlich verlassen wird, weil ihr der ganze Kontinent längst unerträglich geworden ist: »Sie mochten Afrika nicht. Sie hatten genug von diesem Land, das ein Gelobtes Land hatte sein sollen, ihnen jedoch nichts als Enttäuschung und Demütigung gebracht hatte. In einer Mischung aus Verzweiflung, Wut, Selbstmitleid und Ohnmacht sagten sie ihrem afrikanischen Heim Lebewohl; in dem Gefühl, daß das für immer war. Ihnen lag jetzt nur noch daran, lebend davonzukommen und ihren Besitz mitzunehmen.«

So packten sie denn all ihr bewegliches Hab und Gut in Kisten, Kästen und Verschläge, verrammelten ihre Häuser und stahlen sich davon, in Flugzeugen und auf Schiffen. Die Polizisten liefen davon, und die Ordnung brach zusammen; die Feuerwehrleute flohen, und die Hütten brannten ab; die Müllfahrer machten sich auf und davon, und Luanda verfiel in Starre und Gestank.

Daraufhin verläßt auch Kapuściński die kaum mehr erträgliche Stadt und begibt sich an die Front. »Dieser Krieg wurde uns aufgezwungen, weil wir ein reiches Land mit fünf Millionen armen Menschen sind, umnachteten Analphabeten, die nicht einmal fähig sind, ein gewöhnliches Kampfgewehr zu bedienen. Die anderen denken, zwanzig Panzerfahrzeuge seien genug, um uns auch in Zukunft unser Öl und unsere Diamanten wegzunehmen und uns an unseren Platz zu verweisen«, erklärt ein Frontkämpfer dem Journalisten.

Doch was heißt in Afrika schon Front? Ein einziger Panzer an der richtigen Wegkreuzung kann eine ganze Provinz lahmlegen. »In Europa«, erzählt denn auch ein anderer Buschkämpfer, »hat man mir beigebracht, daß eine Front aus Schützengräben und Stacheldraht besteht, die eine bestimmte, klar erkennbare Linie bilden. Entlang einem Fluß oder einer Straße oder von einer Ortschaft zur nächsten hin. Man kann sie mit einem Bleistift auf der Landkarte verfolgen oder auch im Gelände auf sie zeigen. Hier aber ist überall und nirgends Front. Es gibt zuviel Land und zu wenige Menschen, um eine Front überhaupt zu ermöglichen. Das hier ist eine wilde, völlig unorganisierte Welt, und es ist nicht leicht, mit ihr zurechtzukommen. Kein Wasser, aber jede Menge Wüste... Eine Front besteht hier nicht aus Linien, sondern aus Punkten; Punkten, die sich noch dazu ständig bewegen. Hier gibt es Hunderte von Punkten, weil es Hunderte von Einheiten gibt. Jede Einheit ist eine Front, zumindest eine potentielle Front. Wenn zum Beispiel unsere Einheit auf eine feindliche Einheit stößt, dann verwandeln sich diese beiden Einheiten in Fronten. Eine Schlacht findet statt. Augenblicklich sind wir eine potentielle Drei-Mann-Front, die sich in Richtung Norden bewegt. Sollten wir aus dem Hinterhalt überfallen werden, wird aus uns eine echte Front... An jeder Straße, an jedem Platz kann eine solche Front entstehen. Du kannst ohne weiteres durch das ganze Land reisen und lebendig zurückkommen, oder aber du kannst auch einen Meter von deinem Standort entfernt plötzlich ums Leben kommen. Keine Prinzipien, keine Regeln. Alles hängt von Glück und Zufällen ab. Dieser Krieg ist echt chaotisch. Keiner weiß, woran er ist.«

Ein solcher Krieg kennt weder Anfang noch Ende; er wird weder erklärt noch abgesagt. In Angola währt er schon runde dreißig Jahre lang – vielleicht ein paar Monate mehr oder weniger. Kümmert das denn irgend jemanden bei uns im Ernst? Noch nie hat beispielsweise Südafrika der angolanischen Regierung offiziell den Krieg erklärt, und doch standen südafrikanische Truppeneinheiten im Oktober 1975 vor den Toren Luandas, und über viele Jahre hin hielten sie den Süden dieses nur mittelbaren Nachbarlandes mit wechselnder Intensität militärisch besetzt.

Doch zunächst einmal wirkte der Umsturz in Portugal auf

Pretoria wie ein Schock. Die Lage in Lissabon war dort schon deshalb bis zuletzt als stabil beurteilt worden, weil das Interesse Washingtons an solcher Stabilität bekannt war. Bereits während des Zweiten Weltkrieges war Portugal zwar neutral geblieben, hatte jedoch sowohl Großbritannien als auch den Vereinigten Staaten Stützpunkte auf den Azoren eingeräumt. Der »korporativen Republik« Salazars war deshalb auch schon im April 1949, ihrem undemokratischen System zum Trotz, die beachtliche Ehre zuteil geworden, bei der Gründung des Nordatlantikpakts als vollwertiger Partner mitmachen zu dürfen. Eine ganze Reihe von Abkommen mit Washington war die Folge, die den Amerikanern rein militärische, den Portugiesen vor allem wirtschaftliche Vorteile brachten.

Tatsächlich läßt sich heute mit einigem Recht behaupten, daß die amerikanisch-portugiesische Interessengemeinschaft nicht nur das Regime Salazar/Caetano für viele Jahre wider jede Vernunft im Sattel gehalten, sondern daß sie auch wesentlich dazu beigetragen hat, die portugiesischen Kolonialkriege zu verlängern. Waffenlieferungen von NATO-Partnern beispielsweise, die eigentlich nur für den Gebrauch innerhalb Europas und Nordamerikas bestimmt waren, konnten von Lissabon nach Belieben auch in Afrika eingesetzt werden, nachdem Portugal Mitte 1951 seine überseeischen Kolonien, die schon 1933 durch den »Acto Colonial« ihren Kolonialstatus theoretisch verloren hatten, per Dekret zu Überseeprovinzen des Mutterlandes und in einem weiteren Gesetz Mitte 1953 diese Überseeprovinzen zu einem integrierenden Bestandteil des portugiesischen Staates erklärt hatte.[6]

Als beispielsweise im Frühjahr 1966 der Afrika-Einsatz westdeutscher Düsenjäger durch ihre portugiesischen Käufer als Bruch der NATO-Bestimmungen öffentlich kritisiert wurde, erklärte ein Sprecher des portugiesischen Außenministeriums ungerührt, er könne keinen Widerspruch zum Geist des Nordatlantikpakts sehen: »Es war vereinbart, daß die

Flugzeuge ausschließlich zu Verteidigungszwecken innerhalb portugiesischen Territoriums verwendet würden. Portugiesisches Territorium erstreckt sich auch auf Afrika – nämlich Angola, Moçambique und Portugiesisch-Guinea«, sagte er.[7]

Selbstverständlich war die Entkolonisierungswelle, die von Norden nach Süden durch ganz Afrika rollte, am Kap nicht völlig unbemerkt geblieben. Doch solange der Schutzdamm wohlmeinender Regierungen, von Angola über Rhodesien bis Moçambique hin, hielt, fühlte man sich nicht unmittelbar bedroht. Die gezielten Maßnahmen getrennter Entwicklung im Landesinneren – Rassentrennung auf allen Gebieten, *homelands* für die Eingeborenen als Antwort auf die internationale Forderung nach Selbstbestimmung aller Völker – sowie diplomatische Initiativen nach außen schienen durchaus zu genügen, auch noch auf Jahrzehnte hinaus der »schwarzen Gefahr« zu begegnen und den Erhalt weißer Vorherrschaft zu gewährleisten. Seit 1967 unterhielt Südafrika diplomatische Beziehungen mit Malawi, dessen schon damals nicht mehr jugendlicher Präsident Banda 1971 zu Besuch nach Pretoria kam. Noch im September 1974 (also nach dem portugiesischen Putsch) besuchte Premierminister Vorster die Elfenbeinküste, deren Präsident Houphouet-Boigny bedingungslose Bereitschaft zum Dialog signalisiert hatte, und im Februar 1975 flog Vorster nach Liberia. Auch die damaligen Verteidigungsanstrengungen schienen jeder nur denkbaren militärischen Bedrohung angemessen zu sein.

Nun aber sah, buchstäblich über Nacht, alles völlig anders aus. Der Deich war gebrochen, die »schwarze Flut« rollte heran. Rhodesien und Südafrika mit Namibia waren als einzige von Weißen beherrschte Staaten südlich der Sahara übriggeblieben. Die Regierung Vorster verlor jedoch keineswegs den Kopf, sondern unterschied klar zwischen der möglichen Bedrohung durch Angola und der durch Moçambique. In der wirtschaftlichen Abhängigkeit Moçambiques von der überlegenen Nachbarrepublik sah Vorster sofort den wichtigsten

Faktor zur Sicherstellung gutnachbarlicher Beziehungen. Auch die schwarzen Landesherren würden sich zu »freundschaftlicher Zusammenarbeit« bereitfinden müssen.

»Wirtschaftliches Eigeninteresse«, so glaubte man, »würde es (Moçambique) davon abhalten, feindliche Aktionen gegen die Republik zu unternehmen«, stellt auch eine Studie des Internationalen Instituts für Strategische Studien in London aus dem Jahre 1980[8] fest. »Als daher im Juni 1975 die Regierung Machel an die Macht kam, richtete Südafrika es rasch so ein, daß die lange bestehenden Abkommen über technische Hilfe für die Eisenbahnen und den Haupthafen Moçambiques, Lourenço Marques, sowie die besondere Konvention erneuert wurden, derzufolge die moçambikanische Regierung für Staatsbürger, die in südafrikanischen Minen arbeiteten, 60 Prozent der Löhne in Gold zum offiziellen Goldwert erhielt.« (Nachdem der Internationale Währungsfond den offiziellen Goldpreis abgeschafft hatte, wurden die Remittenzen bar gezahlt. Darüber hinaus ging die Zahl moçambikanischer Wanderarbeiter in den südafrikanischen Minen schon bald beträchtlich zurück.)

Was Moçambique betrifft, sah Vorster seine Entspannungspolitik nach außen also zunächst nicht gefährdet. Auch bot sich ihm keine Gelegenheit, in die innere Entwicklung einzugreifen, da es dort – seit dem Zusammenschluß der ursprünglich drei rivalisierenden Gruppen 1962 – nur eine einzige Befreiungsbewegung gab, die einigermaßen unbestritten die Macht übernehmen konnte. Den kurzen Moment der konterrevolutionären Revolte der weißen Siedler ließ er, sehr zum Kummer seines Verteidigungsministers Pieter Willem Botha, wie wir heute wissen, ungenutzt verstreichen.

In Angola sah die Lage jedoch völlig anders aus: Erstens handelte es sich hier um kein unmittelbares Nachbarland Südafrikas, und die wirtschaftliche Abhängigkeit war dank reicher Bodenschätze und üppiger Erdölvorkommen minimal. Zweitens war mit an Sicherheit grenzender Wahrscheinlichkeit zu erwarten, daß eine marxistische Regierung in Luanda den in Namibia illegalen militärischen Flügel der dortigen Befreiungsorganisation SWAPO unterstützen, also Windhuk direkt bedrohen würde. Und drittens gab es in Angola drei konkurrierende nationale Befreiungsorganisationen, so daß für internationale Einmischungsversuche reichlich Gelegenheit bestand.

Für die sorgfältige Entwicklung einer nach allen Seiten abgesicherten Einmischungsstrategie blieb jedoch wenig Zeit. Wer am 11. November 1975 in Luanda stand, der würde mitzureden haben, mitzubestimmen über die Zukunft der Region. Dort mußte man hin, wenn man noch irgend etwas retten wollte an der ohnehin bedrohlichen Situation. Also beschloß man in Pretoria, an der Seite der zwar »sozialistischen«, aber wenigstens nicht von Moskau unterstützten UNITA sowie der ungleich sympathischeren, weil prowestlichen FNLA, die freilich unerreichbar hoch im Norden operierte, in den angolanischen Konflikt einzugreifen und diesem die entscheidende Wende aufzuzwingen.

In der offiziellen südafrikanischen Darstellung[9] liest sich das heute so: »Die angolanische Frage setzte die Entspannungspolitik des Premierministers unter großen Druck. Die russische Offensive war keineswegs auf diese ehemalige portugiesische Kolonie beschränkt, sondern sie war nur ein Teil der gesamten russischen Afrika-Politik – nämlich Südwestafrika und Südafrika zu unterjochen, deren strategische Lage und deren industrielles wie mineralogisches Potential von derartiger Bedeutung sind ...«

Weil man das so sah, zweifelte man in Pretoria keine Sekunde daran, daß die Vereinigten Staaten den Marsch auf Luanda gutheißen, ja unterstützen würden. Man hatte sogar aus Geheimdienstkreisen einen entsprechenden Wink bekommen. Über die tatsächliche innenpolitische Situation in Washington war man in Pretoria allerdings, wie sich bald zeigen sollte, nicht ausreichend informiert.

In Angola brachen jedenfalls nur knapp ein Jahr nach dem Umsturz in Lissabon schwere Kämpfe aus. Damit war das Abkommen von Alvor vom 15. Januar 1975 zerbrochen, in dem zwischen der neuen portugiesischen Regierung und den drei Befreiungsbewegungen für die Übergangszeit bis zu freien Wahlen eine Koalitionsregierung verabredet worden war. Lange wußte man nicht, was den plötzlichen Ausbruch offener Kampfhandlungen veranlaßt hatte. Heute ist die Ursache bekannt: Nur wenige Tage nachdem das zunächst durchaus zukunftsträchtige Abkommen von Alvor zustande gekommen war, schickte die CIA in einer ihrer »verdeckten Aktionen«, also hinter dem Rücken des Kongresses, 300 000 Dollar in bar an Holden Roberto, der, solchermaßen ermutigt, zum offenen Angriff auf die MPLA überging. In China und Zaïre ausgebildete FNLA-Kämpfer strömten ins Land und griffen die vereinzelten MPLA-Basen aus allen Richtungen an.

Die Hilfe aus Peking verdankte Roberto dem russisch-chinesischen Konflikt. Allein deshalb, weil Moskau die MPLA unterstützte, setzten die Chinesen, wie übrigens auch Rumäniens Ceausescu, auf die FNLA. »Daß Menschen, die um ihre Unabhängigkeit kämpfen, Hilfe nehmen, wo immer sie sie finden können, ist klar«, hatte Agostinho Neto schon 1969 in einem Rundfunkinterview[10] erklärt. Das galt natürlich auch für ihn und seine MPLA: »Um unsere Unabhängigkeit zu erreichen, würden wir sogar vom Teufel Hilfe annehmen ...« Etwa seit Juni 1974 hatten die Chinesen, seit August die Russen Waffen nach Angola geschickt. Die Amerikaner waren im Juli mit Geldsendungen an Roberto eingestiegen – genau einen Monat vor dem Rücktritt Nixons, in einer Zeit also, in der Kissinger relativ unkontrolliert schalten und walten konnte. Erst 1975 war Kissingers allzu eigenmächtige Geheimdiplomatie im Kongreß heftiger Kritik ausgesetzt.

Nach dem Abkommen von Alvor hatten Moskau wie Peking ihre Unterstützung der konkurrierenden Bewegungen zunächst eingestellt, Kissinger jedoch, der die prosowjetische

Schlagseite der MPLA mehr fürchtete als eine mögliche Ausweitung des Konflikts, überredete seinen neuen Regierungschef Gerald Ford, die Geldzahlungen an Roberto fortzusetzen und fortan auch der UNITA kleinere Summen zukommen zu lassen. In seiner ideologischen Fixiertheit auf den Ost/West-Konflikt, auf die Rivalität der beiden Supermächte um die Vorherrschaft auch an den entlegensten Flecken der Welt, bewirkte Kissinger – so können wir heute sagen – genau das Gegenteil von dem, was seine Absicht gewesen sein muß: Er rief die Sowjetunion erneut auf den Plan. Denn war die geheime Geldanweisung auch der amerikanischen Öffentlichkeit verborgen geblieben, der sowjetische Geheimdienst wußte schon bald davon, und Moskau begann, zu Luft wie zu Wasser, mit neuen Waffenlieferungen an die MPLA.

Im März 1975 trafen 230 kubanische Berater in Luanda ein. Daraufhin stiegen Ende Juli nun auch die Vereinigten Staaten unverhüllt in das internationale Wettaufrüsten der verfeindeten nationalen Organisationen ein.[11] Erst Ende September trafen die ersten Schiffsladungen mit kubanischen Soldaten in Angola ein; da waren längst zwei südafrikanische Einheiten in Richtung Luanda unterwegs.

Ganz sicher hatte Kissingers Verhalten die Machthaber in Pretoria zur Fehleinschätzung des amerikanischen Interesses an Angola verleitet. Zunächst hielten diese sich jedoch zurück. »Es (Südafrika) scheint wie andere intervenierende Länder in eine schrittweise Eskalation... in der Hauptsache durch eine Reihe von ad hoc-Entgegnungen auf die wachsende Furcht und die erkannte taktische Gelegenheit hineingezogen worden zu sein. Während des Juli beobachtete Südafrika besorgt den Zusammenbruch der Ordnung und die Ausbreitung des Chaos in Südangola nach dem portugiesischen Rückzug. Die SWAPO-Überfälle nach Namibia hinein nahmen an Zahl zu, und 11000 angolanische Flüchtlinge flohen über die Grenze«, schreibt Robert Jaster[12].

In der Tat stiegen die SWAPO-Überfälle auf namibisches

Gebiet in dieser Zeit sprunghaft an, zumal die Flüchtlingsströme die Kontrolle der Grenzübergänge erschwerten. Unter dem Vorwand, die Arbeiter beim Bau des gemeinsamen angolanisch-südafrikanischen Staudammes Calueque am Grenzfluß Cunene beschützen zu müssen, drangen ab 9. August südafrikanische Truppen in den Süden Angolas ein und installierten dort zwei Flüchtlingslager, die von Südafrikanern verwaltet wurden. Von nun an war ein etwa 200 Kilometer breiter Streifen Südangolas de facto Niemandsland, in dem Pretorias Praetorianer und deren Günstling Savimbi nach Lust und Laune walten konnten – und zwar, mit wechselnder Intensität, dreizehn Jahre lang.

Wie jedoch die Entscheidung zustande kam, aus dem gesicherten Süden Angolas nach Luanda vorzustoßen, um dort, am 11. November 1975, entweder Savimbi oder eine »prowestliche« Koalitionsregierung einzusetzen oder aber eine Teilung des Landes einzuleiten, gehört bis heute zu den Geheimnissen Pretorias. Es muß allerdings davon ausgegangen werden, daß Premierminister Vorster seine Zustimmung nur unter erheblichem Druck – wenn überhaupt – gegeben haben kann, denn dieser Schritt bedeutete das Ende seiner bisherigen, auf Entspannung bedachten Außenpolitik.

»Soweit die politische Auseinandersetzung als eine zwischen Falken und Tauben charakterisiert werden kann, war hier das Verteidigungsministerium gegen BOSS [das Büro für Staatssicherheit, auf das Vorster sich stützte] sowie gegen das Außenministerium ... angetreten, wobei das Informationsministerium eine unterstützende Rolle spielte«, urteilt Kenneth W. Grundy in seiner wichtigen Studie südafrikanischer Sicherheitspolitik[13]. Vielleicht hätten der Verteidigungsminister und die südafrikanische Wehrmacht allzu leichtfertig ihren Informationen über die Schwäche der MPLA und die Stärke von UNITA und FNLA Glauben geschenkt; vielleicht hätten sie auch die Bereitschaft der Amerikaner über- und die Entschlossenheit der Sowjets unterschätzt, meint Grundy.

Jedenfalls setzten sich die Scharfmacher durch, die zu diesem Zeitpunkt zudem davon ausgehen zu können glaubten, daß auch eine erzwungene Koalitionsregierung aller drei Befreiungsbewegungen die Zustimmung der Organisation für Afrikanische Einheit (OAU) erhalten würde, da sie deren Initiative entsprach. Ein beachtliches Ausmaß an Wunschdenken, will uns heute aus einiger Distanz erscheinen, muß jedenfalls hinter der Entscheidung zur Invasion gestanden haben – oder aber ein absoluter Wille zur Macht. Denn daß mit dieser Entscheidung das Ende Vorsters eingeleitet wurde, steht heute außer jedem Zweifel.

Sicher ist aber auch, daß Vorster bereits erheblich angeschlagen in die Angola-Debatte ging: Seine Entspannungspolitik hatte im Falle Rhodesiens eine schwere Schlappe erlitten, weil die mit großem Einsatz und hohen Erwartungen vorbereitete Konferenz aller rhodesischen Konfliktparteien unter der Schirmherrschaft Vorsters und des zambischen Staatspräsidenten Kaunda an den Victoria-Fällen am 25. August 1975 gescheitert war. Gescheitert am unheilbaren Zerwürfnis der nationalen Befreiungsorganisationen, über dessen Ursache noch einiges zu sagen sein wird.

Auch starke Kräfte innerhalb Südafrikas, die sich nicht unbedingt durch die nationalistische Regierungspartei der Buren repräsentiert sehen – so zum Beispiel die großen Bergbaukonzerne – hielten ein militärisches Eingreifen in den Angola-Konflikt für durchaus gerechtfertigt. Sie waren allerdings weniger an der künftigen politischen Situation Luandas interessiert als an der Sicherung des Landessüdens und des Zugangs zu einzelnen Bergbauunternehmen. In all den Jahren des Bürgerkriegs hat beispielsweise »Diamang«, eine Tochtergesellschaft des südafrikanischen Konzerns De Beers (Anglo American Company), die Förderung von Diamanten in Angola niemals ganz eingestellt. In Wirtschaftskreisen vertrat man deshalb mit Vorliebe ein Konzept der Teilung Angolas in eine kommunistische nördliche Hälfte und einen neutralen, wenn nicht gar freundschaftlichen Süden unter Savimbi und dessen UNITA.

Diesem ersehnten Savimbiland wollten Optimisten unter ihnen – ohnehin gewohnt, mit schwarzen Menschen wie mit Bauern auf einem Schachbrett umzugehen – auch noch im gleichen Zug den Norden Südwestafrikas/Namibias, das Ovambo- und das Kavangoland, zuschlagen, um solchermaßen zugleich mit der Hälfte aller Einwohner Namibias auch gleich noch das mehrheitlich im Ambo-Volk verankerte SWAPO-Problem loszuwerden – eine Idee, die noch bis 1988 so manchen Südafrikaner fasziniert hat.

Machtsicherung oder gar Machtzuwachs durch Spaltung des Gegners – gemäß der klassischen Maxime des *divide et impera* – ist und bleibt nun einmal ein verlockendes Ziel für alle Anhänger der Macht. Auf der Suche nach Beispielen muß man keineswegs bis in die Tiefen der Geschichte Armeniens, Polens oder Irlands hinuntertauchen. – Schon an der Oberfläche unserer Zeit liegt hinreichend Anschauungsmaterial: ein geteiltes Deutschland, Korea, Vietnam; Berlin, Jerusalem oder Beirut.

Teilung kann am Anfang wie auch am Ende einer kriegerischen Auseinandersetzung stehen, daran scheint sich nichts geändert zu haben. Während frühere Teilungen jedoch grundsätzlich den als zu stark und gefährlich eingeschätzten Nachbarländern des jeweils Teilenden und Herrschenden galten, war all den Teilungen der Gegenwart eine oft erstaunliche geographische Ferne zu den Akteuren eigen. Nahezu ausschließlich hat es sich dabei darum gehandelt, jeweils einen Teil einer Region dem Herrschaftsbereich einer der beiden Supergroßmächte zuzuschlagen: globale Teilung entlang den Stoßkanten allüberall aufeinanderprallender Großmachtinteressen, ohne jede Rücksichtnahme auf die jeweils betroffene Bevölkerung.

Erschreckend bleibt jedenfalls die Leichtfertigkeit, mit der mit diesem primitiven politischen Instrument bis zum Ende der achtziger Jahre umgegangen worden ist und bis zur völligen Beilegung des Ost/West-Konfliktes, bis zur endgültigen Aufhebung der Bipolarisierung unserer Welt, wohl auch weiterhin umgegangen werden wird. Ein anschauliches Beispiel schildert der amerikanische Journalist Bob Woodward (langjähriger Redakteur der »Washington Post«) in seinem politischen Enthüllungsbuch »Geheimcode VEIL – Reagan und die geheimen Kriege der CIA«[14]. Er beschreibt dort eine Sitzung des Senatsausschusses für den Nachrichtendienst Ende 1982. Vorsitzender des Ausschusses ist zu dieser Zeit (1981–1985) Barry Goldwater, stellvertretender Vorsitzender Daniel Moynihan. Ihnen trägt Dewey Clarridge, seit wenigen Monaten CIA-Chef der Abteilung für Lateinamerika, seine Vorstellungen von einer »Lösung« für Nicaragua vor. Clarridge ist ein enger Vertrauter und Gesinnungsgenosse seines Vorgesetzten, des acht Tage nach Reagans Amtsantritt ernannten Direktors der Nachrichtendienste William J. Casey, von dem es in Woodwards Buch an anderer Stelle heißt: »Casey sah alles einfach im Rahmen des Ost-West-Konfliktes, als ob das Problem verschwinden würde, wenn nur die Kommunisten verschwänden...«[15]

»Clarridge hatte dem Senatsausschuß auf einer geheimen Informationssitzung eine Karte Nicaraguas vorgelegt«, schreibt Woodward. »Anhand der Karte hatte er einen Plan erläutert, nach dem Nicaragua in eine östliche und eine westliche Hälfte geteilt werden sollte, gerade etwa so wie Beirut. Nach Clarridge sollten die von der CIA unterstützten Contras den Osten erhalten, während den Sandinisten der Westen mit der Hauptstadt Managua bleiben würde. Moynihan hielt das für verrückt. Die CIA hatte für die Leitung der Operation nur fünfzig Agenten abgestellt. Eine Teilung des Landes aber war ein militärisches Großunternehmen.

Moynihan stellte sich in Gedanken vor, wie der Karikaturist Herblock die Szene sehen würde: Clarridge als Schlägertyp hinter verschlossenen Türen über seine phantastische

Karte gebeugt, vielleicht eine Schere in der Hand, mit der er die Karte zerschnitt und vorführte, mit welcher Leichtigkeit die Teilung sich vollstrecken ließ – und ihm gegenüber eine Gruppe stiernackiger Politiker mit dicken Zigarren.

Goldwater beugte sich zu Moynihan hinüber und sagte sarkastisch: ›Klingt für mich wie Krieg!‹«

Auch die Vorgänge in Angola klangen nach Krieg. Den Südafrikanern gelang es jedoch, durch eine totale Nachrichtensperre die eigene Bevölkerung monatelang im Dunkeln zu lassen. Robert Jaster, der sich vor allem auf die Märzausgabe 1977 der Monatszeitschrift der südafrikanischen Wehrmacht (SADF), *Paratus* stützt, beschreibt die Intervention in Angola folgendermaßen: »Ende September traten ein südafrikanischer Verbindungsoffizier und achtzehn Ausbilder mit drei Panzerabwehrwaffen und einigen Maschinengewehren zu einer Kompanie der UNITA, die damals die MPLA in Zentralangola zum Stehen brachte. Als kubanische Truppen Mitte Oktober die MPLA verstärkten, beschleunigte sich die Verwicklung Südafrikas rasch. Im Süden stieß eine von Südafrikanern geführte Kampftruppe (mit dem Decknamen ›Zulu‹) von ungefähr 1000 FNLA- und UNITA-Truppen, durch südafrikanische Panzerfahrzeuge und Mörser verstärkt, rasch nach Westen vor. Innerhalb von zwei Wochen war sie 640 km weit vorgedrungen, hatte den Widerstand der aus MPLA- und kubanischen Truppen zusammengesetzten Verteidiger in mehreren Ortschaften gebrochen und die See bei Moçâmedes gewonnen. Durch diesen Vorstoß wurde die MPLA wirkungsvoll aus dem südlichen Drittel Angolas vertrieben. Eine Woche später nahm die Kampftruppe Benguela und Lobito, wichtige Küstenstädte am Endbahnhof der Benguela-Eisenbahn, ein. An diesem Punkt führten südafrikanische Streitkräfte vier 88-mm-Geschütze der Kampftruppe ›Zulu‹ zu.

In Zentralangola stellte Südafrika eine zweite Kampfgruppe (›Foxbat‹) auf, die ursprünglich in Südafrika ausgebildete UNITA-Streitkräfte und eine Kompanie südafrikanischer

Panzerfahrzeuge umfaßte. In den letzten zehn Tagen des Oktober eroberte ›Foxbat‹ fünf Städte zurück, die von Streitkräften der MPLA und Kubaner gehalten worden waren, und drang mehr als 800 km nach Norden in Richtung Luanda vor.

Nach dem offiziellen südafrikanischen Rechenschaftsbericht fand eine Art ›Vermittlung durch Mittelsmänner‹ ungefähr zur Zeit des angolesischen Unabhängigkeitstages (des 11. November) statt und löste Erwartungen in bezug auf eine politische Lösung aus. Als dieses Bemühen fehlschlug, sahen sich Südafrika und seine Verbündeten härterem Widerstand gegenüber, als kubanische Truppen und große Mengen von sowjetischen Waffen allmählich nach Angola kamen. Die Einführung von 120-mm-Raketen der Sowjets brachte Südafrika rasch dazu, seine Kampfgruppen mit 140-mm-Artillerie zu unterstützen. Als die Kämpfe sich im November und Dezember verstärkten, hatte Südafrika letztlich ›etwas unter‹ 2000 Soldaten eingesetzt... Die verbundenen Streitkräfte von Südafrika, der UNITA und der FNLA kämpften den ganzen Dezember hindurch weiter, ohne anscheinend irgendwelche militärischen Rückschläge zu erleiden. In der Tat wurden sie nach Angaben Südafrikas für einen Angriff auf Luanda mit ausgewogenen Kräften bereitgestellt und ›hätten ganz Angola erobern können‹. Aber am 22. Januar 1976 zog Südafrika mit Ausnahme der Grenzpatrouillen alle seine Streitkräfte auf eine Linie zurück, die 50 km innerhalb Angolas lag.«[16]

Die Zeitschrift *Paratus* ist gewiß keine objektive Publikation. Dennoch steht heute fest, daß dem Rückzug der südafrikanischen Streitkräfte tatsächlich weniger eine militärische als eine politische Niederlage vorangegangen war: Nicht nur blieb die in aller burischen Naivität wahrscheinlich wirklich erwartete Unterstützung der OAU aus; vor allem wurden der CIA die Hände gebunden. Der vietnammüde amerikanische Kongreß hatte am 19. Dezember 1975 mit großer Mehrheit ein von Senator Clark eingebrachtes Abänderungsgesetz verabschiedet, in dem jedwede Unterstützung einer Partei im angolanischen Konflikt ohne vorhergehende ausdrückliche Zustimmung des Kongresses verboten wurde. (Erst Mitte 1985 gelang es Präsident Reagan, dieses »Clark-Amendment« wieder außer Kraft setzen zu lassen.) Ein Wahljahr stand bevor, was die durch den Watergate-Skandal und den Sturz Nixons ohnehin angeschlagene republikanische Regierungsmannschaft zwang, sich auf innenpolitische Probleme zu konzentrieren. Nichts konnte Präsident Ford in diesen Tagen weniger brauchen als ein weiteres exotisches Abenteuer oder gar ein neues Vietnam.

Die südafrikanischen Truppen wären vermutlich fähig gewesen, im Alleingang der MPLA und den Neuankömmlingen aus Kuba Luanda zu entreißen. Keinesfalls hätten sie jedoch diese Stellung ohne amerikanische Hilfe auf die Dauer halten und dem wachsenden Nachschub an sowjetischen Waffen und kubanischen Soldaten Paroli bieten können. »Nur Großmächte können gegen dieses Arsenal ankommen ... Das liegt ganz entschieden außerhalb unserer Möglichkeiten«, erklärte Vorster denn auch zu Weihnachten 1975 auf einer Pressekonferenz.[17]

Der Erfolg der südafrikanischen Intervention blieb also aus, der Schaden jedoch war längst unübersehbar groß und vor allem irreparabel. Denn Südafrika hatte die Unschuld verloren (und das kann man nur einmal); die Beziehungen zu allen bisher befreundeten Staaten war fortan belastet; die Bedrohung durch die »Mächte der Finsternis« (Ronald Reagan) war nicht kleiner, sondern sehr viel größer geworden – bald sollten 20 000, dreizehn Jahre später sogar über 50 000 Kubaner in Angola stehen. Vor allem aber war die Glaubwürdigkeit der Regierung bei ihrer eigenen Bevölkerung für immer lädiert: Für die »Weißen« kam die Offenbarung als großer Schock, daß die »feindliche Propaganda« korrekt gewesen war und daß tatsächlich ihre Söhne so fern der Heimat ihr Leben riskiert und zum (sehr geringen) Teil sogar verloren hatten. (Wehrpflichtig – und zwar seit Januar 1968 – ist in Südafrika ausschließlich die »weiße« Bevölkerung.) Erst im Februar 1976 brachte der Verteidigungsminister im Geschwindmarsch ein Gesetz durch das Parlament, das ihm den Einsatz der Angehörigen der SADF (»South African Defense Force«) »zum Dienst gegen jeden möglichen Feind« außerhalb der Republik rückwirkend gestattete.

Die »Schwarzen« aber sahen, daß die weiße Armee nicht unbesiegbar war, was mit Sicherheit zu der aufsässigen Stimmung im ganzen Lande beigetragen hat, die im Juni 1976 zum Schüleraufstand von Soweto und anschließend zu landesweiten schweren Unruhen mit vielen hundert Toten führte.

Noch zwei volle Monate lang hielt die südafrikanische Armee den gesamten Süden Angolas besetzt. Am 27. März 1976 jedoch zogen sich die angeblich letzten südafrikanischen Einheiten auf namibisches Gebiet zurück (während der Cunene-Staudamm auch weiterhin bewacht wurde) – ein Schauspiel, das sich unter angemessenem militärischen Tamtam fortan alle zwei, drei Jahre wiederholen sollte. Und obwohl alle Beteiligten immer ganz genau wußten (oder zumindest wissen konnten), daß es sich um eine reine Propaganda-Aktion handelte, spielten auch wir Berichterstatter immer freundlich mit. Fröhlich flatterte das blaue Band des zwergenwüchsigen Tambourmajors eines Buschmänner-Bataillons vor den Fernsehkameras der Welt, ernsthaft salutierte der jeweilige Oberbefehlshaber aller Truppen Südwestafrikas, und auch der würdige Vertreter des Ministeriums für Auswärtige Angelegenheiten im Nadelstreifenanzug mitten im Busch verzog keine Miene.

»Obwohl die Soldaten die Brücke schweigend überschreiten, ertönt ganz in der Nähe lautes Schreien und Gebrüll«, beschreibt Ryszard Kapuściński in seinem anschaulichen Bericht den Rückzug 1976, den ersten dieser Art, »denn gleichzeitig stürzen sich die FNLA- und UNITA-Einheiten, die bis zuletzt die weißen südafrikanischen Soldaten begleitet hatten, massenweise in den Fluß und planschen hinüber nach

Namibia. Viele von ihnen ertrinken dabei. Doch der Krieg ist zu Ende, mit der Demokratie der Front ist Schluß, und das Gesetz der Rassentrennung tritt wieder in Kraft: der Weg über die Brücke ist für Weiße reserviert.«[18]

Am Rande der Brücke aber stand ein Mann in Zivil, den grauen Hut tief ins Gesicht gezogen, und ließ die siegreichen Verlierer, seine Jungs, langsam an sich vorüberziehen. Was in dieser Stunde im Kopfe dieses Mannes vor sich ging, das sollte für die Zukunft nicht nur seines Landes, sondern eines ganzen Subkontinents bald entscheidend sein.

Von Vorster bis de Klerk

> Wenn ich vorwärts gehe, folgt mir.
> Wenn ich zurückweiche, erschießt mich.
> Wenn ich sterbe, rächt mich.
> So helfe Gott.
> *Eid der »Sturmjäger«, einer Elitetruppe der »Ossewabrandwag«*

Der Mann auf der Brücke

Natürlich können wir nicht wissen, was sich im Kopf des südafrikanischen Verteidigungsministers Botha abspielte, als er am 27. März 1976 in praller Sonne auf der Brücke über den Cunene stand und »seine Jungs« an sich vorüberziehen sah. Aber nicht nur hat er selber wiederholt in vertraulichem Gespräch auf die Bedeutung dieses Erlebnisses hingewiesen – es ist auch hinreichend bekannt, wer er zu dieser Stunde war, woher er kam, wohin er ging und mit welchen Mitteln er seiner Politik den Weg zu ebnen verstand.

Pieter Willem Botha war sechzig Jahre zuvor, am 12. Januar 1916, auf der Farm seines Vaters in der südafrikanischen Provinz Oranje-Freistaat auf die nur wenig friedliche Welt gekommen. Der Große Burenkrieg, die Auseinandersetzung zwischen den britischen Uitlanders und den beiden Burenstaaten Freistaat und Transvaal (1899–1902), war zwar schon lange vorüber, doch lebte er in den Erzählungen fort, mit denen die Phantasie der burischen Kinder in dieser Zeit gefüttert wurde: Heldensagen vom Guerillakampf der Väter, Leidensgeschichten aus den Hungercamps der Mütter.

Moralisch hatten die militärisch weit überlegenen Briten diesen Krieg verloren, das stand für alle Buren fest. In ihren

Augen war dieser Krieg ein antiimperialistischer, antikolonialistischer Befreiungskampf gewesen. Die Buren – wie der Name sagt fast ausschließlich Bauern, die im 17. Jahrhundert von der holländischen Ostindien-Kompanie zur Versorgung ihrer Seefahrer ans Kap geschickt worden waren – hatten auf dem Schlachtfeld nahezu all ihren Besitz verloren, nur ihren calvinistischen Glauben und ihre fanatische Vaterlandsliebe nicht. Ihr Nationalismus war sogar gestählt aus dem Feuer der Gefechte und der brennenden Höfe hervorgegangen. Mit dem Begriff »Nation« meinten sie freilich immer nur »das Volk«, das gottesfürchtige und von Gott zum Besitzer dieses Landes erwählte Burentum, das Gott nach dessen Selbstverständnis mit göttlichem Auftrag hierhergeschickt hatte und das sich folgerichtig fortan nach der neuen Heimat »Afrikaanertum« nannte.

Seit 1910 bestand die Südafrikanische Union – der Zusammenschluß der britischen Kolonien Kap und Natal und der beiden Burenrepubliken zu einem gemeinsamen britisch-burischen Staat. Der erste Premierminister dieser Union war Louis Botha gewesen, ein Burengeneral aus dem Großen Krieg, der die Regierungsgeschäfte des Transvaal schon seit 1907 geleitet hatte. In Bothas erstem Unionskabinett saßen zwei weitere Burengeneräle, die nach ihm (er starb 1919) nacheinander Premierminister werden sollten: der brillante Cambridgeabsolvent Jan Christiaan Smuts sowie James Barry Munnik Hertzog, auch er Jurist und Richter im Freistaat vor dem Krieg. Louis Botha brachte den folgenschweren Artikel aus dem Grundgesetz des Transvaal: keine Gleichheit in Kirche oder Staat – also das Prinzip der Abstufung aller Menschen gemäß ihrer Rasse – in die neue Verfassung der Union ein. Das bedeutete den eigentlichen Sieg des Burentums.

Alle Regierungschefs Südafrikas seit 1910 sind übrigens ausnahmslos Buren gewesen – eine Tatsache, die selbst Kennern der südafrikanischen Geschichte in ihrer Bedeutung bisweilen entgeht. Louis Botha (der Familienname ist häufig und die berühmten Vertreter dieser ursprünglich vom Niederrhein stammenden Siedlerfamilie sind nur sehr weitläufig miteinander verwandt) vermochte schon nach wenigen Monaten aus einer Vielzahl kleiner Afrikaaner-Organisationen eine einzige starke »Südafrika-Partei« zu formen, die so lange eine dominante Rolle spielen sollte, bis sie 1934 von General Hertzog in die Vereinigte Südafrikanische Nationalpartei eingebracht wurde, die »United South African Nationalist Party« (»United Party« oder auch »Smelterparty«).

Pieter Willem Botha, der sich schon als Schüler durch Intelligenz wie Arroganz auszeichnete – so wird beispielsweise berichtet, wie das Herrensöhnchen einmal grußlos auf seinem Pony durch die Hütte des väterlichen Vorarbeiters hindurchritt –, legte 1933 an der »Voortrekkerschule« der Provinzstadt Bethlehem die Reifeprüfung ab. 1933 war ein Katastrophenjahr nicht nur für Deutschland, sondern auch für das südliche Afrika, das, zusätzlich zu den Auswirkungen der weltweiten Depression, von einer verheerenden Dürre heimgesucht wurde, wie sie hier periodisch wiederkehrt. Pieter Willem senior war in diesen Tagen so knapp bei Kasse, daß er den begabten wie ehrgeizigen einzigen Sohn nicht problemlos zur Universität schicken konnte. Er mußte Freunde um ein Darlehen bitten, Freunde, die politisch engagiert waren und später nacheinander zu Parteiführern der burischen Nationalisten im Oranje-Freistaat avancierten. Diese Nationalisten lehnten jede Kooperation mit den Briten, also auch die Koalition zwischen Hertzog und Smuts als allzu probritische Allianz ab und schlossen sich unter dem fanatischen Prediger Daniel François Malan – einem Hugenottennachkommen wie viele andere südafrikanische Politiker bis auf den heutigen Tag – in der »Vereinigten Nationalen Partei« zusammen.

1934 war es Pieter Willem junior also vergönnt, sich an der Universität von Bloemfontein, dem Sitz des Obersten Gerichtshofes von Südafrika, als Student der Rechte einzuschreiben, wo er allerdings, umtriebig wie er war, nicht lange blieb.

Schon in seinem zweiten Studienjahr half er nämlich bei der Organisation von Nachwahlen aus und berichtete als freier Mitarbeiter für die nationalistische Tageszeitung *Die Volksblad.* Gleichzeitig war er aktives Mitglied des »Afrikaanse Nasionale Studentenbond«. Und als schließlich der Posten eines Parteiorganisators zu besetzen war und man den debattierfreudigen Studenten, der Malan bei einem Auftritt auf dem Campus aufgefallen war, einlud, sich um diese Stelle zu bewerben, hielt diesen nicht allzuviel in Bloemfontein zurück, und er brach nach kurzem Zögern sein Studium ab.

In den nächsten zehn Jahren tat er sich nicht nur als außerordentliches Organisationstalent, sondern auch als unermüdlicher Unruhestifter hervor. Mit seinen jugendlichen Mitstreitern störte er systematisch alle Versammlungen der regierenden »United Party« meist so gründlich, daß der jeweilige Redner sein eigenes Wort nicht mehr verstand und die Veranstaltung abgebrochen werden mußte.

Dies waren die Jahre des erwachenden Afrikaaner-Selbstbewußtseins, das schon sehr bald unerträglich-unverträgliche Züge annahm. Bothas Protektor Malan hatte den genialen Einfall, zum hundertsten Jahrestag des großen Zulu-Schlachtens am Bloedrivier (Blutfluß), das von den Afrikaaner-Ideologen inzwischen zum Tag des Bundes des erwählten Volkes mit Gott hochstilisiert worden war, zum 16. Dezember 1938, eine Sternfahrt zu einem Hügel südwestlich von Pretoria zu veranstalten, um dort den Grundstein für ein nationales Denkmal, das sogenannte Voortrekkermonument, zu legen.

Der erst 1988 in biblischem Alter gestorbene liberale südafrikanische Erzieher, Schriftsteller und Politiker Alan Paton hat diese nationalistische Sternfahrt mit Ochsenwagen, an der er aus Sympathie mit den Opfern des großen Krieges teilnahm, eingehend beschrieben: »Diese symbolischen Wagen-Trecks weckten unbeschreibliche Erregung... In jedem Dorf und in jeder Stadt wurden die Trosse von Männern und Frauen in Voortrekker-Kleidung empfangen. Gebete wurden gesprochen, Fleisch und Burenwurst auf offenem Feuer gebraten und nostalgische Afrikaaner-Liedchen gesungen... Wir kamen an einem heißen Tag dort an, und ich ging sofort zur Dusche. Hier wurde ich von einem nassen, bärtigen afrikaanischen Patrioten begrüßt, der zu mir sagte, ›Hast du die Menschenmengen gesehen?‹ Ich sagte ›ja‹ (eine Viertelmillion Menschen waren da). Darauf sagte er, mit ausgesuchtem Zartgefühl, ›jetzt machen wir die Engländer zur Sau‹... Der große Tag war angefüllt mit Reden, und das Thema aller Veranstaltungen war das Afrikaanertum; sein Ruhm, seine Kämpfe, sein Leiden, seine Erfolge... Ein Nachkomme der britischen Siedler von 1820, die [dem Treckführer] Jacobus Uys bei seinem Aufbruch zum großen Treck eine Bibel übergeben hatten, wurde niedergebrüllt, weil er das Grußwort, wie damals, auf englisch sprach.«[1]

Schon ein Jahr später fiel die »United Party« auseinander, weil viele Buren gerne an Hitlers Seite in den Krieg gegen den Erbfeind England gezogen wären. Malan und Hertzog fanden wieder zueinander. Dadurch wurden Zusammenhalt und Kampfbereitschaft der Afrikaaner erneut gestärkt, was zur Gründung einer paramilitärischen Organisation, der »Ochsenwagenbrandwache« (Ossewabrandwag, kurz OB), führte. Ende 1939 taten sich auch in der Kapprovinz einige überzeugte Nationalisten zusammen, um die OB im Süden ebenfalls zu etablieren, darunter Johan Baltazar Vorster, der spätere Premier, und Pieter Willem Botha junior. Zwischen Malans (Vereinigter) Nationaler Partei (oder »Volksparty«) und dem OB wurde ein Kooperationsvertrag ausgehandelt, der alle Mitglieder beider Organisationen dazu verpflichtete, nur noch ausschließlich im Interesse des Afrikaaner-Volkes tätig zu sein.

Jan Smuts sah sich bald dazu gezwungen, gegen die Afrikaaner-Nationalisten vorzugehen. Viele von ihnen, darunter Vorster, wurden schließlich interniert. Als auch Botha in Gefahr geriet, verhaftet und in ein Lager gebracht zu werden, half ihm ein neuer Bruderzwist unter seinen Volksgenossen unversehens aus der Klemme. Im August 1941 sagte er sich in einem offenen Brief an *Die Burger*, das Kapstädter Kampfblatt seiner Partei, das bis zuletzt seine Hauspostille war, von den Ochsenwagenbrandwächtern los und gab seinen Austritt bekannt.

Nur wenige Wochen später verlobte er sich mit Elize Rossouw, der Tochter des einflußreichen Pfarrherren von Swellendam am Kap, und während viele seiner Landsleute entweder in Konzentrationslagern saßen oder aber in Nordafrika kämpften, heiratete er mit beträchtlichem Pomp. Die Predigt hielt natürlich Malan.

Im gleichen Jahr wurde Botha zum ersten Mal als Parlamentskandidat nominiert, doch blieb er dem Abgeordneten der Regierungspartei deutlich unterlegen. In den folgenden zwei Jahren amtierte er als Sekretär eines Untersuchungsausschusses zur Klärung der Lage der Mischlinge in der Kapprovinz (von denen nicht wenige Botha heißen). Die Empfehlungen dieser Kommission wurden 1945 vom regionalen Parteitag angenommen. Sie bedeuteten unter anderem, daß auch die Mischlinge, obwohl sie Afrikaans sprachen und dem neocalvinistischen Glauben der Buren anhingen, künftig als eigene Bevölkerungsgruppe politisch aus- und abgesondert werden sollten.

1946 wurde Botha Propaganda- und Informationsleiter der Nationalen Partei, und zwar für die gesamte Union. In dieser Zeit dehnte er das Geflecht an persönlichen Beziehungen und Verpflichtungen, an dem er nun schon zehn Jahre gewoben hatte, bis in den hohen Norden des Landes aus. Unter seiner Leitung wurden Kampfblätter und Pamphlete der Partei herausgegeben, die rücksichtslos die Achillesfersen der politischen Gegner aufzeigten und zum gezielten Angriff auf persönliche Schwachstellen aufriefen. Sie trugen Titel wie etwa »Skietgoed«, was soviel wie »Schieß gut!« bedeutet, und standen dem Schrifttum seiner späteren rechtsradikalen Gegner weder an Fanatismus noch an Primitivität nach.

Für die Parlamentswahlen 1948 war Botha zunächst nicht aufgestellt worden, doch unmittelbar vor Ablauf der Nominierungszeit für die Wahllisten starb der Kandidat für den Sitz von George, einem Kreisstädtchen in der östlichen Kapprovinz. Botha sprang ein, sah und siegte und zog mit der überraschend triumphalen Nationalen Partei (in Koalition zunächst mit der »Afrikaaner-Partei«) ins Unterhaus, den sogenannten Volksrat, in Kapstadt ein. Da in Südafrika niemand Abgeordneter eines Wahlbezirks sein kann, in dem er über keinen Wohnsitz verfügt, kauften die Bothas sich ein Ferienhaus in Wildernis im Kreis George am Meer, wo die Familie fortan viele Wochenenden und die großen Schul- und Parlamentsferien verbrachte.

Die Regierungsverantwortung übernahm Bothas Protektor Malan, der seinem Günstling auch weiterhin die Stange hielt, an der dieser sich ungehindert emporturnen konnte. Während der nächsten zehn Jahre wurde ihm der Posten eines Chefsekretärs der Partei in der Kapprovinz anvertraut, den er durch seine Aktivität in zahlreichen Ausschüssen, darunter erneut das Komitee für Information, ergänzte. Ende 1958 ernannte der große Apartheidsideologe und -stratege, der aus Holland stammende Psychologieprofessor Hendrik Verwoerd, der soeben die Regierung übernommen hatte, den allzeit brauchbaren und einsatzbereiten jungen Berufspolitiker (was in Südafrika damals noch eine Seltenheit war) zum stellvertretenden Innenminister.

Ziel der Regierungspolitik war in den folgenden Jahren vor allem anderen die völlige Trennung aller Rassen – heute sagt man »Bevölkerungsgruppen« –, mit der erklärten Absicht, die als bedrohlich empfundene, allzu schnell anwachsende »schwarze« Mehrheit (zu dieser Zeit nannte man sie offiziell noch »Bantus«, was nichts anderes als »Menschen« heißt) in nur begrenzt autonome, wirtschaftlich abhängige Reservate – die sogenannten *Bantustans*, später *homelands* – zurückzudrängen. Dort, aber eben nur dort, sollten sie politische

Rechte, wie zum Beispiel das Wahlrecht, erhalten und sich gemäß ihren Traditionen »getrennt« (also apart) entwickeln dürfen.

Die als ungerecht erachtete Verurteilung dieser Politik durch die internationale Außenwelt beantwortete Verwoerd 1961 mit dem Austritt Südafrikas aus dem Commonwealth und, nach einem sehr knapp ausgegangenen Referendum unter den Weißen, mit der Umwandlung des Dominiums in eine Republik. Ganz bewußt wurde diese am Jahrestag des Friedens von Vereeniging, mit dem der Große Burenkrieg zu Ende gegangen war – am 31. Mai – ausgerufen.

Schon zwei Monate später saß Botha im Kabinett, und zwar als Minister für Gemeindeentwicklung und die Belange der Mischlinge, für die er ja schon Fachmann war. Später kam die Zuständigkeit für öffentliche Bauten zu seinem Aufgabenbereich hinzu. Teil seiner Pflichten war die Durchsetzung der Trennung aller Wohngebiete nach Rassen, wie das schon seit 1950 geltende, aber immer noch nicht voll verwirklichte »Gruppengebietsgesetz« (Group Areas Act) sie vorschrieb. In dieser Zeit hat Botha seinem Namen ein wahrhaft denkwürdiges Denkmal gesetzt – den »Schandfleck von Kapstadt«, wie er selbst einmal sagte (freilich in sehr anderem Zusammenhang): District Six.

Noch heute erkennt man dieses Wohngebiet von ehedem mehr als 60 00 Menschen, die in die Kategorien staatlicher Rassentrennung einfach nicht hineinpassen wollten, weil ihre jeweilige Hautfarbe von blaßrosa über gelb bis dunkelbraun oder gar schwarz variierte, auf dem Stadtplan Kapstadts mit einem Blick. In der Form eines großen Fisches befindet sich dort ein weißer Fleck. Denn das 92 Hektar große Areal ist auch heute noch ein Trümmerfeld, nachdem auf Bothas Geheiß dieser Stadtteil der weißen Bevölkerung zugeteilt worden war, die Einwohner Räumungsbefehle erhalten und schließlich Bulldozer alle Wohnhäuser eingerissen und niedergewalzt hatten. Selbst von den zahlreichen Kirchen und

Schulen sind nur noch wenige erhalten; unangetastet blieben allein die Moscheen, an die Hand anzulegen man sich auch im selbstherrlichen, aber erdölimportierenden Burenstaat nicht getraut.

Nach dieser Großtat blieb die Belohnung nicht aus. Premierminister Verwoerd ernannte den energischen Funktionär, der bewiesen hatte, daß er sich ohne Sentimentalität durchsetzen konnte, am 5. April 1966 zum Verteidigungsminister, obwohl Botha niemals Militärdienst geleistet hatte und allenfalls von Jagdwaffen etwas verstand. Ein geraumes Jahr später wurde der Abgeordnete von George zum Parteivorsitzenden der Kapprovinz gewählt – einem der vier gleichrangigen Führungsposten in der Nationalen Partei, die eine föderale Struktur aufweist und einen nationalen Führer nicht kennt. Automatisch hatte dies eine Berufung in den Direktionsrat der »Nasionale Pers« zur Folge, jenes Konzerns afrikaansprachiger Presseorgane und Verlagshäuser, zu dem die schon erwähnte Kapstädter Tageszeitung *Die Burger* und in Johannesburg *Die Beeld* gehören. Von jetzt an war Pieter Willem Botha, an den Maßstäben seines Landes gemessen, ein einflußreicher, ja sogar ein mächtiger Mann.

Die nächste Chance kam jedoch zu früh. Denn schon am 6. September 1966 wurde Verwoerd während einer Parlamentssitzung von einem (weißen) Parlamentsdiener ermordet. Dieser wurde später für geisteskrank erklärt, wodurch ein Gerichtsverfahren vermieden werden konnte. Viele Südafrikaner sind auch heute noch überzeugt davon, daß diese Mordtat immer noch der Aufklärung bedürfe und daß so mancher prominente Politiker dadurch belastet würde. Eine weitere Leiche in den Kellern und Schränken der politischen Führer Südafrikas?

Nachfolger Verwoerds jedenfalls wurde dessen bisheriger Justiz- und Polizeiminister Johan Baltazar Vorster, der erst vier Jahre nach Botha ins Parlament eingezogen war. Auch er war als Vorkämpfer der Apartheid die politische Karriereleiter hinaufgeklettert, nachdem er als »General« der »Ossewabrandwag« während des Krieges interniert gewesen war und sich dort im Lager mit dem späteren Chef der Staatssicherheit, dem Polizeigeneral Hendrik van den Bergh, angefreundet hatte. Obwohl er also Gefangenschaft ohne vorhergehendes Gerichtsurteil am eigenen Leibe erfahren hatte, war es Vorster, der im April 1963 ein Gesetz durchgesetzt hatte, das Haft ohne vorhergehendes Gerichtsverfahren gestattete, weil er überzeugt davon war, nur mit derart drakonischen Mitteln dem »revolutionären Anschlag« des schwarzen Widerstands auf die Allmacht und die wirtschaftlichen Privilegien der Weißen begegnen zu können. Dieses sogenannte Neunzig-Tage-Gesetz erlaubte es fortan allen höheren Polizeioffizieren, jeden Menschen für maximal drei Monate einzusperren, den sie eines Verstoßes gegen eines der immer schärferen, aber immer vager formulierten Sicherheitsgesetze verdächtigten.

Unerbittliche Härte nach innen, flexible, ja versöhnliche Gesten nach außen prägten Vorsters Regierungsstil. Er herrschte, um es auf einen einfachen Nenner zu bringen, mit Polizei und Diplomatie. Als Botha 1978 die Macht ergriff, versuchte er es zunächst genau umgekehrt: mit Härte nach außen und Reformen im Landesinneren. Erst als der erhoffte Erfolg ausblieb, griff er auch innenpolitisch wieder zu den Mitteln der Repression.

Aber auch seinem um zwanzig Jahre jüngeren Nachfolger de Klerk stehen jetzt nur drei mögliche Wege offen: Entweder er rückt entschlossen nach rechts, gemäß dem alten Dogma seiner Partei, daß der Schutz der »nationalen Identität«, der weißen Rasse nämlich, Vorrang habe. Für diesen Schritt hat er sich bereits als zu pragmatisch und auch zu nüchtern erwiesen. Oder aber er bewegt sich entschlossen nach links, weg vom Grundsatz der Rassengruppen, hin zur Abschaffung jeglicher Einstufung der Menschen nach ihrer Rassenzugehörigkeit, zur Einführung völlig gleicher politischer Rechte, zu

Verhandlungen mit dem Widerstand ohne Vorbedingungen und somit aus der internationalen Isolierung heraus. Für diesen gewagten Sprung nach vorne ist er wahrscheinlich zu konservativ. »Ja, dazu ist er zu wenig radikal«, sagt auch sein älterer Bruder Wimpie de Klerk, ein angesehener Politologe und Publizist. Zu ihm passe nur der Weg der Mitte, mit schlauem Taktieren, kleinen Zugeständnissen hier und dort, mit langwierigen Verhandlungen und Planungsprozessen, geschickter Diplomatie und wachsender Autorität, dank einer ausgewogenen Kontrolle der Macht. »Das sind sein Stil, seine Natur, sein Talent und seine Überzeugung«, erklärte der ehemalige Chefredakteur der afrikaanssprachigen Wochenzeitung *Rapport* noch kurz vor Amtsantritt seines »kleinen« Bruders. Und er ließ schon damals keinen Zweifel aufkommen, daß dieser Weg seiner Meinung nach Südafrika nicht aus der Krise herausführen wird.[2]

Diplomatie schien nach Vorsters Amtsantritt vor allem deshalb geboten, weil der Konflikt um das Mandatsgebiet Südwestafrika des Völkerbunds, die ehemalige deutsche Kolonie am Atlantischen Ozean, zunehmend die Vereinten Nationen sowie die internationalen Gerichte beschäftigte. Ein weiterer Botha namens Roelof Frederik – auch dieser allenfalls entfernt verwandt – profilierte sich in dieser Zeit zum Staranwalt der Machtinteressen Pretorias, die er schließlich, ab April 1977, als Außenminister und vorübergehend auch als Informationsminister vertreten sollte.

Seinen ersten Auslandsposten hatte der erst vierundzwanzigjährige Schmalspurjurist, der schon mit zwanzig ins Außenministerium eingetreten war, in Schweden innegehabt. Von dort war er 1960 an die südafrikanische Delegation in Köln übersiedelt, wo er drei Jahre lang blieb. Seit 1963 verstärkte »Pik«, wie der wortgewaltige Haudegen seit seiner Jugend genannt wird, als er noch Einpeitscher in einem Rugby-Team gewesen war, die Juristenmannschaft seiner Regierung im Rechtsfall Südwestafrika vor dem Internationalen

Gerichtshof in Den Haag. Äthiopien und Liberia hatten dort gegen Südafrika wegen Verletzung der Mandatspflichten geklagt, nachdem Pretoria sich schon 1945 geweigert hatte, das Mandat wie gewünscht in einen Treuhandvertrag mit den Vereinten Nationen umzuwandeln und die vorschriftsmäßigen Berichte fortan dieser Nachfolgeorganisation des Völkerbundes vorzulegen.

Zunächst hatte Den Haag im Juli 1966 aus Formgründen die Klage der beiden einzigen afrikanischen Staaten, die schon vor 1945 Mitglieder des Völkerbundes gewesen waren, abgelehnt. (Südafrika selber war übrigens nicht nur Gründungsmitglied der Vereinten Nationen, sondern Jan Smuts hat sogar die Präambel zu deren Konstitution verfaßt.) Am 27. Oktober aber entzog die Generalversammlung der Vereinten Nationen der Republik Südafrika das Mandat über das umstrittene Territorium, das fortan international – nach seiner größten Wüste, Namib – Namibia genannt werden sollte, und im Juni 1967 setzten die Vereinten Nationen einen Verwaltungsrat für Namibia ein.

Südafrika weigerte sich jedoch, diesen anzuerkennen und die eigene Verwaltung zurückzuziehen, und machte sich statt dessen nur noch verstärkt daran, die Apartheidsgesetze auch in Namibia durchzuziehen und das Gebiet in *homelands* zu zerstückeln. Die noch schwachen politischen Bewegungen der Schwarzen dort protestierten völlig vergeblich. Zwar wurden sie mit Rücksicht auf das Mandat nicht direkt verboten wie ihre Parallelorganisationen 1960 in Südafrika – selbst die feindliche SWAPO blieb mit ihrem internen Flügel in Windhuk immer legal –, doch wurden ihre Möglichkeiten derart beschnitten, daß ihre wichtigsten Führer ins Gefängnis wanderten, in den Untergrund gingen oder das Land verließen. Im Juni 1971 schließlich erklärte der Internationale Gerichtshof in Den Haag die Präsenz der südafrikanischen Administration in Namibia für völkerrechtlich illegal.

Zwischen 1966 und 1974 nahm Roelof Botha an sieben

Sitzungsperioden der Vereinten Nationen teil. Kaum hatte er jedoch sein Beglaubigungsschreiben als UN-Botschafter überreicht, wurde Südafrika aus der Vollversammlung ausgeschlossen. Daraufhin wurde »Pik« zum Leiter der diplomatischen Mission seines Landes in Washington ernannt, mit gleichzeitiger Repräsentanz in New York. Dort stand er von nun an in vollem Rampenlicht. Durch sein völlig ungeniertes Auftreten, ganz als stünde er auf einer Vorstadtbühne und gäbe dort den abgefeimten Winkeladvokaten mit Finten, Listen, Poltern und Gebrüll, spielte »Pik« sich bald ins Herz vieler weißer Südafrikaner und wurde vor allem zahlreicher Frauen Held. Ab 1970 wurde er regelmäßig ins Parlament gewählt (für Westdene, einen wenig eleganten Stadtteil Johannesburgs) – ein unverzichtbares Zugpferd der Regierungspartei, deren stellvertretender Vorsitzender in der Provinz Transvaal er bald war.

Gerade angesichts der Namibia-Debatte versuchte Vorster, durch diplomatische Initiativen und gezielte Propaganda, die er sich einiges kosten ließ, weltweit Freunde oder zumindest Verständnis für die Lage seines Landes zu gewinnen. Nichts fürchtete er mehr als Boykott und Sanktionen. »Jedes Handelsabkommen, jedes Bankdarlehen, jede neue Investition ist ein weiterer Baustein in der Mauer unserer fortgesetzten Existenz«, erklärte Vorster im August 1972[3]. Diese Aussage blieb bis zu seinem Sturz das Credo seiner Außenpolitik. Um mögliche Sanktionen abzuwenden, suchte er Südafrika so eng wie irgend möglich an den Westen anzubinden. Der Kalte Krieg bot ihm die Gelegenheit, Südafrika als ein Bollwerk des Antikommunismus hinzustellen, das es zu unterstützen gelte, ganz gleich, mit welchen Mitteln es in seinem Inneren zusammengehalten ward. Und das seinerseits bereit war, zum Dank allen anderen nichtkommunistischen Staaten gegen die Gefahren des sowjetischen Expansionismus beizustehen.

Erst während des Falklandkrieges 1982 kam es ans Licht, daß wahrscheinlich bereits seit 1969/70 ein Geheimabkommen über »antikommunistische« Waffenhilfe zwischen den rechtslastigen Staaten der südlichen Hemisphäre – Südafrika, Argentinien, Brasilien, Paraguay und Uruguay (Chile kam zu dieser Zeit nicht in Betracht) – sowie Taiwan und Israel bestand. Im Mai 1969 war Vorsters Außenminister Hilgard Muller nach Buenos Aires gereist, um die uneingeschränkte Bereitschaft seiner Regierung zu Waffenbrüderschaft »im gemeinsamen Kampf gegen den Kommunismus und die sowjetische Expansion« zuzusagen. Der britische Premierminister Harold Wilson hatte gerade angekündigt, sein Land werde das Simonstown-Abkommen mit Südafrika nicht verlängern, das seit 1955 galt und 1975 auslaufen würde, und Vorster hatte sich wiederholt besorgt gezeigt, daß durch den Rückzug Großbritanniens aus der Region ein gefährliches Machtvakuum entstehen könnte.

Simonstown ist ein kleiner Marine- und Fischereihafen, der an der Westseite der False Bay unweit Kapstadts an der Kapspitze liegt. 1741 wurde dieser Hafen von den Holländern als Marinestützpunkt angelegt, 1795 von den Briten besetzt, und nachdem Großbritannien während der napoleonischen Kriege den Schutz der überseeischen Besitzungen des Prinzen von Oranien übernommen, diese anschließend aber nicht wieder herausgerückt hatte – also etwa ab 1814 –, war Simonstown der wichtigste britische Marinestützpunkt im südlichen Afrika, weil die anderen britischen Kolonien in der Region ausnahmslos Binnenländer gewesen sind. Ab 1955 wurde Simonstown auf der Basis eines neuen Abkommens, das nur aus einem Austausch von Briefen bestand und niemals als formelles Vertragswerk unterzeichnet wurde, von Großbritannien und Südafrika gemeinsam genutzt. 1974 machten die Südafrikaner sich daran, die Hafenanlagen von Simonstown weit über den eigenen Bedarf hinaus zu vergrößern und deren Benutzung westlichen Marineverbänden anzudienen, allerdings ohne den gewünschten Erfolg[4].

Tatsächlich gilt Simonstown unter Experten als nicht annähernd so interessant, wie die südafrikanische Propaganda dies darzustellen pflegt. Denn erstens ist die Seeroute um das Kap der Guten Hoffnung keine Meerenge, die sich beliebig absperren oder blockieren ließe (man denke sich nur eine Kette von dort bis zur Antarktis!), und zweitens ist die Hafeneinfahrt für die meisten modernen Schiffe nicht tief genug – »shallow waters«, wie ein pensionierter britischer Admiral einmal gegenüber der Verfasserin lächelnd bemerkte. Die Fahrrinne ist nur 40 Fuß tief, also etwa 13 Meter.

In all diesen Jahren der ungeklärten Zukunft Simonstowns, von dem auch während des Falklandkrieges schließlich niemand Gebrauch gemacht hat, hielt sich in Südafrika das Gerücht, die Regierung strebe die Bildung einer südatlantischen Verteidigungsallianz an, nach dem Vorbild der NATO im Norden. Eine intensive Reisetätigkeit war zu beobachten und schien zu beweisen, daß Verhandlungen im Gange waren; so pilgerten allein in den zwölf Monaten vor dem Falklandkrieg achtunddreißig Generäle aus den mutmaßlichen Partnerstaaten zu ihrem »Primus inter Parias«, Pretoria, unter ihnen so bedeutende Persönlichkeiten wie der argentinische General Mario Benjamin Menendez, der bald, wenn auch nur für wenige Tage, Gouverneur der Falkland-Inseln war. Als der ehemalige Außenminister Südafrikas, Muller, im April 1982 zur Frage des Südatlantikpaktes interviewt wurde, sagte er nur: »Die meisten unserer Absprachen waren vertraulicher Natur.«[5]

Um sich als potentieller politischer Partner zu empfehlen, hob Vorster auch immer wieder ausdrücklich hervor, Südafrika mische sich niemals in die inneren Angelegenheiten anderer Staaten ein, es sei denn, seine eigenen Interessen würden dort direkt berührt. Der massive Einsatz südafrikanischer Streitkräfte in Rhodesien wurde mit der Begründung von diesem Grundsatz ausgenommen, daß es sich hierbei lediglich um Polizeitruppen handle, die das Eindringen von Terroristen in die Republik verhindern müßten. Ähnlich wurde im Zusammenhang mit Hilfstruppen argumentiert, die den Portugiesen in Moçambique und Angola beistanden, während es noch lange ein Geheimnis blieb, daß Portugal und Südafrika schon 1968 eine gemeinsame Führungszentrale zur Leitung südafrikanischer Truppentransporte und zur Luftaufklärung gegen angolanische wie namibische Befreiungskämpfer auf dem Boden Angolas eingerichtet hatten, wie der amerikanische Angola-Experte John Marcum 1978 – also zehn Jahre später – nachweisen konnte.[6] Schon 1967 war Verteidigungsminister Pieter Willem Botha mit dem Großkreuz des Militärordens Christi, einer der höchsten portugiesischen Dekorationen, ausgezeichnet worden.

Für die kurze, aber intensive Einmischung 1964 im Kongo waren »von privaten Agenturen rekrutierte weiße Söldner« verantwortlich gemacht worden; auch dies ein Muster, das in der Folge noch häufig kopiert werden sollte, selbst wenn es, wie etwa im Falle des Umsturzversuches auf den Seychellen, niemanden überzeugen konnte. (Zum Teil wurden sogar die gleichen »soldiers of fortune« tätig, die sich schon im Kongo einen Namen gemacht hatten.)

Das Eindringen südafrikanischer Truppen in den Süden Angolas Anfang August 1975 ließ sich durchaus noch als Polizeimaßnahme (»zum Schutze der Bauarbeiter am Calueque-Damm, die durch ausländische Soldaten bedroht wurden«) rechtfertigen. Die große Invasion 1975 jedoch war eine offene militärische Operation, die zwar eine Weile geheimgehalten, jedoch keinesfalls als Verfolgung von Eindringlingen getarnt werden konnte. Sie stellte eine bewußte Einmischung in den internen Konflikt Angolas dar, der solchermaßen zu einem kaum mehr begrenzbaren Stellvertreterkrieg eskalierte.

Der Mann, der da am 27. März 1976 auf der Brücke über den Cunene stand, hatte Vorsters Entspannungspolitik zerstört, ohne noch eine Alternative entwickelt zu haben. Da stand P.W. Botha nun, militärisch siegreich, und hatte es doch nicht geschafft. In einem hatte Vorster recht behalten: nur

Großmächte konnten gegen die »kommunistische Bedrohung« ankommen, und die einzige Großmacht, die in Frage kam, hatte aus innenpolitischen Gründen die »Sache des freien Westens« verraten und Südafrika im Stich gelassen.

Südafrika mußte also selbst zur Großmacht werden. So einfach war das – und so schwer. Südafrika mußte eine Kampfkraft entwickeln, die jedem nur denkbaren Gegner gewachsen war. Südafrika durfte nicht länger nur reagieren, es mußte selbst agieren, in dieser zunehmend feindlichen Welt. Es mußte eine eigene Rüstungsindustrie entwickeln, um nicht länger von der Gunst internationaler Waffenlieferanten abhängig zu sein. Südafrika durfte nicht länger mühselig versuchen, seine Nachbarstaaten durch friedliche Wirtschaftsbeziehungen einzubinden, wie der ewige Zauderer Vorster das angestrebt hatte. Man mußte die jungen schwarzen Nachbarstaaten gewaltsam auf die Knie zwingen, wie die Sklaven auf dem väterlichen Hof. »Die Flammen zukünftiger Destabilisierung waren angezündet worden«, wie David Martin und Phyllis Johnson, zwei ehemalige Südafrika-Korrespondenten des Londoner *Observer* und des kanadischen Rundfunks, die seit Anfang der achtziger Jahre in Harare (früher Salisbury) leben und dort als Verleger arbeiten, festgestellt haben.[7] Flammen, die bald wie ein Buschfeuer um sich griffen, die im gesamten Subkontinent irreparablen Schaden angerichtet haben und noch immer anrichten.

Gab es denn – so mag unser Mann auf der Brücke zu dieser Stunde gedacht haben – überhaupt einen meßbaren Unterschied zwischen seinem Volk und jenen arroganten Weißen in Nordamerika, die derart verräterisch mit ihm und seinesgleichen umgegangen waren. Waren die Nordamerikaner und die Südafrikaner nicht gleichermaßen im 17. Jahrhundert aus dem beengten Nordwesten Europas ausgewandert, um in einer besseren, vom Irrglauben der Modernisten unberührten Welt ihrem wahren reformierten Glauben zu leben? Bestand nicht der einzige Unterschied darin, daß die Afrikaaner besser gewesen waren als die Amerikaner; daß sie die Ureinwohner nicht einfach ausgerottet hatten, sondern sich mit diesem Problem herumschlugen bis auf den heutigen Tag?

Die amerikanische Außenpolitik, wie sie schon 1823 in der sogenannten Monroe-Doktrin (einer frühen Vorläuferin der sowjetischen Breschnew-Doktrin) formuliert worden war, um die russische Expansion an der amerikanischen Westküste einzudämmen – bot sie nicht das geeignete Modell? 1904 – im Zusammenhang mit dem Panama-Kanal – war diese Doktrin von Theodore Roosevelt ausdrücklich im Sinne einer Befehls- und Polizeibefugnis gegenüber allen anderen amerikanischen Staaten erweitert worden, und seit 1928 galt der schöne Begriff der »guten Nachbarschaft« Hoovers und Franklin D. Roosevelts, der erst nach dem Zweiten Weltkrieg durch die Vorstellung einer »regionalen Solidarität und Zusammenarbeit« ersetzt worden war.

Gute Nachbarschaft, Solidarität, Kooperation – das waren doch moralisch einwandfreie Begriffe, mit denen man sich international sehen lassen, ja Staat machen konnte. Mehr noch: einen Staatenbund.

Europa und Afrika

> Sie kamen mit dem Schwert
> in der einen Hand,
> mit dem Kruzifix in der anderen,
> wenn sie aber Gold fanden,
> legten sie das Kruzifix beiseite
> und füllten sich die Taschen.
> *Jao de Castro,*
> *Vizekönig von Ostindien, 1548*

Das große Fressen

Ein südafrikanischer Staatenbund stünde in keinerlei Widerspruch zum schon im Gründungsjahr 1963 gefaßten Beschluß der Organisation für Afrikanische Einheit, an all die künstlichen Grenzen nicht zu rühren, mit denen die europäischen Machthaber Afrika vor allem in den zehn Jahren zwischen 1880 und 1890 ohne jegliche Rücksicht auf natürliche und historische Gegebenheiten in Puzzlesteine zersägt hatten, mit denen sie fortan mehr oder minder gelangweilt auf ihren filzbespannten grünen Tischen spielten. Nicht, daß die endlich unabhängigen afrikanischen Staaten mit den Konturen der ihnen aufgezwungenen Landkarte auch nur annähernd glücklich gewesen wären – sie konnten deren Veränderung einfach nicht riskieren, weil die möglichen Folgen nicht kalkulierbar waren. Diese konnten durchaus so schwerwiegend sein wie eine neue Völkerwanderung.

Manche Staaten, so zum Beispiel Moçambique, würden vollkommen verschwinden, schlösse man ihre einzelnen Provinzen jenen Nachbarstaaten an, in denen die Mehrheit des jeweiligen Volksstammes zu Hause ist. Von welchem frischgebackenen Potentaten kann denn im Ernst erwartet werden, daß er sich wünscht, den Besitz verteilt, also den Ast abgesägt zu sehen, auf dem er nach langem, verlustreichem Befreiungskampf endlich sitzt? Also beschied man sich mit dem Erreichten, das nach internationaler Rechtsauffassung auch das Richtige war: souveräne Gebiete, die unter dem Schutz der Vereinten Nationen standen und stehen (was immer dieser wert sein mag) und von allen anderen Staaten anerkannt sind. Durch diesen Beschluß vom Jahre 1963 wurden freilich die kolonialen Grenzen, die bis zu diesem Zeitpunkt immer noch fließend gewesen waren, überhaupt erst endgültig zementiert.

Die Gründungsväter der OAU – heute leben nur noch wenige von ihnen, nachdem die meisten Opfer politischer Konflikte wurden – erkannten von allem Anfang an dieses Problem. Sie handelten vor allem in der Sorge vor den Auswirkungen des Kalten Krieges, der die notleidenden afrikanischen Staaten in die Arme der um die Weltherrschaft kämpfenden Machtblöcke, also in neue Abhängigkeiten, trieb und Afrika erneut auseinanderzureißen drohte. »Die OAU als Diskussionsforum hat verhindert, daß diese Entwicklung zu einer neuen afrikanischen Teilung geführt hat«, urteilte auch Werner Holzer, einer der kundigsten Beobachter Afrikas im deutschen Journalismus, in einem Leitartikel zum 25. Jahrestag der OAU[1]. »Damit wurde zwar die künstliche afrikanische Landkarte festgeschrieben ... Doch in einem Kontinent, dessen Grenzen einst zu 90 Prozent künstlich gezogen wurden, hätte jede andere Entscheidung blutige Konflikte ausgelöst.« Holzer führt das Beispiel Nigerias an: »Als die Ostregion der damaligen Föderation Nigeria doch den Ausbruch aus den alten kolonialen Grenzen versuchte, fanden sich nur zwei afrikanische Staaten, die das neu ausgerufene Biafra anerkennen wollten. Die nigerianische Zentralregierung konnte sich auf die OAU-Mehrheit verlassen, Biafra durfte nicht entstehen.«

Daß die kolonialen Grenzen dennoch allenthalben bedroht sind und in einigen Regionen sicher auch bald wieder in

Bewegung geraten werden – denken wir nur an die offenen Dispute zwischen Nigeria und Kamerun, Burkina Faso (früher Obervolta) und Mali, Somalia und Äthiopien oder Libyen und Tschad –, steht auf einem anderen Blatt.

Dem Zustandekommen der künstlichen afrikanischen Grenzen wurden schon zahlreiche eingehende Studien gewidmet.[2] Ihnen allen ist das große Staunen über die gierige Hast anzumerken, mit welcher gegen Ende des vergangenen Jahrhunderts der »große Kuchen Afrika« – dieses Bild wird gern und oft benützt – mit seinen dreißig Millionen Quadratkilometern Oberfläche und mehr als hundert (heute sogar rund 500) Millionen Bewohnern (bei einer Wachstumsrate von etwa drei Prozent verdoppelt sich die Zahl der Menschen alle 23 Jahre!) plötzlich aufgeteilt und vereinnahmt wurde, nachdem von den Punischen Kriegen, die zur Ausrufung einer römischen Provinz »Africa« geführt hatten, bis hin zu den portugiesischen Seefahrern, durch Jahrhunderte nur an seinen Rändern herumgeknabbert worden war. Die kopflose Eile, mit der Europa den schwerverdaulichen Nachbarkontinent schließlich wieder von sich gab, bot nur achtzig Jahre später ein kaum rühmlicheres Spiegelbild zu diesem unrühmlichen Vorgang.

Als wichtigste Gründe für die lange Zurückhaltung vor der plötzlichen Freßlust werden die geographischen Gegebenheiten – wie zum Beispiel der Mangel an schiffbaren Flüssen, Sümpfe, Wüsten, Urwälder oder Berge – sowie Klima und Krankheiten angegeben. Nicht ganz ohne abschreckende Wirkung blieb jedoch wohl auch der physische Widerstand kriegerischer Völker wie der der Aschanti im Westen, der Abessinier im Osten und der Xhosas und später Zulus im Süden des Kontinentes. Den Randgebieten Afrikas hatten einige wagemutige Europäer schon früh Gold und Sklaven abgerungen, doch oft hatten sie mit dem Leben dafür bezahlt. Das Landesinnere jedoch blieb lange *terra incognita;* alte Landkarten tragen diese Bezeichnung ausdrücklich. Europäische Siedlungen in Afrika gab es, abgesehen von den spanischen Niederlassungen in Marokko und den portugiesischen im Tal des Zambezi, durch Jahrhunderte so gut wie keine.

Auch als die holländische Ostindien-Kompanie sich ab 1652 an der südlichen Kapspitze etablierte, wo das Klima ideale Voraussetzungen bot, war es ihr erklärtes Ziel gewesen, sich auf eine Raststation für die meist an Skorbut leidenden Seefahrer in Richtung Asien zu beschränken. Ein Garten mit Obst und Gemüse wurde angelegt, während die benötigten Fleischrationen den Hottentotten abgehandelt wurden. Bald hatten zwar einzelne Siedler auf der Suche nach Acker- und schließlich Weideland ihre Exkursionen weiter ins Land hinein ausgedehnt, doch hinauf ins Hochland hinter den Bergen getrauten sich auch die von Holland entsandten Bauern (es waren keineswegs nur Niederländer), die Buren, noch lange nicht.

Einige Voraussetzungen mußten erfüllt sein, damit das hemmungslose Wettfressen am großen Kuchen Afrika beginnen konnte: Ein vermehrter Bedarf an Rohstoffen mußte den Forscherwillen motivieren (und finanzieren), in noch unbekannte Tiefen vorzudringen; das Wetteifern der Missionare um jede einzelne Heidenseele mußte den schwarzen Kontinent entdeckt haben. Beides wäre ohne die Überlegenheit moderner Waffen und den Fortschritt der Medizin undenkbar gewesen.

Doch erst als die Briten sich 1815 die Kapregion als eine der überseeischen Besitzungen der Oranier, deren Protektion während der napoleonischen Kriege London übernommen hatte, einfach aneigneten und als sie schließlich auch noch ihre Verwaltungssprache und -normen und ihre Gesetze – wie zum Beispiel das damals noch neue Verbot des Sklavenhandels – den bisher recht unabhängigen Buren aufzuzwingen begannen, fingen diese an, sich nach neuem Lebensraum im Norden umzutun. Zwischen 1835 und 1838 brachen viele von ihnen – insgesamt etwa 10000 Christenseelen (Heiden wurden nicht gezählt), die keineswegs immer so »weiß« waren, wie der rassistische Afrikaaner-Mythos uns heute weiszumachen versucht – auf und zogen, allen Stürmen, Tsetsefliegen und Malariamücken trotzend, mit ihren mehrspännigen schweren Ochsenwagen über die schwarzen Berge hinweg, auf das noch dünnbesiedelte Hochplateau hinauf. Gleichzeitig flohen aus den Niederungen des Ostens schwarze Völker wie die BaSothos und Tswanas vor ihren Unterdrückern, den mordenden Zulus, und der verheerendsten Dürreperiode des Jahrhunderts gleichfalls auf das Highveld hinauf.

Die Briten sahen durch die zunehmend feindlichen Begegnungen zwischen den schwarzen und weißen Eingeborenen nicht nur die imperiale Ruhe und Ordnung gestört, sondern zugleich auch ihr strategisches Interesse am Indischen Ozean bedroht – also annektierten sie kurzerhand Natal. In zwei Abkommen, 1852 und 1854, verzichteten sie zwar auf »die Verantwortung« für die Gebiete der zukünftigen Burenrepubliken Transvaal und Oranje-Freistaat, übernahmen jedoch 1868 die Schutzhoheit über den neuen Staat der Südsothos (Basutoland, heute Lesotho), die unter ihrem großen Führer und König Moshoeshoe (sprich Moschweschwe) vor den Zulus wie Buren in die Berge geflüchtet waren. Lesotho ist – wie auch die beiden anderen Protektorate Bechuanaland (Botswana) und Swaziland – noch heute Teil des Commonwealth.

Jetzt sollte endgültig Frieden sein. Doch schon 1867 hatte man im Flußbett des Oranje, an dessen Ufer entlang die britisch-burische Grenze verlief, einige Diamanten gefunden, und 1870 entdeckte man dort auf einer Farm namens Kimberley das größte Diamantenvorkommen der Welt. Während sich der Freistaat, die ortsansässigen »farbigen« Griquas und einige Missionare um diese Schätze stritten, eilten Glücksritter aus aller Herren Länder, vor allem aber aus England und Schottland, herbei. Um »ihre Rechte zu schützen« erklärte die britische Kapverwaltung die Griquas (den größten Hottentottenstamm) über Nacht zu britischen Staatsbürgern und annektierte dann, unter dem Vorwand, für *law and order* sorgen zu müssen, da ja nun die Mehrheit der Betroffenen Untertanen der Queen Victoria seien, das ganze strittige Gebiet.

Überliefert ist das Gebet des Griqua-Führers Koq vor einer Schlacht mit einem Burenkommando 1876: »Trotz sehr vielen Gebeten zu Dir, o Herr, verlieren wir ständig all unsere Kriege. Morgen werden wir schon wieder in eine Schlacht ziehen, die wirklich groß sein wird. Aus Leibeskräften brauchen wir Deine Hilfe, und deshalb muß ich Dir etwas sagen: Diese Schlacht morgen wird eine ernste Angelegenheit. Das wird kein Platz für Kinder sein. Deshalb muß ich Dich bitten, uns diesmal nicht Deinen Sohn zu Hilfe zu schicken. Komm selbst!«

Die Entdeckung der Diamanten hatte natürlich allenthalben die imperiale Gier erregt; Männer wie der geniale Mehrer des Reichs und seines persönlichen Reichtums, Cecil John Rhodes, traten auf den Plan. Seine Truppen, die das stolze Königreich der Zulus, das erst vor vierzig Jahren unter dem legendären Heerführer Schaka Zulu entstanden war, längst zerschlagen hatten, unterwarfen jetzt nacheinander Bechuana-, Matabele- und Maschonaland (Rhodesien, heute Zimbabwe) und das Barotseland (Zambia) und hatten solchermaßen das burische Transvaal bald völlig eingekreist, eingesperrt wie in einen Kraal. 1877 konnten die Briten schließlich die Burenrepublik ohne großen Aufwand annektieren.

Nach drei Jahren passiver Resistenz brachen aber offene Feindseligkeiten aus. Im Februar 1881 brachten die schlecht ausgerüsteten, aber wie immer von ihrem Recht überzeugten und – wie die Griquas – mit Gott kämpfenden Buren den britischen Truppen am Berg Majuba eine überraschend schwere Niederlage bei. Nach dieser Schlacht kam ein Kompromiß zustande; unter britischer Souveranität entstand ein „autonomer" Staat Transvaal. 1883 wurde Paul (»Ohm«) Krüger, die damals übliche Militärkarriere hinter sich, zum Präsidenten dieses Staates ernannt – und bis zu seinem Ende wurde er fortan alle fünf Jahre wiedergewählt.

Daß es im Transvaal Gold gab, war damals schon rund dreißig Jahre lang bekannt gewesen; von den gigantischen Ausmaßen dieser Vorkommen jedoch machte sich wohl niemand das rechte Bild. 1886 brach, von einigen Pionieren vorangetrieben, der Goldrausch über dem Hochplateau des Witwatersrandes aus. Die Vorgänge von Kimberley wiederholten sich, freilich noch hektischer und in größerem Ausmaß. Tausende von Ausländern, »Uitlanders«, brachten ihre fremde Kultur, Zivilisation und Lebensweise, ihre oft niedrige Moral und ihren unverhüllten Materialismus ins Land der braven Buren. Ungehemmt betranken sie sich, spielten um Geld, hurten, beraubten und ermordeten einander und störten die geheiligte Sonntagsruhe. Alle Probleme der Landflucht und Verstädterung brachen plötzlich auf das völlig unvorbereitete Land herein. Zahllose schwarze Grubenarbeiter landeten, sozial entwurzelt, in unhygienischen Elendsquartieren aus Wellblech und Pappe rund um die Minenfelder und die Siedlungen der Weißen auf dem Gebiet der künftigen Stadt Johannesburg, die die Schwarzen Egoli, das heißt Goldstadt, nennen. Christus, soviel ist gewiß, kam nicht bis Egoli.

Die in ihrer Mehrheit britischen Uitlanders forderten ihre Rechte, schließlich auch das Wahlrecht, das Präsident Krüger ihnen nicht zugestehen wollte. Er fürchtete, die Fremden könnten im Volksrat die Mehrheit bekommen und die »echten« Transvaaler beiseite drängen – was die erneute Annektion der Burenstaaten durch Großbritannien ermöglicht hätte. Dr. Jameson, ein Freund Cecil Rhodes' und dessen Administrator im soeben gegründeten Salisbury (heute Harare), versuchte den Konflikt mit rhodesischen Polizeitruppen gewaltsam zu lösen, scheiterte aber an der Entschlossenheit der Buren. Um die Interessen der Uitlanders und des britischen Imperiums durchzusetzen, veranlaßte schließlich 1899 der britische Hochkommissar und Gouverneur der Kapkolonie,

Sir Alfred Milner, die militärische Intervention. So hat die Entdeckung des Goldes direkt zum zweiten, zum Großen Burenkrieg geführt.[3].

Voraussetzung der Ausbeutung der üppigen Bodenschätze war natürlich eine einigermaßen entwickelte Infrastruktur. Straßen gab es jedoch noch wenige, und sie waren nur in der Trockenzeit wirklich zu gebrauchen; die landesüblichen Ochsenwagen waren ein langsames, von Tsetsefliegen bedrohtes Transportmittel, die Flüsse der Region aber führten meist überhaupt nur in der Regenzeit Wasser oder waren so schwer zu bändigen wie der gewaltige Zambezi – also bot sich im wilden Süden Afrikas, genau wie im Wilden Westen Nordamerikas, die Eisenbahn als Transportmittel der Zukunft an.

Natürlich spielten von Anbeginn an bei der Wahl der Strekken politische Erwägungen eine mindestens ebenso gewichtige Rolle wie Fragen der Wirtschaftlichkeit oder der technischen Voraussetzungen. »Niemand, der seine fünf Sinne beisammen hatte, hätte eine Strecke so angelegt, daß sie für eine benachbarte, aber nicht freundschaftlich eingestellte Kolonie von Nutzen gewesen wäre«, hob der ehemalige Generaldirektor der staatlichen Südafrikanischen Transportdienste, Jakobus G. H. Loubser, in einem historischen Rückblick hervor. »Auch würde man keine Eisenbahnlinie zu einem fremden Hafen führen oder derart bauen, daß das eigene Einkommen aus Bahn- und Hafentarifen geschmälert würde.«[4]

Rhodes wäre nicht der bedeutendste Vorkämpfer des britischen Imperialismus gewesen, hätte er derartige Zusammenhänge nicht auf den ersten Blick erkannt. Prompt ließ er eine Eisenbahnstrecke von Warrenton bei Kimberley in der nördlichen Kapprovinz bis in die beiden Rhodesien (heute Zimbabwe und Zambia) bauen, die durch Bechuanaland (das heutige Botswana) verlief, also um die damalige »Republik Südafrika« (den Transvaal) herum einen Bogen beschrieb und nach seinen Vorstellungen eines Tages bis Kairo reichen sollte. Rhodes träumte von einer Konföderation aller Staaten des südlichen Afrika unter der britischen Fahne, dem Union Jack, und er nannte dieses Traumgebilde ausdrücklich die »Vereinigten Staaten von Südafrika«.

»Ich bin zuversichtlich«, prahlte er, »daß, wie abseitig unser Ausgangspunkt auch sein mag, die Entwicklung Afrikas von der Kapkolonie ausgehen wird; daß wir, von den Gesundheitsrisiken der Ost- und Westküste befreit, imstande sein werden, auf dem Wege durch das Landesinnere die Rolle der Herrscher zu übernehmen, angefangen von der Kapkolonie, dann durch Bechuanaland, dann durch das Arrangement mit den Matabeles und so weiter, bis zum Zambezi, und ich vertraue darauf, daß die Bevölkerung des Kaps den Willen, den Mut und den Schwung haben wird, dies als ihr natürliches Erbe anzunehmen ...«[5]

Aus der schrittweisen Expansion nach Norden hoffte er ganz allmählich einen Bund aller südafrikanischen Staaten in die Wege zu leiten. »Dann wäre er imstande«, schreibt sein Biograph Lois Raphael, wohl etwas zu begeistert vom Genie Rhodes', »sein afrikanisches Imperium auf dem festen und haltbaren Fundament guten Willens aufzubauen. Er glaubte tatsächlich, daß er allen Provinzialismus und alle rassischen Vorurteile mit diesem großartigen Zug nach Norden hinwegfegen könnte«. »Die Vereinigten Staaten von Südafrika, wie er (Rhodes) seine Konföderation zu nennen beliebte, sollte eine autonome Einheit innerhalb des britischen Empire sein. In dieser Hinsicht verfolgte Rhodes die fortschrittlichste Kolonialpolitik seiner Generation.«[6]

Ohm Krüger war zwar viel einfältiger als der in der Tat geniale Unternehmer Rhodes, aber deshalb war er noch lange nicht dumm. Er durchschaute die Absicht seines Gegenspielers, durch die Transportwege Abhängigkeiten herzustellen, und weigerte sich, einen Anschluß an die britische Eisenbahnstrecke zu genehmigen, bevor – mit holländischer Hilfe – eine Bahnverbindung von Pretoria zum Hafen von Lourenço Marques (heute Maputo) am Indischen Ozean fertiggestellt war. Diese sicherte dann den Zugang zu den Weltmeeren und die Unabhängigkeit von den britischen Verkehrswegen, und eine Querverbindung Johannesburg–Mafeking (Bechuanaland) war nun kein Problem.

Rhodes scheute keinerlei Anstrengungen, den Bau der westöstlichen Bahnlinie der Buren zu verhindern. Er versuchte sogar, den Portugiesen Lourenço Marques abzukaufen – alles vergebens. Doch bis auf den heutigen Tag verlaufen die Hauptverkehrsadern im gesamten südlichen Afrika in nord-südlicher Richtung, während die Ost-West-Verbindungen vereinzelt geblieben sind: im Westen die Benguela-Linie, die, seit 1928, das heutige Zaïre und Zambia durch angolanisches Gebiet mit dem Atlantik verbindet, allerdings seit 1976 durch den Krieg in Angola unberbrochen; im Osten die Verbindungen Rhodesien/Zimbabwes zu den Häfen Beira und Maputo in Moçambique sowie Malawis Zugang zum gleichfalls moçambikanischen Hafen Nacala am Indischen Ozean, die allesamt durch die Aktivitäten der angeblich prowestlichen, zunächst vom rhodesischen Geheimdienst, später von Südafrika (und einer Vielzahl fanatischer kalter Krieger) unterstützten Widerstandsbewegung RNM (Resistencia Nacional Moçambicana, analog zur regierenden Frelimo meist Renamo genannt) seit Jahren systematisch unterbrochen werden.

Denn längst hat das ehemalige Opfer britischen Hegemoniestrebens, Pretoria, den Spieß herumgedreht und die Abhängigkeit aller Binnenländer der Region, bis einschließlich Zaïre, von den südafrikanischen Verkehrswegen in nord-südlicher Richtung sowie von den südafrikanischen Häfen sichergestellt. Südafrika verfügt zwar nur über sieben der 15 Handelshäfen des Subkontinents. Mißt man jedoch deren Kapazität, so liegt das Verhältnis bei 20:1 zugunsten der Burenrepublik. Es ist schon längst kein Geheimnis mehr, daß Südafrika aus dieser historisch fundierten Überlegenheit schon lange auch politisch Kapital zu schlagen weiß.

Nach der Machtübernahme der Nationalen Partei der Buren

1948 wurde auch die Schiffahrt ganz bewußt in den Dienst der Politik gestellt. Zunächst wurde nach und nach die Monopolrolle einiger europäischer Schiffahrtsgesellschaften (vor allem der britischen Postschiffe) beendet, sodann eine eigene starke Handelsmarine aufgebaut. Hatte die südafrikanische Schiffahrtskapazität 1947 nur 130000 Bruttoregistertonnen betragen, so hatte sie 1982 bereits 776153 BRT erreicht. »Diese große, moderne Flotte – die Großraumtransporter, Kühlfrachter sowie große Containerschiffe umfaßt – ist imstande, wenigstens die Hälfte des gesamten südafrikanischen Außenhandels und zweifellos all seinen lebenswichtigen Außenhandel abzuwickeln«, urteilt der britische Politologe Geoffrey Berridge in einer eingehenden Studie dieser Entwicklung[7]. Und er fährt fort: »Wie sie von großer ökonomischer Bedeutung ist, war sie auch – und bleibt sie ohne Frage – unersetzlich, was die Geheimhaltung und die Sicherheit der Waffengeschäfte der Republik angeht.« Zugleich bedeute sie eine Absicherung gegen alle möglichen zukünftigen, politisch motivierten Versuche, Südafrikas Schiffahrt zu unterbrechen (etwa im Rahmen von Sanktionen).

Die zweite Konsequenz aus der Machtübernahme der Nationalisten sei eine ernstzunehmende »Diskriminierung« aller Frachttarife in südliche Richtung zugunsten der Tarife in nördliche Richtung gewesen, wodurch Südafrikas Außenhandelsbilanz verbessert und die heimische Industrie und Landwirtschaft geschützt werden konnten.

Die dritte Folge sei politischer Natur gewesen, urteilt Berridge: Südafrika habe seine Schiffahrtsverbindungen und Häfen dazu benutzen können, freundschaftliche Staaten zu belohnen und feindselige, wie zum Beispiel Moçambique nach der Unabhängigkeit, aber auch Schweden, Holland oder Großbritannien unter Wilson, zu bestrafen.

Wiederholt hat Südafrika während der vergangenen zehn Jahre zur Züchtigung unbotmäßiger Nachbarstaaten vergleichbare Mittel auch an seinen Grenzen eingesetzt: Die

Übergänge wurden vorübergehend geschlossen, oder es wurde mit Verwaltungsschikanen jedweder Art wie zum Beispiel neuen Gebühren, die plötzlich in harter Währung vorauszuzahlen waren, den abhängigen Binnenländern in Erinnerung gebracht, wer der Herr der Transportwege im südlichen Afrika ist.

Von den zwanzig Entwicklungsländern ohne Zugang zu den Weltmeeren, die die Vereinten Nationen 1980 aufgelistet haben, liegen nicht weniger als sechs im südlichen Afrika. (Wenn man Zaïre mitzählt, sind es sogar sieben.) Binnenländer haben fast immer unter erhöhten Transportkosten zu leiden. Für ihren Zugang zur See hängen sie vor allem vom guten Willen ihrer Nachbarländer ab, und dieser gute Wille ist im allgemeinen käuflich. Die Binnenländer des südlichen Afrika befinden sich ökonomisch jedoch fast ausnahmslos in großen Schwierigkeiten. Die Gründe sind vielfältig. Der südafrikanische Wirtschaftswissenschaftler G. G. Maasdorp an der Universität von Natal führt in seiner vergleichenden Studie von acht Ländern der Region[8] vor allem folgende Ursachen an: »(i) Äußere Faktoren, wie zum Beispiel niedrige Rohstoffpreise auf dem Weltmarkt als Folge der ökonomischen Rezession und die Auswirkung langanhaltender Dürre auf die landwirtschaftliche Produktion und somit auf die Außenhandelsbilanz; und/oder (ii) interne Faktoren, wie zum Beispiel wirtschaftliches Mismanagement, mangelnde politische Stabilität usw.« Als Folge dieser Probleme leiden die meisten Länder der Region unter akuter Devisennot, die sie nur um so abhängiger und verwundbarer macht.

Es liegt auf der Hand, daß die Republik Südafrika am Fortbestand der Abhängigkeit seiner Nachbarstaaten immer schon ein vitales Interesse hatte und daß dieses Interesse mit fortschreitender internationaler Isolierung nicht kleiner, sondern nur noch größer geworden ist. Allein über die Frage, wie diese Abhängigkeit zu verstärken und politisch zu nutzen sei, gab es innerhalb des südafrikanischen Establishments überhaupt je Meinungsverschiedenheiten: Ging der zukunftsträchtigste Weg über friedliche, partnerschaftliche Kooperation oder über gewaltsame, herrische Unterwerfung? Sind also die Mittel der Diplomatie oder die des Militärs geboten? Von den meisten Beobachtern der Region werden diese beiden möglichen Gedankenschulen vereinfachend die Theorie der »Tauben« und der »Falken« genannt.

In seiner »Master's Thesis« an der »Naval Postgraduate School« von Monterey, Kalifornien, gibt Karl Edward Prinslow[9] folgende Definition: »Die Falken glauben, Südafrikas wichtigstes Mittel, seine eigene Sicherheit zu garantieren, sei die Entwicklung und der Gebrauch militärischer wie wirtschaftlicher Muskelkraft, und sie glauben, diese sollte als Zwang und Strafe eingesetzt werden, um die Bedrohung Südafrikas abzuwenden. Sie sind besorgt, Südafrika könnte seine Fähigkeit verlieren, diese Hebel zu benutzen, und versuchen deshalb, die wirtschaftliche Abhängigkeit der Nachbarn Südafrikas noch zu steigern. Der Falke vertritt deshalb die direkte Manipulation der ökonomischen Bindungen. Derartige Aktionen schließen das Manipulieren der Exporte zu den Zielstaaten, die Beschränkung des Verkehrs von und zu den Zielstaaten, das Abändern von Tarifen, die Einschränkung der Wanderarbeit und anderes mehr ein. Die langfristigen Folgen dieser Aktionen werden entweder heruntergespielt oder völlig ignoriert. Die Falken sind auch nicht wirklich über die internationale Verurteilung Südafrikas besorgt. Für sie ist Destabilisierung ein wünschenswertes Mittel, um Destabilisierungsmaßnahmen, die gegen Südafrika gerichtet sind, zu begegnen oder ihnen zuvorzukommen.

Die Tauben anerkennen zwar gleichfalls die Brauchbarkeit militärischer und wirtschaftlicher Stärke, sie sehen aber das Militär vor allem als ›eiserne Reserve‹ an, die jeder möglichen Destabilisierungsdrohung Substanz verleiht. Darüber hinaus sehen sie in den ökonomischen Banden zu den Nachbarstaaten den Schlüsselfaktor für deren politisches Verhalten. Ihrer

Meinung nach sorgen enge ökonomische Verbindungen zu Südafrika dafür, daß die anderen Länder eine vernünftige oder gemäßigte Haltung gegenüber der Republik einnehmen.

Hieraus resultieren die verschiedenen Meinungen über den Gebrauch des Transportes in den auswärtigen Beziehungen. Transport kann entweder als ›Stock‹ oder als ›Karotte‹ benutzt werden.«

Als Zuckerbrot oder als Peitsche. Nicht von ungefähr wird die Zuckerbrot-Theorie, also die der Tauben, gewöhnlich in einem Atemzug mit dem Namen eines Mannes genannt, der schon einmal erwähnt worden ist: Dr. Jakobus G. H. Loubser, von 1970 bis 1983 Generaldirektor der staatlichen südafrikanischen Verkehrsbetriebe, die bis September 1981 den Namen »South African Railways and Harbours Administration« trugen und seither »South African Transport Services« (SATS) heißen. »Transport-Diplomatie« (im Unterschied zur später, aber noch zu Loubsers Zeiten praktizierten Transport-Hegemonie) war das geistige Kind dieses vielseitigen, nicht nur in Afrikaanerkreisen hochangesehenen Mannes. In einem Vortrag vor dem Institut für Strategische Studien an der Universität von Pretoria am 26. September 1979[10] versuchte Loubser, »sein Baby« den Scharfmachern ans Herz zu legen. Ohne Erfolg, wie die spätere Entwicklung zeigen sollte.

»Während die Länder des südlichen und des zentralen Afrika in der Zeit nach ihrer Unabhängigkeit durch tiefsitzende ideologische Meinungsverschiedenheiten nur immer weiter auseinandergerissen worden sind, ist das afrikanische Eisenbahnnetz um so mehr zum Symbol bleibender Einheit geworden, das die Politiker nicht auseinanderreißen können. Im Gegensatz zu den emotional aufgeladenen Slogans der afrikanischen Führer, die bereit sind, im Interesse ihrer Ideologien ihr Volk hungern zu lassen, spricht die Transport-Diplomatie die Sprache der Vernunft, der Menschlichkeit und der Hoffnung«, tönte Loubser, auch er leider ein Opfer der afrikaanischen Neigung zur Selbsttäuschung, dort noch optimistisch. (Die Falken hatten zu diesem Zeitpunkt längst das Kommando übernommen und so manche Eisenbahnstrecke, wie die Benguela-Linie in Angola oder die Beira-Linie in Moçambique, durch ihre Stellvertreter, die Guerilla-Truppen der UNITA und der RNM, auseinanderreißen lassen.)

Seine »Transport-Diplomatie« definierte Loubser als »die Kunst, das Transport-Potential eines Landes dazu einzusetzen, in seinen Beziehungen zu anderen Ländern, zum eigenen Nutzen wie auch zum Nutzen der anderen, eine möglichst große Rolle zu spielen«. Die koloniale Vergangenheit sei einer der Faktoren, die die Zusammenarbeit auf dem Subkontinent behinderten. Nicht nur werde die Ausbeutung durch die Kolonialmächte für alles verantwortlich gemacht, was an den internen Angelegenheiten der verschiedenen Länder nicht in Ordnung sei, sondern darüber hinaus veranlasse eine starke anti-koloniale Haltung gegenüber dem »weißen« Süden diese Länder, sich mit allen Mitteln von der Republik Südafrika zu distanzieren, die immer noch imperialistischer Motive verdächtigt werde.

Nachdem Loubser, der immerhin im südafrikanischen Staatssicherheitsrat Sitz und Stimme hatte, im September 1981 die Regierung Botha nicht von ihrer Entscheidung hatte abbringen können, die Leihgabe von 25 Diesellokomotiven an Zimbabwe nicht zu verlängern, was als Strafmaßnahme gedacht war und auch so verstanden wurde, und nachdem Südafrika schließlich auch vor militärischen Überfällen auf seine Nachbarstaaten, die jegliche diplomatischen Erfolge zunichte machten, nicht mehr zurückschreckte, trat der Generaldirektor der SATS 1983, wie seine Freunde sagen: aus Protest gegen die imperialistische Politik seiner Regierung, zurück.

Der größte Erfolg seiner Transport-Diplomatie war fraglos das Zustandekommen der großen Konferenz an den Victoria-Fällen im August 1975 gewesen, wo Vorster nicht nur den rhodesischen Premierminister Ian Smith unter Druck zu setzen versuchte, sondern es auch um die Wiederöffnung der

Grenze zwischen Rhodesien und Zambia und des Eisenbahnverkehrs zwischen Zambia und Südafrika via Rhodesien ging. Zunächst hatte Rhodesien 1973 die Grenze geschlossen, nun weigerte Kaunda sich, sie wieder zu öffnen, weil er all seine Hoffnung in eine neue, schon lange konzipierte, aber erst jetzt durch China ermöglichte Bahnverbindung nach Dar es Salaam setzte, von der nicht nur er sich endlich die Befreiung aus der Abhängigkeit von den weißen Herren in Rhodesien und Südafrika erhoffte.

Diese Bahnlinie, die nach den beiden Ländern, die sie verbindet, sowohl Tanzam als auch Tazara genannt wird, trug damals unter den Schwarzen der Region den hoffnungsvollen Namen »Uhuru«, was soviel wie Freiheit oder Unabhängigkeit bedeutet. »Uhuru« sollte jedoch, wie so manche Entwicklung im post-kolonialen Afrika, eine herbe Enttäuschung werden: der Hafen von Dar es Salaam war weder zur Aufnahme noch zum Umschlagen größerer Transporte gerüstet (Zambias Exporte bestehen zu 90% aus Kupfer), die Eisenbahngarnituren reichten nicht hin, und eine Vielzahl technischer Mängel stellte sich ein, die sicher nicht nur mit dem schwerfälligen sozialistischen Plansystem vor allem in Tanzania, sondern auch mit Charakter und Tradition der betroffenen Menschen zu erklären ist.

Nichts ist geradliniger als europäisches Denken, das rechts und links alles zu ignorieren versucht, was dem linearen Gedankengang im Wege liegt. Kaum etwas ist geradliniger als die europäischen Grenzen, mit denen Afrika, das bis dahin keine Grenzen kannte, zwischen 1880 und 1890 zerstückelt worden ist. Und was ist geradliniger als ein Bahngeleise, das durch die Parallelität der Schienen bis in alle Unendlichkeit geradlinig scheint? Nichts jedenfalls ist dem afrikanischen Wesen fremder als die gerade Linie, die in Europa so hochgeschätzte Geradlinigkeit. Sie wird als Vergewaltigung der Natur empfunden, die nirgends eine völlig gerade Linie kennt.

Ein schönes Beispiel sind die »Zimbabwe Ruins«, eines der

eindrucksvollsten Baudenkmäler Afrikas. Ihre Einmaligkeit sieht selbst der südafrikanische Architekt Mallows, der ihre Entstehung freilich Südindern und nicht Afrikanern zuschreiben will, in ihrem geistigen Gehalt: keinerlei Geometrie, kein vorausberechneter Plan, keine geraden Wände oder Flächen, aber auch keine geschlossenen Kreise oder rechten Winkel. »Alle Formen sind gewunden und geschwungen und unendlich flexibel... das ist eine vollkommen andere Formenwelt als die unsere. Eine Welt der unmittelbaren Antworten auf unmittelbare Herausforderungen – ohne alle Regeln und ohne jedes Dogma...«[11] Haftet nicht der europäischen Architektur, je geradliniger und symmetrischer sie ist, immer auch ein Element von Gewalttätigkeit an?

»Du kannst mir das ruhig abnehmen, daß Afrikaner von der geraden Linie nichts verstehen«, läßt auch Shiva Naipaul, der scharfsichtige indische Schriftsteller aus Trinidad, einen weißen Bauarbeiter in Kenia sagen, der dem Afrika-Reisenden zu erklären versucht, warum er von schwarzen Mitarbeitern nichts mehr wissen will. »Sie scheinen einfach nicht imstande zu sein, die Idee einer geraden Linie zu begreifen...« Noch sechzig Jahre zuvor hätten die Kikuyu (einer der Hauptstämme Kenias) sich geweigert, auch nur eine rechteckige Hütte zu bauen, sagt er. »Ihre eigenen Behausungen waren rund, ja sie waren schon immer rund gewesen. Geometrische Regelmäßigkeiten erfüllten sie mit abergläubischem Schrekken; sie schienen beispielsweise völlig unfähig zu sein, in geraden Linien zu pflügen – ein Versagen, das Huxley über den Zusammenhang zwischen geometrischer Regelmäßigkeit und Zivilisation zu spekulieren Anlaß gab...«[12]

Gar vielen Europäern hat es zu unzähligen, meist bösartig rassistischen Witzen Anlaß gegeben, deren eigentliches Movens Verachtung für einen unverständlichen Lebensstil, für ein anderes Denken, Fühlen, Empfinden als das unsere ist: für eine nicht bessere oder schlechtere, sondern andere Kultur.

Ein typisches Beispiel für die eurozentrische Beschränktheit vieler, oft meinungsbildender berufsmäßiger Beobachter Afrikas scheint mir folgende, wiederholt bei Cocktails zum besten gegebene und stets mit geradezu hysterischem Gelächter aufgenommene Lieblingsstory eines westeuropäischen Botschafters in Afrika zu sein; aus dem Gedächtnis sei sie hier nacherzählt: Bis zur Unabhängigkeit von Spanien gab es auf der Insel Fernando Poo (heute Macias Nguema), einer Provinz Äquatorial-Guineas, Kakao-Plantagen, deren Produkte sich auf dem Weltmarkt großer Beliebtheit erfreuten. Diese Plantagen gehörten Spaniern, die die benötigten Arbeiter aus Nigeria holten, weil die einheimischen Männer traditionell keinen Ackerbau betreiben, sondern jagen und fischen. (Die Frauen tragen das Ihre durch Garten- bzw. Ackerbau rund um die Hütte bei.) Nach der Unabhängigkeit wurden die spanischen »Ausbeuter« vertrieben (oder sie liefen davon). Niemand wußte mehr, wie man die Plantagen verwaltet und den Kakao verkauft. Schließlich wurden auch noch die Nigerianer von der Insel gejagt. Aus dem drittreichsten Land Afrikas (nach Südafrika und Rhodesien) wurde eines der ärmsten Länder der Welt.

Auf dem Papier. Denn ob sich am Leben der »Eingeborenen« irgend etwas geändert hat, die weder vorher noch nachher irgend etwas mit den Kakaoplantagen zu schaffen hatten, also auch keinerlei Einkommen daraus gewannen – mit dieser eigentlich interessanten Frage hat sich niemand je ernstlich auseinandergesetzt.

»Ursächlichkeit bewegt sich in Kreisen, nicht in einfachen, geradlinigen Sequenzen«, schreibt Mary Catherine Bateson in ihrem anregenden Buch der Erinnerungen an ihre Eltern, die beiden Anthropologen Margaret Mead und Gregory Bateson.[13] Und wohin hat uns all unsere Geradlinigkeit gebracht? Vater Bateson »schrieb den Verzerrungen des Wahrnehmungsvermögens eine besondere, tödliche Struktur zu: daß nämlich das von Ziel- oder Zweckdenken geformte Bewußtsein die Wahrnehmung auf besondere Weise verzerrt und uns glauben macht, daß die Welt in linearen Konsequenzen funktioniert. Wir glauben, wir könnten von A über B nach C gelangen und unsere Ziele erreichen, während tatsächlich jeder Schritt vielfältige Auswirkungen hat.«

Als Beispiel für die Gefahren der »linearen Logik bewußter Zielsetzung« führt die Tochter den Mißbrauch von DDT an: »Um die Ernten zu vergrößern, versuchten es die Farmer mit der Schädlingsbekämpfung durch Sprühen:

Benutzung von Pestiziden → Schädlingsbekämpfung → Größere Ernten. Die Realität war aber keine gerade Linie der Ursächlichkeit, sondern ein kreisförmiges System, bei dem sich herausstellte, daß der Gebrauch von Pestiziden letzten Endes mit der Zeit nur den Gebrauch von Pestiziden vergrößert. Wenn sie besprüht werden, findet bei den Insekten eine beschleunigte natürliche Auswahl statt, die widerstandsfähige Sorten produziert, während ihre natürlichen Feinde, einschließlich der Singvögel, aussterben. ... Bei der Verfolgung ihrer bewußten Ziele haben Farmer und Pestizidhersteller ein komplexes, wechselwirksames System als einzelne gerade Linie der Ursächlichkeit (miß-)verstanden.«

Ähnliches läßt sich heute fast generell über die Fehler vor allem staatlicher europäischer Entwicklungspolitik in Afrika sagen; die Zahl der Beispiele ist längst Legion. Besonders traurig, weil irreparabel, ist wohl die Geschichte der Sahelzone, jenes nach Süden wandernden Wüstengürtels, der sich vom Senegal im Westen durch Mauretanien, Mali, Burkina Faso (früher Obervolta), Niger, Tschad, den Sudan und Äthiopien bis nach Somalia hinzieht, wo durch allzu kurzfristig und geradlinig gedachte Entwicklungshilfe die natürlichen Rhythmen der Nomaden-Tradition zerstört worden sind, die nicht nur dem Boden, sondern auch den gebärfähigen Frauen regelmäßig mehrjährige Ruhepausen gönnten. Auf die Dauer segensreiche Entwicklungspolitik kann nur langfristig angelegt sein und muß in all ihren möglichen Konsequenzen durchdacht sein, wie jede willkürliche Veränderung einer

Landschaft (etwa durch Staudämme) oder wie das Pflanzen eines Waldes. Die zuständigen staatlichen Beamten aber wollen nicht nur, sie stehen meist geradezu unter Zwang, schon bald Erfolge vorzuweisen: Hunger ist nun einmal ein kurzfristiges Problem.

Hier sollen natürlich keine offenen Türen eingerannt werden – ein selbstkritisches Überdenken der bisherigen Entwicklungspolitik hat vielerorts längst eingesetzt und beginnt bereits Früchte zu tragen. Projektstudien vor Ort sollen künftig allen größeren Entwicklungsprogrammen vorgeschaltet werden, so daß man heute hoffen darf, künftig werde auf die geographischen, klimatischen, traditionellen und vor allem auch mentalen Gegebenheiten Afrikas mehr Rücksicht genommen werden als bisher.

Aber auch auf seiten der Afrikaner, die lange allzu pauschal für alle ihre Probleme die koloniale Vergangenheit verantwortlich machten, hat selbstkritisches Umdenken eingesetzt. »Die Zahl jener Politiker (ist) gewachsen, die davon überzeugt sind, daß nur sie selbst Wege aus dem Teufelskreis von Unwissenheit, Armut und Krankheit finden können. Ohne die Hilfe der Industrienationen allerdings können sie diese gewaltige Aufgabe nicht lösen.« (Holzer)

»Die harte Realität ist nun einmal, daß Afrika ein Kontinent in Not und Verfall ist«, hat beispielsweise General Olusegun Obasanjo, das frühere Staatsoberhaupt des menschenreichsten und potentiell mächtigsten Staates Schwarzafrikas, Nigeria, Ende 1988 erklärt[14]. »Wir bewegen uns rückwärts, während der Rest der Welt vorwärtsstürmt«, sagte er anläßlich der Gründung einer Organisation, der er den Namen »Africa Leadership Forum« gab. Es gehe nämlich darum, eine neue Führungsschicht heranzubilden. Alles werde sich vom Schlechten zum noch sehr viel Schlechteren wenden, wenn die menschlichen Energien nicht endlich freigesetzt und in großem Stil genutzt würden. Und schon einen Monat später[15] verschrieben sich die meisten der notleidenden Staaten Afrikas selbst die bittere Medizin strenger ökonomischer Auflagen des Internationalen Währungsfonds und der Weltbank, in der vagen Hoffnung, eines Tages ihre gemeinsamen Schulden von inzwischen mehr als 218 Milliarden Dollar schrittweise abbauen zu können.

Kampf der Bettlermentalität, die sich als Folge verfehlter Entwicklungspolitik wohl unvermeidlich herausgebildet hat; weg von der Neigung beider Seiten, jeweils den anderen für alle Unbilden verantwortlich zu machen; Einsicht in die gemeinsame Verantwortung von Schuldnern wie Gläubigern – all dies sind fraglos Schritte in die richtige Richtung. Der nigerianische General scheint indes seinen Finger auf die schmerzlichste Wunde Afrikas gelegt zu haben: die Qualität der politischen Führer, die allzu oft nichts anderes sind als Karikaturen ihrer ehemaligen Kolonialherren.

WaBenzi nennt man in weiten Teilen Afrikas diese neuen Herren, die man an ihren Wahrzeichen, dem dreiteiligen Nadelstreifenanzug, der Goldrandbrille und dem meist weißen Mercedes-Benz (daher das Wort) erkennt. Sie sind ausnahmslos in europäischen Schulen erzogen worden, haben alle Flüsse Frankreichs, Englands, Spaniens oder Portugals auswendig gelernt, haben brav »Nos ancêtres les Gaulois« aufgesagt, »La France, notre glorieuse patrie« in Schönschrift geschrieben, lange Gedichte mit Nachtigallen und Osterglocken aufgesagt und glauben nun, ein Recht darauf zu haben, sich über die Interessen ihrer Untertanen zu stellen, sich zu bereichern, wo immer das geht, ganz wie sie das den früheren Landesherren abgeschaut haben; von falscher Entwicklungshilfe davor geschützt, daß man sie absetzt und davonjagt wie erst nach vielen Leidensjahren den vierten, den falschen Napoleon Bokassa oder das typische Produkt britisch-kolonialer Armeen, Idi Amin.

Daß ganz Afrika heute in den Sprachen der ehemaligen europäischen Herren nicht nur spricht, sondern vor allem denkt und rechnet, ist sicher Ausdruck des größten Schadens

– der »Versklavung des Bewußtseins«, wie ein gängiger Slogan sagt –, der diesem Kontinent in seinen hundert europäischen Jahren angetan worden ist. Es bedeutet aber zugleich die einzige Chance, aus dem tribalen Denken, aus der Zerstückelung Afrikas je wieder herauszukommen, ohne den schmerzhaften Umweg über nationalstaatliche Einheiten, über unendliche Grenzkonflikte und Glaubenskriege, wie die europäische Geschichte sie hinter sich hat. Rückgängig zu machen ist es ohnehin nicht.

Es geht also darum, aus der Begegnung der beiden Kulturkreise Nutzen zu ziehen, Brücken zu schlagen, befruchtend aufeinander einzuwirken, voneinander zu lernen. Natürlich wären die einzigen Europäer, die heute in Afrika wirklich verwurzelt sind und die sich deshalb völlig zu recht selber Afrikaaner nennen, die Buren nämlich, die idealen Vermittler, wären sie nur willens, als *honest brokers*, als ehrliche Makler, aufzutreten, statt ihre Minderwertigkeitskomplexe gegenüber den später gekommenen Europäern in Herrenmenschen-Wahnideen auszutoben. Statt sich ihrer schwarzen, braunen und gelben Vorfahren zu schämen, sollten sie endlich stolz darauf sein: gemeinsam mit ihren Kleurlings-Brüdern, den als »eigene Bevölkerungsgruppe« ausgesonderten Mischlingen, die die gleiche Sprache sprechen, der gleichen Religion angehören und häufig auch die gleichen Namen tragen, wären sie das größte, stärkste und vermögendste Volk im ganzen südlichen Afrika.

Wenn der Afrikaaner Loubser behauptet, Südafrika habe sich vor allem deshalb von den jungen Staaten der Region immer alle Dienstleistungen im Verkehrswesen auf Heller und Pfennig bezahlen lassen, um auf den Stolz der neuetablierten, oft noch unsicheren schwarzen Staatsführer Rücksicht zu nehmen[16], so schwingt in diesen Worten – so zynisch sie in unseren Ohren auch klingen mögen – etwas von dieser Erkenntnis mit. Die »Politik der offenen Tür« Vorsters, als deren Teil die »Transport-Diplomatie« Loubsers anzusehen ist, wurde in der Tat von der Sorge getragen, die ökonomische Abhängigkeit der »unabhängigen« Staaten könne deren Bevölkerung nicht etwa zur Freundschaft, sondern im Gegenteil zu wachsender Abneigung, ja Feindseligkeit, bewegen. »Deshalb vermeiden wir die Rolle des Wohltäters«, erklärte Loubser 1979. Als Ministerpräsident Pieter Willem Botha fünf Jahre später genau diese Worte wiederholte, als es darum ging, nach einem Vertrag über »gute Nachbarschaft« dem am Boden zerstörten jungen Staate Moçambique wieder auf die Beine zu helfen, einem Vertrag, der das Ergebnis massiven, auch militärischen Druckes und gezielter Einschüchterung war, da war freilich der Zynismus dieser Aussage nicht mehr von der Hand zu weisen.

Auch eine Johannesburger Hausfrau, die der Magd oder dem Diener die alten Kleidungsstücke nicht schenkt, sondern verkauft, bedient sich einer ganz ähnlichen Argumentation. Zugrunde liegt die felsenfeste Überzeugung, man wisse schon, was »der Schwarze« wolle, was und wie er denkt (oder vielmehr nicht denkt) und was gut für ihn ist. Die Mehrzahl der weißen Südafrikaner, vor allem der afrikaanssprachigen, ist sich sicher, die Mentalität ihrer schwarzen Untergebenen nicht nur zu kennen, sondern auch zu verstehen. Von klein an habe man auf der Farm mit ihnen zusammengelebt, wird gesagt. Darüber, daß dieses Zusammenleben vor drei, vier Generationen wirklich bestand, heute jedoch spätestens dann aufhört, wenn der Klein-Baas in eine bessere, höhere Schule kommt und daß man von da an einander selten anders denn als Herren und Knechte begegnet, hört man kein Wort. Das ängstliche Lächeln des Untergebenen wird als Zeichen der Liebe mißdeutet, weil es dem Onkel-Tom-Klischee entspricht, und groß ist die Enttäuschung, wenn ein Hausangestellter eines Tages ohne jede Erklärung einfach der Arbeit fernbleibt: Er/sie hatte es doch so gut gehabt »wie ein Kind«.

Nur noch selten findet man heutzutage Buren, die je darüber nachgedacht hätten, wie »ihr Schwarzer« in seiner Freizeit lebt, ob er altersversichert ist und was er im Krankheitsfalle tut, oder die je in einer *township* gewesen wären, einer *location* oder gar in einem »schwarzen Heimatland«. Die fixen Vorstellungen von den angeblichen Eigenschaften »des Schwarzen« entsprechen den Stereotypen, die eine bewußt »christlich-nationalistische« Erziehung den Weißen auf den Lebensweg mitgegeben hat. Sie bilden wohl heute das sperrigste Hindernis auf dem Weg in die Zukunft, auf dem Wege zu wirklicher Verständigung. Die negative Folge für die betroffenen Weißen ist, daß sie für die einzig mögliche Zukunft nicht vorbereitet sind, daß sie deshalb die Möglichkeiten dieser Zukunft nicht zu sehen vermögen und vollkommen gefangen sind in einem Kerker aus Mythen und Selbsttäuschung.

Nur so ist zu erklären, daß die überzeugten Verfechter der Apartheid, von Verwoerd bis Vorster und darüber hinaus, sich tatsächlich einbilden oder einreden konnten, mit der Schaffung der *homelands* könnten die politischen Ambitionen »des Schwarzen« und mit der politischen Autonomie dieser ökonomisch lebensunfähigen, also ewig abhängigen Gebiete könnten die Forderungen der Weltöffentlichkeit nach Selbstbestimmung der Völker erfüllt und befriedigt werden. Erst als sich herausstellte, daß die Zersplitterung des Landes in unzählige, oft nicht einmal zusammenhängende Gebiete militärisch unlösbare Verteidigungsaufgaben mit sich brachte, kamen in Pretoria Zweifel an dieser Heilsidee auf.

Allein durch die »Unabhängigkeit« der *homelands* Transkei, Bophuthatswana, Venda und Ciskei verlängerten sich die Grenzen der Republik Südafrika um 4936 Kilometer. Wie viele Meilen noch dazukämen, sollten auch noch die übrigen sechs Reservate, die zur Zeit den Status einer »autonomen Selbstverwaltung« genießen, »unabhängig« werden, die zum Teil ihrerseits aus einem Fleckerlteppich weit auseinanderliegender Areale bestehen (KwaZulu etwa hat über dreißig Teile), hat wohl bis heute niemand ausgerechnet.

Erst unter Pieter Willem Botha wurden diese Gefahren klar

analysiert. Zwar sollten die »unabhängigen Nationalstaaten« jeweils eine eigene Wehrmacht (afrikaans: Weermag) erhalten; diese sollte jedoch, nach ihrer Bildung und Ausbildung durch die »South African Defence Force« (SADF) als integraler Bestandteil einer größeren, regionalen Verteidigungsstrategie behandelt werden, befand Botha. Sie sollten, nach seinen eigenen Worten[17], künftig eine Stelle »innerhalb des militärischen Milieus und nicht außerhalb des militärischen Milieus der Republik Südafrika« einnehmen. Zu diesem Zweck war eine Reihe von »Nichtangriffspakten« notwendig, die den südafrikanischen Truppen jederzeit freien Zugang zu den »unabhängigen« Gebieten und deren unbedingte Kollaboration gewährleisteten. (Daß die Truppen Bophuthatswanas oder Vendas im »weißen« Südafrika einmarschieren könnten, erwägt selbst dort, bei allem Verfolgungswahn, wohl niemand im Ernst.) Solchermaßen sollte ein innerer Ring von Pufferzonen entstehen, der den plötzlichen Wegfall des Sicherheitsgürtels Angola-Rhodesien-Moçambique zwar nicht wettmachen, die dadurch entstandenen Gefahren für die letzten Europäer in Afrika jedoch wenigstens mindern würde.[18]

Zambia

> Nenne nur dann einen Elefanten Kaninchen, wenn es dich tröstet, von einem Kaninchen totgetrampelt zu werden.
> *Kenneth David Kaunda, 1980*

Sozialismus mit afrikanischem Gesicht

Anfang Juli 1967 kehrte (der damals noch sozialistische) UNITA-Führer Jonas Savimbi nach ausführlichen Gesprächen mit seinem Lehrmeister Mao Tse-tung, dessen Gast er schon wiederholt gewesen war, über Kairo (auch Nassers Ägypten unterstützte damals noch die UNITA) ins südliche Afrika zurück, wo er in Lusaka, der Hauptstadt der seit drei Jahren unabhängigen Republik Zambia, landete. Wie er seinem Biographen Bridgland später erzählte, hatte Savimbi sich sehr auf die Heimkehr gefreut, und er erwartete einen herzlichen Empfang.[1] Dieser aber blieb aus. Am nächsten Tag wurde der Rebellenführer zur Einwanderungsbehörde gerufen, wo man ihm mitteilte, er habe Zambia umgehend zu verlassen und nach Kairo zurückzukehren. Als er protestierte und klagte, er könne gar nicht fliegen, weil er kein Flugbillet mehr besitze, wurde er für sechs Tage ins Gefängnis gesteckt. Erst als Nasser und Nyerere sich für ihn verwendet und vor allem darum gebeten hatten, ihn nicht den Portugiesen auszuliefern, wurde Savimbi freigelassen, aber sofort nach Ägypten deportiert. Die Versorgung seiner Buschkämpfer mit Waffen, Medizin und Kleidung auf dem Landwege durch Zambia versiegte fast völlig, so daß die UNITA in ernste Schwierigkeiten geriet.

Erst allmählich verstand Savimbi, was geschehen war. Seine Truppen hatten während seiner Abwesenheit gleich zweimal die Benguela-Linie angegriffen und die Gleisanlagen in die Luft gesprengt. Daß solcherlei künftig unterbleiben würde, war die wichtigste der drei Bedingungen gewesen, die Zambias Präsident Kaunda schon neun Monate zuvor ausdrücklich zur Voraussetzung jeder Hilfe für die UNITA gemacht hatte. Vom Funktionieren dieser einzigen Eisenbahnverbindung zum Atlantischen Ozean hing der lebenswichtige Kupferexport Zambias, aber auch der Import einiger dringend benötigter Industrieprodukte ab. Kaunda hatte sich ohnehin schwer genug getan, den angolanischen Befreiungskämpfern seine Grenzen zu öffnen, weil er genau wußte, wie wehrlos sein noch junger Staat den weißen Nachbarn im Süden und deren Rache ausgeliefert war.

»Zambia hatte einen neuen Namen [bis zur Unabhängigkeit hieß es Nord-Rhodesien], eine neue Verfassung, Regierung und Staatsphilosophie, aber wir hatten Verpflichtungen ererbt, die weiter zurückreichten als zu den Kolonisatoren, ja sogar zu den frühesten afrikanischen Stammesangehörigen. Sie hatten mit unserer Geschichte zu tun, mit unserer geographischen Lage, unserem Klima, der Qualität unserer Erde, dem Reichtum oder der Armut an Bodenschätzen«, schrieb Kaunda eines Tages selbst.[2] »Diese Verpflichtungen haben sich in internationalen Abkommen, in Handelsverbindungen, in Wirtschaftsverträgen und so weiter niedergeschlagen. Als wir unabhängig wurden, konnten wir den Lauf des Zambezi nicht einfach umdrehen, also blieben wir von den Wasserkraftwerken der Rhodesier abhängig. Wir konnten unser Kupfer nicht an den Straßenecken Lusakas verkaufen, also mußten wir auch weiterhin an dem sehr komplexen internationalen Rohstoffmarkt teilnehmen. Wir konnten nicht in ein oder zwei Jahren die Versäumnisse von Jahrzehnten in der Ausbildung wettmachen, die unsere Bevölkerung, besonders im technischen und wissenschaftlichen Bereich, hinterherhinken läßt, also mußten wir uns auf einige ausländische Technologen stützen – und sie für ihre Arbeit gut bezahlen. Folglich blieb eine weitere Quelle sozialer und politischer Spannungen auch nach der Unabhängigkeit bestehen – bessere Behandlung, außer vor dem Gesetz, für Weiße. Aber was konnten wir schon tun? Die wirtschaftliche und technische Infrastruktur unseres Landes wurde vor unserer Machtübernahme geschaffen. Wir haben sie geerbt, und wir mußten dafür sorgen, daß sie nicht zusammenbricht, denn wir hatten weder die Zeit noch die Mittel, eine andere zu errichten.«

Es hatte also gar nicht erst der Drohung der britischen Betreiber der Benguela-Bahn bedurft, sie würden sich weigern, zambische Güter zu befördern, sollte er weiterhin den UNITA-Rebellen Unterschlupf und Unterstützung gewähren, um Kaunda unter Druck zu setzen. Die Pressionen von allen Seiten waren ohnehin längst unerträglich groß. Aber Kaunda hatte sich auch noch aus ganz anderem Grund damit schwergetan, sein Land den kämpfenden Einheiten der angolanischen Widerstandsbewegungen zu öffnen. Als gläubiger Sohn eines schwarzen Missionars und ehemaliger Lehrer an der väterlichen Missionsschule hatte er sich schon früh den Lehren der Gewaltfreiheit Gandhis verschrieben. Ohne Blutvergießen hatte er 1964 die Unabhängigkeit seines Landes durchgesetzt, und er wurde in vielen Ländern Afrikas nach diesem Erfolg geradezu als Heiliger verehrt.

»Doch wo ist Platz für einen Heiligen in der Politik?« schrieb er später resigniert. »Kein Staat hat meines Wissens je lange überleben können, ohne Zwang und notfalls auch Gewalt anzuwenden.« Alles, was einem Menschen wehtun könne, sei nun einmal Gewalt. »Die Macht, die einen Staat etabliert, ist Gewalt; die Macht, die ihn aufrecht erhält, ist Gewalt; die Macht, die ihn schließlich umstürzt, ist gleichfalls Gewalt... Nenn einen Elefanten nur dann ein Kaninchen, wenn es dich tröstet, von einem Kaninchen zu Tode getrampelt zu werden... Das Gesetz von den ererbten Verpflichtungen gilt ganz besonders für den Gebrauch von Gewalt. Als wir die Macht in Zambia übernahmen, sprangen wir auf eine Rolltreppe, die längst in Bewegung war, womit ich sagen will, daß Zambia, wie jeder andere Staat, längst im Teufelskreis der Gewalt gefangen war.«[3]

In seinen heutigen Grenzen war Zambia aus einem »Schutz«-Vertrag hervorgegangen, den Cecil Rhodes 1889 mit dem König der Lozi (etwa 10% der Bevölkerung im Westen des Landes) geschlossen hatte. Zwei Jahre später hatte Queen Victoria Rhodes' British South Africa Company eine Konzession über ein Gebiet gewährt, das Nordrhodesien genannt wurde. 1924, also zur Zeit von Kaundas Geburt, wurde dieses Nordrhodesien britische Kronkolonie. 1953 wurde es mit Südrhodesien (Zimbabwe) und Nyassaland (Malawi) zur Zentralafrikanischen Föderation zusammengeschlossen, in der die weißen Siedler des Südens das Sagen hatten. Diese nutzten die Föderation, um die aus den reichhaltigen Kupfervorkommen Nordrhodesiens erzielten Überschüsse zur Entwicklung Südrhodesiens einzusetzen.[4]

Die Ausbeutung Nordrhodesiens zugunsten des »weißen« Südens verstärkte natürlich die Auflehnung gegen die Kolonialmacht. Schon seit 1948 gab es Widerstandsbewegungen, an deren Spitze sich ab 1959 die »United National Independence Party« (UNIP) setzte, deren Vorsitzender seit 1960 Kenneth David Kaunda ist. Einer Verfassungskrise 1961/62 folgten Wahlen nach einem Prinzip, das zwar alle Rassen einbezog, jedoch die Weißen deutlich bevorteilte. Kaunda nahm dennoch daran teil und konnte überraschend gemeinsam mit dem konkurrierenden Nationalkongreß eine afrikanische Mehrheitsregierung bilden. Das bedeutete das Ende der Föderation, die 1963 aufgelöst wurde. Nach erneuten Wahlen erhielt Zambia im Oktober 1964 unter Kaunda die Unabhängigkeit.

Zunächst galt in Zambia ein demokratisches Mehrparteiensystem mit einem mächtigen Exekutivpräsidenten an der Spitze. Kaunda hoffte freilich, daß alle anderen Parteien bald keine Anhänger mehr haben und alle Zambier seine UNIP unterstützen würden, so daß von ganz alleine eine Einparteienherrschaft zustande käme. Genau das Gegenteil war jedoch der Fall; denn die Häuptlinge sämtlicher Völker und Stämme (ihre Zahl liegt zwischen 70 und 80) neideten einander Posten und Pfründe; vor allem im Gebiet der Bemba (die mit rund 40% der Bevölkerung die bei weitem größte Sprachgruppe bilden), dem Kupfergürtel im Landesnorden, kam es wiederholt zu Unruhen. Ähnlich Tito im Vielvölkerstaat Jugoslawien entwickelte Kaunda deshalb ein System der Ämterrotation, das niemandem Zeit ließ, eine gefährliche Machtbasis aufzubauen, allerdings auch niemanden zum Experten auf irgendeinem Gebiet werden ließ. Schließlich verbot er die oppositionellen Parteien und verkündete Ende 1972 ein Einparteiensystem. Seither ist Zambia eine »partizipatorische Einparteiendemokratie«.

Schon 1967 hatte Kaunda seine eigene Vorstellung von Sozialismus, nämlich den »zambischen Humanismus«, zur Staatsdoktrin erklärt. Der Mensch sollte fortan im Mittelpunkt aller gesellschaftlichen Entwicklung stehen; die Ausbeutung des Menschen durch den Menschen sollte ein Ende haben, und die Bevölkerung sollte in allen Lebensbereichen in den Entscheidungsprozeß einbezogen werden.

Das große Vorbild war Julius Nyerere, der Mwalimu (Erzieher) einer anderen noch jungen Nation. Wie Kaunda war auch er von Beruf Lehrer gewesen und von Kind an ein tief gläubiger Christ. Ganz bewußt hatte Nyerere für sein Land, Tanzania, auf kurzfristige Erfolge ganz verzichtet und ein langfristiges Programm entwickelt, das zunächst einmal die Ernährung der Bevölkerung sichern sollte. An die Stelle des kommunalen Besitzes von Grund und Boden durch die traditionelle Großfamilie (privates Eigentum an Ackerland erscheint den meisten Afrikanern so absurd, wie wenn ein Mensch Anspruch auf Sonnenschein oder Regen erhöbe) versuchte Nyerere den kommunalen Besitz genossenschaftlicher Produktionseinheiten zu stellen, die »die verschiedenen dörflichen Aufgaben arbeitsteilig und gemeinschaftlich durchführen«[5] sollten. Wie wir heute wissen, war auch dieses »Ujamaa«-(Großfamilien-)Programm nicht das ersehnte Allheilmittel gegen die Probleme eines unterentwickelten, von den Weltmärkten abhängigen Landes; immerhin hat es jedoch die Versorgung der Bevölkerung mit den notwendigsten Nahrungsmitteln und Medikamenten, mit sauberem Wasser und mit praxisbezogenen Schulen zustande gebracht. Und vor allem hat es eine überstürzte Landflucht mit all den unerfreulichen Folgen unkontrollierbarer Verstädterung verhindert.

Von der ersten Stunde an war es auch Kaundas erklärtes Ziel gewesen, den Gegensatz zwischen Stadt und Land abzubauen und eine »humane« Gesellschaft mit gleichen Chancen für alle zu errichten. »A Nation of Equals«, wie er in der »Kabwe Declaration« 1972 ausdrücklich sagte. Die auseinanderklaffenden Tendenzen haben sich jedoch zu seiner Zeit noch verschärft, wie eine schwedische Untersuchung 1978 nachgewiesen hat.[6] Diese Studie spricht vom »klaren Unterschied« zwischen der Rhetorik vom Sozialismus-Humanismus, die zum Konsum durch die Massen bestimmt sei, und der industriellen Strategie, »die der Aufrechterhaltung und Ausweitung der sozio-ökonomischen Privilegien dient, die die oberen Klassen seit der Kolonialzeit genießen«.[7]

Der Zug war längst abgefahren, die Rolltreppe, wie Kaunda sagen würde, längst allzusehr im Schwung. »Der Fall Sambia zeigt in exemplarischer Weise, warum der Rückgriff auf die afrikanische Tradition den in der Kolonialzeit geschaffenen Realitäten nicht gerecht werden konnte«, urteilte entschieden toleranter als die enttäuschten Sozialisten in Schweden der deutsche Journalist Dieter Brauer 1980 in einem Essay über die erstaunlichen Fähigkeiten Afrikas, »fremde Einflüsse zu ertragen und zu nutzen, ohne sich selbst fremd zu werden[8].« »Durch den Ausbau der Kupferindustrie und die Entwicklung rationeller Großfarmen entlang der Eisenbahn vom Kupfergürtel in den Süden war in Sambia die Zweiteilung der

Wirtschaft in einen hochmodernen städtischen Sektor und einen rückständigen, vornehmlich von der Subsistenzwirtschaft lebenden ländlichen Sektor entstanden. Von einer Gleichheit der Entwicklungschancen konnte keine Rede sein. Wie ein Magnet zogen die hohen Löhne in den Industriezonen die arbeitsfähigen Männer aus den unterentwickelten und vernachlässigten Gebieten an. Die Solidargemeinschaft des Dorfes und der Großfamilie ging dabei in die Brüche. Zurück blieben die Alten, die Frauen und die Kinder, die oft nicht einmal mehr die eigene Versorgung mit Nahrungsmitteln sicherstellen konnten.« War in Nordrhodesien der Mensch durch den Menschen ausgebeutet worden, so war es – um einen alten Ostblockwitz zu variieren – in Zambia jetzt umgekehrt.

Wenn es Unruhen gab, dann in den Industriegebieten, wenn potentielle Rädelsführer bestochen werden mußten, dann mit erstrebenswerten Posten dort oder in Lusaka; die »neue Klasse« der WaBenzi machte sich in den privilegierten Stellungen der ehemaligen Landesherren breit. »Die effektive Macht in Zambia liegt in Händen von Regierungsbürokraten, Geschäftsleuten und Angehörigen freier Berufe«, schreibt Peter Meyns, Professor für Internationale Politik und Entwicklungspolitik, der zwischen 1979 und 1982 Lektor an der Universität von Zambia war. »Verbreitete Korruption in hohen Staatsämtern ist durch die Aufdeckung zahlreicher Skandale über die Jahre erwiesen. Die hohen Ideale des Humanismus sind in dieser Realität nicht wiederzufinden. Die Konkurrenz innerhalb der herrschenden Elite ist auch der wichtigste Grund für die politische Bedeutung der Stammesgruppen; der Rückhalt wird im Kampf um Einfluß und wirtschaftliche Pfründen eingesetzt. Präsident Kaunda trägt diesem Faktor Rechnung, indem er sich bei seinen Personalentscheidungen in UNIP und Regierung vom Prinzip des Ausbalancierens der Interessen der 4 großen Volksgruppen der Bemba, Lozi, Nyanja und Tonga sowie einiger kleinerer Völker leiten läßt.

Daß er selbst nicht zu einem der großen Völker gehört, erhöht seine integrierende Funktion für die Nation.«[9]

Genau durch diese »integrierende Funktion für die Nation« ist Kaunda im Laufe der Jahre – jedenfalls in seinen eigenen Augen – unersetzlich geworden; vielleicht ist sogar tatsächlich der einzige Garant für den Zusammenhalt des Kunststaates Zambia heute seine Person. Das macht den sanften Humanisten, den Mann des Friedens, der immer wieder Kompromisse sucht, zu einer tragischen Gestalt. Nicht nur ergeht es ihm wie dem (vom wortgewandten MPLA-Führer Agostinho Neto geprägten Bild vom) Radfahrer, der nicht mehr zu trampeln aufhören kann, weil er sonst stürzt, sondern er ist darüber hinaus zu einem der klassischen afrikanischen Diktatoren geworden, deren Regierungstechniken der amerikanische Journalist Blaine Harden[10] so beschreibt: »Sie schieben die wichtigeren Minister ständig hin und her, wodurch sie die tribalen Eifersüchteleien ausgleichen und allen Thronprätendenten den Weg abschneiden. Sie machen unpopuläre Minderheiten für politische Ziele zu Sündenböcken, sie kontrollieren die nationale Presse und pflegen den Personenkult, der ihr persönliches Wohlergehen mit dem Überleben der Nation gleichsetzt. Ernstzunehmende politische Gegner ... werden gewöhnlich zu Häftlingen oder Flüchtlingen. So lange er die Kontrolle über die Armee behält, kann der Große Boß (the Big Man) dem Lande, das er regiert, seine persönlichen politischen Theorien und ökonomischen Pläne aufzwingen. Abgesehen von einem coup d'état – einem normalen Vorgang im modernen Afrika mit mehr als 70 in den vergangenen 25 Jahren – gibt es keinen Mechanismus, der die Afrikaner vor den Fehlern ihrer Führer schützte.«

Aber auch umgekehrt. Die Führer sind ihrerseits die Opfer der unerfüllbaren Erwartungen ihrer Untertanen geworden, im Falle Zambias der städtischen Bevölkerung, die sich in den Jahren des Kupferbooms, als die europäischen Geldgeber in Lusaka noch Schlange standen, einen Lebensstandard angewöhnt haben, den das kleine Land sich schon lange nicht mehr leisten kann. 1985 betrug die Gesamtverschuldung Zambias 4,7 Milliarden Dollar, eine Zahl (der Weltbank[11]), die auf den ersten Blick nicht übertrieben groß erscheint. Umgerechnet bedeutet das jedoch eine Schuldenlast von über 600 Dollar pro Kopf der etwas mehr als sieben Millionen Einwohner, deren Bruttosozialprodukt kaum darüber lag. 43,3 Prozent aller Exporterlöse (zu 90% aus Kupfer) mußten schon zu diesem Zeitpunkt allein für den Schuldendienst ausgegeben werden.

Als Nordrhodesien unabhängig wurde, war dies noch eine der am schnellsten wachsenden Wirtschaftszonen ganz Afrikas gewesen. Doch schon bald ging es bergab. Je nach Weltanschauung geben die Analytiker hierfür verschiedene Gründe an: den Verfall des Kupferpreises, der sich erst Ende 1988 dank einem Streik in Peru kurz erholen konnte, aber wohl nie mehr auf die Höhen der sechziger Jahre zurückkehren wird, weil in vielen Bereichen (vor allem in der Elektrotechnik) Kunststoff an die Stelle des einst so wichtigen Metalles getreten ist; die Verstaatlichung des Bergbaus und vieler früher von Europäern betriebener Produktionsanlagen, sozialistisches Mißmanagement, afrikanische Vetternwirtschaft und Korruption und/oder die hohen Kosten des wirtschaftlich nicht zu verantwortenden Rhodesienboykotts.

Es war jedoch nicht Kaunda, sondern der letzte weiße Herrscher in Süd-Rhodesien, Ian Smith, gewesen, der als erster die Grenze zwischen den ehemals in der Föderation verbündeten Nachbarländern schloß. Die innere Sicherheit im Staat der weißen Rebellen gegen die britische Krone (Smith hatte 1965 die »einseitige« Unabhängigkeit – UDI – der Kolonie erklärt, »in Auflehnung nicht gegen die Königin, sondern gegen deren sozialistische Regierung unter Wilson«, wie er sagte) drohte zusammenzubrechen; immer häufiger drangen Guerilla-Truppen ins Landesinnere ein, die nur aus Zambia oder aus der Teteprovinz in Moçambique kommen konnten, in der die portugiesische Obrigkeit allmählich die Kontrolle zu verlieren begann. Im Glauben, daß eine harte Strafe Kaunda zur Vernunft bringen und ihn dazu zwingen würde, jede Unterstützung für die Befreiungskämpfer einzustellen, gab Smith am 9. Januar 1973 die Schließung der Grenze bekannt. Nur eine Ausnahme wollte er gelten lassen: zambisches Kupfer sollte auch weiterhin die Grenze passieren dürfen, weil die rhodesischen Eisenbahnen an dessen Transport recht ansehnlich verdienten.

»Er war zuversichtlich, daß diese Vergeltungsmaßnahme wirken würde«, schreibt der britische Politologe Martin Meredith in seinem großen Rhodesienbuch[12]. »Ich kenne die Bantus ziemlich gut«, habe Smith getönt. »Ich glaube, daß das die Sprache ist, die sie verstehen, wenn man zum Beispiel zu ihnen sagt ›Sieh her, mein Freund, willst du es wirklich auf einen Machtkampf ankommen lassen? Wenn du das willst, wirst du den Kürzeren ziehen.‹ Dann wird er sagen: ›In Ordnung, jetzt weiß ich, woran ich bin.‹«

Doch Smith war geradeso ein Opfer der Selbsttäuschung des weißen Mannes in Afrika, wie seine Freunde in Südafrika das immer noch sind: Obwohl die Kosten für Zambias Volkswirtschaft kaum tragbar wurden, war Kaunda entschlossen, sich nicht erpressen zu lassen, sondern die Freiheitskämpfer aller Nachbarländer auch weiterhin zu unterstützen. (Von den acht Nachbarn Zambias waren zu diesem Zeitpunkt erst vier unabhängig.)

Kaum minder getäuscht hatte Smith sich allerdings in seinen weißen Verbündeten, dem südafrikanischen Premierminister Vorster und den portugiesischen Kolonialherren in Moçambique. Vorster wünschte keinerlei überflüssige Eskalation des ohnehin schwelenden Konflikts. »Wir veranlassen keine Boykotts«, habe er kurz und bündig erklärt, »und wir antworten auch nicht auf Sanktionen mit Gegenboykotts«, berichtet Meredith[13]. Die Portugiesen ihrerseits waren zwar nicht gerade glücklich über die Unterstützung der moçambikanischen

Aufständischen durch Zambia, sie gewährten den Zambiern jedoch freien Zugang zu den Häfen von Beira in Moçambique und Lobito in Angola, in der Hoffnung, auf diese Weise mäßigend auf die zambische Staatsführung einzuwirken. Nun waren sie besorgt, Zambia werde durch Smith ins kommunistische Lager abgedrängt, wodurch der regionale Konflikt nur noch vertieft würde. Genau dies sollte die Folge sein.

Schon nach drei Wochen mußte Smith einsehen, daß seine Entscheidung unüberlegt gewesen war, doch nun war es zu spät: Er gab bekannt, Kaunda habe eine befriedigende Erklärung abgegeben, so daß die Grenze wieder geöffnet werden könne. Kaunda aber leugnete, irgendeine Erklärung abgegeben zu haben. Seine Seite der Grenze bleibe geschlossen, sagte er. »Wie soll ich denn wissen, ob Smith nicht plötzlich wieder mit der Blockade anfängt?«[14]

Trotz der hohen Kosten waren die Zambier nicht unglücklich über ihre Lage, weil ihnen diese viel Sympathie in aller Welt einbrachte. Da ihnen der Zugang zur Tete-Provinz, der durch Rhodesien/Zimbabwe verläuft, jetzt abgeschnitten war, unterstützten sie nur um so intensiver die moçambikanischen Rebellen, die der Beira-Umtali-Eisenbahnstrecke immer näher rückten und diese nun, ungehindert durch Rücksichtnahmen auf zambische Transporte, angreifen konnten. Für die Sache der Weißen in der Region erwies sich Smiths übereilte und mit den Partnern nicht abgesprochene Aktion also als Bumerang.

Doch lange konnte auch Zambia die Blockade nicht unbeschadet überstehen. Vor allem der Nachschub an Öl war nur über Rhodesien möglich, solange die Uhuru-Bahn durch Tanzania zum Hafen von Dar es Salaam nicht fertiggestellt war. Kaunda wandte sich an Großbritannien, das alle Welt zum Boykott Rhodesiens aufgerufen hatte, um Hilfe. Doch London lehnte ab: eine Pipeline nach Dar es Salaam zu bauen würde Jahre dauern, ließ man Kaunda wissen; Italiener bauten sie schließlich in siebzehn Monaten.

Smith verfolgte die Probleme, die Kaunda mit den Briten hatte, amüsiert: »Ich glaube, daß die derzeitige britische Regierung wegen ihrer Politik, den Sanktionskrieg bis zum letzten Zambier durchzufechten, bis in alle Ewigkeit verdammt sein wird«, höhnte er.[15]

Und auch Kaunda sah das bald so: »Mr. Ian Smith und seine Regierung... waren Rebellen; Verräter, die ein Land seinem rechtmäßigen Besitzer (nach gültigem Recht), nämlich den Briten, wegnahmen. Die sogenannten Terroristen waren, gemäß dem gleichen Recht, loyale Untertanen der Königin, die gegen ihre Feinde kämpften. Das möchte man kaum für möglich halten, wenn man die Darstellung des Konflikts in einem Teil der britischen Presse nachliest, die in Mr. Smith einen christlichen Edelmann sah, der für die Rettung Rhodesiens vor den barbarischen Horden focht, die natürlich die Mehrheit des Volkes darstellten. Und die britische Regierung, die Regierung Ihrer Majestät, half, ob aus Bösartigkeit oder Ahnungslosigkeit, durch Verletzung des Ölembargos mit, die Kriegsmaschinerie der Feinde ihrer Majestät zu füttern. Ist es da wirklich so verwunderlich, daß die schwarzen Völker des südlichen Afrika sich längst nicht mehr über die Heuchelei und Doppelzüngigkeit des Westens wundern können? Bei all dem Prahlen, Moralisieren und scheinheiligen Gerede scheint die jüngste Geschichte Zimbabwes uns im Grunde nur eines zu lehren – Weiße der Welt, haltet zusammen! Ich hasse es, so zu denken, aber wie können wir das, was wir sehen, anders interpretieren? ... Zambia hat einen sehr hohen Preis für die Schwäche Großbritanniens bezahlt.«[16]

Vorster hatte auf die wachsenden Unruhen in Rhodesien mit der Entsendung von Polizeitruppen reagiert, die dafür sorgen sollten, daß der eigene Widerstand nicht die Kanäle der rhodesischen Befreiungskämpfer dazu nutzte, den bewaffneten Kampf auch nach Südafrika hineinzutragen. Zum Zeitpunkt des Umsturzes in Portugal waren diese Spezialeinheiten bereits auf zweitausend Mann angewachsen. Jetzt aber war plötzlich der Sicherheitsgürtel in sich zusammengebrochen, der noch auf lange Zeit die »schwarze Gefahr« von den Grenzen Südafrikas hätte fernhalten sollen. Dadurch änderte sich auch die Bedeutung Rhodesiens für Südafrika: es war nicht länger Bestandteil eines Cordon sanitaire, den es mit allen Mitteln zu halten galt, sondern es wurde durch seine innere Instabilität zu einer Gefahr. War diese Gefahr auf die Dauer nicht größer als die einer möglichen schwarzen Mehrheitsregierung, solange diese gemäßigt war? Dieser Gedanke muß Vorster damals beschäftigt haben, denn er handelte danach.

In Moçambique übernahm die Frelimo unter Samora Machel die Macht, und dieser hatte nichts Eiligeres zu tun, als seine Verkehrswege und Häfen gemäß den UN-Sanktionen für den Warenverkehr Rhodesiens zu sperren, das sich dadurch in Windeseile einen Bahnanschluß nach Beitbridge, dem einzigen Grenzübergang zu Südafrika, zu bauen gezwungen sah. Die Bereitschaft auf südafrikanischer Seite, die vermehrten rhodesischen Transporte abzuwickeln, war jedoch auffallend gering.

Vorster hatte nämlich in der gesteigerten Abhängigkeit Rhodesiens von den Verkehrswegen und Häfen Südafrikas das Druckmittel erkannt, Smith zum Einlenken zu bewegen. Da er jedoch nicht direkt vorgehen konnte, ohne seine eigenen weißen Wähler zu verschrecken, suchte er nach einem Partner in Schwarzafrika. Niemand war für diese Rolle besser geeignet als der friedliebende Humanist in Zambia, der selbst unter den rhodesischen Spannungen zu leiden hatte. Den Kontakt stellten der Bergbaumagnat Harry Oppenheimer (Nachfolger Cecil Rhodes' als Oberhaupt der multinationalen Konzerne Anglo American und de Beers) und dessen Repräsentant in Lusaka, Zac de Beer (seit April 1989 einer der drei Vorsitzenden der neuen oppositionellen »Demokratischen Partei«, in die er die liberale »Progressiv-Föderale Partei« eingebracht hat), her. Anglo American ist auch heute noch an den Zambian Consolidated Copper Mines zu 39,7 Prozent beteiligt; der Konzern war also auch seinerseits an einer gütlichen Regelung der regionalen Krise interessiert.

Bald kam ein direkter Kontakt zustande. Im Oktober 1974 flog Mark Chona, Kaundas rechte Hand in Fragen der Außenpolitik und ein guter Kenner Rhodesiens, zu ersten Gesprächen nach Pretoria. Auch Vorster setzte seinen allerengsten Vertrauten, den Chef des Staatssicherheitsbüros (BOSS), General Hendrik van den Bergh, ein; denn Geheimhaltung war jetzt oberstes Gebot. Die südafrikanische Seite sollte Smith, die zambische die rhodesischen Widerstandskämpfer an den Verhandlungstisch bringen, um dort »eine dauerhafte, gerechte und ehrbare Lösung« auszuhandeln (diese Worte benutzte Vorster am 23. Oktober vor dem Senat[17]).

Dies Unterfangen sollte schwieriger werden als die Beteiligten vorhersehen konnten. Vorster hatte wohl die Stur- und Starrheit des rhodesischen Führers, Kaunda die Zerrissenheit der rhodesischen Befreiungsbewegungen unterschätzt. Erst auf erheblichen Druck ließ Smith die wichtigsten »nationalen Führer« aus dem Gefängnis frei, so daß diese zu ersten Gesprächen nach Lusaka reisen konnten. Dort trafen sie mit Kaunda, Nyerere sowie dem Präsidenten Botswanas, Seretse Khama, zusammen. Zögernd fanden sie sich zur Bildung einer »Patriotischen Front« bereit, von ihrer Forderung nach einem Wahlrecht für alle, also der Herrschaft der Mehrheit, machten sie jedoch keinerlei Abstriche. Und das war für Smith »unannehmbar, solange ich lebe«. Smith forderte (wie später Botha) einseitigen Gewaltverzicht. Die Antwort war eine Eskalation des Befreiungskampfes.

Doch Vorster und Kaunda ließen nicht locker. Anfang 1975 konnte Kaunda, dessen Vertreter inzwischen mehr als 15 Geheimtreffen mit Südafrika abgehalten hatten[18], bekanntgeben, daß Pretoria dem Rückzug all jener Streitkräfte aus Rhodesien zugestimmt habe, die dort nun schon sieben Jahre lang bei der Bekämpfung der Aufständischen geholfen hatten. Auch an den für Rhodesien überlebenswichtig gewordenen Verkehrswegen setzte Südafrika die Daumenschrauben an. Über Vorsters Kopf hinweg wandte Smith sich daraufhin an seine Gesinnungsgenossen in Südafrika, denen die Entspannungspolitik ihres Regierungschefs längst verdächtig war; er plädierte an die Falken in Vorsters Kabinett, darunter den Verteidigungsminister P.W. Botha. Daraufhin blieben die südafrikanischen Hubschraubereinheiten, die in der Verfolgung flüchtiger Terroristen besonders erfolgreich waren, geheim, wahrscheinlich sogar ohne Vorsters Wissen, noch ein ganzes Jahr in Rhodesien.

Schwierigkeiten kamen aber auch noch aus einer ganz anderen Ecke: Das »Lusaka-Quartett« (inzwischen hatte Moçambiques junger Präsident Machel die Riege der verhandlungs- und kompromißwilligen »sozialistischen« Frontstaaten-Führer verstärkt – heute sind es sechs) geriet zunehmend unter Druck von seiten Schwarzafrikas. Auf der Jahresversammlung der OAU in Dar es Salaam kam es zum offenen Disput. Zambias Außenminister, Vernon Mwaanga, fand dort leidenschaftliche Worte zur Verteidigung der gefährdeten Entspannungsoffensive: »Die Krise des südlichen Afrika ist für uns eine Frage von Leben und Tod«, sagte er. »Das ist keine Angelegenheit, über die wir uns gelegentlich zur Vorbereitung irgendeines Treffens ein paar Notizen machen, um dann wieder zu unseren häuslichen Pflichten zurückzukehren. Das ist ein Problem des täglichen Lebens, von dem ein großer Teil der zambischen Bevölkerung betroffen ist.«[19] Mit politischen Slogans und Klischees, mit schönen revolutionären Reden sei da nichts getan. Vorster habe bisher immer sein Wort gehalten, beteuerte Mwaanga: die Nationalisten seien freigelassen worden, direkte Verhandlungen hätten begonnen, und Südafrika akzeptiere den Grundsatz der Mehrheitsherrschaft für Rhodesien. Erst auf diese Rede hin gab die OAU grünes Licht für die Fortsetzung der Verhandlungen.

Anfang August 1975, just in den Tagen also, in denen erste

südafrikanische Einheiten in den Süden Angolas eindrangen, kamen Vorster, Smith und Kaundas Vertrauter Chona, der hier zugleich die Interessen des rhodesischen Nationalrates und die der anderen Frontstaaten-Führer vertrat, in Pretoria zusammen. Sie einigten sich auf eine Konferenz aller Beteiligten in Waggons der südafrikanischen Verkehrsbetriebe SATS, die auf der Eisenbahnbrücke über die Victoria-Fälle, welche zugleich Grenzübergang zwischen Zambia und Zimbabwe ist, abgestellt werden sollten. Der elegante weiße Speisewagen des südafrikanischen Präsidenten sollte das Konferenzzentrum sein. Neun Jahre später sahen wir ihn wieder: auf der Grenze zwischen Südafrika und Moçambique, wo mit großem Pomp die Unterzeichnung eines »Nichtangriffspaktes« zwischen den ungleichen Nachbarrepubliken durch die nicht minder verschiedenen Staats- und Regierungschefs Botha und Machel gefeiert wurde. Der Falke Botha hatte triumphiert.

Denn die Spannungen zwischen den rhodesischen Nationalisten erwiesen sich als unüberbrückbar groß, was für Smith ein Geschenk des Himmels war: diese Schwarzen würden außerstande sein, eine stabile gemäßigte Regierung zu bilden, konnte er den verzweifelten Friedensstiftern Vorster und Kaunda bedeuten, die einander hier zum ersten Mal persönlich begegneten. Oder wünschten die Herren denn vielleicht derart chaotische Zustände für Rhodesien wie sie nebenan in Angola ausgebrochen waren, wo jeder über jeden herzufallen begann? Er werde sich künftig auf die konservativen Häuptlinge stützen, die »wahren« Repräsentanten der Afrikaner, die mit der Herrschaft der Weißen zufrieden seien.

Für Vorster wie Kaunda war der Mißerfolg schmerzhaft; der Südafrikaner konnte nur noch geschwächt den Falken im eigenen Lager gegenübertreten. Der Einmarsch in Angola sollte die unmittelbare Folge sein, langfristig jedoch bewirkte dieser Rückschlag den Verlust der Macht. Kaunda aber geriet immer mehr in Bedrängnis, nachdem der permanente Krieg in Angola, der in diesen Tagen noch kaum vorherzusehen war, von nun an für viele lange Jahre den einzigen Verkehrsweg zum Atlantischen Ozean, die Benguelalinie, unterbrach: im Auftrag seiner südafrikanischen Entspannungspartner und durch die Truppen seines alten Freundes Jonas Savimbi, dem er trotz der Unstimmigkeiten von 1967 immer wieder geholfen hatte und der jetzt ganz genau wußte, wie wichtig die Benguela-Bahn zum Hafen Lobito für Zambia war.

Noch drei Jahre hielt Kaunda durch. Schließlich waren alle Verkehrsverbindungen Zambias zum Rest der Welt entweder mutwillig zerstört und unterbrochen worden oder – wie die Tazara – kläglich ineffizient. »1978 wurde die Lage hoffnungslos«, erinnert SATS-Chef Loubser sich[20]. »Das Land war tatsächlich von allen äußeren Versorgungsquellen abgeschnitten und isoliert. Selbst ausländische Nahrungshilfe, Düngemittel und andere lebenswichtige Lieferungen konnten es nicht mehr erreichen. Was die Lage noch verschlimmerte, war, daß die Pflanzzeit heranrückte; ohne Düngemittel würde es keine Ernte geben, und schon jetzt aßen die Menschen ihr Saatgut auf. Wieder einmal war der Süden der einzige Ausweg. Sie wandten sich an die südafrikanischen Eisenbahnen, und ein Treffen auf neutralem Boden zwischen Zambia, uns und Rhodesien wurde arrangiert. Wir traten als Vermittler zwischen Rhodesien und Zambia auf – Ländern, die zu diesem Zeitpunkt miteinander im Krieg lagen [Kaunda hatte inzwischen ganz auf die Karte der ZAPU Josua Nkomos, des Führers der benachbarten Matabele-Provinz, gesetzt, die auch von Moskau unterstützt wurde]. Das Ergebnis waren die Öffnung der zambisch-rhodesischen Grenze an den Victoria-Fällen sowie der Beginn eines regelmäßigen Frachtdienstes. Wieder halfen wir mit unserem Fachwissen, mit der Beschaffung von Ersatzteilen, mit dem Bereitstellen von Lokomotiven sowie mit der Reparatur ihrer Ausrüstung... Zambia zahlt für alles, was es von uns bekommt.« Die südafrikanische Regierungszeitung *Citizen* höhnte: »Der klassische Fall eines Beißers, der von den eigenen Sanktionen gebissen wird.«

Zu spät, nämlich erst von 1977 an, hatte Kaunda ernsthafte Versuche unternommen, der unkontrollierten Landflucht seiner Bevölkerung Einhalt zu gebieten. Schon lebte mehr als die Hälfte der Bevölkerung (für Afrika eine ungeheure Zahl!) in der Stadt. Jetzt verabschiedete er ein Sofortprogramm für die Entwicklung der allzu sträflich vernachlässigten Landwirtschaft, deren Potential bis heute nicht annähernd ausgeschöpft wird. Zambia könnte sich selbst ernähren, das steht unter Fachleuten fest. Mit günstigen Darlehen versuchte Kaunda, die aktive männliche Bevölkerung aus den Städten aufs Land zurückzulocken – mit nur sehr beschränktem Erfolg. Verantwortlich sind vor allem die sozialen Strukturen, die in Stadt und Land völlig verschieden sind. In den Dörfern gilt noch immer die Herrschaft der Alten, die hergebrachte Hierarchie; in den Städten hingegen gilt die Herrschaft der Reichen, die der Jugend europäische Freiheiten läßt. Und gerade unter der noch dünnen Schicht gut ausgebildeter junger Zambier wütet die schreckliche Immun-Seuche Aids, an der Ende 1987 ein Sohn des Präsidenten gestorben ist – Kaunda gab es selbst im Radio bekannt.

Außenpolitisch verschrieb Zambia sich jetzt der Blockfreiheit, bei gleichzeitiger vorsichtiger Öffnung nach Westen hin. Vor allem die Beziehungen zur Bundesrepublik wurden schon bald recht freundschaftlich, und Kaunda besuchte Bonn. 1978 reiste Helmut Schmidt nach Zambia, das um westliche Hilfe bat. Bis 1980 erhielt Lusaka allein aus Bonn 350 Millionen DM Entwicklungshilfe; entsprechend ging der sowjetische Einfluß zurück. Bald war Zambia mit seiner flexiblen Regierung zum Testfall der Möglichkeiten ökonomischer Reformen in Afrika geworden, an dem alle Welt sich beteiligen wollte: 1987 unterstützten 102 Geberländer über 2000 Entwicklungsprojekte, von denen so manches sinnlos schien. 1979 wurde ein Zehnjahresplan zur Entwicklung der Landwirtschaft aufgestellt, doch die Versorgungslage blieb weiterhin schlecht. Mitte 1980 erschütterten Arbeiterunruhen das

Land, vor allem im sogenannten Kupfergürtel, dessen Versorgung nicht mehr gesichert war. Die Bevölkerung wuchs jetzt um 3,1 Prozent im Jahr, die Volkswirtschaft hinkte hinterdrein. Mitte 1981 kamen die zambischen Beziehungen zu den USA, in denen jetzt die Republikaner herrschten, auf einem neuen Tiefpunkt an, nachdem die CIA verdächtigt wurde, einen Umsturz geplant zu haben. Im Dezember kamen Gerüchte auf, Truppen aus Tanzania seien im Kupfergürtel stationiert worden, weil Kaunda seiner eigenen Armee nicht mehr trauen könne. Doch Kaunda blieb an der Macht.

1983 schließlich, im achten Jahr der Rezession, war trotz all der großzügigen internationalen Hilfe nicht einmal das Geld mehr in der Kasse, um neue Maschinen einzuführen, mit denen Kupfer auch in schwierigeren Lagen gewinnbringend hätte gefördert werden können. Zambia mußte die Landeswährung um zwanzig Prozent abwerten, um die Kreditbedingungen des Internationalen Währungsfonds erfüllen zu können. Dadurch wurde das Öl teuer, und die Transportkosten für Nahrungsmittel stiegen. Doch noch immer wurde nur etwa ein Sechstel des ackerbaren Bodens bebaut. Nach den schlechten Ernten seit 1979 herrschte jetzt eine katastrophale Dürre, nicht nur in Zambia, sondern in der gesamten Region.

Dennoch wurde Kenneth Kaunda auch im Oktober 1983 (nach einem erneuten Bonn-Besuch), freilich ohne Gegenkandidaten, mit großer Mehrheit wiedergewählt. Wenige Monate zuvor hatte er sich in Moskau und Prag eine glatte Abfuhr geholt, obwohl er seine Reise dorthin mit der Einführung des »wissenschaftlichen Sozialismus« als Pflichtfach an den höheren Schulen gut vorbereitet zu haben glaubte. 1984 durfte die PLO in Lusaka eine »Botschaft« eröffnen, aber alles, was Kaunda mit diesem Zugeständnis bei den Arabern erreichte, war ein Angebot Saudi-Arabiens, regelmäßig Fleisch zu importieren; und Zambia, das aus alten Verträgen wöchentlich 40 Tonnen Rindfleisch an Kongo-Brazzaville zu liefern verpflichtet ist, konnte die Bedingungen nicht erfüllen.

Auf der Zentralkomiteesitzung der UNIP im August war schließlich allen Beteiligten klar, daß nur der Westen helfen konnte. Auch Kaunda sah jetzt endlich ein, daß das bisherige System des Leihens und Ausgebens in der vagen Hoffnung auf bessere Zeiten angesichts der aussichtslosen Lage auf dem Kupfermarkt unrealistisch und nicht länger zu verantworten war. Unter Gebern wie Nehmern machte sich tiefstes Bedauern breit, daß diese Einsicht ihm und anderen nicht schon wenigstens zehn Jahre früher gekommen war.

Ende 1984 wurden erneut dreihundert Millionen Dollar, unter Beteiligung der Weltbank und der EG, zur Modernisierung der Kupferproduktion bereitgestellt, wodurch die Abhängigkeit Zambias vom Kupfermarkt nicht etwa abgebaut, sondern erneut verstärkt worden ist. Die südafrikanischen Experten rieten zu einem anderen Weg: die Zambian Consolidated Copper Mines beschlossen Anfang 85, ihre Produktion zurückzuschrauben, um sie in 15 bis 20 Jahren ganz einzustellen, und verstärkt in andere Bereiche, wie Landwirtschaft und Tourismus, zu investieren. Im April 1985 mußte der zambische Kwacha erneut drastisch abgewertet werden.

Und so ging das weiter von Krise zu Krise, während jedes neue Darlehen umgehend von den Schuldenpflichten aufgezehrt wurde. Im Oktober dämmerte die Stunde der Wahrheit. Der IWF verschrieb eine außerordentlich bittere Medizin; und Kaunda, der seinen internationalen Beratern kaum je widersprochen hatte, entschloß sich mutig, auch diese brav hinunterzuschlucken: 6,5 Millionen Dollar der ohnehin so knappen Devisen gab er zur öffentlichen Versteigerung frei. Dadurch wurde der zambische Kwacha um ganze 56 Prozent abgewertet. Alle Importkosten verdoppelten sich, einschließlich der Transportkosten für Nahrungsmittel.

In ihrem Bericht zum Jahresende rief die Weltbank jetzt zu besonderem Verständnis für die Probleme Zambias auf. Vielleicht waren die internationalen Geber auch nicht ganz von schlechtem Gewissen frei, denn auch sie, die doch den besseren Überblick als Kaunda haben sollten, hatten die Dauer der Kupferkrise allzu lange falsch eingeschätzt und Zambia in seinem Ausgabentaumel nicht rechtzeitig gebremst. Ein neues Reformpaket wurde geschnürt, das die Abschaffung aller Importbeschränkungen und vor allem aller Nahrungsmittelsubventionen vorsah. Wie immer spielte Kaunda mit.

Auch nach außen hielt er an seiner Rolle des stets zugänglichen Mittlers fest, unerschütterlich in seinem Glauben an das Gute im Menschen, ob schwarz oder weiß. Zwar beherbergte er das Hauptquartier des in Südafrika verbotenen African National Congress (ANC) in Lusaka, doch gestattete er keinerlei militärische Ausbildung für dessen Kämpfer auf zambischem Boden, genau wie er schon 1975 den Buschkämpfern der namibischen SWAPO militärische Operationen von zambischem Gebiet aus verboten hatte, und er fand sich immer wieder zu vermittelnden Gesprächen mit Botha bereit. Im Mai 1982 beispielsweise trafen sich die beiden Staatschefs in einem genau auf der Grenzlinie zwischen Südafrika und Botswana geparkten Wohnwagen, mitten zwischen Kudus und Elefanten, im Schatten eines Marula-Baums. Friedensverhandlungen für die Region, in denen Kaunda sich als Zwischenhändler anbot. Es sei fast jeden Preis wert, den großen finalen Krieg im südlichen Afrika zu verhindern, bedeutete der Humanist seinen Kritikern. Der Luftangriff auf ein Flüchtlingslager in der Nähe der Hauptstadt am 19. Mai 1986 – als gerade eine Gruppe von bedeutenden Persönlichkeiten des Commonwealth auf der Suche nach Lösungen das südliche Afrika bereiste – bedeutete für Kaunda deshalb einen schweren Schock. Pretoria hatte damit nicht nur deutlich gemacht, wie wenig erwünscht Vermittlungen sind, sondern auch, wie verwundbar Zambia ist. »Ich kenne Mr. Kaunda gut«, hatte Botha schon ein Jahr zuvor höhnisch erklärt, »die ökonomische Lage seines Landes ist so verheerend, daß ich ihm raten würde, sich um seine eigenen Probleme zu kümmern und nicht um meine.«[21] »Statistische Erhebungen« an den Grenzen zu Zimbabwe und Botswana, erhöhte Gebühren auf alle Waren für Zambia, die in Devisen vorauszuzahlen waren, machten nur wenige Wochen später vollends klar, wer der Herr des Subkontinentes war und ist und in alle Ewigkeit zu bleiben gedenkt.

Seither wird jeder weißhäutige Ausländer in Zambia als potentieller Feind beäugt, und schon zahlreiche harmlose Touristen sind als angebliche südafrikanische Spione oft wochenlang eingesperrt worden. Es genügt, eine Landkarte bei sich zu tragen oder das falsche Gebäude zu photographieren, um als verdächtige Person verhaftet zu werden: dem Tourismus förderlich ist das nicht. Darüber hinaus trägt es Züge eines Verfolgungswahns, der ein ganzes Volk zu ergreifen droht. Und auch Kaunda scheint abzuheben und der Realität davonzusegeln, von der Paranoia der Alleinherrscher erfaßt. Längst gibt es in seinen Gefängnissen völlig gewaltlose Oppositionelle, die dort unter Sicherheitsgesetzen sitzen, welche den Präsidenten ermächtigen, zeitlich unbegrenzte Haft ohne Gerichtsverfahren anzuordnen, wann immer ihm das beliebt; längst werden dort Angeklagte gefoltert und mißhandelt, um »Geständnisse« zu erzwingen, die vor Gericht dann wertlos sind. Längst sind auch angolanische Flüchtlinge, die zum Volk der Ovimbundu gehören, in dem Savimbi seinen Rückhalt hat, im Gefängnis von Solwezi (im Landeswesten) ohne Gerichtsverfahren eingesperrt worden, weil die Regierung sie verdächtigt, als Agenten der UNITA auch Regierungsgegner in Zambia zu unterstützen[22]; die gefürchtete »Mushala-Bande«, die Kaunda seit Januar 1987 mit der MNR in Moçambique, der »Super-ZAPU« in Zimbabwe und der UNITA in einem Atem nennt – alles von Südafrika versorgte und gesteuerte Widerstandsbewegungen, wie er denkt, ja denken muß.

Ist Kaundas Verfolgungswahn etwa gar kein Wahn? Fraglos steht dieser liebenswürdige, ja charmante und in seinen persönlichen Bedürfnissen bescheiden gebliebene Patriarch heute unter vielfältigem Druck: Die Traditionalisten auch seiner eigenen Partei fordern immer lauter die Rückkehr zu einer zentralen Planwirtschaft mit festen Wechselkursen und Subventionen. Die Gewerkschaften fordern Mitbestimmung und die Jugend materielles Glück. Zu Beginn der Dezemberunruhen 1986 habe das Militär tatenlos beim Plündern zugesehen, erzählten uns damals Augenzeugen in Zambia. Laut einem Bericht der britischen Hilfsorganisation Oxfam sind die Pro-Kopf-Ausgaben für Erziehung während der letzten zehn Jahre um 62 Prozent, die für die notwendigsten Medikamente sogar in vier Jahren um 75 Prozent gefallen.[23] Es gibt kaum noch Geld für die Reparatur und den Erhalt von Straßen, Krankenhäusern oder Schulen, geschweige denn für Ersatzteile im privaten Bereich. Seit Jahren sind die Windschutzscheiben fast aller Autos in Lusaka auf der Mitfahrerseite eingeschlagen, damit man sie nicht ausbauen kann; neue Scheiben gibt es nicht.

Im Oktober 1988 hat Kaunda erneut die Präsidentschaftswahlen gewonnen, doch nur noch nach Ausschaltung jeglicher Konkurrenz. Der ehemalige Generalsekretär der Partei, Humphrey Mulemba, in dem schon viele Beobachter den möglichen Gegenkandidaten und Nachfolger entdeckt zu haben glaubten, wurde als Botschafter nach Kanada entsandt, während zwei weitere politische Schwergewichte schon länger als diplomatische Vertreter Zambias nach Peking und Washington geschickt worden waren. Er werde zurücktreten, sagte Kaunda, sobald das Volk von Zambia das wünsche; und sicher weinte er, wie so oft, bei diesen Worten bitterlich. (In seiner Linken hält er immer ein makellos weißes Taschentuch bereit.) Doch dieses völlig unpolitische Volk wünschte das offenbar immer noch nicht. Für die große Zahl von Analphabeten (es sind immer noch rund 56%) war Kaunda wie schon in früheren Jahren unter dem Symbol eines schönen, kräftigen Adlers angetreten, die Flügel stolz erhoben zum Flug. Wer dagegen war, mußte früher eine Schlange wählen, diesmal einen Frosch.

Wir lachen. Doch wie viele europäische Potentaten, lange natürlich vor Kenneth Kaunda, wählten den Adler zum Wappentier? Wie viele, bis hin zu Ceausescou, bauten Residenzen, die nur der eigenen Verherrlichung dienten und verstanden nichts von Ökonomie? »All unsere Herrscher in Afrika heute sind im Grunde spät blühende mittelalterliche Monarchen«, schreibt der Nigerianer aus dem Volke der Ibo, Chinua Achebe, in seinem jüngsten Buch[24]. Er ist ein Opfer des Biafra-Kriegs und ein Mann, der das wissen muß.

Rhodesien/Zimbabwe

> I give myself four thousand years.
> *Cecil John Rhodes*
>
> Never in my lifetime!
> *Ian Smith*

Drachenzähne

Der portugiesische Putsch im April 1974 und dessen Folgen für die überseeischen Besitzungen Lissabons hatten nicht nur die Südafrikaner, sondern auch die Führer der Befreiungsbewegungen im südlichen Afrika überrascht. Sie sahen sich jetzt gleichfalls gezwungen, ihren Kampf den neuen Gegebenheiten anzupassen und neue Strategien zu entwickeln. Die Phalanx jener, die im bewaffneten Konflikt die größten Chancen für eine baldige Beendigung der Kolonialherrschaft sahen, wurde durch die Entwicklung in Angola und vor allem in Moçambique erheblich gestärkt.

Soweit diese Entwicklung Rhodesien betraf, öffnete sie dem bewaffneten Widerstand im benachbarten Moçambique, und zwar in der Tete-Provinz, ein Rückzugsgebiet, von dem aus der Kampf verstärkt nach Rhodesien hineingetragen werden konnte. Schnell wuchs die Stärke allein der ZANLA, des militärischen Flügels der Befreiungsorganisation ZANU, von einigen wenigen auf mehrere tausend Kämpfer an.

Aber auch die Strategie der weißen Siedler in Rhodesien wandelte sich: Plötzlich sahen sie ihre privilegierte Stellung durch die schwarze Bevölkerungsmehrheit unmittelbar bedroht. Also galt es, den Haß dieser Mehrheit auf die Kolonialherren im fernen Großbritannien umzulenken, die UDI gleichfalls als antikolonialistische Unabhängigkeitsbewegung darzustellen und sich mit den gemäßigten Schwarzen, vor allem mit den traditionalistischen Häuptlingen, zu verbünden. Der Widerstand der »Nationalisten« aber, des alten »African National Council« (ANC), der sich Anfang der sechziger Jahre bereits in eine »Zimbabwe African People's Union« (ZAPU) und eine »Zimbabwe African National Union« (ZANU) entlang den schon bestehenden regionalen wie ideologischen Trennungslinien geteilt hatte, aber als Dachverband fortbestand, mußte gründlich gespalten, ja zerschlagen werden. Die Entspannungsoffensive Vorsters und Kaundas jedoch betrieb ganz im Gegenteil die Wiedervereinigung von ZAPU und ZANU als »patriotische Front«.

Es würde den Rahmen dieses Buches sprengen, sollte hier der Versuch unternommen werden, die überaus bewegten Jahre des rhodesischen Befreiungskampfes in all ihren personellen wie ideologischen Verästelungen nachzuzeichnen. In unserem Zusammenhang wichtig sind die Einigungsbestrebungen aller jener Kräfte, die eine baldige friedliche Lösung des Rhodesienkonfliktes wünschten (darunter auch die Frontstaaten) und diesen entgegengesetzt die nicht minder emsigen Spaltungsbemühungen aller jener Kräfte, die Rhodesien »für tausend Jahre« erhalten und Zimbabwe »niemals« entstehen lassen wollten. Ganz gezielt ließ Ian Smith die Anführer der verschiedenen Fraktionen einfangen, einsperren und einzeln unter Druck setzen. So gelang es ihm, den ANC-Präsidenten Ndabaningi Sithole (Lehrer und Pfarrer wie so viele andere Widerstandsführer auch er) zu einseitigem Gewaltverzicht zu zwingen; er verstand aber ebenso wenig wie später P. W. Botha dies im Zusammenhang mit der möglichen Freilassung Nelson Mandelas verstehen wollte, daß der bis dahin populäre Befreiungskämpfer durch ein solches Zugeständnis politisch wertlos werden mußte.

Die Spannungen im Lager der »Nationalisten« waren also

schon lange groß, und sie wurden durch die lebhafte Diskussion der gebotenen Taktik nach dem Umsturz in Angola und Moçambique noch vertieft. Das gemeinsame Ziel aller Gruppen jedoch war noch immer das gleiche geblieben: die Machtübernahme der schwarzen Bevölkerungsmehrheit in ihrem, wie sie das sehen mußten, eigenen, unter der Fremdherrschaft der weißen Siedler leidenden Land. Deshalb bekämpfte man nicht einander, sondern den gemeinsamen Feind.

Bis zum 18. März 1975. Am frühen Morgen dieses Tages detonierte in Lusaka eine Sprengstoffladung, die während der Nacht am Auto des Leiters aller Guerilla-Operationen der ZANU, Herbert Chitepo, angebracht worden war. Chitepo, der am Steuer seines blauen Volkswagens saß und gerade zur Arbeit fahren wollte, wurde ebenso getötet wie ein Leibwächter auf dem Beifahrersitz und ein kleiner Junge in der Nachbarschaft. Der andere Leibwächter, ein junger Mann namens Sadat Kufamazuba, der auf dem Rücksitz Platz genommen hatte, wurde verletzt.

Diesem Ereignis vorausgegangen war eine Revolte innerhalb der ZANU-Führung: Thomas Nhari, ein Kommandant der ZANU-Streitkräfte ZANLA, der mit der langsamen Entfaltung des Befreiungskampfes unzufrieden war, hatte versucht, die Macht innerhalb der Kommandatur an sich zu reißen. Mit zwei Lastwagen voller bewaffneter Kämpfer war er bis nach Lusaka vorgedrungen, wo sich das ZANU-Hauptquartier befand. Bisher war es undenkbar gewesen, daß rhodesische (oder auch angolanische) Rebellen auf Kaundas Hoheitsgebiet Waffen trugen. Die Atmosphäre zwischen Kaunda und ZANU sowie innerhalb der ZANU war also zum Zeitpunkt des Attentats bereits gespannt. Chitepo, der der erste schwarze Rechtsanwalt Rhodesiens und zuletzt Generalstaatsanwalt in Tanzania gewesen war, sollte nun versuchen, die Hintergründe der Nhari-Revolte aufzuklären, so daß man fast automatisch annehmen mußte, seine Ermordung müsse damit in irgendeinem noch unklaren Zusammenhang stehen.

Der friedliebende zambische Präsident und Gastgeber war außer sich. Obwohl die ZANU-Führung, freilich ohne Beweise, behauptete, die Mörder müßten im Auftrag der rhodesischen Regierung gehandelt haben, war er überzeugt davon, es mit einem Machtkampf innerhalb der ZANU zu tun zu haben. Schon am Tage nach Chitepos Staatsbegräbnis in Lusaka ließ Kaunda deshalb wenigstens 70 ZANU-Kader einfangen, alle ZANU-Büros und -Flüchtlingslager schließen und der Bewegung alle Sonderrechte, wie beispielsweise die Nutzung des staatlichen Radiosenders, nehmen. Die restliche Führung floh nach Tanzania und Moçambique.

Kaunda war noch dazu besorgt, irgend jemand könnte denken, seine Leute hätten Chitepo umgebracht, mit dem er über die Moral wie Zweckmäßigkeit seiner Entspannungsbemühungen wiederholt in Streit geraten war. Später sollte ZANU-Chef Robert Mugabe diesen Verdacht tatsächlich öffentlich äußern. Zwei Wochen nach Chitepos Tod ordnete Kaunda deshalb eine internationale Untersuchung des Attentates an. Aus Vertretern von 13 anderen afrikanischen Staaten, der OAU und Zambias wurde eine Untersuchungskommission gebildet, die ein knappes Jahr später ihren Bericht vorlegte. Diesem zufolgte hatte der ZANLA-Kommandant Josiah Tongogara Chitepos Beseitigung angeordnet. Chitepos Leibwächter Sadat habe die Bombe in der Küche versteckt, nachts das Tor der Einfahrt zu Chitepos Haus geöffnet, den Attentätern somit Einlaß verschafft und die Bombe übergeben, die sie am Auto befestigt hätten.

Tongogara, der von Moçambique ausgeliefert worden war, sagte selbst nach handfestem Verhör vor der Kommission aus, die Regierung Smith komme als Täter nicht in Frage. Auch der arme Leibwächter Sadat, kaum von seinen Verletzungen genesen, wurde so lange gefoltert, bis er seine Mittäterschaft »gestand«. Tongogara gelang es schließlich, aus dem zambischen Gefängnis freizukommen, und er sollte in den letzten Jahren des rhodesischen Befreiungskampfes der unbestrittene

Anführer der ZANLA-Truppen sein. Am 27. Dezember 1979 aber kam er bei einem angeblichen Autounfall in Moçambique auf noch immer ungeklärte Weise ums Leben.

Noch bei einer ganzen Reihe von weiteren Todesfällen ist bis heute unbekannt, ob sie die Folge des eigentlichen Befreiungskampfes oder der »Kämpfe innerhalb des Kampfes« waren – so der Titel eines Buches, das Masipula Sithole, ein jüngerer Bruder des ANC-Führers, 1977 im amerikanischen Exil geschrieben und 1979 ausdrücklich Chitepo gewidmet hat[1]: »... dem verstorbenen Herbert Chitepo, dessen Tod, der a conto der Kämpfe innerhalb des Kampfes geht, dieses Buch angeregt hat.«

»Die Ermordung Chitepos schuf bleibenden Zwist nicht nur innerhalb der nationalistischen Bewegung, sondern auch zwischen ZANU und den schwarzafrikanischen Staaten. Sie hat außerdem mehr dazu beigetragen, die Guerillatätigkeit in Rhodesien zu stören als die gesamte Übung der Detente«, urteilt Meredith in seinem Rhodesienbuch[2].

Ebenso sehen dies Paul L. Moorcraft und Peter McLaughlin in ihrer Militärgeschichte des rhodesischen Befreiungskampfes unter dem Titel »Chimurenga!«[3] (Dieses Schona-Wort bedeutet Auf- oder Widerstand; so wurde ursprünglich die Revolte der Eingeborenen in den neunziger Jahren des vorigen Jahrhunderts gegen die weißen Siedler genannt, die ins Land kamen und sich dieses einfach aneigneten.) »Zambia wurde das alleinige Tummelfeld für die ZIPRA-Truppen Nkomos«, also für die bewaffneten Einheiten der ZAPU, schreiben die beiden Militärhistoriker, die zur Zeit dieser Studie an der Universität von Zimbabwe lehrten. »Die Schwächung der ZANU-Führung unterbrach das logistische Verbindungsnetz zu den Männern im Feld; Nahrungsmittel und Nachschub wurden knapp. Die Festnahmen und Todesfälle im Zusammenhang mit der Nhari-Revolte hatten die Effizienz und auch die Zahl der ZANLA-Kommandanten bereits reduziert. Die unerfahrenen Ersatzleute fielen jetzt bald der gesteigerten Aktivität der Sicherheitskräfte in Rhodesien zum Opfer... Die Moral der Truppen sackte ab und die Verlustrate stieg sprunghaft an.«

Außerdem fehlte es an Geld. Zuwendungen der OAU gingen an den Afrikanischen Nationalrat (ANC) als Dachorganisation aller Rebellen, dem Bischof Abel Muzorewa vorsaß. »Nach Chitepos Tod hatte Kaunda der ZANU zudem seine diplomatische Unterstützung entzogen. ZAPU hingegen erhielt jetzt Kaundas vollen Beistand; und über ZIPRA ergoß sich weiterhin das Füllhorn russischer Waffen... ZANLA hatte aber auch in Moçambique nur einen schwachen Stand. Machel mißtraute Mugabe; er sah ZANU noch immer als Splittergruppe der ZAPU an und zweifelte am Rückhalt der ZANLA in den östlichen Gebieten Rhodesiens«, wo diese jedoch mehr und mehr Zulauf gewann.

Das allgemeine Mißtrauen, das die Ermordung Chitepos unter den noch jungen und unsicheren neuen Staatsführern der Region geschaffen hatte, sollte Mugabe auch nach seinem überlegenen Wahlsieg 1980 noch lange belasten. Daß die Beziehungen zwischen ZAPU und ZANU fortan angespannt waren, versteht sich von selbst. Diese Entwicklung war aber auch Wasser auf die Mühlen all jener Weißen, die überzeugt davon sind, daß alle Schwarzen in ganz Afrika sofort übereinander herfallen, sobald die weißen Eltern, Papa Militär und Mama Polizei, nicht mit einem großen Knüppel für Ordnung sorgen. Sofort wurden komplizierte »tribale« Theorien ausgeheckt, und es wurde behauptet, »in Wahrheit« hätten hier die Karanga die Manyika ausgeschaltet, obwohl einige der Beteiligten, Opfer wie Überlebende, Zezuru, also Angehörige eines dritten Volkes, waren.

Wer immer jedenfalls für Chitepos Tod verantwortlich war, hatte Drachenzähne gesät, und die Saat der Zwietracht ging auf. Fünf Monate nach dem Attentat, auf der Brücke über die Victoria-Fälle, sollte es völlig unmöglich sein, zwischen den schwarzen Nationalisten so etwas wie Einvernehmen herzustellen: ein Triumph für Ian Smith. Und auch die Zweckallianz, die erst einige Monate später zwischen ZAPU und ZANU zustande kam – die »Patriotische Front« –, mußte zu »einem fragilen, alles andere als konfliktfreien Bündnis« werden, wie Joachim Becker[4] in einer neuen Untersuchung der südafrikanischen Regionalpolitik sich ausdrückt.

Doch wer hat denn nun wirklich Chitepo umgebracht? Viele Jahre lang sollte das ein Geheimnis bleiben. Erst zum zehnten Todestag erschien in Harare ein Bericht des schon erwähnten Journalisten- und Verleger-Gespanns David Martin und Phyllis Johnson[5], der der Wahrheit sehr nahe kommt. Und einige Monate später, noch im gleichen Jahr, kam die volle Wahrheit an den Tag: Der südafrikanische Erfolgsautor Peter Stiff hatte die Erzählungen seines Freundes »Taffy«, eines weißen Söldners, der heute in Johannesburg unter einem anderen Namen lebt, von Tonbändern abgeschrieben und zu einem lesbaren Buch komprimiert[6].

Dem damaligen Korrespondenten der *Frankfurter Allgemeinen Zeitung* in Johannesburg gelang es durch Vermittlung des südafrikanischen Verlages, »Taffy« persönlich zu treffen und sich von der Authentizität des Berichtes zu überzeugen.[7]

»Taffy«, ein ehemaliger Angehöriger der britischen Spezialeinheit für Terrorbekämpfung SAS-22 (Hereford), berichtet umschweifig von einer Zusammenkunft mit »Oberst Joe«, einem Führungsoffizier des rhodesischen Geheimdienstes CIO.[8] Man redet und redet. Schließlich läßt Colonel Joe die Katze aus dem Sack: »Meine Vorgesetzten in der CIO würden gerne wissen, ob es euch möglich wäre, Herbert Chitepo zu liquidieren«, sagt er zu »Taffy« und dessen Killer-Kollegen »Chuck« Hind. »Wir glauben, daß sein gewaltsamer Tod genau das richtige Klima schaffen würde. Außerdem ist er ein gefährliches und wichtiges Mitglied der ZANU.«

Zwei Tage später flogen »Chuck« und »Taffy« nach Zambia. Vier Wochen lang schoben sie vor dem »Liberation Centre«, wo, wie sie wußten, Chitepo arbeitete, Wache, doch sie bekamen ihn nicht zu Gesicht. Schließlich kehrten sie nach Salisbury zurück. Oberst Joe bedrängte sie noch mehr: Es sei vor allem auch wichtig, »daß niemand hinterher den Mord mit Weißen in Verbindung bringt. Man muß unbedingt glauben, daß Schwarze ihn umgebracht haben ... andernfalls nutzt sein Tod uns wenig«, sagte der Colonel. Also flogen »Taffy« und »Chuck« wieder nach Lusaka. Sie hatten viel Zeit, die verschiedenen Tötungsmethoden durchzudiskutieren, die für ihr Attentat in Frage kamen; Chitepo war außer Landes gewesen, aber jetzt kehrte er zurück. Die drei Helden – der Dritte im Bunde war ein weißer Farmer namens Ian Sutherland – entschieden sich für »die indirekte positive Methode«, nämlich Chitepo eine Bombe unters Auto zu legen. Mit Ians altem VW-Käfer probierten sie die technischen Möglichkeiten durch.

Eines Abends war es soweit. Chitepo hatte wieder seinen gewohnten Rhythmus gefunden und ging um halb neun Uhr zu Bett. »Wir fuhren zum Essen ins Interconti, um einen Grund für unsere Anwesenheit in der Stadt zu liefern, falls wir später von der Polizei angehalten werden sollten. Das taten wir immer, wenn wir Operationen in Lusaka durchführten.« Auch einige andere Gewohnheiten hatten die Killer: Sie trugen immer »kommunistische Waffen«, am liebsten das sowjetische Sturmgewehr AK-47, das längst die Einheitswaffe Afrikas ist und im Wechsel mit südafrikanischen und chinesischen Geschossen verwendet werden kann. Sie schwärzten nie ihre Gesichter, weil die Farbe nicht leicht wieder wegzuwischen war; sie trugen aber wilde Afro-Perücken, um aus der Ferne wie Farbige auszusehen.

Seitenlang beschreibt Stiff/Taffy die Aktion, die höchstens fünf Minuten dauerte. »Danach fuhren wir nach Hause und waren unheimlich stolz auf uns.« Für die zambische Polizei, die völlig überfordert war und ein Bombenräumkommando der Armee zu Hilfe holen mußte, hat Taffy nichts als Hohn übrig: »In dem Bericht des verantwortlichen afrikanischen

Offiziers hieß es, die Sprengladung habe aus TNT bestanden (sie bestand aus Pentolite und Plastiksprengstoff), sie sei 1,6 Kilogramm schwer gewesen (sie wog über vier Kilo), sie sei mit Magneten im rechten vorderen Radkasten befestigt gewesen (sie war mit einem Keil hineingeklemmt), und sie sei durch einen Abrißzünder, verbunden mit beweglichen Teilen des Motors, ausgelöst worden (sie wurde durch einen elektrischen Druckkontakt gezündet). Eines zumindest hatte er richtig erfaßt... es war eine Sprengladung gewesen.«

Das »praktische Resultat« dieser Terroraktion sei nicht nur darin zu sehen, daß die wichtigsten Angehörigen des ZANU-Oberkommandos gut zwanzig Monate in zambischen Gefängnissen saßen und erst für die Genfer Gespräche im Oktober 1976 wieder freigelassen wurden – »weit über tausend« ZANU-Guerillas seien in Internierungslagern festgehalten, ein Teil von Zambiern oder Mitgliedern der ZAPU erschossen worden. Vor allem: »Die kriegerischen Aktivitäten der ZANU gegen Rhodesien waren für über ein Jahr völlig lahmgelegt. Dazu kam, daß die frisch entfachten Feindseligkeiten zwischen der ZANU und der ZAPU eine Vereinigung und gemeinsame Kriegführung gegen Rhodesien höchst unwahrscheinlich machten. Und die ZANU hatte jede Chance verspielt, in Sambia Nachschubbasen errichten zu können. Die Abneigung des neu ernannten Führers Robert Mugabe gegenüber Präsident Kenneth Kaunda hat bis zum heutigen Tag angehalten. Nach den Wahlen 1980 in Rhodesien wurde die Jameson Avenue, eine Prachtstraße im Finanzzentrum von Salisbury, nach Samora Machel von Mosambik benannt. Der ebenso prächtige Kingsway bekam den Namen von Präsident Nyerere von Tansania. Als Präsident Kaunda nach Harare kam, wie Salisbury inzwischen hieß, um seinen Anteil am Ruhm einzuheimsen, waren die Feierlichkeiten eine offene Provokation seitens Robert Mugabe. Die Straße, die Kaundas Namen verliehen bekam, war die Railway Avenue, eine armselige Gasse im finstersten Teil der Stadt.

Dieser stärkste Rückschlag für die ZANU/ZANLA-Terroristen war natürlich gleichzeitig für die Rhodesier der größte militärische Erfolg in dem Buschkrieg… ein Erfolg, den drei Männer erreicht hatten: Taffy, Chuck Hind und Ian Sutherland.« So weit Peter Stiff.

Das treffsichere Trio hatte vor diesem Meisterwerk schon monatelang in Lusaka gewütet, hatte an öffentlichen Gebäuden und Monumenten Sprengladungen angebracht und mit Sturmgewehrsalven sowohl ZAPU- als auch ZANU-Funktionäre niedergemäht – immer sorgfältig darauf bedacht, daß erstens kein Zeuge am Leben blieb, der von weißen Tätern hätte berichten können, und daß zweitens immer eine Spur zur jeweils anderen Organisation hinführte: ein chinesisches, also »eindeutiges« ZANU-Ausrüstungsstück wurde am Tatort zurückgelassen oder aber ein sowjetisches AK-Magazin, ein Zeitzünder oder eine Handgranate, in die dann zu allem Überfluß auch noch ein ZAPU-Slogan hineingeritzt war. »Wir möchten, daß die sambische Polizei der Regierung von blutigen Auseinandersetzungen zwischen den beiden rivalisierenden Rebellengruppen berichtet«, hatte Oberst Joe gesagt. Die falschen Spuren müßten bewirken, daß die zambische Polizei eins und eins zusammenzählte, und dabei drei herausbekam.[9]

Nach demselben Muster sollte zehn Jahre später innerhalb Südafrikas vorgegangen werden. Ohnehin vorhandene Spannungen zwischen den verschiedenen »schwarzen« Bevölkerungsgruppen und Widerstandsbewegungen wurden durch gezielte Desinformation seitens der Regierung bewußt vertieft; per Annonce angeworbene junge Arbeitslose wurden in die T-Shirts rivalisierender Jugendbanden gesteckt und aufeinander losgelassen. In den zentral kontrollierten Medien wurde dann über den schwarz-schwarzen Konflikt grundsätzlich so berichtet, als handle es sich um Stammesfehden, an denen man ablesen könne, wie unfähig diese Schwarzen nun einmal seien, friedlich miteinander auszukommen, und wie unverzichtbar die ordnende weiße Staatsgewalt deshalb bleibe.

Etwa nach einem Jahr anhaltender Unruhen, also ab Ende 1985, traten darüber hinaus vermummte Killerkommandos auf den Plan, die nachts über die schwarzen Wohngebiete herfielen, populäre Aktivisten des politischen Widerstands töteten und deren Familien terrorisierten. Von der Bevölkerung wurden sie *vigilantes* (Wächter) genannt. Derartige *vigilantes* gab es bald überall; sie waren in den verschiedenen Gegenden unterschiedlicher Herkunft und trugen auch verschiedene Namen, verfolgten aber allesamt die Anführer sämtlicher Organisationen, die die bestehende Ordnung in den *townships* und *homelands* umstürzen, also das Land »unregierbar« machen wollten. Sie handelten nicht nur in der Annahme, den Schutz der südafrikanischen Polizei zu genießen – sie genossen diesen Schutz tatsächlich, denn keiner von ihnen kam je vor Gericht. Diese *vigilantes* wurden oft von Weißen angeführt, die entweder vermummt oder als Farbige verkleidet waren.[10]

Von Mitte 1989 an kam es in Südafrika viele Wochen lang fast täglich zu neuen Enthüllungen und Festnahmen, nachdem drei ehemalige Polizeioffiziere (unter ihnen ein Hauptmann und ein Major) nacheinander ihre Beteiligung an mehrere Todeskommandos gestanden hatten. Insgesamt wurden in über hundert Fällen politische Morde vermutet, nur 49 von ihnen wurden jedoch genauer dokumentiert (20 der Opfer waren erschossen, 9 erstochen, je 3 erschlagen oder verbrannt und die restlichen 14 erhängt, ertränkt, vergiftet oder mit Sprengkörpern in die Luft gejagt worden). Dazu kamen 163 registrierte Mordversuche und über 200 Fälle von Todesdrohungen und anderen Formen von Psychoterror gegenüber bekannten Apartheid-Gegnern.

Zwei frühere Polizisten, die wegen Verdachts des Mordes an dem prominenten deutschsprachigen SWAPO-Anwalt Anton Lubowski sowie an dem Johannesburger Universitätsdozenten David Webster (also zwei Weißen, die jeweils vor ihren Haustüren niedergeschossen wurden) festgenommen worden waren, behaupteten, dem militärischen Geheimdienst anzugehören. In der letzten Novemberwoche 1989 flohen diese beiden Untersuchungshäftlinge gemeinsam mit ihrem westdeutschen Helfershelfer aus südafrikanischem Sicherheitsgewahrsam. Einer von ihnen, der 27jährige Mervyn Malan (auf seine Behauptung, ein naher Verwandter des Verteidigungsministers zu sein, reagierte der General mit der Bemerkung, er könne sich seine Familie nicht aussuchen), berichtete in einem Beitrag für die oppositionelle Wochenzeitung *Weekly Mail* (1. Dezember 1989) ausführlich über die »Arbeit« der Spezialeinheiten zur Feindaufklärung »hinter der Front« in Angola:

»Die meisten in meinem Team waren Ausländer. Die Schwarzen kamen aus Zimbabwe oder Moçambique ... es gab aber auch Briten, Australier und Neuseeländer. Die hatten gewöhnlich höhere Ränge als die Schwarzen. Sie waren früher Selous Scouts in Zimbabwe oder bei Bataillon 32 (einer gefürchteten Sondereinheit in Namibia, die fast ausschließlich aus Söldnern bestand) gewesen ... Wir unternahmen vor allem Sonderaufgaben. Dann pflegten wir SWAPO-Uniformen zu tragen, d. h. mein Team tat das – das waren alles Schwarze, neun an der Zahl –, und ich blieb im Hintergrund, mein Gesicht geschwärzt. Wir gingen in die Kraals und suchten nach SWAPO-Informanten. Wenn sie uns Informationen gaben ... weil sie uns für SWAPO hielten ... wurden sie umgebracht.«

Als im Frühjahr 1980, allen Taffys und Ians dieser Welt zum Trotz, Rhodesien endlich seine Unabhängigkeit erlangte, bedeutete die Hinterlassenschaft an Spannungen aus der Zeit des Befreiungskampfes für die neue Regierung, die nichts dringender brauchte als eine nationale Aussöhnung, ja überhaupt so etwas wie ein zimbabwesches Nationalbewußtsein, natürlich eine schwere Hypothek. Der Überraschungssieger Robert Mugabe – wieder einmal hatten sich all die angeblichen Afrikakenner vor allem in Südafrika, die auf Bischof

Muzorewa gesetzt hatten, in ihren Vorhersagen gründlich vertan: Muzorewas »United ANC« eroberte nur drei der hundert Sitze – zeigte sich großmütig und weitsichtig genug, dieser Situation Rechnung zu tragen und einige Repräsentanten der konkurrierenden ZAPU-PF (das PF steht für Patriotische Front) in seine Regierungsmannschaft aufzunehmen. Vor allem deren Führer Joshua Nkomo lud er schon bald zu Gesprächen über eine mögliche Vereinigung der beiden Organisationen ein.

Dieser Kral-Friede war freilich nur von kurzer Dauer. Anfang 1982 entdeckten die zimbabweschen Sicherheitskräfte auf ZAPU-Farmen im westlichen Matabeleland Waffenverstecke, und das alte Mißtrauen wurde wieder wach. Mugabe entließ Nkomo und einige andere ZAPU-Funktionäre (nicht alle) aus dem Kabinett und ließ zwei ehemalige ZIPRA-Kommandanten festnehmen. Daraufhin brachen im Matabeleland offene Unruhen aus.

Heute gilt als gesichert, daß die ZAPU-Parteiführung mit den Ex-Zipra-Rebellen – alten Buschkämpfern, die nicht bereit waren, den Wahlausgang als bleibende politische Lösung zu akzeptieren – nicht generell unter einer Decke steckte, doch erst im Dezember 1987 kam es zu der von Mugabe schon so lange angestrebten Vereinigung, und Nkomo kehrte ins Kabinett zurück. Damals jedoch war die Lage alles andere als klar.

Schon einen Monat nach seiner Machtübernahme warf Mugabe den südafrikanischen Nachbarn »verdeckte« Einmischung in die innere Entwicklung seines Staates vor.[11] Mehrere tausend rhodesische Polizisten und Soldaten waren nach dem Wahlsieg der ZANU-PF in den Süden geflohen, und viele von ihnen (vor allem Schwarze) wurden nun – besser ausgerüstet und versorgt denn je zuvor, weshalb sie bald den ehrenvollen Namen »Super-ZAPU« trugen – auf dem Umweg über Botswana ins Matabeleland zurückgeschickt, wo sie für wachsende Unruhe vor allem unter den weißen Farmern sorgten.

Mugabe war in großer Not: einerseits hatte er mehr als genug Veranlassung, selbst vielen der im Lande gebliebenen Weißen ob ihrer Sympathien zu Südafrika und den dorthin geflohenen Exrhodesiern zu mißtrauen, andererseits sah er die Gefahr, daß alle Weißen – vor allem die Großgrundbesitzer, die »commercial farmers«, die allein die Ernährung der Bevölkerung garantieren konnten – schlagartig das Land verlassen könnten, so daß die Versorgung zusammenbräche. Schließlich hatte er die katastrophalen Folgen solcher Entwicklung in Moçambique lange und deutlich genug vor Augen gehabt. In dieser äußert prekären Situation hat Mugabe 1982/83, wie wir heute sagen müssen, entschieden überreagiert.

Er schickte seine erst kürzlich aufgestellte, von Nordkoreanern ausgebildete Fünfte Brigade (heute gibt es deren sechs) ins unruhige Matabeleland, wo diese möglichst schnell Ruhe und Ordnung herstellen sollte. Friedhofsruhe und Massengräber waren das wenig rühmliche Resultat. Und nichts konnte der südafrikanischen Propaganda willkommener sein: Da sah man doch gleich wieder, wozu die Machtübernahme dieser unreifen Schwarzen führt. Was lag also näher, als weiterhin für Unsicherheit und Unruhe zu sorgen? Nur ein paar Daten:

18. August 1982: Die zimbabwesche Armee erschießt innerhalb der südlichen Landesgrenzen drei weiße Soldaten, die sie bei der Vorbereitung eines Angriffs auf strategische Ziele ertappt haben will. Südafrika gibt zu, daß es sich um Mitglieder der SADF gehandelt hat.

April 1983: Zimbabwes Regierungssprecher geben bekannt, daß eine geheime Radiostation im Transvaal aufrührerische Sendungen nach Zimbabwe hinein ausstrahlt.

23. Mai 1983: Sechs (weiße) Offiziere der Luftwaffe kommen in Harare vor Gericht. Sie werden beschuldigt, südafrikanischen Agenten im Juli 1982 bei der Zerstörung von 13 Kampfflugzeugen geholfen zu haben. (Die Luftwaffe war damit praktisch außer Gefecht gesetzt.)

31. März 1984: Der südafrikanische Außenminister bezeichnet die Beziehungen zwischen Südafrika und Zimbabwe vor Auslandskorrespondenten als »realistisch«.

19. Mai 1986: Ein dreifacher Überfall der SADF auf Zambia, Botswana und Zimbabwe findet statt. In Harare zerstören als Touristen verkleidete südafrikanische Soldaten das Bürohaus der diplomatischen Mission des südafrikanischen Nationalkongresses mitten in der Stadt und beschießen ein leerstehendes Vorort-Haus, in dem fünf Jahr zuvor ein ANC-Funktionär erschossen worden war.

28. November 1987: Die *International Herald Tribune* meldet, in der bisher blutigsten Attacke von Rebellen auf Farmen im Matabeleland seien fünf Kinder, sieben Frauen und vier Männer mit Äxten getötet worden, obwohl die Mörder mit AK-47-Gewehren bewaffnet waren. Damit habe sich die Zahl der von Terroristen getöteten Weißen, meist Farmer, allein in diesem Jahr auf über fünfzig erhöht. Aber auch viele Dutzend Schwarze, vor allem Beamte der Regierung und der Ortsverwaltungen, seien umgebracht worden.

15. Februar 1988: Zimbabwes Staatssicherheitsamt gibt bekannt, ein »weites Netz« südafrikanischer Saboteure und Agenten sei zerschlagen worden. Schon wenige Tage später werden drei weiße Männer vor Gericht gestellt, die die Staatsanwaltschaft mit wenigstens sieben Überfällen auf weiße Farmer und Touristen, bei denen eine Vielzahl von Menschen auf bestialische Weise ermordet wurden, in Verbindung bringt. Es handelt sich um den ehemaligen rhodesischen Geheimdienstoffizier Kevin Woods, um das frühere SAS-Mitglied Michael Smith und um Rory Maguire, einen Tankstellenbesitzer im Matabeleland. Mehr als zwei Dutzend Schwarze seien festgenommen worden, die unter dem Kommando der drei Weißen gestanden hätten. Diese werden beschuldigt, auf der Farm eines ehemaligen Granatwerferschützen der rhodesischen Infanterie große Mengen an Waffen versteckt zu haben, die bei Nacht von südafrikanischen Flugzeugen abgeworfen worden seien.

7. Mai 1988: Die Londoner *Times* berichtet, 992 Gefangene seien aus zimbabweschen Gefängnissen freigelassen worden, nachdem Mugabe im Dezember 1987 eine Amnestie erlassen hatte, um Nkomo entgegenzukommen und die Vereinigung von ZANU und ZAPU zu ermöglichen. Ausdrücklich schloß diese Amnestie alle jene Rebellen aus, »die von Südafrikas Frontorganisation ›Super-ZAPU‹ Hilfe angenommen hatten«.

3. Juli 1988: Zimbabwer Sicherheitsbeamte vereiteln nach Information diplomatischer Beobachter den Versuch eines jungen, erst 1982 in die zimbabwesche Luftwaffe eingetretenen weißen Leutnants, mit einem Hubschrauber die drei mutmaßlichen südafrikanischen Agenten aus dem Gefängnis zu befreien.

5. Juli 1988: Der (weiße) Südafrikaner Charles Behan wird vor dem Obersten Gerichtshof von Harare beschuldigt, die mißglückte Befreiungsaktion geleitet zu haben. Behan war in Botswana verhaftet und an Zimbabwe ausgeliefert worden.

14. Juli 1988: Der weiße Zimbabwer Tankstellenbesitzer Rory Maguire erhält eine Gefängnisstrafe von sieben Jahren dafür, daß er südafrikanischen Saboteuren Hilfe geleistet und deren Anwesenheit nicht gemeldet hat.

15. November 1988: Ein Zimbabwer Appellationsgericht reduziert die Gefängnisstrafe der überführten südafrikanischen Spionin Odile Harrington auf zwölf Jahre.

18. November 1988: Die drei ehemaligen Mitglieder der rhodesischen Sicherheitsdienste Kevin Woods, Michael Smith und ein bisher noch nicht genannter Phillip Conjawo werden wegen Mordes zum Tode verurteilt.

Und so fort.

Das Funktionieren Zimbabwes als Modell, das Südafrika mit so großem Einsatz zu verhindern sucht, wurde in den Augen auch konservativer Regierungen (allerdings noch nicht der Reagan-Administration), vor allem Großbritanniens unter dem Druck des mächtigen Lonrho-Konzerns, von Tag zu Tag bedeutungsvoller. Oder waren sie etwa nur am Fortbestand ökonomischer Ungleichheiten, also der kapitalistischen Wirtschaftsstruktur des früheren Rhodesien interessiert, wie jene Beobachter dachten und denken, die all ihren revolutionären Idealismus, ihre Hoffnungen und Träume in Zimbabwe investiert hatten als endlich zu verwirklichendes sozialistisches Paradies?[12] Ihre Enttäuschung war angesichts der immer deutlicher zutage tretenden Diskrepanz zwischen »wissenschaftlich marxistisch-leninistischer« Theorie und »kleinbürgerlicher«, konsum- und machtorientierter Praxis naturgemäß groß. Doch was wußte Marx schon von Afrika?

Das Lancaster-House-Abkommen von 1979, ohne das Zimbabwe auch 1980 noch nicht geboren worden wäre, war nun einmal seinem Wesen nach ein Kompromiß. Auch Mugabe, wie vordem Kaunda, konnte nicht aus dem Stand eine neue, bessere Welt schaffen; die Rolltreppe – um bei Kaundas Bild zu bleiben – war längst in Betrieb. Sofort nach seiner Wahl habe Mugabe keine größere Sorge gehabt, als sich mit dem Imperialismus zu arrangieren, rügt der Politologe André Astrow[13] den »Verräter an der Revolution«: »Sofort gab er die Forderungen des Volkes preis.« Und Astrow zitiert den frisch gebackenen Potentanten: »Alle jene, die von der Möglichkeit sprachen, daß einige Menschen jetzt verfolgt werden könnten, daß persönliche und andere Besitztümer beschlagnahmt oder enteignet werden könnten, haben uns nicht richtig verstanden... Natürlich werden wir für Wandel sorgen, aber Wandel auf realistische Art... Wir anerkennen, daß die ökonomische Struktur dieses Landes auf Kapitalismus basiert und daß wir, welche Ideen auch immer wir haben, auf dieser Basis aufbauen müssen. Veränderungen können nur schrittweise erfolgen...« Mugabe machte den wohl fähigsten und erfahrensten Wirtschaftsexperten ganz Afrikas, den langjährigen, mit einer weißen Kanadierin verheirateten UNO-Mitarbeiter Bernard Chidzero, zu seinem Finanzminister und erwies damit unzweifelhaft seinem Land einen großen Dienst.

Indem er die Bedingungen von »Lancaster House« akzeptierte, hatte Mugabe sich freilich bereits zwischen sämtliche Stühle gesetzt; die einzig denkbare Alternative jedoch war der permanente Bürgerkrieg. Eine Pythonschlange ist zwar lang, aber auch sie kann nicht auf zwei Termitenhügeln gleichzeitig schlafen, sagt ein Sprichwort in seinem Land. Wollte Mugabe auf der einen Seite weiterhin Kapitalhilfe erhalten, mußte er auf der anderen Seite unausweichliche Abstriche machen; wollte er die weißen Farmer im Land behalten, konnte er unmöglich gleichzeitig alles Land neu verteilen in der von ihm und seiner Partei in all den Jahren des Befreiungskampfes immer wieder versprochenen radikalen Bodenreform. Das Optimum war auch hier wieder allenfalls ein Kompromiß: Enteignet werden sollten schließlich nur jene Großgrundbesitzer, die vor oder während der Unabhängigkeit Zimbabwe/Rhodesien den Rücken gekehrt hatten, und auch dies nicht ohne Entschädigung, weil das im Lancaster-House-Abkommen nun einmal so geschrieben stand.

Viele alte Kämpfer fühlten sich betrogen und um den Lohn ihres Einsatzes gebracht. Die westlichen Geldgeber und Berater konnten Mugabe auf diesem Weg jedoch nur bestärken, der sichtbaren ökonomisch Erfolg versprach und auch auf Südafrika als positives Beispiel wirken würde: Nur so konnten die dortigen Weißen ihre Angst vor einer schwarzen Mehrheitsregierung allmählich abbauen und schließlich soweit überwinden, daß sie zu Verhandlungen mit ihrer eigenen schwarzen Bevölkerungsmehrheit bereit sein würden – wenn nicht alle, so doch zumindest, so hoffte man, ein Teil des »weißen« Establishments.

1983 gelang es Vertretern Großbritanniens, Mugabe vom Wahnsinn des Wütens der Fünften Brigade zu überzeugen. Er schickte die Nordkoreaner nach Hause, und erfahrene britische Offiziere der BMAT (sprich Bemat: British Military Assistance Team) übernahmen das Training seiner Soldaten – eine Zusammenarbeit, die seither noch vertieft worden ist. Zumal Mugabe sich schon bald genötigt sah, eine Sechste Brigade aufzustellen, die zum Einsatz in Moçambique benötigt wurde, wo schon 1981 die RNM im Auftrag Südafrikas die nächste Verbindung zum Indischen Ozean, die Beira-Linie, zu unterbrechen begann.

Auch diese RNM (ursprünglich MNRM, nämlich Movimento Nacional de Resistencia de Moçambique, später Resistencia National Moçambicana und, wie gesagt, als Analogon zur Frelimo, auch oft aufwertend Renamo genannt) ist ein Erbe Rhodesiens. Erstaunlich offen haben die Gründungsväter der RNM inzwischen mehrfach über deren Anfänge berichtet.[14]

Schon früh war der rhodesische Geheimdienst besorgt gewesen, wie lange die überwiegend aus Wehrpflichtigen bestehenden und ohne große Überzeugung kämpfenden portugiesischen Kolonialtruppen wohl imstande sein würden, das weite Land Moçambique, vor allem aber die nordwestliche Tete-Provinz, vor dem Zugriff der allmählich von Norden nach Süden vordringenden Befreiungsfront Frelimo zu bewahren. Als die Buschkämpfer 1970 tatsächlich begannen, auch südlich des Zambezi zu operieren, war Salisbury entsprechend alarmiert: es konnte sich nur um einige Monate handeln, bis Frelimo das Grenzgebiet kontrollierte und auch den rhodesischen Befreiungskämpfern Zugangs- und Nachschubwege öffnen würde. Schon bald kämpften reguläre rhodesische Einheiten deshalb Seite an Seite mit den portugiesischen Kolonialtruppen innerhalb Moçambiques.

CIO-Generaldirektor Ken Flower hatte jedoch noch eine weitere Idee, die freilich ohne portugiesische Zustimmung nicht zu verwirklichen war. Im August 1972 reiste Flower deshalb im Auftrage seiner Regierung, also Ian Smiths, nach Lissabon und bot die Bildung einer Widerstandsbewegung innerhalb Moçambiques, die von Rhodesien aus operieren würde, an. Caetano war beleidigt. Weitere anderthalb Jahre sollten deshalb verstreichen, bis die Portugiesen einsehen wollten, daß sie allein nicht mehr Herr der Lage waren. Erst am 24. April 1974 gaben sie der CIO grünes Licht: nur wenige Stunden vor dem Umsturz in Lissabon.

Zunächst dachte Flower, mit dieser überraschenden Entwicklung sei seine Idee nun ein totgeborenes Kind; das genaue Gegenteil traf indes zu. Schon sechs Wochen später flohen vierzig weiße und schwarze Mitarbeiter des portugiesischen Geheimdienstes aus Moçambique nach Rhodesien und boten ihre Dienste an. Angeführt wurden sie von einem Major Oscar Cardoso, der in den Reihen der berühmt-berüchtigten *flechas* in Angola gekämpft hatte. Um die anfangs noch guten Beziehungen zur neuen moçambikanischen Regierung nicht zu stören, wurde diese Cardoso-Gruppe zunächst allerdings nur innerhalb Rhodesiens gegen die ZANLA eingesetzt. Als das Alvor-Abkommen, das ja den friedlichen Übergang in Angola hätte regeln sollen, Anfang 1975 auseinanderbrach, verließ Cardoso mit den meisten seiner Mitstreiter Rhodesien, ging zurück nach Angola und trat in die Dienste Holden Robertos (also der CIA-finanzierten FNLA), die besser bezahlt wurden.

Erst nach weiteren Fehlstarts beschloß die CIO, ihr Augenmerk auf schwarze Moçambique-Flüchtlinge zu konzentrieren. Mitte 1976 identifizierten die speziell mit dieser Aufgabe betrauten Geheimpolizisten einen ehemaligen *Frelimo*-Kämpfer namens André Matade Matzangaiza, der zwei Jahre zuvor wegen Diebstahls entlassen und in ein Umerziehungslager gesteckt worden war. Von dort war er jetzt entkommen. Matzangaiza wurde zum Anführer der geplanten Widerstandsgruppe bestimmt, und zu seinem Stellvertreter machte man den erst 23jährigen ehemaligen Kämpfer in der portugiesischen Armee, Afonso Dhlakama, der – in Ermangelung eines Besseren – an die Stelle Matzangaizas trat, als dieser in einer völlig sinnlosen Operation im Oktober 1979 in Moçambique ums Leben kam.

In der Nähe von Umtali (heute Mutare), also am westlichen Ende der Beira-Linie, richtete die CIO auf einer ehemaligen Tabakfarm ein militärisches Trainingslager ein, das von einem ihrer Offiziere geleitet wurde und in dem drei ehemalige SAS-Mitglieder moçambikanische Flüchtlinge ausbildeten. Diese »Soldaten« wurden ausschließlich mit erbeuteten Waffen aus kommunistischen Ländern ausgerüstet. Aufgabe der RNM war es, laut CIO-Chef Flower, sich um die ZANLA in Moçambique zu kümmern, ohne daß Rhodesien direkt involviert war, und gleichzeitig die dortige Entwicklung zu destabilisieren. Noch war die RNM jedoch eine Organisation ohne Namen oder Bedeutung; eine fünfte Kolonne der rhodesischen Streitkräfte, wie der aus Portugiesisch-Indien stammende Abenteurer Evo Fernandes sich ausdrückte, der später ihr Sprecher in Europa und schließlich ihr Generalsekretär wurde, bis man ihn absetzte und er bald darauf in einem Wald in der Nähe von Lissabon ermordet aufgefunden wurde. Die Möglichkeiten der CIO waren beschränkt.

Deshalb wandte sich Flower schon 1976 an Südafrika und bat um Unterstützung für die RNM. BOSS-General Hendrik van den Bergh gab den Wunsch eher lustlos an seinen Freund und Gönner Vorster weiter, der jedoch noch immer an seiner längst gescheiterten Detente-Politik festhielt und diese nicht gefährdet sehen wollte. Erst nachdem im September 1978 Verteidigungsminister Botha die Nachfolge Vorsters angetreten hatte, trafen Flowers Avancen in Pretoria auf offene Ohren.[15] Ein gewisser Oberst Charles van Niekerk, dessen Namen wir noch wiederbegegnen werden, wurde Verbindungsoffizier des militärischen Aufklärungsdienstes MID (für Military Intelligence Directorate) zur RNM. Der damalige MID-Chef, General van der Westhuizen, war später, und zwar bis zum November 1987, Generalsekretär des unter Botha alles kontrollierenden südafrikanischen Staatssicherheitsrates.

Als im April 1980 Zimbabwe unabhängig wurde, hatte Südafrika bereits mehr als eine Million Dollar zum Aufbau der RNM beigetragen. Der bisherige Oberkommandierende der südafrikanischen Truppen, General Magnus Malan, der erst jetzt (und nicht wie in einer Reihe von Publikationen behauptet: 1978) Verteidigungsminister wurde, hatte mit seinem rhodesischen Pendant, General Peter Walls, längst verabredet, daß im Falle eines Machtwechsels in Rhodesien, die »kompromittierten« Spezialeinheiten wie Selous Scouts und RNM nach Südafrika verlegt werden sollten. Polizeigeneral van den Bergh habe ihm gegenüber schon früh bemerkt, die »South African Defence Force« (SADF) werde sicher »blöde genug« sein, die RNM zu übernehmen, zitieren Martin und Johnson ihren Gewährsmann Flower.

Dieser blieb übrigens bis Ende 1982, als er aus Gesundheitsgründen in den Ruhestand trat, Generaldirektor der CIO. Auch dann diente er seinem ehemaligen Stellvertreter und dann Nachfolger noch weiter als Berater, wie auch die meisten anderen Beamten in weniger sensiblen Bereichen von der neuen ZANU/ZAPU-Regierung zunächst übernommen wurden. Dies wird nicht nur auf die Abmachungen des Lancaster-Haus-Abkommens zurückgeführt, das den weißen Rhodesiern besonderen Schutz gewährte, sondern vor allem auch auf Mugabes bewußte Versöhnungspolitik. Selbst Ian Smith behielt nach seinem Sturz sieben Jahre lang Sitz und Stimme im Parlament, residierte in Harare in einer schönen, von Mugabes Soldaten bewachten Villa im gleichen Nobelvorort wie der neue Regierungschef und konnte sich schließlich auf seiner auch weiterhin eigenen privaten Farm im Nordosten des Landes zur Ruhe setzen. Die gezielte »Afrikanisierung« der staatlichen Behörden setzte erst nach den Unruhen im Matabeleland 1982/83 ein.

Die Verlegung der RNM nach Südafrika wurde in drei Phasen durchgeführt: zuerst flog eine südafrikanische Maschine den Radiosender »Voz da Africa Livre« aus, dann folgte das SAS-Personal und schließlich wurden die Truppen (etwa 250 Mann) nach Phalaborwa im Osttransvaal transportiert und von dort in ein ehemaliges Camp für Jäger am Rande des Krügerparkes gebracht. Nachdem sie verstanden hatten, daß die RNM von jetzt an den südafrikanischen Diensten unterstand und die ihren nicht mehr benötigt wurden, nachdem sie zudem sicher waren, in Zimbabwe nicht verfolgt zu werden, kehrten die CIO-Offiziere nacheinander in ihre altneue Heimat zurück. Colonel van Niekerk hatte das RNM-Kommando übernommen, dessen Operationen fortan darauf ausgerichtet waren, die Infrastruktur Moçambiques zu zerstören, die Zivilbevölkerung zu terrorisieren, kurz das Land »unregierbar« zu machen.

Zimbabwe aber sollte, genau wie ehedem Rhodesien, vom Zugang zum Indischen Ozean abgeschnitten und in die möglichst totale Abhängigkeit von Südafrikas Verkehrswegen und Häfen gezwungen werden.

Der Verfasserin dieses Buches war es zwischen 1980 und 1989 in regelmäßigen Intervallen möglich, nach und in Zimbabwe zu reisen, also die Entwicklung kontinuierlich zu beobachten. Schon 1981 schätzten dort Experten, daß dem jungen Staate wöchentlich mehr als 20 Millionen Mark, also mehr als eine Milliarde im Jahr, an potentiellen Exporten von Rohstoffen und landwirtschaftlichen Produkten verloren gingen, weil die Transportkapazitäten nicht ausreichten. Damals waren die beiden Eisenbahnlinien zum Indischen Ozean, die während des langjährigen Bürgerkrieges und der Blockade zerstört worden waren, noch nicht wieder voll funktionsfähig. Außerdem fehlte es an Waggons und Lokomotiven. Ausgerechnet das verhaßte Nachbarland im Süden war die einzige Adresse, an die man sich in seiner Not wenden konnte. In »nichtstaatlichen« Verhandlungen, wie in Salisbury (so hieß die Hauptstadt damals noch) überlaut betont wurde – gemeint war natürlich Freund Loubser mit seinen SATS –, fand die Burenrepublik sich tatsächlich bereit, mit freien Kapazitäten auszuhelfen, und südafrikanische Banken gewährten Kredit. Schließlich ist Zimbabwe auch für Südafrika als Handelspartner nicht völlig unbedeutend: Noch 1986 kamen 21 Prozent aller zimbabweschen Importe aus dem südlichen Nachbarstaat (10% aus Großbritannien, 9% aus der Bundesrepublik), während nur 12 Prozent aller zimbabweschen Exporte dort aufgenommen wurden (12% in Großbritannien, 6% in den Niederlanden)[16]. Zu diesem Zeitpunkt wurde das Kapital der produzierenden Industriebereiche Zimbabwes noch zu 24 Prozent von Südafrika aus kontrolliert, im Bergbau sogar zu 45 Prozent.[17]

»Unsere Handelsbeziehungen mit Südafrika werden fortbestehen, obwohl die Regierung in Pretoria Zimbabwe ökonomisch zu strangulieren versucht«, sah Premierminister Mugabe sich Ende Oktober 1981 genötigt, zähneknirschend vor weißen Farmern zu erklären.[18] Zu diesem Zeitpunkt konnte er noch gar nicht wissen, daß sein Land auf dem mühseligen und wenig aussichtsreichen Weg zur endgültigen Abnabelung von Südafrika gerade wieder einen neuen, schweren Rückschlag erlitten hatte: Saboteure der RNM hatten vor wenigen Stunden die Brücke über den Pungwe, die einzige Straßen- und Eisenbahnverbindung Zimbabwes mit der Hafenstadt Beira, in die Luft gesprengt. Ein gutes Stück der 288 Kilometer langen Ölrohrleitung, die über diese Brücke von Beira zur einzigen Erdölraffinerie Zimbabwes, Feruka, in der Nähe von Umtali (Mutare) führt, trieb im Strom. Feruka war natürlich längst stillgelegt worden, die Pipeline wurde aber gerade repariert und sollte im Dezember wieder in Betrieb genommen werden. Denn alles Dieselöl, ein Drittel des Benzins und die Hälfte allen benötigten Düsenflugzeugtreibstoffes mußte auf dem teuren Landweg vom südafrikanischen Durban über Beitbridge ins Land geholt werden.

Benzin- und Dieselmangel waren im ganzen Land spürbar. Selbst die Farmer, die bevorzugt beliefert wurden, konnten zufrieden sein, wenn sie ein Fünftel ihrer Bestellungen geliefert bekamen. Für alle anderen war der mit Ethalen gestreckte Treibstoff kaum erhältlich und außerordentlich teuer. Man mußte schon das Glück der Verfasserin haben, versehentlich in ein geheimes Lager der Super-ZAPU (in der Gegend von Lupane mitten im Matabeleland-Busch) zu geraten, um südafrikanischen Wein und Zigaretten gegen Sprit tauschen und weiterreisen zu können. Der Tourismus lag so gut wie still.

»Die Südafrikaner wollen uns fertigmachen«, lautete meist der Kommentar der Bevölkerung. Auch die Sabotageakte an der Beira-Linie wurden der südafrikanischen Regierung zur Last gelegt. Sie trügen allzu deutlich die Handschrift ex-rhodesischer Kommandoeinheiten, die nach Südafrika geflohen seien und nun von dort aus operierten, wurden wir belehrt. Bald darauf explodierten zehn der zwölf Markierungsbojen an der Hafeneinfahrt zu Beira. Die Täter wurden nicht nur in Moçambique gesucht, sondern auch auf der anderen Seite der Grenze in Zimbabwe. Das Naturschutzgebiet Chimanimani, das fast den ganzen gleichnamigen Gebirgszug entlang der moçambikanischen Grenze umfaßt, mußte »wegen der unstabilen Sicherheitssituation« geschlossen werden. Dort in den Bergen wurde gekämpft.

Der Verantwortliche für die Staatssicherheit, Emerson Mnangagwa, sprach offen über die schweren Sorgen, die ihm die neueste Entwicklung bereitete. Seine Regierung habe die Geschäftsleute ermutigt, mehr Gebrauch von den nicht ausgelasteten Häfen Moçambiques zu machen. »Jetzt können Sie aufspringen und mich anschreien: Aber das moçambikanische Transportsystem ist ein Sicherheitsrisiko! Die Beiralinie ist erst vor kurzem gesprengt worden! Das sind Rückschläge, gegen die wir ankämpfen müssen. Sie sind die Folge von Sabotageakten der südafrikanischen Regierung.«

Wieder nur ein paar Tage später tauchten in den Küstengewässern Moçambiques wiederholt nicht identifizierte U-Boote auf. Südafrika war und ist das einzige Land in der Region, das überhaupt über Unterwasserfahrzeuge verfügt: bis die nach deutschen Konstruktionsvorlagen gebauten U-Boote fertig sind (wenn sie je fertig werden), besteht das gesamte Arsenal des Subkontinents aus drei längst veralteten französischen Unterseebooten vom Typ Daphne.

Und so ging das weiter, von Monat zu Monat und von Jahr

zu Jahr. Bald erzählte man sich auf Cocktailparties folgenden Witz: Es gibt eine gute Nachricht und eine schlechte. Zuerst die gute: die Beira-Pipeline ist wieder offen. Sodann die schlechte: an sieben Stellen. An 195 Tagen des Jahres 1986 blieb der Hafen von Beira, dank der intensiven Guerilla-Tätigkeit, ohne Strom. Im Oktober desselben Jahres, unmittelbar nach dem Tode des moçambikanischen Präsidenten Machel bei einem Flugzeugabsturz über Südafrika, erklärte der angebliche RNM-Präsident Dhlakama der Republik Zimbabwe sogar »den Krieg«. Längst hatte die zimbabwesche Armee nämlich zunächst eine Brigade (6000 bis 7000 Mann) und schließlich bis zu 15 000 Soldaten an der Beira-Linie eingesetzt, um diese überlebenswichtige Eisenbahn-, Straßen- und Pipelineverbindung vor den Überfällen der Rebellen zu schützen. Die Kosten dieses Einsatzes wurden auf wenigstens eine Million Zimbabwe-Dollar (das waren zu diesem Zeitpunkt noch mehr als eine Million Mark) pro Tag geschätzt.

Außerdem war eine Kommission gebildet worden – die sogenannte Beira Corridor Group –, der der bisherige zimbabwesche Landwirtschaftsminister Denis Norman (ein Weißer notabene, der Mugabes Vertrauen besitzt) vorstand, welche die Sicherung der Straßen- und Schienenwege sowie die Modernisierung des völlig veralteten Hafens Beira mit Hilfe der internationalen »Gebergemeinschaft« vorantreiben sollte. Diese Kommission wurde von der Privatwirtschaft getragen, der vor allem an der Reduzierung der hohen Transportkosten und an einer gesicherten Energieversorgung lag. Wenigstens 80% des zimbabweschen Außenhandels waren nämlich noch immer auf die Verkehrswege Südafrikas angewiesen – fast 2000 km bis zum Meer! –, und die südafrikanischen Transportkosten und Hafengebühren mußten in harten Devisen gezahlt werden. »Das Ergebnis: Exporte sind nicht wettbewerbsfähig und bringen nur reduzierten Gewinn, Importe werden doppelt so teuer«, stellte eine von deutschen Privatunternehmern bestellte Studie noch im Januar 1989 fest.[19] Ein

Auto, das in Südafrika 20000 Rand wert sei, koste in Zimbabwe fast das Doppelte. Die Transportkosten machten bis zu 60% der Preise aller importierten Waren aus. Und da Zimbabwe, wie alle anderen Kolonien der Region, bis zu seiner Unabhängigkeit ausschließlich als Rohstoffe und landwirtschaftliche Produkte exportierendes Land entwickelt worden war, und lediglich während der Rhodesienblockade Ansätze zu einer eigenen produzierenden Industrie entstanden waren (ein Beweis dafür, daß wohlüberlegte Sanktionen sehr wohl positiv wirken können), müssen auch Gebrauchsgüter des täglichen Lebens eingeführt werden. Die hohen Lebenshaltungskosten belasten die Bevölkerung und schaffen Unzufriedenheit, wenn nicht gar ein revolutionäres Klima: 80% der Bevölkerung verdienen weniger als 100 Zimbabwe-Dollar (das sind heute etwa 60 Mark) im Monat; die »Armutsgrenze« wird bei 240 Dollar angesetzt.

Erst im Laufe des Jahres 1988 verbesserte sich die Sicherheitssituation am Beira-Korridor. Hatten die Draisinen, die jeden Morgen die Eisenbahngleise abfuhren, um den nächtlichen Schaden kleiner Sprengsätze zu beheben, bevor ein einziger Zug pro Tag die Strecke passieren konnte, im Jahre 1987 noch viel zu tun (87 Anschläge wurden gezählt, einmal flog eine Gleisstopfmaschine mit drei Arbeitern in die Luft, von denen einer ums Leben kam), so wurde es im Laufe des Jahres 1988 im Korridor erheblich friedlicher, was vor allem massiver britischer und kanadischer Hilfe zu verdanken war. Es wurde jedoch auch immer deutlicher, daß mit dem seichten und immer wieder versandenden Hafen Beira auch nach Fertigstellung eines modernen Container-Terminals mit Mitteln der EG (40 Millionen ECU), nur ein kleiner Teil des zimbabweschen Außenhandels zu bewältigen war. Der Rückstau in der Container-Abfertigung, also die Verspätung aller Lieferungen, betrug Ende 1987 durchschnittlich drei Wochen.

Jetzt machte man sich deshalb mit gesteigertem Einsatz an die Reparatur des bis dahin vernachlässigten Limpopo-Korridors, der Eisenbahnverbindung vom zimbabweschen Industriezentrum Gweru über den Grenzposten Chiqualaquala zum wesentlich leistungsfähigeren Hafen von Maputo. Lediglich die ersten 60 km hinter der Grenze führten durch unübersichtliches wildes Bergland und bedeuteten somit, nach Ansicht ortskundiger Fachkräfte, ein größeres Sicherheitsproblem. Großbritannien und Kanada sagten sofort Hilfe zu. Die Bundesrepublik Deutschland tat sich da etwas schwerer. Bei seinem ersten und letzten Moçambique-Besuch im Januar 1988, im Auftrag Bundeskanzler Kohls, versprach auch der bayerische Ministerpräsident und CSU-Chef Strauß Hilfe; allerdings nur für die Bahnverbindung durch Südafrika. Entweder war er gar nicht der große Afrika-Kenner, als der er sich immer ausgab, und hatte das Kernproblem nicht verstanden, oder aber er betrieb bewußt das Spiel Südafrikas.

Schon seit Jahren war die Burenrepublik auf manchmal geradezu rührend-naive Weise bemüht gewesen, der RNM international so etwas wie Glaubwürdigkeit und Ansehen als »antikommunistische nationale Befreiungsbewegung«, etwa mit einem vergleichbaren Anspruch auf Legitimität wie die UNITA in Angola, zu verschaffen. Blindlings auf den Ost/West-Konflikt fixierte kalte Krieger in aller Welt waren dank ihren Scheuklappen nur zu willig bereit, darauf hereinzufallen oder gar mitzuspielen.

Einen Umschwung in der internationalen öffentlichen Meinung brachte erst ein ausführlicher Bericht, der Anfang 1988 im Auftrag des amerikanischen State Department nach einer dreimonatigen Untersuchung, während der mehr als 200 Flüchtlinge in 42 verschiedenen Flüchtlingslagern[20] in fünf Ländern (Südafrika, Moçambique, Malawi, Zambia und Tanzania) interviewt worden waren, angefertigt wurde. Der südafrikanische Botschafter in Washington, Koornhof, soll damals mit allen Kräften versucht haben, die Veröffentlichung dieses Reports ganz zu verhindern oder wenigstens hinauszuschieben.[21]

»Dieser Bericht erbringt den Beweis für das, was so viele von uns schon lange in ihrem Herzen wußten«, sagte ein hoher Beamter des State Department kurz nach dessen Veröffentlichung in Maputo auf einer internationalen Konferenz. Den Beweis nämlich, »daß, aus welchen irrigen Gründen auch immer, die Renamo einen systematischen, brutalen Terror-Krieg mit Zwangsarbeit, Aushungerung, körperlichen Mißhandlungen und willkürlichen Tötungen gegen die unschuldige moçambikanische Zivilbevölkerung geführt hat... Verurteilung ist nicht genug. Was in Moçambique ans Licht gekommen ist, ist einer der brutalsten Holocausts gegen gewöhnliche Menschen seit dem Zweiten Weltkrieg; und die Unterstützer der Renamo, wo immer sie auch sein mögen, können dieses Blut nicht von ihren Händen waschen, wenn nicht jedwede Unterstützung für diese unverantwortliche Gewalttätigkeit augenblicklich eingestellt wird...«, erklärte der konservative amerikanische Beamte. Als Präsident Reagan den RNM-Bericht las, brach er in Tränen aus.[22] Südafrika aber sah sich genötigt, mit Moçambique in erneute »gutnachbarschaftliche« Sicherheits-Verhandlungen einzutreten und sogar eine Schiffsladung schweren, nicht für den Kampf bestimmten Kriegsmaterials zur Sicherung moçambikanischer Anlagen vor der RNM von Durban nach Beira zu schicken, wo diese am 28. November 1988 eintraf. Schon auf dem SADCC-Treffen Anfang 1988 hatte Bonn sich – entgegen dem fachmännischen Rat aus München – dazu verpflichtet, 25 Millionen DM für die Erneuerung der Chiqualaquala-Strecke zur Verfügung zu stellen. Noch am 30. November 1988 allerdings behauptete ein Überläufer der RNM namens Chanjunja Jaoa, der in Europa stationiert gewesen war, westdeutsche und südafrikanische Dienste unterstützten hinter dem Rücken ihrer jeweiligen Regierungen auch weiterhin die RNM[23]; ein Problem, von dem noch an anderer Stelle die Rede sein wird.

Südafrikas »totale Strategie«

Unsere Machthaber werden ihre
Klauen bis zum Kongo ausstrecken.
Wo unter den Nationen der Welt
findet sich der politische Wille,
der ihnen das Handwerk legt?
Breyten Breytenbach
in »End Papers«, 1986

Piets Waffen

Wird der Status quo Südafrikas von innen oder von außen bedroht? Über diese Frage ließ sich in den vergangenen Dutzend und mehr Jahren nicht nur dort trefflich streiten. Unter Vorster ging das südafrikanische Establishment in seiner Machterhaltungsstrategie davon aus, daß die eigentliche Bedrohung vom landeseigenen »schwarzen« Widerstand herrühre, der natürlich von »kommunistischen« Drahtziehern außerhalb angestachelt und gegängelt werde, dem jedoch mit verschärften Sicherheitsbestimmungen sowie Gesetzen zur Unterdrückung des Kommunismus (die Widerstandsorganisation ANC und PAC waren schon seit 1960 verboten) beizukommen sei – also mit den Mitteln des Bureau of State Security (BOSS) und der South African Police (SAP). BOSS-General van den Bergh war folglich nach Vorster der mächtigste Mann im Staate.

Nach außen hin genügte, wie wir schon gesehen haben, dieser Weltsicht entsprechend diplomatische Flexibilität, gepaart mit möglichst intensiver Propagandatätigkeit, die Südafrika als Garant des Friedens, der politischen Ordnung und der ökonomischen Stabilität, wenn nicht gar Entwicklung des gesamten Subkontinentes darstellte: als westlich-zivilisiertes, christliches Bollwerk gegen die Mächte der Finsternis, als da sind Kommunismus und Barbarei.

Doch der Umsturz in Portugal und in den portugiesischen Kolonien, das so gründlich mißglückte Abenteuer in Angola, der amerikanische »Verrat«, die anschließenden Unruhen in Soweto und deren brutale Niederschlagung hatten dieses Bild als Fiktion entlarvt. Es hatte sich herausgestellt, daß Außen- und Innenpolitik keineswegs so säuberlich voneinander zu trennen waren, wie Vorster sich dies erträumt hatte. So kam es, daß trotz des Fehlschlags der militärischen Intervention in Angola die alte Garde abtreten mußte und das Militär als Sieger aus dem internen Kräftemessen in der Regierungsmannschaft hervorging. Vorsters Sturz war nur noch eine Frage der Methode und des geeigneten Zeitpunkts. Denn ein anderer Weg als eine Politik der Stärke und Härte nach außen schien nun nicht mehr offenzustehen. Da man aber immer noch Strafmaßnahmen der internationalen Völkerfamilie fürchtete wie der Teufel das Weihwasser, mußte diese Politik von größerer Flexibilität im Inneren begleitet sein. Zum Beispiel von Reformen.

Es ging nun auch nicht länger an, daß Unsummen, die sowohl für die militärische Aufrüstung als auch für längst überfällige Reformvorhaben benötigt wurden, für eine wirkungslos gewordene Propagandamaschinerie hinausgeworfen wurden, die überdies der Kontrolle entwachsen und allzu eigenständig geworden war, nachdem ihre Repräsentanten in aller Welt potentielle Investoren, mehr oder weniger einflußreiche Politiker und Journalisten, ja ganze Zeitschriften samt den dazugehörigen Verlagshäusern bestochen oder aufgekauft hatten. Diese ohnehin nur lässig verschleierten Aktionen wurden jetzt unsanft enttarnt, die kaum kaschierten Schmiergeldempfänger bloßgestellt, und schließlich ging es dem eigentlichen Angriffsziel, nämlich Vorster persönlich an den

Kragen, obwohl dieser noch im November 1977 eine Wahl (natürlich nur unter Weißen) so überlegen gewann wie kein anderer südafrikanischer Politiker vor oder nach ihm. 134 der 164 Sitze des Parlamentes gingen an seine Nationale Partei, womit das Ende der United Party gekommen war.

Im Februar 1978 legte der oberste Rechnungsprüfer Südafrikas der Volksvertretung einen Bericht über nicht-autorisierte Ausgaben des Informationsministeriums vor, der einen folgenschweren Skandal auslöste. Das ganze Amt wurde liquidiert, und der zum Sündenbock erkorene Informationssekretär Eschel M. Rhoodie mußte von der Bühne des öffentlichen Lebens abtreten. Er emigrierte nach Amerika, von wo aus er sich mit bösartigen Enthüllungsbüchern an seinen ehemaligen Freunden und Auftraggebern, den neuen Machthabern, rächte.

Schwer angeschlagen war natürlich auch der bisherige Informationsminister, ein Vollblutpolitiker namens Cornelius Petrus Mulder, der bislang als Vorsters Kronprinz gegolten hatte. Als Vorster schließlich zurücktrat, war somit die Bahn frei für den Verteidigungsminister, der ohne Zögern die Macht ergriff. Den noch immer äußerst beliebten langjährigen Regierungschef – bei einer Umfrage unter Weißen erhielt Vorster auch jetzt noch 91 Prozent aller Stimmen – machte man zum Präsidenten, zumal das bisherige Staatsoberhaupt just vor wenigen Wochen gestorben war.

Doch auch auf diesem Ehrenposten ließ man Vorster nicht lange Ruh'. Eine Untersuchungskommission wurde eingesetzt, die bald belegte, daß der Premierminister von den Unregelmäßigkeiten seines Informbüros hatte wissen müssen, und der »Freund der Nazis, Hasser der Engländer und erbitterte Feind der Demokratie«, wie man ihn in einem Nachruf rühmte, wurde endgültig ins Privatleben abgedrängt. Fortan widmete er sich seiner Familie, dem Golfspiel und dem Wein.

Erst nach dem Auseinanderbrechen der Nationalen Partei über Bothas neuem Verfassungsentwurf trat Vorster noch einmal an die Öffentlichkeit. Jetzt unterstützte er die neue »Konservative Partei« des Predigers Andries Treurnicht, in der »Connie« Mulder als Vize fungierte, und zog gegen Bothas Reformpläne zu Feld. Zu Recht fürchtete die Regierungspartei das Gewicht dieses Namens im Lager ihrer Gegner beim Referendum der Weißen über die Annahme oder Ablehnung der neuen Verfassung, das für den 3. November 1983 vorgesehen war. Doch sechs Wochen vor diesem großen Tag starb der unbequeme alte Herr.

»Connie« Mulder seinerseits, der schließlich als konservativer Abgeordneter in den Volksrat der Weißen zurückkehren durfte, kündigte eine große Rede an, in der er die »wahre Rolle« P. W. Bothas nicht nur im Informationsskandal »endlich enthüllen« wollte. Im ersten Anlauf wurde er von einem Herzanfall gebremst, und wenige Wochen vor der Parlamentseröffnung 1988, in der Nacht zum 13. Januar, starb auch er.

»Jetzt hat der Soldat den Polizisten abgelöst«, soll unter allgemeinem Gelächter ein Journalist ausgerufen haben, als am Abend des 28. September 1978 die Wahl Pieter Willem Bothas zum »Eerste Minister« Südafrikas verkündet wurde. »Der Falke ist gelandet«, schrieben andere. »Der schießt erst, dann redet er«, sagten übereinstimmend alle jene Beobachter, die »Piet Wapen« (den Waffenpeter) bereits näher kennengelernt hatten; und zu ihrem Kummer behielten sie recht.

Tatsächlich sah der neue Regierungschef Südafrika nicht nur aus der einen oder anderen Richtung, sondern »total« bedroht. Sein intimster Berater, der vormalige Armeechef und seit 1976 Oberkommandierende aller Truppen, General Magnus André de Merindol Malan, entwickelte sich zum Spezialisten für den »total onslaught«, den er am 3. September 1980 in einem Vortrag vor dem Institut für strategische Angelegenheiten der Universität von Pretoria folgendermaßen definierte: »Der totale Angriff ist ein ideologisch motivierter Kampf, und sein Ziel ist die unerbittliche und bedingungslose Auferlegung des Willens des Aggressors auf den Zielstaat. Das

Ziel ist folglich gleichfalls total, und zwar nicht nur im Rahmen der Ideologie, sondern alle politischen, sozialen, ökonomischen und technologischen Gebiete betreffend.«[1]

Der vermutete Anschlag findet also nicht nur auf militärischer, sondern auch auf politischer, diplomatischer, religiöser, psychologischer, kultureller, sozialer, ja sogar sportlicher Ebene statt, und er ist grundsätzlich »kommunistisch inspiriert«. Sein Ziel ist – immer gemäß dieser Botha/Malan-Theorie – nicht nur der Umsturz der bestehenden politischen Ordnung innerhalb Südafrikas sowie die Einsetzung einer kommunistischen schwarzen Regierung, sondern die Versklavung der gesamten freien westlichen Welt, für die Südafrika mit seinem Reichtum an wertvollen Mineralien, mit seiner strategischen Lage, mit seiner hochentwickelten Infrastruktur und Ökonomie eine Schlüsselstellung einnimmt.

Fünf Wochen nach diesem Grundsatzreferat, mit dem er die Weichen für ein ausgeklügeltes Sicherheitssystem, das »National Security Management System«, stellte, das bald jeden Bereich des täglichen Lebens erfaßte und sich auf Spitzel, Zuträger und Informanten aus allen Schichten und Berufen, von der Krankenschwester bis zum Feuerwehrmann, vom Hilfspolizisten bis zum Volksschullehrer, verließ, wurde General Malan von Botha zum Verteidigungsminister ernannt. Von nun an wurde der Staatssicherheitsrat nicht nur zeitlich, sondern in seiner Entscheidungsbefugnis dem Kabinett vorangestellt, und das Geschäft der Politik wurde mehr und mehr nach den Prinzipien militärischen Managements, im Geiste Clausewitzscher Auftragstaktik, geführt. Zahlreiche Beobachter begannen von einem »schleichenden« oder »geheimen« Militärputsch zu sprechen, zumal auch in das durch Vorsters und General van den Berghs Sturz entstandene Vakuum auf seiten der Polizei Verbindungsleute des Militärs hineinsickerten, bis schließlich Malans Stellvertreter Adriaan Vlok auf dem Umweg über den Doppelposten des Vizeverteidigungs- plus Vizepolizeiministers der alleinige Verantwortliche für *law and order,* also Polizei, geworden war. Erst als er dem Kabinett angehörte, trat Malan in die Nationale Partei ein, und alsbald wurde er Abgeordneter von Modderfontein im Transvaal.

Um dem »totalen Angriff« des Weltkommunismus begegnen zu können, bedurfte Südafrika selbstverständlich einer gleichfalls »totalen Strategie«. Vor dem Jahreskongreß der Nationalen Partei von Natal, am 15. August 1979 in Durban, gab Botha – gewissermaßen in einer verspäteten Regierungserklärung – seinen 12-Punkte-Plan zur Rettung Südafrikas bekannt. In diesem strategischen Entwurf, der Anfang 1981 noch kleinere Korrekturen erfuhr, nahm er weitgehend die Verfassungsänderung von 1984 vorweg, die ihn schließlich zum unanfechtbaren totalen Alleinherrscher machte. Einige Begriffe aus dem 12-Punkte-Plan sollten im Laufe der kommenden Jahre zu festen, immer gleichbleibenden Beschwörungsformeln in der Litanei seiner Nachbeter werden, die deren Sinn (oder Unsinn) weder überdachten noch gar einer Prüfung unterzogen.

Botha hat in diesem Plan die Existenz von Minoritäten innerhalb der Republik anerkannt, nicht jedoch das – sich doch wohl logisch daraus ergebende – Bestehen einer Majorität, nämlich der schwarzen Bevölkerung. Diese sollte, in verschiedene Völker unterteilt, verfassungsmäßige Strukturen in eigenen Gebieten (den *homelands*) erhalten, die »so weit wie praktikabel konsolidiert« und nach Möglichkeit »unabhängig« werden sollten. Die Macht im Staate sollte zwischen Weißen, Mischlingen und Indern geteilt werden, freilich nur soweit dies gemeinsame Interessen betraf; mit den Schwarzen jedoch nicht. Jede »Bevölkerungsgruppe« sollte weiterhin getrennt (apart) leben, also eigene Schulen und Wohnorte behalten: »Meiner Meinung nach ist das keine Diskriminierung, sondern die Anerkennung der Rechte des jeweils anderen«, sagte Botha, der »schmerzhafte und überflüssige Diskriminierung« abschaffen wollte, ohne daß er je eine Definition geliefert hätte, was wohltuende und notwendige Diskriminierung denn wohl sei.

Erst in Punkt 8 wandte der Partei- und Regierungschef sowie Minister für Verteidigung und Nationale Sicherheit in einer Person sich außenpolitischen Fragen zu: Er werde die Schaffung einer friedlichen »Constellation of Southern African States« mit Respekt für die jeweils anderen Kulturen, Traditionen und Ideale anstreben, kündigte Botha an; von einer Föderation oder einer Konföderation zu sprechen, sei noch verfrüht.

Der neunte Punkt seines Plans aber war der ausführlichste von allen: Er handelte von Südafrikas fester Entschlossenheit, sich gegen jede Einmischung von außen auf jede nur denkbare Weise zu verteidigen. »Gestatten Sie mir, das heute abend hier ganz klar zu sagen: das ist keine Prahlerei, sondern wir sind heute abend besser imstande, Südafrika militärisch zu verteidigen als je zuvor in der Geschichte dieses Landes. Und ich warne alle jene, die denken, daß wir unsere Politik aus einer Position der Schwäche praktizieren: Wir sprechen nicht aus einer Position der Schwäche, wir sprechen aus einer Position des Anstandes. Wenn jemand uns testen will, unsere Stärke, dann werden wir im Interesse der Selbstachtung Südafrikas zurückschlagen.« (Wir dürfen angesichts dieser aggressiven Sprache nicht aus den Augen verlieren, daß Südafrika in seiner langen Geschichte noch nie von Afrika aus angegriffen worden ist.)

Im Konflikt der Supermächte werde sein Land eine möglichst neutrale Haltung einnehmen, wobei den südafrikanischen Interessen Vorrang gebühre, sagte Botha; eine Warnung an den Westen, die er noch oft wiederholen sollte, so zum Beispiel auf den Tag sechs Jahre später, gleichfalls in Durban: »Don't push us too far!« An vorletzter Stelle des großen Planes stand schließlich »die Aufrechterhaltung der staatlichen Entscheidungsfähigkeit, die auf einer starken Wehrmacht als Garant einer ordnungsgemäßen Regierung und einer tüchtigen, sauberen Verwaltung beruht.« Und erst ganz zum Schluß erwähnte Botha die Wirtschafts- und Finanzpolitik, die er, wie so mancher andere afrikanische Führer, auch in den folgenden Jahren immer vernachlässigt hat.

Das Erstaunliche an diesen noch keineswegs ausgefeilten Zwölf Thesen, die Botha im Selbstgefühl eines großen Reformators damals in Durban angeschlagen hat, war von allem Anfang an nicht so sehr ihr Inhalt wie das Ausbleiben der sonst üblichen *disputatio;* die sofortige Bereitschaft fast der geschlossenen nationalistischen Regierungsmannschaft, sie ungeprüft zu übernehmen und fortan für sie durchs Feuer zu gehen, sie als die einzige Hoffnung darzustellen, die Südafrika angesichts des »totalen Angriffs« überhaupt noch blieb.[2] Zu diesem Heilsplan gebe es einfach keine Alternative, redete man sich und anderen ein. »Ich stehe oder falle damit«, erklärte Botha am 6. Februar 1980, und es war offensichtlich, daß er meinte: nicht nur er, sondern ganz Südafrika.

Der Plan einer »Constellation of States« war zu diesem Zeitpunkt nicht mehr neu. Schon das »Black-Self-Government«-Gesetz aus dem Jahre 1959 hatte verschiedene ethnische Stämme als »eigene Bevölkerungsgruppen« anerkannt und damit den Grundstein für die Entwicklung einer von oben, nämlich von Pretoria gewährten »souveränen Unabhängigkeit« einzelner »Bantu-Staaten« innerhalb einer einstweilen noch vage umschriebenen Konföderation gelegt. Unter John B. Vorster war diese Idee einer Konföderation, zunächst des »weißen« Südafrika mit seinen *homelands,* weiter präzisiert worden. Dahinter stand das von Verwoerd erdachte utopische Ziel, die schwarze Bevölkerung Südafrikas für immer aus dem Kernland auszuschließen, indem man ihr in den ihr zugewiesenen Reservaten, also den *homelands,* unter der Kontrolle der von Pretoria aus eingesetzten und bezahlten Häuptlinge eine eigene Entwicklung, eigene politische Strukturen und schließlich eine wohldosierte nominelle Unabhängigkeit zugesteht.

Zwischen 1976 und 1981 sind vier *homelands* (Transkei, Bophuthatswana, Venda und Ciskei) solchermaßen »souveräne unabhängige National-Staaten« geworden, die jedoch ausschließlich voneinander und von Pretoria anerkannt worden sind. (Unterstützt wurden sie allenfalls von Bayern, Israel und Taiwan.) Sechs weitere (Qwaqwa, Gazankulu, KwaZulu, KwaNdebele, KaNgwane und Lebowa) hatten den, laut Südafrika-Handbuch, »sie zierenden Zustand interner Selbstverwaltung« erreicht, befanden sich also auf dem Wege zur »Unabhängigkeit«.

Auch Botha schien in Durban zunächst nur an einen Staatenbund innerhalb der Grenzen der Republik Südafrika gedacht zu haben. Schon drei Monate später jedoch, auf einem Treffen mit etwa dreihundert Wirtschaftskapitänen Südafrikas im Johannesburger Carlton Hotel, wurde aus Bothas Worten klar, daß er sich weitere Ziele gesteckt hatte und in größeren Räumen dachte.

Zwischen Südafrika und seinen »unabhängigen Nationalstaaten« bestehe schon jetzt ein hohes Maß an ökonomischer Abhängigkeit, sagte der Premierminister auf dieser »Carlton-Conference« am 22. November 1979. Daß diese Abhängigkeit nicht wechsel-, sondern völlig einseitig war, fügte er natürlich nicht hinzu. Aber auch »wir und die anderen Länder des südlichen Afrika stehen nun vor der Notwendigkeit und Gelegenheit, die unleugbare ökonomische Abhängigkeit unter uns ... in einer logischen ökonomischen Gruppierung zusammenzuschließen«.[3] Mit anderen Worten: den ökonomisch abhängigen schwarzen Nachbarstaaten in der Region hatte er einen ähnlichen Status der beschränkten Souveränität zugedacht wie den lebensunfähigen *homelands* innerhalb der eigenen Landesgrenzen. Leider könne man hier nicht anderen Modellen, wie etwa dem der Europäischen Wirtschaftsgemeinschaft, folgen, betonte Botha, denn: »Jene Modelle wurden für Staaten entworfen, die schon einander ähnliche Entwicklungsstufen erreicht hatten.« Auch wenn er dies ausdrücklich leugnete, meinte er mit der »Constellation« eindeutig eine Galaxie, ein Sonnensystem mit abhängigen Satelliten oder Trabanten, in dem Pretoria den Schwerpunkt bilden sollte.

Vielleicht hatte er über dieses Detail auch noch gar nicht nachgedacht, denn die »Constellation« in diesem erweiterten Sinne war wahrscheinlich eines ganz anderen Geistes Kind: sie wird heute dem ehrgeizigen Außenminister »Pik« Botha zugeschrieben, der in ihr die Vollendung der von ihm mitgetragenen Vorsterschen Außenpolitik der »Guten Nachbarschaft« sah. »Er schien zu denken, daß sie (diese Idee), wenn sie erfolgreich wäre, seine Position im Kabinett und im Staatssicherheitsrat stärken würde«, urteilt Kenneth Grundy[4]. Um die Entwicklung in Rhodesien/Zimbabwe im südafrikanischen Interesse zu beeinflussen, sei R. F. Botha mit diesem Plan schon so früh an die Öffentlichkeit getreten, wird angenommen. Jedenfalls zu früh, wie sich bald zeigen sollte. Mugabes Überraschungssieg manövrierte den südafrikanischen Außenminister für mehrere Jahre ins Aus. Erst die »Nichtangriffspakte« mit Moçambique, Swaziland und Angola 1984 und 1988 trugen wieder deutlich seine Handschrift; erneut sprachen sie von »guter Nachbarschaft« und hoben hervor, daß auch die Afrikaaner Afrikaner seien: »Auch wir sind ein Teil Afrikas!«[5]

In Rhodesien hatten beide Bothas wie auch die von ihnen beeinflußten »Afrika-Experten« in Europa und Amerika, aber auch der Feind schlechthin, nämlich die Sowjetunion, von ihren jeweiligen Wünschen geblendet, auf falsche Pferde gesetzt. Natürlich schlug der Maoist Mugabe das Angebot zur Anbindung an den reichen Rassenstaat, das gar nicht ihm, sondern dem »gemäßigten« Muzorewa gegolten hatte, unbesehen aus. Die Nachbarländer aber waren aufgeschreckt und sahen ihre so teuer erkämpfte Unabhängigkeit erneut gefährdet. Natürlich stimmte es, daß die historisch gewachsene Abhängigkeit der gesamten Region von Südafrika unvermindert fortbestand. Und selbstverständlich traf es auch zu, daß man jederzeit erpreßbar war. Also mußte man von nun an alles daransetzen, diese Abhängigkeit zu reduzieren, wo und wie auch immer das nur irgend möglich schien.

Eine eifrige Konferenztätigkeit begann, die zu einem Treffen der Führer und Repräsentanten der unabhängigen Staaten im südlichen Afrika (Angola, Botswana, Lesotho, Malawi, Moçambique, Swaziland, Tanzania, Zambia und schließlich auch Zimbabwe) im April 1980 in Lusaka führte. Dort wurde eine Erklärung verfaßt, in der die verzweifelte Lage geschildert und die internationale Gebergemeinschaft, also der »kapitalistische Westen«, um Hilfe gebeten wurde:

»Das südliche Afrika ist von der Republik Südafrika als dem Schwerpunkt allen Transports und aller Kommunikationen, als dem Exporteur von Waren und Diensten und als dem Importeur von anderen Waren und billiger Arbeitskraft abhängig. Diese Abhängigkeit ist kein natürliches Phänomen, und sie ist auch nicht das Ergebnis einer freien Marktwirtschaft. Die neun Staaten waren allesamt, wenn auch in verschieden starkem Ausmaße, durch äußere Mächte, koloniale Herrscher und große Konzerne absichtlich in die kolonialen und subkolonialen Strukturen eingegliedert worden, deren zentraler Punkt im allgemeinen die Republik Südafrika ist. Die Entwicklung nationaler Volkswirtschaften als ausbalancierte Einheiten spielte bei dieser ökonomischen Integration keine Rolle; geschweige denn das Wohl und Wehe der Menschen im südlichen Afrika. Es ist deshalb nicht überraschend, daß das südliche Afrika noch immer zerstückelt ist und in hohem Grade ausgebeutet sowie durch Außenseiter ökonomisch manipuliert wird. Eine zukünftige Entwicklung muß die Reduzierung der ökonomischen Abhängigkeit nicht nur von der Republik Südafrika, sondern auch von allen anderen äußeren Staaten oder Staatengruppen zum Ziel haben.«

In einem »Aktionsprogramm« wurden einzelne Staaten der Region mit ganz konkreten Aufgaben betraut, unter denen die

Befreiung der Verkehrswege von und zu den Weltmeeren aus den Fangarmen der südafrikanischen Krake (dieses Bild wurde im Auswärtigen Amt in Bonn geprägt) mit 97 Projekten von allem Anfang an Vorrang hatte. Man einigte sich auf regelmäßige Zusammenkünfte mit den Geberländern. So entstand die »Southern Africa Development Coordination Conference«, meist »SADCC« (sprich Sadek) genannt.

Mit SADCC gab es also jetzt eine Alternative zur südafrikanischen »Constellation of Southern African States« (kurz »CONSAS«), die weltweit Sympathie zu gewinnen und Gelder locker zu machen vermochte. Für die südafrikanische Regierung bedeutete sie eine offene Herausforderung. Zumal acht der neun SADCC-Staaten den südafrikanische Widerstandsbewegungen, so weit das in ihren Kräften stand, Unterstützung gewährten (Malawi blieb immer ein Ausnahmefall).

Pretoria sah sich angesichts der weltweiten Sympathie und Hilfe für SADCC jetzt vollends »total« bedroht. Das Recht auf Selbsterhaltung und auf Landesverteidigung schloß in den Augen der Pr(a)etorianer auch das Recht auf »präventive Intervention« ein: um Überfällen der bewaffneten Widersacher aus den Nachbarländern zuvorzukommen, schlug man von jetzt an schon vor deren Eindringen ins eigene Land auf dem Territorium der Nachbarländer zu. Dies Verfahren bot gleichzeitig die Gelegenheit, diesen unbotmäßigen Habenichtsen, den schwarzen Nachbarn nämlich, zu bedeuten, wie wehrlos sie waren.

30. Januar 1981: Südafrikanische Soldaten überfallen drei Häuser in Matola, einem Vorort der moçambikanischen Hauptstadt Maputo und töten drei angebliche ANC-Mitglieder sowie einen portugiesischen Elektroingenieur. General Constand Viljoen, der derzeitige Oberkommandierende aller Streitkräfte am Kap, erklärt ausdrücklich, nun müßten alle Nachbarstaaten ein und für allemal zur Kenntnis nehmen, daß die Beherbergung anti-südafrikanischer Terroristen ihrer eigenen Sicherheit und Stabilität unzuträglich sei.

9. Dezember 1982: Südafrikanische Truppen überfallen die Hauptstadt des kleinen Königreiches Lesotho, Maseru, und töten 42 Menschen, darunter höchstens 30, die mit dem ANC in irgendeinem Zusammenhang stehen, jedoch wenigstens 12 unschuldige Zivilisten, Frauen und Kinder. Man habe einer Terror-Attacke, die für Weihnachten geplant gewesen sei, zuvorkommen müssen, erklärt die SADF.

23. Mai 1983: Die südafrikanische Luftwaffe bombardiert mehrere angebliche ANC-Häuser in Matola. Nach moçambikanischen Angaben werden sechs Menschen getötet (darunter zwei Frauen und zwei Kinder) und vierzig verwundet, nahezu ausschließlich Moçambikaner. Die SADF hingegen erklärt, sechs ANC-Basen und eine moçambikanische Raketenanlage seien zerstört und 64 Menschen getötet worden, darunter 41 »ANC-Terroristen«. Unabhängige Journalisten, die das Angriffsgebiet besuchten, berichten, daß es sich bei den Zielen um eine Marmeladenfabrik, um eine Tagesstätte und um gewöhnliche Vorortvillen gehandelt habe.

17. Oktober 1983: Erneut greifen südafrikanische Soldaten Maputo an; diesmal einen Wohnblock in der Stadtmitte, unweit der Residenz Machels. Die SADF erklärt, das Gebäude habe Büros beherbergt, von denen aus »eine Reihe von Terroranschlägen in Südafrika geplant« worden sei. Das ANC bestätigt, daß in dem Gebäude einige seiner Mitglieder gewohnt hätten. Der Angriff habe aber eine Krankenstation und eine Bibliothek zerstört und ausschließlich Zivilisten verwundet.

14. Juni 1985: Die SADF greift zehn Häuser und Büros in Botswanas Hauptstadt Gaborone an, in denen ANC-Mitglieder vermutet werden. Zwölf Menschen finden den Tod und sechs werden verwundet. Südafrikanische Sicherheitsbeamte behaupten, vier der Toten seien »Terroristen« gewesen, während die Behörden Botswanas darauf bestehen, daß keiner der Toten je den Kampftruppen des ANC angehört habe. Nur fünf der Toten hätten überhaupt etwas mit dem ANC zu tun gehabt.

19. Mai 1986: Ein dreifacher Überfall südafrikanischer Streitkräfte trifft gleichzeitig Zambia, Botswana und Zimbabwe, um angeblich geplanten Sabotage-Akten zuvorzukommen. Präsident Botha reagiert auf Kritik aus dem Ausland mit der Bemerkung, wenn die USA das Recht hätten, libysche Terroristen in einem Präventivschlag zu überfallen (wie das einen Monat zuvor geschehen war), dann bestehe auch Südafrika auf dem Recht, Präventivschläge gegen den ANC zu unternehmen. Insgesamt kommen drei Menschen ums Leben: ein zambischer, ein botswanischer Zivilist und ein Flüchtling aus Namibia.

24./25. April 1987: Ein weiterer nächtlicher Überfall der SADF trifft diesmal die Grenzstadt Livingstone in Zambia. Vier oder fünf angeblich unbeteiligte Zivilisten werden getötet.

29. Mai 1987: Erneut werden in Maputo drei Menschen umgebracht. Nach dem Vertrag von Nkomati (März 1984) hatten sich alle waffentragenden ANC-Mitglieder aus Moçambique zurückgezogen.[6]

Abgesehen von diesen größeren und deshalb publik gewordenen Überfällen auf Nachbarländer hat es noch eine ganze Reihe von kleineren Zwischenfällen gegeben, die allesamt mit Südafrika in Verbindung gebracht wurden, auch wenn nur wenige von ihnen von südafrikanischer Seite aus zugegeben worden sind. Die erste Ermordung eines ANC-Mitgliedes außerhalb der Republik Südafrikas ereignete sich 1974, als ein Studentenführer namens Abraham Tiro mittels einer Briefbombe getötet wurde. Zu solcher und ähnlicher Methode wurde aber ab 1981 mit zunehmender Häufigkeit gegriffen:

1981: Ein ANC- und ein assoziierter Gewerkschafts-Führer werden in Gaborone durch eine Autobombe getötet. Der emigrierte Journalist Nat Serache entkommt dort knapp dem Tode, als sein Haus in die Luft gesprengt wird. In Harare wird der dortige ANC-Repräsentant Joe Gqabi auf der Straße erschossen.

1982: ANC-Büros in London fliegen in die Luft; zwei ANC-Repräsentanten in Mbabane, Swaziland, sterben durch eine Autobombe; der ANC-Repräsentant in Lesotho, Mbali, wird vermißt – man findet später seinen enthaupteten Körper; bei einem Angriff auf das Haus des ANC-Führers Themba (Chris) Hani, des heutigen Kommandanten der Kampftruppe Umkhonto we Sizwe (Speer der Nation), wird eine unbeteiligte Person schwer verletzt; Ruth First, eine führende (weiße) ANC-Funktionärin und die Ehefrau des Kommunisten-Führers Joe Slovo, wird an der Universität von Maputo von einer Briefbombe getötet, die möglicherweise nicht ihr, sondern ihrem Chef, dem Präsidentenberater Professor Braganca gilt, der seinerseits im Oktober 1986, bei Machels Flugzeugabsturz, ums Leben kommt.

1983: In Manzini, Swaziland, werden die ANC-Mitglieder Keith MacFadden und Zwelakhe Nyanda erschossen. In diesem wie auch im nächsten Jahr sind derartige Vorkommnisse seltener, weil Südafrika notgedrungen, wie wir noch sehen werden, eine erneute Friedensinitiative startet, die zu einer Reihe von Sicherheitsverträgen führt.

1984: Das Mitglied der verbotenen Gewerkschaft SACTU (South African Congress of Trade Unions) Jeanette Curtis-Schoon wird in Lubango, Angola, von einer Briefbombe getötet.

1985: Drei Bombenexplosionen verletzen drei südafrikanische Flüchtlinge und töten vier Einheimische in Gaborone, Botswana; das angebliche ANC-Mitglied Jackie Quinn wird in Swaziland ermordet; die ANC-Büros in Lusaka fliegen in die Luft; ein Haus in Lesotho wird angegriffen, und neun Menschen, unter ihnen sechs ANC-Mitglieder oder Sympathisanten, kommen ums Leben.

1986: Bei einem Überfall auf ein Haus in Gaborone wird ein Mensch getötet; das Gebäude, das die ANC-Niederlassung in Stockholm, Schweden, beherbergt, wird durch eine Bombenexplosion erheblich beschädigt; in fünf verschiedenen Operationen werden zwei ANC-Mitglieder in Swaziland ermordet, das ANC-Mitglied Sidney Msibi wird aus Mbabane entführt – die Entführung wird niemals zugegeben, aber Msibi kommt im November aus einem südafrikanischen Gefängnis frei; drei ANC-Mitglieder, darunter Glory Sedibe, werden gewaltsam aus Swazi-Polizeizellen herausgeholt; ANC-Mitglied Shadrack Mzeni, zwei Schweizer Staatsbürger und zwei weitere Menschen werden aus Swaziland entführt – die beiden Schweizer werden erst auf internationale Proteste hin nach Swaziland zurückgebracht; ANC-Führungskader Ebrahim Ebrahim wird ebenfalls aus Swaziland entführt und später in Südafrika vor Gericht gestellt. (Im Januar 1989 wird der Inder in Pretoria wegen Hochverrats zu 20 Jahren Kerker verurteilt.)

1987: Vier Männer, von denen angenommen wird, daß sie dem ANC angehören; werden in Mbabane, Swaziland, tot aufgefunden; bei einem anderen Vorfall werden drei Männer, darunter ein mutmaßliches ANC-Mitglied, ebendort erschossen, während wieder ein paar Wochen später das ANC-Mitglied Sheila Nyanda aus der Hauptstadt von Swaziland entführt wird und Mitte des Jahres zwei ANC-Funktionäre mitten in Mbabane über den Haufen geschossen werden; eine Autobombe in Gaborone, Botswana, zerfetzt drei Menschen; eine dem ANC-Repräsentanten in Harare, Zimbabwe, zugedachte Bombe tötet eine einheimische Frau; drei Tage später wird die diplomatische Mission des ANC in Harare gesprengt; ein britisches Gericht untersucht den Fall von vier Männern, unter ihnen ein ehemaliges SADF-Mitglied, die vermutlich die ANC-Büros in London in die Luft jagen und die dortigen ANC-Vertreter entführen wollten.

1988: ANC-Mitglied Jacob Molokwane wird in seinem Auto auf der Straße außerhalb Francistowns in Botswana erschossen; zwei ANC-Mitglieder werden von einer Autobombe in Bulawayo, Zimbabwe, getötet; ANC-Mitglied Sipho Ngema wird in Swaziland ermordet; eine Explosion tötet zwei Kinder neben dem ANC-Hauptquartier in Lusaka; der Schatzmeister des ANC, Thomas Nkobi, und der Generalsekretär der Organisation, Alfred Nzo, entkommen einem Attentat unverletzt; Dulcie September, die ANC-Vertreterin in Paris, wird dort ermordet – die Täter entkommen in die Bundesrepublik[7]; ANC-Mitglied Mazizi Maqekeza wird in seinem Krankenhausbett in Maseru, Lesotho, erschossen; eine Bombe wird außerhalb des ANC-Büros in Brüssel entschärft; ein Versuch, das prominente ANC-Mitglied Albie Sachs mit einer Autobombe in Maputo zu töten, schlägt fehl; nach einer Schießerei zwischen südafrikanischen Soldaten und botswanischen Polizisten werden zwei Südafrikaner in Botswana festgenommen – am gleichen Tage detonieren in Gaborone drei Bomben; nur sechs Tage später werden in Zambia zwei mutmaßliche SADF-Soldaten verhaftet, die einer Sabotage-Aktion gegen den ANC verdächtigt werden – die südafrikanische Polizei sagt, es handle sich um gesuchte Verbrecher, später wird aber ein Südafrikaner namens Johannes Zitha festgenommen, der ein Kommando zur Befreiung der beiden angeblichen Verbrecher geleitet haben soll; im Juli werden nach einer Schießerei im Norden Swazilands zwei ANC-Mitglieder verwundet und drei verhaftet; im Oktober wird die südafrikanische Polizei beschuldigt, einen Swazi fünf Kilometer weit auf sein Heimatgebiet verfolgt und dort getötet zu haben; im November detoniert eine Autobombe vor einem Motel am Rande von Lusaka, tötet einen ANC-Funktionär und verletzt einen zweiten; nur zwei Tage später stirbt ein Zambier in der Nähe eines Flüchtlingslagers bei Lusaka gleichfalls durch eine Autobombe; gegen Jahresende wird berichtet, eine Gruppe von schwerbewaffneten Männern, wahrscheinlich Mitglieder der SADF, hätten ein Dorf im Süden Botswanas überfallen und zwei Menschen getötet; an Weihnachten wird das ANC-Büro in Maputo verwüstet; am 28. Dezember beschuldigt der Präsident von Botswana, Quett Masire, Südafrika, für eine Explosion in Gaborone verantwortlich zu sein, die einen 14jährigen Schuljungen getötet hat.[8]

In der gleichen Zeit nimmt auch die Guerilla-Aktivität des ANC innerhalb Südafrikas zu: immer schneller dreht sich die Spirale der Gewalt. Doch weder die Frage nach der Verantwortung für diese Eskalation allgemeiner Gewalttätigkeit noch ein Aufrechnen der Gewalttaten gegeneinander oder gar eine Schuldzumessung kann die Aufgabe dieses Buches sein. Für unser Thema ist vorrangig interessant, wie die Regierung Südafrikas in wachsender Bedrängnis sich zunehmend über das Prinzip der unverletzlichen Souveränität anderer Staaten hinwegsetzt und – nach dem ausdrücklich betonten Vorbild des amerikanischen Vorgehens gegen Kuba, Grenada oder Libyen – zunächst in den abhängigen Nachbarländern, schließlich aber in aller Welt (in London, Stockholm, Paris und Brüssel!) die eigenen Sicherheitskräfte schalten und walten läßt, als handelte es sich um südafrikanische *homelands.*

Indem sie derart rücksichtslose »Polizeimaßnahmen« auf fremden autonomen Gebieten immer wieder ungestraft geschehen ließen, haben die Regierungen in London, Stockholm, Paris, Brüssel und auch in Bonn die staatlichen Terroristen Südafrikas nicht nur ermutigt und schließlich zu sich eingeladen, sondern sie vor allem in ihrer wachsenden Paranoia noch bestärkt: in jener allen vereinsamten Caesaren eigentümlichen Mischung aus Verfolgungs- und Größenwahn. Diese Verrücktheit »ist meist zu einem in sich logischen System ausgebaut und durch Gegeneinwände nicht zu entkräften. Manche Kranke (z. B. mit Verfolgungswahn) können gemeingefährlich sein«, definiert der »Brockhaus« diese Störung.

Das sei keine Prahlerei, warf Botha sich, wie erwähnt, in Durban in die Brust: sein Land sei militärisch jetzt stärker denn je zuvor; und er trug seinen Spitznamen »Piet Wapen« sicher voller Stolz. Er höchstpersönlich war es schließlich gewesen, der Südafrika stark gemacht und in seinen vierzehn Jahren als Verteidigungsminister die größte Rüstungsindustrie des ganzen Kontinents auf die Beine gestellt hatte. Die

Zahlen sprechen für sich: Zwischen 1966/67 und 1980/81 stiegen die südafrikanischen Rüstungsausgaben von 255 Millionen auf zwei Milliarden 465 Millionen Rand im Jahr, also fast auf das Zehnfache an;[9] wobei die rüstungsbezogenen Ausgaben anderer Sektoren wie etwa Fernmeldewesen, Elektronik, Verkehr oder öffentliche Bauten noch nicht einmal berücksichtigt sind. Und im September 1985 tönte der nun schon seit fünf Jahren für die Verteidigung verantwortliche General Malan, Südafrika sei inzwischen zu 95 Prozent in seiner militärischen Produktion autark. »Was Planung, Entwurf und Entwicklung betrifft, sind wir vollkommen autark. Die fehlenden fünf Prozent, die noch immer aus dem Ausland kommen müssen, sind nicht wirklich militärische Ausrüstung, sondern es handelt sich dabei um Maschinen und technische Hilfe. Schon in der vorhersehbaren Zukunft werden wir selbst diese nicht mehr aus dem Ausland holen müssen«, erklärte er anläßlich einer Feierstunde der »South African Armaments Corporation« (Armscor) in Pretoria.[10] Natürlich war das vor allem Prahlerei.

Gewiß war mit dem Aufbau einer eigenen südafrikanischen Rüstungsindustrie schon vor langer Zeit begonnen worden. 1968, also bereits unter Verteidigungsminister Botha, hatte man Armscor gegründet, und 1977, also gleichfalls unter dem »Waffenpeter«, hatte man dieses bereits stattliche staatliche Unternehmen mit allen anderen bisherigen Waffenproduzenten zu einer »autonomen Regierungsorganisation« zusammengeschlossen. Bald beschäftigte Armscor 30 000 Menschen und weitere 50 000 in den vertraglichen Zulieferfirmen, und im Juli 1989 konnte Malan sich brüsten: »Trotz des Waffenembargos von 1977 ist Südafrika ein bedeutender Faktor auf dem Weltmarkt geworden.«[11] Armscor exportiere jetzt in 39 »ausgewählte« Länder.

Doch blieb (und bleibt) die südafrikanische Rüstung bis auf den heutigen Tag auf Hilfe aus dem Ausland angewiesen, die freilich bisweilen nur auf Umwegen gewährt werden kann, weil sie gegen die bindenden Beschlüsse der Vereinten Nationen verstößt. Das erste internationale Waffenembargo wurde schon im August 1963 über den »Rassenstaat« verhängt. Damals forderte der Sicherheitsrat der Vereinten Nationen alle Staaten der Welt dazu auf, fortan freiwillig »keine Waffen, keine Munition und keine militärischen Fahrzeuge« mehr an Südafrika zu verkaufen oder zu liefern.[12] Vier Monate später folgte[13] die Empfehlung, Südafrika künftig auch mit keinerlei Ersatzteilen oder Materialien zur Herstellung oder Reparatur von Waffen und Munition zu versorgen. 1964 wurden diese Beschlüsse erneut bekräftigt, und die waffenexportierenden Länder wurden gemahnt, sich doch endlich an das Embargo zu halten.

Einige Staaten wie Großbritannien, die USA und die Bundesrepublik Deutschland reduzierten von nun an tatsächlich ihre Waffengeschäfte mit der wegen ihrer Rassenpolitik international geächteten Clique am Kap, andere jedoch, wie Frankreich und später Italien, ignorierten die UN-Empfehlung auch weiterhin. Bald war Paris zum Hauptwaffenlieferanten avanciert. Mirage-III- und F-1-Kampfflugzeuge in verschiedenen Ausführungen, Panhard-Panzer, Super-Frelon-, Puma- und Alouette-Hubschrauber, schwere Transall-Transportmaschinen, Panzerabwehrraketen Milan (sie werden mit deutscher Zulieferung gebaut) und die drei schon erwähnten Unterseeboote vom Typ Daphne erreichten ungehindert ihre Abnehmer. Die französische Regierung machte immer wieder geltend, diese Waffen seien ausschließlich für die Verteidigung nach außen, nicht aber für die Unterdrückung nach innen geeignet, obwohl diese Unterscheidung in den Embargobestimmungen gar nicht getroffen worden war.[14] Und obwohl eine derartige Trennung bei fortschreitender Eskalation in Richtung Bürgerkrieg überhaupt nicht mehr vollzogen werden kann. Südafrika befindet sich mit sich selber im Krieg.

Vollends verwischt wird diese Grenze bei all jenen »dual-use items«, auf die die Bundesrepublik sich spezialisiert zu haben scheint. Die südafrikanische Polizei fliegt beispielsweise den BO-105-Helikopter der Firma Messerschmidt-Bölkow-Blohm (MBB), dessen Reichweite für den Einsatz in anderen afrikanischen Ländern in der Tat meist nicht genügt. Im Iran/Irak-Konflikt wurde er dennoch auch zu Kriegszwecken verwendet. Auch sind die Hauptstädte Botswanas, Lesothos, Swazilands oder Moçambiques von südafrikanischem Territorium aus damit ebenso problemlos anzufliegen wie irgendeine aufrührerische *township* im Landesinneren oder natürlich die »Metropole« eines der angeblich unabhängigen *homelands.* Polizei und Militär patrouillieren seit Jahren mit auf Unimog-Fahrgestellen montierten Panzerwagen in den Wohngebieten der Schwarzen; Transportfahrzeuge der Firmen Mercedes-Benz (zum Teil in Kooperation mit der britischen Perkin-Diesels unter dem Namen Atlantis Diesel) und Magirus-Deutz ermöglichen den Nachschub für sämtliche Einheiten der Sicherheitsorgane; und im Bereich der Elektronik wird es selbst für Fachleute schwer überprüfbar sein, welche von Siemens oder AEG für die Post bzw. die Bahn gelieferten Systeme nicht auch militärisch verwendbar sind und eingesetzt werden.

»Demnächst sollen wir auch noch den Export von Hämmern unterbinden, weil irgend jemand sie nutzen könnte, anderen damit auf den Kopf zu schlagen«, soll, laut *Spiegel,* ein Beamter im Bonner Wirtschaftsministerium gesagt haben.[15] Auch wir wollen hier nicht moralisieren, sondern lediglich festhalten, daß die Definitionen vage, die Unterscheidungen fließend sind und daß alle Waffen produzierenden und exportierenden Nationen im gleichen Glashaus sitzen, das nicht immer so undurchsichtig ist, wie es der grellen Sonne Afrikas angemessen wäre.

Wiederholte Anträge afrikanischer und blockfreier Staaten, das Waffenembargo gegen Südafrika zu verschärfen, scheiterten jahrelang am Veto Großbritanniens, Frankreichs und der Vereinigten Staaten. Erst nach dem Einmarsch der SADF in

Angola und der brutalen Niederschlagung der Schülerrevolte von Soweto kam Ende 1977 ein Beschluß zustande, der den bislang freiwilligen Boykott zu einer Pflicht erklärte. Zum ersten Mal in ihrer Geschichte hatten damit die Vereinten Nationen gegen eines ihrer Gründungsmitglieder eine verpflichtende Entscheidung getroffen, wie das Mitglied der britischen Anti-Apartheid-Bewegung (AAM) Abdul Samad Minty[16] festgestellt hat. Ausdrücklich ist in dieser Resolution 418 vom 4. November 1977 erstmals auch von der ernsten Sorge die Rede, daß »Südafrika an der Schwelle zur Produktion von nuklearen Waffen« stehe.

Erst im August hatten sowjetische wie amerikanische Satelliten im Süden der Halbwüste Kalahari »eindeutig atomares (unterirdisches) Versuchsgelände« entdeckt, wie in verschiedenen Berichten zu lesen steht.[17] Dennoch verlassen sich die meisten nüchternen Beobachter auch heute immer noch darauf, daß Südafrika keinen wirklichen Bedarf an Nuklearwaffen habe[18], da auch weiterhin die wahrscheinlichste Bedrohung seiner Regierung aus inneren Unruhen oder Guerillaattacken des eigenen Widerstandes bestehen werde. Was nutzt – um die Fragestellung auf einen Punkt zu bringen – die nukleare Bedrohung der eigenen Bevölkerung? Und wer will schon freiwillig seinen eigenen Herrschaftsbereich atomar verseuchen?

Völlig unbefangen hatten deshalb die Vereinigten Staaten von Amerika 1957 mit der damals noch zum Commonwealth gehörenden Südafrikanischen Union, die gleichzeitig der Internationalen Atomenergie-Agentur (IAEA) beitrat, einen 50-Jahre-Vertrag über nukleare Zusammenarbeit abgeschlossen. 1961 erstand die frischgebackene »Republik Südafrika« einen ersten Forschungsreaktor, den Safari 1, der im nationalen Atomforschungszentrum Pelindaba, unweit Pretorias, aufgestellt wurde und vier Jahre später zu arbeiten begann. Bis 1975 erhielt Südafrika auch alles Brennmaterial aus den USA. 1967 trat ein zweiter Reaktor, Safari 2, in Betrieb, und Safari 1 wurde der IAEA unterstellt. Safari 2 jedoch, von dem die Südafrikaner behaupten, ihn selbst entwickelt und gebaut zu haben, blieb unkontrolliert.

Offenbar schon in den sechziger Jahren machte man sich in Pelindaba an die wissenschaftlichen Vorarbeiten zur Anreicherung von Uran. 1970 jedenfalls gab Vorster bekannt, Südafrika habe ein eigenes Anreicherungsverfahren entwikkelt. Dieser beachtliche Erfolg wurde jedoch nicht nur von Regimegegnern schon bald angezweifelt. Der ANC veröffentlichte eine ganze Reihe von Dokumenten, die den Schluß zuließen, daß einige deutsche Firmen wie die staatliche Atomforschungszentrale in Karlsruhe und die staatlich kontrollierte STEAG in Essen mit Wissen und Zustimmung der Bundesregierung Pläne geliefert und bei der Entwicklung Pate gestanden hatten. Darüber hinaus sollen Siemens und MBB Trennelemente, der Konzern Gutehoffnungshütte die Kompressoren und Leybold-Heaeus Ventile geliefert haben. Diese Unternehmen dementierten allerdings eine Beteiligung an dem Projekt.[19] Die skandalumwitterte Hanauer Firma Nukem hingegen war bis 1988 an der südafrikanischen Gesellschaft Transnuclear beteiligt, und auch die illegalen Lieferungen des oberhessischen Unternehmens »Neue Technologien« (NTG) im benachbarten Gelnhausen sind seit Ende 1988 belegt.

Bei dem angeblich südafrikanischen Anreicherungssystem handelt es sich um ein relativ einfaches, aber energieaufwendiges Isotopen-Trennverfahren, das den Namen Helikon trägt und Uran bis zu 45 Prozent anzureichern vermag. (Als Energiequelle kann am Kap die reichlich vorhandene, nicht allzu hochwertige einheimische Kohle verwendet werden.) Im April 1975 verkündete Vorster stolz den Bau einer Pilotanlage in Valindaba, direkt neben Pelindaba, zur Herstellung von Uran-Hexafluorid, zu deren Finanzierung der Schah von Persien beitragen werde, natürlich im Austausch gegen angereichertes Uran.

1976, also nach Angola und Soweto, sagte sich die Essener STEAG von Südafrika los. Eine noch weit größere Enttäuschung für die südafrikanischen Atomplaner bedeutete jedoch die Wahl des Demokraten Carter zum Präsidenten der USA, denn von nun an hielt die amerikanische Regierung Exportlizenzen für hochgradig angereichertes Uran in Richtung Kap zurück. Südafrika steigerte daraufhin die eigene Uranproduktion sowohl innerhalb der Republik als auch im benachbarten Mandatsgebiet Südwestafrika/Namibia, wo die britische Gesellschaft Rio Tinto Zinc (RTZ) die größte Uranmine der Welt, Rössing, im Tagebau betreibt. Die Förderung weiterer beachtlicher Uranvorkommen in Namibia, auf die verschiedene transnationale Konzerne, darunter die französische Aquitaine und Siemens S.A., Ansprüche angemeldet haben, wurden bisher mit Rücksicht auf die ungeklärte politische Lage noch nicht in Angriff genommen. Jedenfalls sind Südafrika und Namibia gemeinsam imstande, mit der Produktionsmenge der größten Uranproduzenten der Welt, USA und Kanada, mit mehr als 10000 Tonnen im Jahr, Schritt zu halten.

Wo das Uran der Rössingwerke angereichert wird und wohin es anschließend gelangt, das gehörte lange zu den bestgehüteten Geheimnissen der Welt. Strenge Gesetze schützen derart sensible Informationen in Südafrika. In Windhoek war jedoch schon Anfang der achtziger Jahre zu erfahren, daß es den Weg über Frankreich – wo nur geringe Mengen verblieben – direkt nach Moskau nahm, um nach seiner Anreicherung in der Sowjetunion über die Schweiz an zahlreiche Abnehmer verteilt zu werden, darunter Großbritannien, die Bundesrepublik Deutschland und die Republik Südafrika. Diverse Anti-Apartheids-Gesetze verboten zwar den meisten Staaten den Direktimport jeglichen Urans aus dem Hoheitsgebiet Pretorias, nicht jedoch den südafrikanischen Spaltmaterials, das in einem dritten Lande angereichert worden war. So konnte beispielsweise der US-Korrespondent einer südafrikanischen Finanzzeitung[20] 1987 eines Tages von zwanzig Tonnen in der Sowjetunion angereicherten Urans berichten, das in den USA[21] in Brennstäbe umgewandelt werden sollte, nachdem es zwischen 1976 und 1979 von den Rheinisch-Westfälischen Elektrizitätswerken (RWE) der südafrikanischen »Nufcor« (South African Nuclear Fuels Corporation) abgekauft, in Großbritannien in Uran-Hexafluorid umgewandelt und schließlich in der Sowjetunion angereichert worden war.

Angesichts derartiger Verflechtungen ist es wohl kaum verwunderlich, daß die Mitgliedschaft Südafrikas in der Internationalen Atomenergiebehörde seit 1968 von Jahr zu Jahr geduldig verlängert wurde, obwohl Pretoria sich standhaft weigerte, den Atomsperrvertrag zu unterzeichnen. Vage Andeutungen der südafrikanischen Regierung, man erwäge, schon in naher Zukunft Gespräche über die eventuell mögliche Unterschrift unter diesen Vertrag zu beginnen, genügten den Repräsentanten der Großmächte immer wieder, und sie legten gegen Ausschließungsanträge jeweils ihr Veto ein. Dieses Hinhaltespiel wurde auch dann noch weiter betrieben, als Ende 1987 durchsickerte, von nun an sei Südafrika imstande, unabhängig von der Außenwelt, ja sogar ohne Nutzung der Plutoniumabfälle aus dem von Frankreich gebauten und der IAEA unterstellten meerwassergekühlten Kernkraftwerk Koeberg bei Kapstadt, also aus längst vorhandenen Vorräten und in eigener Produktion Uran so weit anzureichern, daß es zum Bau »der Bombe« genügt.

Doch schon im September 1979 und im Dezember 1980 hatten zwei mysteriöse Explosionen etwa siebentausend Meter hoch in der Atmosphäre über dem Südatlantik, die weltweit von Wissenschaftlern gemessen und als »eindeutig atomaren Ursprungs« definiert worden waren, die Weltöffentlichkeit aufgeschreckt. Nur drei Staaten kamen als Urheber in Frage: Pakistan, Südafrika und Israel. Oder aber zwei von diesen gemeinsam, nämlich Israel und Südafrika. Und 1982 erregte ein Buch mit dem seltsamen Titel »Zwei Minuten über Bagdad« Aufsehen, das über die atomare Zusammenarbeit der »Paria-Achse« (Südafrika, Israel und Taiwan) spekulierte. Die beiden Südatlantikexplosionen seien nicht auf Bomben, sondern auf Geschosse mit atomaren Sprengköpfen zurückzuführen gewesen, die von 155-mm-Geschützen mit einer Reichweite von ca. 40 Kilometern abgefeuert worden seien, behaupten die israelischen Autoren dieser Studie.

Sie waren gut informiert. Denn wenige Wochen später wurde bekannt, daß Armscor in der Tat eine ursprünglich von der österreichischen VOEST[22] entworfene fahrbare Feldhaubitze dieses Kalibers und dieser Reichweite mit amerikanischer Assistenz erworben und mit israelischer Hilfe weiterentwickelt hatte und gerade mit der Serienproduktion dieser G5, später G6, auch für den Export begann.

Wohl zu Recht nennt Richard Leonard[23] die Belieferung Südafrikas mit einem der modernsten Artillerie-Systeme der Welt eine »größere Verletzung des Waffenembargos«. Die amerikanisch-kanadische Space Research Corporation mit ihrem Hauptquartier genau über der Grenzlinie zwischen diesen beiden Staaten hat nach übereinstimmenden Berichten[24] zwischen 1976 und 1978 Geschosse, Geschützrohre, aber auch Techniker und Testgerät nach Südafrika geliefert. Bei der Produktion sei »Armscor« von »Cementation Engineering«, einer südafrikanischen Tochter des großen britischen Konzerns »Trafalgar House« (u. a. *Daily Express*) unterstützt worden, die offiziell als *Produzentin* von Bergbaugerät auftritt; während spezielle Drehbänke zur Herstellung der Geschosse aus Frankreich (von CIT Alcatel) eingeführt und das Gerät zum Füllen der Geschosse von Rheinmetall geliefert worden seien.

Im fließenden Bereich zwischen konventionellem und Guerillakrieg könne diese Waffe notfalls – etwa in einer verzweifelten letzten Phase – auch mit atomaren Geschossen, die eine Sprengkraft von höchstens zwei bis drei Kilotonnen (das ist etwa ein Fünftel bis ein Viertel der Hieroshima-Bombe) besäßen, durchaus brauchbar sein, munkelten in Südafrika ansässige Experten. Auch den möglichen Einsatz von Giftgas mittels der G5/G6 schlossen ortsansässige Informanten der Verfasserin nicht aus. Mit den gleichen Geschossen in drei Varianten könnten in Zukunft auch die nach den Plänen der Kieler Howaldt-Werke-Deutsche-Werft (HDW) gebauten U-Boote vom Typ 209 bestückt werden, hieß es damals noch. Am 19. Juli 1988 gab allerdings der Oberkommandierende der südafrikanischen Marine, Vize-Admiral Glen Synercombe, bekannt, Südafrika habe die Entwicklung »eigener« Unterseeboote auf unbestimmte Zeit hinausgeschoben, nachdem man die guten alten Daphne verbessert (»upgraded«) habe. Die deutsche Untersuchung der illegalen Lieferung der Blaupausen war freilich schon am 12. Januar abgeblasen worden: Die Skizzen seien nicht detailliert genug gewesen, um danach bauen zu können, lautete die Begründung.[25] (Wahrscheinlich ist indes, daß die israelischen Koproduzenten vom amerikanischen Kongreß derart unter Druck gesetzt worden waren, daß sie kalte Füße bekommen hatten.) Neue Enthüllungen stärkten jedoch den Verdacht, daß auf der südafrikanischen Werft Sandock Austral in Durban mit Billigung Bonns und deutscher Hilfe U-Boote gefertigt wurden – unter Leitung des deutschen Ingenieurs Gerd Rademann, der Anfang 1986 von HDW beurlaubt worden sei, wie *Der Spiegel* im September 1989 berichtete. Aber auch die Thyssen-Nordseewerke seien in die deutsch-südafrikanische U-Boot-Affäre verwickelt, indem sie beim Umbau der Werft zum Zwecke des U-Boot-Baus geholfen hätten. Am 23. November 1989 verurteilte die Vollversammlung der Vereinten Nationen die Zusammenarbeit der Bundesrepublik Deutschland und anderer Staaten mit Südafrika und forderte die Bundesrepublik auf, zwei Firmen, HDW und das Ingenieurkontor Lübeck, die Pläne für den Bau von U-Booten und anderem damit zusammenhängendem Militärgerät an Südafrika geliefert hätten, gerichtlich zu verfolgen. Erst am 4. Januar 1990 hat jedoch die Kieler Staatsanwaltschaft eine Durchsuchung bei der HDW angeordnet und in deren Verwaltungsbüros Akten beschlagnahmen lassen.

Die deutsche U-Boot-Affäre war innerhalb Südafrikas nie auf besonders großes Interesse gestoßen; zum Einsatz in den *townships* seien diese ohnehin nicht geeignet, wurde dem staunenden Beobachter lächelnd bedeutet, im Unterschied zu ganz anderem deutschem Material. In den Nachbarländern jedoch wurde die Entwicklung aufmerksam verfolgt. Dort und im organisierten Widerstand ist auch weiterhin die Sorge groß, allein die Drohung mit der »Apartheid-Bombe« werde es der Regierung am Kap ermöglichen, all ihre Gegner derart in Angst und Schrecken zu versetzen, daß keinerlei Auflehnung gegen den Willen der weißen Machthaber mehr möglich sei. Auch den Rest der Welt könne das zunehmend in die Ecke gedrängte Minderheitsregime mit dieser Drohung eines Tages dazu zwingen, den südafrikanischen Befreiungskampf nicht weiter zu unterstützen und keinerlei Druck mehr auf Südafrika auszuüben, also auch keine Sanktionen mehr zu beschließen.

Nüchtern und mit einiger Distanz betrachtet scheint diese Sorge jedoch aus der Luft gegriffen zu sein. Nicht ohne Grund hat Südafrika immer nur angedeutet, daß es die Bombe bauen könne, nicht aber bestätigt, daß es sie hat. »Gerüchte, daß Südafrika bereits im Besitz nuklearer Waffen sei, mögen ein gewisses, wenn auch beschränktes Maß an Abschreckung schaffen, ohne den politischen Nachteil, den der offene Besitz solcher Waffen nach sich zöge«, bemerkte Professor Mike Hough am Institut für Strategische Studien, Pretoria, in diesem Zusammenhang.[26] Daß der Einsatz nuklearer Sprengköpfe sofort die atomaren Supermächte auf den Plan rufen würde, weiß dieser Experte mit Sicherheit genau. Außenminister »Pik« Botha begegnete derselben Frage immer eher spielerisch: »Keep guessing!« sagte er jeweils amüsiert.

Mit den Intentionen Israels mag es sich ähnlich verhalten. Die historische Situation der beiden Außenseiter ist jedoch –

so sehr sich das erwählte Volk der Buren auch bemüht, es seinem Vorbild gleichzutun – völlig unvergleichbar: Südafrika ist nun einmal in seiner gesamten (immerhin schon fast 340jährigen »weißen« Geschichte) noch niemals von einem Nachbarland militärisch bedroht, geschweige denn angegriffen worden; und auch seine Existenz wurde noch niemals in Frage gestellt. Trotz der Gefahr langweiliger Wiederholung müssen wir auf diesem Punkt herumreiten, daß nicht Südafrika bedroht wird, sondern lediglich die politische Ordnung Südafrikas, weil dieser die Zustimmung der eigenen Bevölkerung fehlt. Die Nachbarländer sollen für die Sicherung der südafrikanischen Landesgrenzen vor südafrikanischen Widerstandskämpfern verantwortlich gemacht werden, weil die südafrikanischen Streitkräfte, die sich fast ausschließlich auf die schwindende weiße Minorität stützen können, auf die Dauer dazu selbst nicht mehr imstande sind. (Seit der Anerkennung Israels durch die PLO wird Israel freilich mehr und mehr in die Nähe Südafrikas gerückt.)

Doch zurück zu der Frage nach nuklearen Waffen: wenn sie gar nicht eingesetzt werden können, wozu werden sie dann überhaupt und mit so ungeheurem Einsatz entwickelt? Vermutlich, um den Wert Südafrikas für seine letzten Freunde in der internationalen Völkerfamilie zu erhöhen. Mit einem Keller voller atomarer Sprengkörper ist Südafrika ein potenter Partner, den man so leicht nicht im Stiche läßt. Und je dichter der Isolationsring um den »Unrechtsstaat«, desto mehr ist er auf die anderen Außenseiter angewiesen.

Das Freihandelsabkommen zwischen Tel Aviv und Washington beispielsweise bedeutet einen Ausweg für südafrikanische Produzenten aus dem gültigen amerikanischen Warenboykott: Es gestattet die zollfreie Wiederausfuhr südafrikanischer Produkte aus Israel nach den USA unter der Voraussetzung, daß 35 Prozent der Endfertigung (in *joint ventures*) in Israel geschehen ist. Dank dieser Regelung sind die südafrikanischen Exporte nach Israel in den ersten vier Monaten des

Jahres 1986, also als das erste amerikanische Sanktionspaket zu greifen begann, im Bereich Maschinenbau und Elektrotechnik im Vergleich zum Vorjahr um 200 Prozent, bei Automobilen und Flugzeugen um 85 Prozent und in der wichtigsten Kategorie, bei Mineralien und Basismetallen, vor allem Stahl, um 95 Prozent gestiegen.

Die israelischen Gegenlieferungen wurden nicht bekanntgegeben. Im November 1986 kam nur durch Zufall an den Tag, daß schon vor einigen Monaten Israel an Südafrika zwei Boeing 707 geliefert hatte, die in der Luft aufgetankt werden können. Sie wurden zunächst in Waterkloof bei Pretoria stationiert. Durch diese Erweiterung der südafrikanischen Flotte befanden sich plötzlich alle Städte im südlichen und zentralen Afrika innerhalb der Reichweite der südafrikanischen Luftwaffe. Der gleichzeitige Überfall auf die drei Frontstaaten Zimbabwe, Botswana und Zambia ein halbes Jahr zuvor hatte schon deutlich genug illustriert, was das konkret bedeuten konnte.

Ende Oktober schließlich erregte eine Nachrichtensendung des amerikanischen Fernsehprogramms NBC großes Aufsehen, in der von einer »ausgewachsenen« Partnerschaft zwischen Israel und Pretoria bei der Produktion einer nuklear bestückten Rakete berichtet wurde. Die Abschußanlage Overberg in der Nähe des schönen Fischerstädtchens Arniston am Kap sei nach israelischen Angaben gebaut worden, hieß es dort. Wie »ein CIA-Dokument« beweise, sei beim ersten Teststart am 5. Juli 1989 von dort aus eine Mittelstreckenrakete (deren Abschaffung Washington und Moskau beschlossen hatten) vom Typ Jericho-2B 900 Meilen (1440 km) weit in Richtung Antarktis geflogen. Als Gegenleistung dürfe Israel nicht nur seinerseits das Testgelände benützen, sondern es erhalte auch ständig Nachschub an angereichertem Uran für seine eigenen Sprengköpfe.[27]

Israelische Politiker, auf ihre »besonderen Beziehungen« zu Südafrika angesprochen, winden sich denn auch vor Verlegenheit. Selbstverständlich können sie sich mit dem rassistischen Regime in Pretoria, dessen Vorreiter auf Hitlers Seite hatten kämpfen wollen, nicht identifizieren, auch wenn dessen Herrenrassendünkel mit Texten aus dem Alten Testament begründet wird. Andererseits braucht Israel eine starke und möglichst autarke Waffenindustrie, die auch mit den zwei Milliarden Dollar an jährlicher militärischer und finanzieller Hilfe aus den USA nicht zu finanzieren ist. Südafrika wird sowohl als Produktionspartner wie auch als Abnehmer gebraucht.

Diskretion ist Burensache. Das südafrikanische Sturmgewehr R-4 beispielsweise ist eine getreue Kopie des israelischen Galil, und die israelische Gabriel-Rakete ist in Südafrika nur unter dem Namen »Skorpion« (oder Skerpioen) bekannt und wird als südafrikanisches Produkt geführt. Ähnlich verhält es sich mit einem angeblich südafrikanischen, auf Lastautos montierten 127-mm-Raketenwerfer, dem »Working Bee 6« aus Taiwan. Ob es sich dabei jeweils um Lizenznachbau oder schlicht um Etikettenschwindel handelt – wen kümmert das?

Botswana

Mein Herr, opfere mich nicht
deinem Ich!
Aus einem Lied am Hofe des
Yoruba-Königs Shangan

Die Friedensinsel

Drei der unglückseligen Binnenländer des südlichen Afrika befinden sich in einer noch schwierigeren Situation als alle anderen: nicht nur sind sie in ihren Transportwegen zu wenigstens 95 Prozent von der Republik Südafrika abhängig, sie sind auch noch durch eine Zollunion (und zeitweise Währungsunion) an den übermächtigen Nachbarn angebunden. Bei diesen dreien handelt es sich um die ehemaligen britischen Protektorate Botswana (früher Bechuanaland), Lesotho (früher Basutoland) und Swaziland, die allesamt seit den sechziger Jahren von ihrem ehemaligen Kolonialherren Großbritannien unabhängig, jedoch weiterhin Mitglieder des Commonwealth sind.

Das Zollabkommen war schon 1910 getroffen worden, als aus den beiden britischen Kolonien und den beiden Burenrepubliken die Südafrikanische Union mit ihren vier Provinzen entstand, wodurch Basutoland sich plötzlich ausweglos von südafrikanischem Territorium umschlossen sah. Nachdem die drei BLS-Staaten, wie man sie nach ihren ersten Buchstaben in Südafrika gewöhnlich nennt, 1966 und 1968 (Swaziland war der Nachzögling) aus dem Schutz der Briten in eine ungewisse Zukunft entlassen worden waren, wurde 1969 ein neuer Vertrag ausgehandelt, die »Southern African Customs Union«, kurz SACU. Ab 1976 (also ab der »Unabhängigkeit«

von Transkei) unternahm Pretoria mannigfaltige Anstrengungen, die BLS-Staaten zur Anerkennung der neugeschaffenen »Nationalstaaten« und zur Aufnahme dieser als gleichberechtigte Partner in die SACU zu bewegen; allerdings ohne den gewünschten Erfolg. Die drei ehemaligen Protektorate sahen nämlich nur zu gut, daß sie auf diese Weise den viertelsouveränen *homelands* gleichgestellt, also dem Suzerän Pretoria unterstellt werden sollten.

Die Absicht Südafrikas, sich die drei Protektorate einfach einzuverleiben, war schon seit 1908 allgemein bekannt gewesen. Bereits während der Vorverhandlungen zur Bildung der Union war die Möglichkeit diskutiert worden, von allem Anfang an das Hoheitsgebiet um die drei Schutzgebiete zu erweitern. Deren Einwohner sperrten sich jedoch gegen die geplante Inkorporation, und in London herrschte die Ansicht vor, man müsse den Willen der betroffenen Menschen berücksichtigen. So wurden zwar in einem Anhang zur Unionsverfassung die Modalitäten der künftigen Verwaltung der BLS-Gebiete von Pretoria aus in allen Einzelheiten festgelegt, der Vollzug aber wurde hinausgeschoben.

1913 unternahm Premierminister Botha einen erneuten Vorstoß, doch dann brach der Weltkrieg aus. Auch Bothas Nachfolger nahmen nacheinander den Faden immer wieder auf, bis dieser freilich erneut von einem Weltkrieg abgerissen wurde. Schließlich verabschiedete das Parlament der Union 1954, also sechs Jahre nach der Machtübernahme der Nationalen Partei der Buren, eine Resolution, daß die Eingliederung der drei Territorien jetzt »schnellstmöglich« zu vollziehen sei. Premierminister Strijdom erklärte damals vor versammeltem Volksrat, sobald sie übernommen seien, werde den Protektoraten »die gleiche mitfühlende Behandlung« wie den Eingeborenen der Union zuteil werden.[1]

Genau diese lehnten sie ab. Auch noch Verwoerd, der letzte Premierminister der Union (unter ihm wurde Südafrika 1961 Republik), versuchte sich als Vormund der drei Schutzgebiete zu etablieren, Großbritannien öffnete diesen jedoch den Weg zunächst in die interne Selbstverwaltung und schließlich in die staatliche Unabhängigkeit. Ganz aufgegeben hatte die südafrikanische Regierung den alten Traum allerdings auch dann noch nicht. Selbst Vorster, der doch sein Interesse an guten Beziehungen zu den jungen schwarzen Staaten oft genug bekundet hatte, zumal er zu Recht befürchtete, andernfalls an allzu vielen Fronten gleichzeitig kämpfen zu müssen, lehnte die Aufnahme diplomatischer Beziehungen zu den BLS-Staaten ab, in denen er keinesfalls gleichwertige Partner, sondern allenfalls untergeordnete Vasallen zu sehen vermochte.

Dieses Mißverhältnis hat natürlich auch die Zollunion von Anfang an belastet. Darüber hinaus sieht das SACU-Abkommen weder eine Verbesserung der inter-regionalen Transportverbindungen noch eine Koordinierung der industriellen Entwicklung der Region vor. Mehr noch, die Entwicklung einer produzierenden Industrie in den BLS-Staaten für den großen und durchaus aufnahmefähigen südafrikanischen Markt ist nach Ansicht zahlreicher Analytiker[2] von Pretoria ganz bewußt verhindert worden. Genau wie die *homelands* wünschte man sie nicht als konkurrenzfähige Lieferanten von Industrieprodukten, sondern als jederzeit verfügbares wohlfeiles Arbeitskräftereservoir.

Im Mai 1984, als er gerade auf den erfolgreichen Abschluß eines Nichtangriffspaktes mit Moçambique, auf einen Scheinfrieden mit Angola und einen höchst zweifelhaften Sicherheitsvertrag mit Swaziland zurückblicken konnte und vor seiner spektakulären Europareise (im Juni) stand, also auf dem Zenit seiner Macht, hat P. W. Botha, wohl im Übermut seiner augenblicklichen Erfolge, in öffentlicher Rede kundgetan, daß er in der Zollunion nicht nur ein isoliertes Arrangement zur Aufteilung der Steuereinnahmen, sondern den Teil eines umfassenden strategischen Konzeptes sah.[3] Gerade hatten seine Beamten auf einem regulären Treffen der SACU-Kommission im März auch den Vertretern Botswanas den fertigen Entwurf eines »Nichtangriffspaktes« à la Nkomati (mit Moçambique) in die Hand gedrückt[4] und gleichzeitig die Gewährung von polizeilichen Befugnissen für die südafrikanischen Sicherheitstruppen auf dem Boden Botswanas (das Recht auf »hot pursuit«) sowie erneut die Aufnahme der »independent« *homelands* in die SACU gefordert.

Botswana, das sich in einer ökonomisch schwierigen Lage befand, sollte schlicht erpreßt werden. Es könne keine Kooperation »on certain economic projects« von Südafrika erwarten (gemeint war und ist ein großes Natron- und Kaliprojekt), wenn es nicht seinerseits zu mehr Zusammenarbeit auf dem Sicherheitssektor bereit sei, erklärten südafrikanische Kabinettsmitglieder immer wieder. »We don't force them«, versprach sich der südafrikanische Regierungschef bei einer Pressekonferenz im Juni 1984 in der Schweiz, »we coerce them!« (Wir zwingen sie nicht, wir nötigen sie!)[5] Und die beiden Bothas waren sich ihrer Sache so sicher, daß »Pik«, der Außenminister, nicht nur wie in anderen ähnlichen Fällen gutgläubigen Diplomaten ins Ohr raunte, sondern schließlich gar vor dem Parlament verkündete, der Sicherheitsvertrag mit Botswana liege zur Unterschrift bereit.

Der Wahrheit war das bedenklich fern. Botswanas Präsident Quett Masire hatte sich nämlich umgehend an Großbritannien und die Vereinigten Staaten um Hilfe gewandt (bei Reagan sprach er persönlich vor), die diese um so lieber gewährten, als der Ruf seines Landes untadelig ist. Umgeben von Aufruhr, Terror und Krieg ist das Reich der Tswanas »eine Friedensinsel in einem vom Sturm aufgepeitschten Meer« geblieben, wie selbst der konservative Papst Johannes Paul II. noch am 13. September 1988 in Gaborone erklärte, unüberseh- und unüberhörbar an die nur 10 km entfernte erheblich weniger friedfertige Republik Südafrika gewandt.

Im Unterschied zu den beiden Rhodesien war die Verwaltung von Bechuanaland von der britischen Krone niemals in die Hände der British South Africa Company (der BSAC) Cecil Rhodes' gelegt worden, die lediglich die Erlaubnis zur wirtschaftlichen Nutzung erhalten hatte. Da das zu zwei Dritteln von Wüste bedeckte menschenarme Land – es ist um 30 000 Quadratkilometer größer als Frankreich, hatte aber bei der letzten Volkszählung 1983 nur knapp eine Million Einwohner, also nicht einmal zwei Menschen pro Quadratkilometer – auf den ersten Blick von nur geringem Nutzen schien, ist es immer weitgehend in Ruhe gelassen, allerdings auch wenig gefördert worden: 1966 besaß Botswana nur wenige Kilometer asphaltierter Straße, zwanzig Jahre später wurde in der Hauptstadt die erste Verkehrsampel aufgestellt. Hätten nicht die Deutschen und die Buren in den achtziger Jahren des vorigen Jahrhunderts ihre Hände begehrlich danach ausgestreckt, wäre Bechuanaland möglicherweise niemals britisches Protektorat geworden[6], sondern immer nur ein Durchzugsgebiet geblieben. Denn von seinen Bodenschätzen ahnte man damals noch nichts.

Rhodes' Eisenbahn von Kapstadt »nach Kairo« führte, wie wir ja bereits wissen, in einem Bogen um den Transvaal herum durch den Osten Bechuanalands; an dieser Bahn, die der BSAC gehörte und 1980 in den Besitz der National Railways of Zimbabwe überging, war das Protektorat nicht beteiligt, und es hatte auch nur beschränkten Nutzen davon, weil der Transitverkehr immer Vorrang hatte. 80 Prozent der Bevölkerung siedelten sich dennoch in dem schmalen Streifen, der »line of rail«, entlang der Bahnlinie an. Botswana also war und blieb vom guten Willen nicht nur Südafrikas, sondern vor allem auch Rhodesiens (und später Zimbabwes) abhängig. Die Übernahme der 641 Kilometer langen Strecke auf eigenem Territorium war deshalb der vorrangigste Wunsch der neuen Regierung, als Bechuanaland 1966 Botswana wurde, ein kaum lebensfähiger Staat, der damals noch zu den Ärmsten der Armen Afrikas gehörte. Doch an Aneignung, also Nationalisierung der Bahnlinie dachte man nicht.

Noch etliche Jahre gingen vielmehr ins Land, bis das Geld beschafft war, die einspurigen Anlagen kaufen zu können, die längst in so schlechtem Zustand waren, daß sie erst einmal wieder instandgesetzt werden mußten. Es hätte nahegelegen, die Lokomotiven und Waggons für die neu geschaffenen »Botswana Railways« gleich nebenan in Südafrika zu erwerben, zumal man für die Wartung ohnehin zunächst, bis zur Ausbildung eigenen Fachpersonals, auf den guten Willen der südafrikanischen Verkehrsbetriebe angewiesen war; doch die europäischen Geldgeber bestanden darauf, daß bei ihnen bestellt und eingekauft wurde, so daß sich bald 12 schöne Garnituren aus Frankreich auf dem Wege nach Botswana befanden und weitere 12 aus der Bundesrepublik, jeweils komplett mit eigenem technischem Personal, mit eigenen Ersatzteilen und sonstigem Zubehör, als angeblich gemeinsame Hilfeleistung der EG.

Hilfeleistung, die in Europa ohnedies längst heftig umstritten war. Nicht etwa wegen derartiger Unsinnigkeiten, sondern weil der unabhängige Kurs des jungen Staates den europäischen Freunden Rhodesiens und Südafrikas nicht allzu gut gefiel. 1977 kam es in Bonn zum großen Krach: indem man Geld nach Botswana schicke, unterstütze man den kommunistischen Widerstand, ja man finanziere die Politik der Sowjetunion, warf der entwicklungspolitische Sprecher der Union, Jürgen Todenhöfer, der sozialliberalen Bundesregierung vor. Er sprach sogar von Beihilfe zum Mord. Ganze 500 000 Mark waren gerade für den Bau von Unterkünften in einem Flüchtlingslager, Selebi Pikwe, bewilligt worden, das der Schirmherrschaft des Hochkommissars für Flüchtlingswesen der Vereinten Nationen unterstand. Der CSU-Abgeordnete Graf Huyn, der die Südafrika-Kontakte seines Vorsitzenden pflegte, äußerte ausdrücklich den »dringenden Verdacht«, daß dort mit deutschen Steuergeldern »kommunistische Terroristen und Mörderbanden« finanziert würden, die »wahllos schwarze und weiße Afrikaner auf brutalste Weise foltern und töten«.[7] Mit anderen Worten: die damalige Opposition erniedrigte die deutsche Afrika-Politik zu einem Zankapfel deutscher Parteipolitik, was sie zu ihrem großen Schaden, aber auch zum Schaden der deutschen Außenpolitik schlechthin, nämlich zu Lasten von deren Glaubwürdigkeit, bis zum heutigen Tage geblieben ist.

Selebi Pikwe war eines von insgesamt drei Auffangs- und Durchgangslagern (keinesfalls jedoch ein »militärisches Ausbildungslager«) für Flüchtlinge aus allen Richtungen in dieser von Orkanen aufgepeitschten Region; in dieser Phase flohen Tausende aus Rhodesien. Denn längst waren die oft zitierten »winds of change«[8] zu einem wütenden Wirbelsturm angewachsen. Mit einer Miliz von höchstens 2000 Mann war Botswana ganz selbstverständlich außerstande, seine Grenzen gegen Ausländer abzuschotten; auch widersprach eine derart fremdenfeindliche Haltung grundsätzlich der regionalen Tradition. Deshalb in dem botswanischen Präsidenten einen Freund der Russen, der Gewalt oder gar selbst einen Kommunisten zu sehen, bedurfte es schon einiger Unkenntnis der Lage oder fehlgeleiteter Phantasie.

Seretse Khama, Jahrgang 1921, war ein in den Traditionen seines Volkes verankerter erbberechtigter königlicher Häuptlingssohn des stärksten BaTswana-Stammes der Bamangwato, der eine hervorragende Erziehung genossen hatte. Nach seinem Grundstudium in Fort Hare und an der Johannesburger University of the Witwatersrand, ließ er sich in Oxford und London zum Juristen weiterbilden und heiratete dort 1948 eine Engländerin. Dies führte zu Spannungen mit seinem Clan, aber auch mit der britischen Kolonialverwaltung. 1950 wurde Khama deshalb seines Landes verwiesen, und erst nach dem Verzicht auf seine Erbansprüche durfte er 1956 aus der Verbannung heimkehren. Fünf Jahre später gründete er gemeinsam mit seinem späteren Nachfolger, dem Landwirtschaftsexperten Dr. Quett Masire, die »Bechuanaland Democratic Party«, deren Präsident er wurde und blieb. Er diente der Kolonialverwaltung als Minister für Arbeit und Verkehr, wurde 1965 deren Premierminister und dennoch, trotz dieser »Kollaboration«, 1966, nach kampfloser Erlangung der Unabhängigkeit, Botswanas erster Präsident. Bis zu seinem frühen Tode wurde Sir Seretse (inzwischen war er von der Queen geadelt worden) alle fünf Jahre wiedergewählt, und noch heute wird er in seiner Heimat zutiefst verehrt. In vielen Hütten hängt sein Bild an der Wand: ein schmaler Kopf mit hoher Stirn hinter dicken Brillengläsern.

Obwohl er das Apartheidsregime kennengelernt hatte und aus tiefster Seele verabscheute, war Khama ein hinreichend pragmatischer Realist, sich mit den geopolitischen Gegebenheiten seines Landes zu arrangieren, was ihm beispielhaft gelungen ist. In mancher Hinsicht war er freilich begünstigt, wenn man sein Schicksal mit dem einiger anderer Frontstaaten-Führer vergleicht. So war die Bevölkerung relativ homogen, und dank dem wirtschaftlichen Desinteresse war die Zahl der weißen Siedler klein geblieben. Die meisten von diesen waren Viehzüchter und lebten über das ganze Land verteilt. Auch sind die BaTswanas traditionell keine Krieger, sondern immer Pflanzer und Hirten gewesen, und es gab so gut wie keine Verstädterung, so daß die traditionellen Hierarchien nahezu ungebrochen fortbestanden.

Doch bedeutete umgekehrt die Figur dieses charismatischen Führers auch für sein Volk ein großes Glück. Der Prinz akzeptierte das Prinzip einer Mehrparteiendemokratie nicht nur, wie so viele andere Afrikaner einschließlich Smith und Botha, zum Schein, nämlich als Umweg zur eigenen Diktatur, sondern mit allen nur denkbaren Konsequenzen, einschließlich des möglichen Machtverlusts. Und auch noch nach ihm, als beispielsweise der Außenminister 1984 nicht direkt wiedergewählt wurde, versetzte Präsident Masire diesen in den Ruhestand und ernannte an seiner Stelle eine Wissenschaftlerin, die das Vertrauen der Wähler besaß. Auf der 7-Punkte-Skala des konservativen New Yorker »Freedom House«, auf der alljährlich alle Staaten der Erde als »freie, teilweise freie und unfreie« gewertet werden, erhielt 1984 Botswana die Note 2 für politische Rechte und die Note 3 für Bürgerrechte, galt somit als einziges Land ganz Afrikas als völlig »frei«. Südafrika wurde damals noch mit 5 und 6 benotet, also als gerade noch »teilweise frei«.

Aber auch Morena (der Herr des Himmels) war dem Volk der BaTswanas hold. Denn kaum hatte Prince Botswana die arme dürre Magd Bechuanaland gefreit, wurden Kohle, Kupfer, Nickel, Soda Ash und vor allem Diamanten in drei verschiedenen Lagern entdeckt, so daß das Land heute neben Südafrika (natürlich einschließlich Namibia) und der Sowjetunion zu den größten Diamantenproduzenten der Welt gehört. Gefördert werden diese Vorkommen allerdings durch den südafrikanischen Konzern de Beers, der auch die Vermarktung übernommen hat: über seine »Central Selling Organization« (CSO), eine eigentümliche, in der Welt wohl einzigartige Monopolkonstruktion, die der einzige männliche Oppenheimer-Erbe in den letzten Jahren in London führte. Das bedeutet zwar erneute Abhängigkeit, doch von den Steuern lebt es sich so märchenhaft gut, daß neuerdings bei der Erwähnung Botswanas immer häufiger nicht nur von einer Friedens-, sondern auch von einer Wohlstandsinsel die Rede ist.

1976 führte Botswana eine eigene Währung ein, den Pula, was in SeTswana, der Sprache der BaTswana, soviel wie Regen, aber auch Reichtum bedeutet. Schrittweise löste man sich aus dem südafrikanischen Währungssystem und damit aus den Spannungen der südafrikanischen Krise, und als der südafrikanische Rand Mitte 1985 seine unaufhaltsame Talfahrt begann, war der Pula schon weitgehend abgekoppelt. Noch immer gingen rund 70 Prozent aller Exporte nach Übersee (Europa und USA), während 80 Prozent der Importe aus der SACU, also zumeist aus Südafrika, bezogen wurden, zum Vorteil der botswanischen Außenhandelsbilanz.

Kupfer und Nickel werden hauptsächlich in die USA ausgeführt und erst dort nach Ankunft raffiniert; zum Abbau der Soda-Ash-Vorkommen wird ein *joint venture* mit Südafrika angepeilt; ein Gutteil des Rindfleisches geht nach Großbritannien, im Rahmen des Lomé-Abkommens. Doch um die Kohlelager nutzen zu können, die eine Konkurrenz für Südafrika bedeuten, bedürfte Botswana einer weiteren Bahnlinie: einer Verbindung nämlich durch die Wüste Kalahari nach Westen, über Gobabis bis zum südwestafrikanischen Haupt-Städtchen Windhoek hin, von wo aus bereits ein Anschluß zum Atlantikhafen Walfischbucht besteht. Eine solche Bahnverbindung hatte denn auch zu den ersten Projekten der SADCC gehört; prompt hatte die Weltbank eine »Machbarkeits-Studie« anfertigen lassen, zu der es schon seit 1925 Vorstudien gab; der Plan wurde jedoch schon bald wieder ad acta gelegt, bis zur namibischen Unabhängigkeit, wie es hieß. Erst dann nämlich wäre diese Bahn vor dem Zugriff der Südafrikaner geschützt, die selbst Probleme mit dem Export ihrer Kohle haben, stellte die Weltbankstudie fest. Ihr Wort in Morenas Ohr.

Denn selbst das »unabhängige« Namibia mit seinen zwölfhundert Kilometern Atlantikküste wird zunächst über keinen einzigen brauchbaren Hafen verfügen, weil Walfischbai als ehemals britisches Territorium bis auf weiteres in den Händen der Südafrikaner bleibt, als Erbe der Union. So sind sie gefangen, all diese Länder, wie Fliegen in einem Spinnennetz. Fast ausnahmslos produzieren sie Waren, die sie selber nur zu geringem Teil konsumieren, während sie das, was sie selber konsumieren, oft über große Distanz einführen müssen. Rund 40 Prozent des Einkommens der Republik Botswana stammen aus der wenig geliebten Zollunion, und 80 Prozent aller Einfuhren, wie schon gesagt, kommen aus der noch weniger geliebten Nachbarrepublik; vor allem im sensiblen Bereich Energie. »Botswana hängt immer noch vom guten Willen Südafrikas und von dessen Großkonzernen ab, damit seine Personen- und Lastautos laufen, seine Lampen leuchten, seine

Regale gefüllt und seine Arbeitnehmer beschäftigt sind«, haben die Wissenschaftler Rok Ajulu und Diana Cammack ihre langjährigen Beobachtungen ebenso anschaulich wie überzeugend zusammengefaßt.[9] Aber je mehr Märkte weltweit für südafrikanische Waren geschlossen werden, desto abhängiger wird auch die reiche Republik im Süden von ihren schwarzen Nachbarstaaten als Markt.

Als die Frontstaaten-Führer im Juli 1979 in Arusha, im Norden Tanzanias, zum ersten Mal zusammenkamen, um konkrete Pläne zur Beendigung ihrer, wie sie fanden, unerträglich erniedrigenden Abhängigkeit von Südafrika zu schmieden, war der gemäßigte, immer auf Ausgleich bedachte Sir Seretse unter vielen Zaudernden ganz entschieden die treibende Kraft. Energisch forderte er die Entwicklung des gesamten Subkontinentes als integrale Einheit, »statt eines wilden Haufens verarmter kleiner chauvinistischer Partikel«. Der Schwerpunkt müsse auf der Verbesserung des regionalen Verkehrsnetzes liegen, sagte er, denn nur so könne die Abhängigkeit von diesem »rassistischen weißen Minderheitsregime« verringert werden. »Diese wirtschaftliche Abhängigkeit hat in vielerlei Hinsicht unsere politische Unabhängigkeit bedeutungslos gemacht.«[10]

Nicht etwa, um die Diktatur eines Proletariates zu errichten, das es in Botswana gar nicht gibt, sondern im Gegenteil, um seine Bewegungsfreiheit zu erweitern, nahm Khama 1977/78 mit Kuba und mit der Sowjetunion diplomatische Beziehungen auf. »Das südliche Afrika ist wie ein gefährlicher Vulkan unmittelbar vor einer Eruption«, erklärte der weitblickende Präsident, als ihm der erste sowjetische Botschafter sein Beglaubigungsschreiben überreichte. »Unsere Freunde im Ausland, die unsere Anstrengungen unterstützen, werden verstehen, daß unser Volk höchstwahrscheinlich das erste wäre, das bei einem Ausbruch von der Lava verschluckt würde.« (Das Bild vom unberechenbaren Vulkan hat seither auch Kaunda immer wieder gebraucht.) »Jene von uns, die bereits frei sind, wollen frei bleiben, auch wenn wir zum Befreiungskampf (der anderen) entschlossen sind.« In Südafrika konnte man in der diplomatischen Ouvertüre naturgemäß nichts anderes sehen als »ein weiteres Glied in der russischen Kette, mit Rhodesien als fehlendem Glied – Südafrika aber als dem eigentlichen Ziel«.[11]

Mit dem Aufruf zum Widerstand gegen alle fremden Ideologien gewann die Demokratische Partei des Präsidenten, als eindeutig konservativste unter den vier konkurrierenden Organisationen, im Oktober 1979 29 der 32 Parlamentssitze, also nicht weniger, sondern mehr denn je. Die sozialistische Linke mußte sich selbst in der Landeshauptstadt, wo ihr radikaler Führer Koma kandidierte, überraschend klar geschlagen geben. Nur noch neun Monate freilich hatte der schon lange schwer zucker- und herzkranke Erbe Khamas des Großen (eines jener »Paramount Chiefs«, die das arme Land vor hundert Jahren unter den Schutz der Queen Victoria, der Kaiserin von Indien, gestellt hatten), zu leben; im Juli 1980 starb er, gerade 59 Jahre alt. Sein ältester Sohn Ian trat das Stammeserbe an. Politischer Nachfolger aber wurde Khamas nächster Mitarbeiter, der bisherige Vizepräsident, Finanz- und Planungsminister Quett Masire, dem kaum jemand zutraute, den komplizierten Balance-Akt seines Vorgängers im Spannungsfeld dreier regionaler Konflikte unbeschadet fortsetzen und durchhalten zu können. Was dennoch bisher gelang.

Schon 1977 hatte Khama beschlossen, eine eigene botswanische Armee aufzubauen, und sei diese auch noch so klein und schwach. 1981 führten die bislang mit britischem und irischem Material ausgerüsteten Truppen am Nationalfeiertag zum ersten Mal auch einige sowjetische Waffen vor: Um die Blockfreiheit Botswanas hervorzuheben, wie den Berichterstattern zugeflüstert wurde, hatte man sowjetische Raketenwerfer auf britische Fahrgestelle montiert. Stellvertretender Oberbefehlshaber aller Truppen war Brigadegeneral Ian Khama, Sir Seretses und Lady Ruths vielverprechender ältester Sohn, der Chief. Bis 1985 hatten die botswanischen Streitkräfte eine Stärke von 3800 Mann erreicht – angesichts einer ernsthaften Bedrohnung von außen kam ihnen also auch weiterhin allenfalls symbolische Bedeutung zu. Der Druck aus Südafrika wuchs und wuchs, doch die Staatsführung blieb bei ihrer Weigerung, sich ein Sicherheitsabkommen diktieren zu lassen, das einer politischen Entmündigung gleichgekommen wäre.

Überraschend trat plötzlich bei den Parlamentswahlen 1984 die bisher entschlossen anti-südafrikanische sozialistische »Nationale Front« für einen Nichtangriffspakt mit Pretoria ein. »Macht euch doch nichts vor«, richtete der Generalsekretär dieser BNF sich an die Regierung in Gaborone: »wenn ihr das Land am Leben erhalten wollt, müßt ihr unterschreiben. Eines Tages werdet ihr von P. W. Botha ja doch zur Unterschrift gezwungen werden, also wäre es das beste, gleich zu unterschreiben, solange die Situation noch eingermaßen erträglich ist.« Andere Länder könnten sich Distanz zum Rassenstaat leisten; »wir aber nicht, denn wir sind nun einmal Nachbarn Südafrikas«.[12]

Wenige Tage später antwortete Präsident Masire unbeirrt, jawohl, der Druck seitens Pretorias sei außerordentlich stark, doch »wir haben denen gesagt, daß kein Bedarf (an einem Pakt) besteht, weil wir uns ja nicht im Kriegszustand miteinander befinden. Ich flehe sie an, uns endlich in Frieden zu lassen.«[13] Die Beziehungen seien doch ohnehin so gut, meinte einer seiner Mitarbeiter, »mehr brauchen wir nicht«.[14]

Am 12. September ratterte schließlich eine offizielle Verlautbarung der südafrikanischen Regierung über die Fernschreiber aller bei ihr akkreditierten Korrespondenten[15], die derart symptomatisch ist, daß wir sie im (übersetzten) Wortlaut hier wiedergeben wollen:

»In Beantwortung eines Berichtes, demzufolge Präsident Masire von Botswana gesagt hat, daß es einem Verlust seiner Souveränität gleichkäme, sollte Botswana einen Nichtangriffs-Vertrag mit Südafrika abschließen, hat der Minister des Äußeren erklärt, daß die Regierung von Botswana absichtlich falsche Darstellungen dieser Angelegenheit präsentiert. Was die Regierung von Botswana der Welt nicht sagt, ist, daß sie von Südafrika erwartet, an bestimmten ökonomischen Projekten [es handelt sich um das Soda-Ash-Projekt], die Botswana in Gang setzen will, mitzuwirken, ohne daß es zu einem akzeptablen Übereinkommen über die Bekämpfung von Terrorakten kommt, die vom Territorium Botswanas aus gegen Südafrika begangen werden.

Darüber hinaus hat es unlängst Anzeichen dafür gegeben, daß Botswana zunehmend als Schleuse für Sabotageakte oder als Refugium für Saboteure benutzt wird.

Es ist Botswanas absolutes Recht, mit Südafrika keinerlei Vertrag abzuschließen, aber genauso ist es Südafrikas Recht, Schritte gegen Terrorakte und Sabotage zu unternehmen, die von Nachbarstaaten aus geplant und durchgeführt werden.«

Erfahrene Südafrika-Beobachter wußten sofort, was diese Drohung zu bedeuten hatte. Doch erst neun Monate später wurde sie in die Tat umgesetzt: nachdem Außenminister Botha ausdrücklich erklärt hatte, mit Botswana ein *gentlemen's agreement* getroffen zu haben, das einen Sicherheitsvertrag erübrige, und nachdem sogar die südafrikanische Polizei *expressis verbis* anerkannt hatte, daß die ANC-Kämpfer, die Südafrika auf dem Wege durch Botswana infiltrierten, nachdem ihnen der Weg durch Moçambique und Swaziland durch »Nichtangriffspakte« genommen war, dies ohne Erlaubnis der dortigen Regierung taten[16], schlugen in den frühen Morgenstunden des 14. Juni 1985 die südafrikanischen Streitkräfte zu. Gleichzeitig überfielen sie zehn Häuser in der friedlichen Hauptstadt Gaborone und töteten zehn Zivilisten im Schlaf.

Neun Monate lang hatte Pretoria auf gutes Zureden aus Großbritannien und Amerika gehört und sich auf ökonomischen Druck gegenüber dem ungehorsamen, politisch-moralisch jedoch untadeligen Nachbaarstaat Botswana beschränkt. Unmittelbar vor dem neunten Jahrestag des Schüleraufstandes von Soweto, inmitten erneuter schwerer Unruhen landesweit, waren bei ihren Sicherheitsorganen offensichtlich sämtliche Sicherungen durchgebrannt. Von nun an mußten Südafrikas Freunde in aller Welt befürchten, daß auf die in die Ecke gedrängte Regierung in Pretoria auch freundschaftlich nicht mehr einzuwirken sei. »Deutlich wächst die Sorge der britischen Regierung über die sich stetig verschlechternde Situation im südlichen Afrika und der erhöhten Aussicht auf grenzüberschreitende Angriffe«, meldete die Johannesburger Finanzzeitung *Business Day* einige Zeit später aus London.[17] »Großbritannien befürchtet, daß weitere Überfälle südafrikanischer Sicherheitskräfte auf Commonwealth-Staaten – wie Botswana, Lesotho, Swaziland, Zimbabwe und Zambia – die ohnehin verletzliche Position Margaret Thatchers im Commonwealth der 50 Nationen noch mehr schwächen würden ... der Druck in Richtung härterer ökonomischer Sanktionen könnte unwiderstehlich werden.«

Die eiserne Lady, wie wir wissen, widerstand, was noch zu einer Reihe südafrikanischer Überfälle auf Commonwealth-Staaten führen sollte. In aller Stille jedoch hat Mrs. Thatcher Botswana den Rücken gestärkt: Im Februar 1986 wurde bekannt, daß ein Team des britischen Special Air Service (SAS) in Botswana eingetroffen war, um der kleinen Wehrmacht beim Aufbau und bei der Ausbildung ihrer Truppen beizustehen.[18] Dies war vor allem als Signal an die Adresse Pretorias gedacht und ist dort mit Sicherheit auch genau so verstanden worden. Dennoch setzte die SADF ihre Überfälle auf Commonwealth-Staaten ihres Einflußgebietes fort; allerdings in verminderter Form und als Polizeimaßnahmen getarnt.

Ein weiteres Jahr später hatten auch die Vereinigten Staaten von Amerika Gelegenheit, ihre Sympathie für die demokratische Friedensinsel Botswana zu demonstrieren. Diesmal versuchte Südafrika, die Anerkennung des *homelands* Bophuthatswana, des Gebietes, »in dem alle Tswanas glücklich sind«, durch die abhängigen Nachbarn zu erzwingen: die »unabhängige« Regierung dieses international nicht sanktionierten »Nationalstaates« hatte plötzlich vom Begleitpersonal zimbabwescher wie botswanischer Züge Visa verlangt. Zufällig fand gleichzeitig in Gaborone (ihrem Hauptquartier aus Khamas Tagen) die Jahreskonferenz der SADCC statt, zu der sich auch eine Delegation des in Südafrika verbotenen ANC angesagt hatte. Die südafrikanische Regierung hatte, laut US-Botschaft in Gaborone, mit nicht genauer beschriebenen Strafmaßnahmen gedroht, sollte Gaborone den ANC-Funktionären die Einreise gestatten.[19]

Schon nach wenigen Tagen jedenfalls gab Südafrika dem Druck aus Washington nach. Hinter dem Rücken der *homeland*-Regierung wurde mit den Nachbarstaaten vereinbart, daß die Begleitung der Züge fortan schon innerhalb Botswanas von südafrikanischem Personal übernommen würde, so daß das Visums-Problem entfiel. Doch längst war der Rückstau der Transportgüter in allen betroffenen Ländern spürbar geworden, bis nach Zaïre und Malawi hinauf.

Lesotho

Wer von einer Schlange gebissen wurde,
der läuft auch vor einem Regenwurm davon.
Basuto-Sprichwort

Der Floh in der Decke

Die südafrikanische Regierung hat in ihren offiziellen Verlautbarungen immer hervorgehoben, daß ihre militärischen Übergriffe auf Nachbarländer nicht eigentlich diesen gelten, sondern lediglich als Polizeimaßnahmen gegen süd- oder südwestafrikanische Widerstandskämpfer zu verstehen seien, die man nun einmal »an der Basis«, in ihren Schlupflöchern, vernichten müsse. Selbst der 13jährige Krieg gegen Angola wurde schon deshalb niemals offiziell »erklärt«, weil Südafrika daran festhielt, sich ausschließlich mit der SWAPO im Kriegszustand zu befinden. Die Tatsache, daß die regierungsfeindlichen Guerillas sich nach ihren *hit and run*-Attacken immer wieder auf das Gebiet von Nachbarstaaten zurückzogen, gab den Südafrikanern, ihrer eigenen Auffassung gemäß, zunächst das Recht, in sogenannten *hot pursuit*-Aktionen die Terroristen auch über die eigenen Landesgrenzen hinaus zu verfolgen.

Nachdem eine Vielzahl solcher Verfolgungen von der übrigen Welt ohne nennenswerte Proteste hingenommen worden war, sah die Führung der pretorianischen Sicherheitskräfte sich dazu ermutigt, zu Präventiv- und Strafangriffen überzugehen, bei denen durchaus auch Bürger der betroffenen Staaten zu Schaden, wenn nicht gar ums Leben kamen. Mit anderen Worten: Südafrika erhob Anspruch auf Polizei- und Justizrechte in seinen Nachbarländern, verletzte also ganz bewußt deren Hoheitsrechte. Wird dies der südafrikanischen Regierung vorgehalten, beruft sie sich darauf, den Nachbarn jeweils Nichtangriffspakte angeboten zu haben, die diese jedoch ausgeschlagen hätten. Sie seien also selbst an ihrer mißlichen Lage schuld.

»Ich möchte unseren Nachbarn noch einmal die Hand in Freundschaft anbieten« schrieb Pieter W. Botha in seinem Beitrag zur Südafrika-Diskussion in einer Veröffentlichung der Bayerischen Landeszentrale für politische Bildungsarbeit 1987[1]. »Laßt uns einig werden über die Spielregeln, die das Verhältnis zwischen Nachbarn regeln sollen – Spielregeln, die von allen zivilisierten Nationen praktiziert werden. Dies schließt unter anderem folgendes ein:

- Rückzug ausländischer Truppen aus dieser Region [gemeint waren die Kubaner in Angola],
- friedliche Lösung von Meinungsverschiedenheiten,
- regionale Zusammenarbeit bei gemeinsamen Problemen,
- vorbehaltlosen Verzicht auf Gewaltanwendung über nationale Grenzen hinaus und
- Toleranz in der Region.«

Warum, darf man mit Fug und Recht fragen, sollten diese international respektierten »Spielregeln« denn nicht auch für alle Nachbarn Südafrikas akzeptabel sein? Sie alle hatten und haben in der Tat kaum Schwierigkeiten mit den hier aufgeführten Prinzipien. Ihr Problem ist vielmehr der politische Zustand Südafrikas. »Kein wahrhaft unabhängiger Staat würde – und schon gar nicht öffentlich – die Möglichkeit eines kooperativen militärischen Bündnisses oder eines Nichtangriffspaktes mit Südafrika auch nur in Erwägung ziehen«, schrieb der amerikanische Politologe Kenneth W. Grundy Mitte 1983[2], also nur wenige Monate, bevor Moçambique sich sehr wohl dazu gezwungen sah. »Jede offene politische Verbindung mit der Republik gilt als Stigma, das zu schädlich wäre, um auch nur daran zu denken; mehr noch, ein

Militärabkommen impliziert das Akzeptieren des politischen Status quo.« Solange die schwarze Bevölkerung Südafrikas politisch nicht gleichberechtigt – das heißt unter anderem wahlberechtigt – ist, solange die grundsätzliche Nicht-Gleichberechtigung sogar in der Verfassung festgeschrieben ist, solange Südafrika also ohne die Zustimmung der eigenen Bevölkerungsmehrheit von einer Minderheit regiert wird, ist sein Zustand für die Mitglieder der OAU nicht akzeptabel. Um so mehr, als dies einer der ganz wenigen Grundsätze ist, über die unter den sonst keineswegs immer einigen Mitgliedern dieser »Organisation für afrikanische Einheit« Einigkeit besteht.

Für heuchlerisch hielten sie immer allesamt Bothas Forderung nach »vorbehaltlosem Verzicht auf Gewaltanwendung über nationale Grenzen hinaus«, da keines von ihnen auch nur im Traum daran dächte, die waffenstrotzende Burenrepublik militärisch herauszufordern. Und vollends verlogen muß in ihren Ohren folgender Satz aus Bothas programmatischem Text klingen: »Wir werden unsere Gemeinschaft verteidigen gegen die Kräfte der Anarchie, die die Alleinherrschaft ergreifen wollen und sich zum Ziel gesetzt haben, diese Nation mittels einer exklusiven, politischen Clique gewaltsam zu regieren. Eine derartige politische Clique würde den Begriff ›Freiheit‹ zum Gespött machen.«[3] Genau dies tut ihrer Meinung nach Pretorias politische Clique: sie selbst macht Begriffe wie Demokratie, Recht, Gerechtigkeit und Freiheit zum Gespött.

Schon 1970, als Vorster zum ersten Mal die »Hand der Freundschaft« ausstreckte, mußte er sie schließlich erfolglos wieder zurückziehen. Nicht einmal Khama und Kaunda fanden sich zum Einschlagen bereit. In ihrer Frustration ließen sich die ohnmächtigen Machthaber daraufhin zu einem folgenschweren Fehler verleiten: Sie banden ihre unmündig, ja völlig lebensunfähig in die »Unahängigkeit« gestoßenen Kinder, die neuen »Nationalstaaten« Transkei, Bophuthatswana,

Venda und Ciskei, in »Nichtangriffspakte« ein. Jeweils nur wenige Monate nach Erlangung der »Unabhängigkeit« wurden die Vertragstexte bekannt, so daß wir davon ausgehen können, daß ihre Annahme eine der Vorbedingungen für die Gewährung der jeweiligen staatlichen »Unabhängigkeit« gewesen ist.[4] Die zugrunde liegende Idee einer möglichen Bedrohung der stolzen Feste Südafrika durch eines der armseligen Heimatländer war natürlich nicht nur in den Augen der OAU absurd. Nun sah diese sich aber auch in dem ohnehin schwelenden Argwohn bestärkt, daß einigen ihrer Mitglieder ein gleiches Schicksal wie diesen Armenhäusern Südafrikas, ein gleiches Minimum an staatlicher Unabhängigkeit zugedacht war.

Besonders ausgeprägt war diese Sorge im kleinen Königreich Lesotho hoch oben in den Bergen zwischen dem Caledon-River und dem Drakensbergmassiv, jenem Zufluchtsgebiet der Basothos, die in den dreißiger Jahren des vorigen Jahrhunderts, in Jahren außerordentlicher Dürre und Hungersnot, von den gleichermaßen rücksichtslos sich ausbreitenden Buren wie Zulus ihres Viehs, ihrer Weiden und Felder beraubt worden und auf die bisher menschenleeren Anhöhen geflohen waren. Auch unter ihrem friedliebenden Anführer Häuptling Moshoeshoe (sprich Moschweschwe) wurden die Flüchtlinge immer wieder in Kämpfe mit den Buren verstrickt, so daß sie sich schließlich 1868 an die Briten wandten und um Protektion baten: man möge sie annehmen »wie einen Floh in der Decke der Queen Victoria«. 1871 wurde Basutoland infolgedessen der Kap-Kolonie angegliedert, und es wäre heute Teil der Republik Südafrika, hätten die stolzen Bergbewohner sich nicht durch einen langen Aufstand 1889 (also im Gründungsjahr der British South Africa Company Cecil Rhodes') die Eigenständigkeit eines eigenen Schutzgebietes ertrotzt. So kam es, daß 1910 Basutoland, genau wie Bechuana- und Zwaziland, nicht automatisch Teil der Union wurde, sondern direkt London unterstellt blieb.

1955 wurden Verfassungsreformen eingeleitet, 1959 erhielt Basutoland die sogenannte innere Autonomie, 1965 wurden Wahlen abgehalten, die die konservative Nationalpartei, die sich auf das traditionelle Häuptlingssystem stützte, dank massiver Hilfe südafrikanischer Freunde und Gönner knapp gewann. Im Oktober 1966 wurde das unabhängige Königreich Lesotho (eine konstitutionelle Erbmonarchie) aus der Taufe gehoben, an dessen Spitze der gerade dreißigjährige König Moshoeshoe II. stand.

Doch wurde dieser arme junge König seines Lebens nicht recht froh, denn schon bald kam es zum offenen Konflikt mit seinem Regierungschef von Südafrikas Gnaden, dem ehrgeizigen Häuptling Leabua Jonathan, der vor allem die Interessen der Katholiken seines durch Missionare zweigeteilten Landes vertrat. Als er 1970 seinen Wahlsieg gefährdet sah, erklärte Ministerpräsident Jonathan kurzerhand die Abstimmung für null und nichtig und setzte die Verfassung außer Kraft. Der protestantische König mußte das Land verlassen und durfte erst nach Hause zurückkehren, nachdem er der Tagespolitik zu entsagen versprochen hatte. Moshoeshoe II. wurde von jetzt an von einer englischen Universität zur nächsten geschickt: Der König muß lernen, hieß es jedesmal, wenn man sich nach seinem Befinden und Verbleib erkundigte. Getrost können wir davon ausgehen, daß das kleine Königreich heute das gebildetste Staatsoberhaupt ganz Afrikas besitzt.

Sonst aber ist es bettelarm. Immer mehr entwickelte es sich in seiner geographisch ausweglosen Lage schon ab 1910 zum Arbeitskräftereservoir der südafrikanischen Bergbauunternehmen, vor allem im Bereich der Goldproduktion. Fast die Hälfte aller arbeitsfähigen Männer zog regelmäßig auf Arbeitssuche zu den Goldminen des Freistaats und in die industriellen Ballungsgebiete des Transvaal. Ein Drittel aller Familien lebt dennoch unter der Armutsgrenze, das heißt sie muß ohne Geldüberweisungen von Wanderarbeitern auskommen und kann aus dem bißchen Landwirtschaft rund um die eigene Hütte nicht einmal die Grundbedürfnisse befriedigen. Eine verarbeitende Industrie gibt es, abgesehen von kleinen, meist von Ausländern geführten Webereien und anderen Handwerksbetrieben, so gut wie nicht. Exportiert werden Lammfleisch, Wolle (Mohair) und vereinzelte Bodenschätze. Importiert werden muß alles andere, so daß ein großes Loch im Staatshaushalt notorisch ist. Deshalb war auch noch nie genug Geld in der Kasse, um die Infrastruktur des Landes zu entwickeln, was vor allem dem Tourismus zugute gekommen wäre. Denn Lesotho mit seinen kühlen Nächten, seinem klaren Himmel, seinen eigentümlich spitzen oder abgeflachten Bergen, seinen sanften Farben, wilden Wasserfällen, malerischen Menschen und seltenen Tieren (zum Beispiel Lämmergeiern) ist zu jeder Jahreszeit atemberaubend schön.

Bisher war jedoch nur der Westrand des Landes durch eine asphaltierte Landstaße erschlossen, eine Stichstraße führte darüber hinaus bis zur Drei-Länder-Universität der BLS-Staaten namens Roma etwas weiter ins Landesinnere hinein, und die nationale Eisenbahnstrecke ist genau einen halben Kilometer lang – und damit wohl die kürzeste der Welt. Sie führt vom Grenzübergang auf der Caledonbrücke bis zum Rande der Hauptstadt Maseru hin, die unmittelbar hinter der Grenze beginnt. Das einzige, was das kleine Königreich im Übermaß besitzt, doch selber bisher kaum nutzen konnte, ist Wasser. Wasser im Überfluß, inmitten einer dürstenden, immer wieder von Dürreperioden drangsalierten, ja darbenden Region.

»Wenn etwas der Entwicklung Südafrikas Grenzen setzen kann, so ist das der Wassermangel«, konnte man in den letzten Jahren immer wieder in den jeweiligen offiziellen Jahrbüchern der Republik lesen. Das Gesamtsystem aller südafrikanischen Flüsse zusammengenommen (ohne Namibia, aber einschließlich aller *homelands*) führt 53,2 Milliarden Kubikmeter Wasser im Jahr; also etwa so viel wie der Rhein bei Rotterdam. Nur ein geringer Teil dieses Wassers kann jedoch wirklich genutzt werden: Während im Weltdurchschnitt 31

Prozent aller Niederschläge von den Flüssen bis zum Meer getragen werden, sind es in Südafrika nur etwa neun Prozent. Verdunsten, Verkarsten, Versanden sind der Grund.[5] Staudämme zu bauen hat nur dort einen Sinn, wo die Wasserführung einigermaßen gleichmäßig auf das ganze Jahr verteilt ist. Bei unzureichender Fülle in Trockenperioden brechen die Staubecken zusammen, weil der Druck auf ihre Wände nicht ausreicht. Auch sind nur wenige Terrains in Südafrika zum Bau von Dämmen geeignet: ein natürliches Tor durch Bergzüge zu beiden Seiten des Flußlaufes ist Voraussetzung dafür.

Andererseits steigt der Wasserbedarf Südafrikas von Jahr zu Jahr. Die beiden Hauptwirtschaftszweige, Bergbau und Landwirtschaft, haben überdurchschnittlich hohen Wasserbedarf, während die Bevölkerung jährlich um etwa 2,9 Prozent wächst. Die Geburtenzuwachsrate der Weißen ist negativ, die der wenigstens 26 Millionen Nicht-Weißen hingegen liegt höher als drei Prozent. »Diese Zahlen weisen auf eine sich zuspitzende Krise hin, deren Konsequenzen – um ehrlich zu sein – schlimmer als die derzeitige Dürre werden könnten«, stand beispielsweise im März 1984 im Transvaler zu lesen[6]: »Sollte das Bevölkerungswachstum der Schwarzen in diesem Maße weitergehen, dann würde Südafrika schon in 20 Jahren keinesfalls imstande sein, eine Dürre, wie sie zur Zeit herrscht, zu überleben.«

Das bestehende Wassersystem Südafrikas – einschließlich eines damals erst geplanten Tugelaprojektes in Natal – reiche bestenfalls bis zum Jahre 1995, warnten Spezialisten im südafrikanischen Ministerium für Umweltfragen nur wenige Wochen später.[7] Die oft tröstend genannte Möglichkeit, unterirdische Reserven durch Hochpumpen aus den sogenannten »dolomitic formations« nutzbar zu machen, sei in Wirklichkeit begrenzt, fügte ein Geologe hinzu: man könne nun einmal nicht gefahrlos mehr Wasser entnehmen als nachfließt.

Jedenfalls scheint es wenig verwunderlich, daß die Wassermänner in Pretoria schon lange begehrliche Blicke auf das

»Dach Afrikas«, nämlich das Königreich Lesotho, richteten. Spätestens Mitte 1985 werde die Regierung sich politisch mit Maseru geeinigt haben, und 1986 könne dann mit dem Bau von fünf Stauseen, dem sogenannten »highland project«, begonnen werden. Die erste Phase könne bis zum erwarteten Krisenjahr 1995 fertig werden und dann etwa 28 Kubikmeter pro Sekunde liefern (das wären etwa 883 Millionen Kubikmeter im Jahr). Wenn anno 2004 das ganze Projekt ausgeführt sei, werde es dem südafrikanischen System jede Sekunde 50 Kubikmeter, also jährlich 1,57 Milliarden Kubikmeter Wasser zuführen können. Bei optimalem Bevölkerungswachstum reicht das theoretisch bis zum Jahre 2020 aus.

Schon Anfang der siebziger Jahre begann der Zauberlehrling Jonathan allerdings, sich recht eigenwillig und selbstherrlich zu gebärden. Ein Teil der 1970 um ihren Wahlsieg betrogenen Opposition ging in den Untergrund. Ein Aufstand 1974 schlug fehl, und alle jene Oppositionsführer, die sich nicht einfangen oder kaufen ließen, flohen nach Zambia oder Botswana. Ab 1979 (also bald nach Bothas Machtübernahme) traten bewaffnete Einheiten der inzwischen verbotenen Kongreßpartei auf den Plan: als sogenannte Lesotho National Liberation Army (kurz LLA oder auch LNLA) machten Freischärler die wenigen Straßen des Ländchens unsicher, vor allem im Norden; denn sie zogen sich nach ihren wenig wirksamen Attacken gewöhnlich in Richtung Qwaqwa, ins Homeland der Basothos in Südafrika, zurück.

In Maseru wußte man natürlich nur zu gut, daß diese LLA auf die Dauer nicht ohne Duldung Pretorias operieren konnte. Bald wurde auch deren Verbindung zu den Ausbildern der SADF in der Garnisonsstadt Bethlehem im benachbarten Freistaat bekannt. Auf Vorhaltungen hin bot Pretoria natürlich umgehend einen Nichtangriffspakt an: Lesotho sollte sich dazu verpflichten, sämtliche Flüchtlinge des südafrikanischen Widerstandes des Landes zu verweisen und südafrikanischen Sicherheitsbeamten Polizeirechte einzuräumen; dafür werde dann Südafrika auch der LLA jegliche Aktivität verbieten, und der Weg zur Verwirklichung des Hochlandprojektes, von dem schließlich auch Lesotho großen Nutzen hätte, wäre frei.

Der selbstherrliche Minidiktator jedoch wollte sich nicht erpressen lassen und wurde nur immer unzugänglicher. Um so dringlicher drohte Pretoria. Schließlich, in einer lauen Dezembernacht, wurden Nägel mit Köpfen gemacht. Der Zufall wollte es, daß die Verfasserin mit ihrem damals 17jährigen, außerordentlich an Waffen interessierten Sohn gerade in Maseru war.

Gegen Abend, bei Einbruch der Dämmerung, die in Afrika schnell vorüber ist, schlenderten die arglosen Touristen den Königsweg, jene lebhafte Straße entlang, aus der die ganze Innenstadt besteht. Das geschäftige Treiben des Tags hatte sich schon fast gelegt. Ein paar Frauen packten gerade noch ihre unverkauften Reste an Gemüse, Tontöpfen und Perlenschmuck ein, die sie tagsüber am Straßenrand feilgeboten hatten. Um den langgezogenen kolonialen Sandsteinbau mit blauem Wellblechdach, in dem bis 1965 der britische Statthalter residiert und jetzt der Premierminister seinen Amtssitz hatte, und auch um die von Stacheldraht umzäunte katholische Kathedrale der Muttergottes der Siege, deren Segen offiziell auf der nicht allzu gottesfürchtigen Regierung ruhte, standen Wachsoldaten in Tarnuniformen herum; italienische Maschinenpistolen baumelten lässig von ihren Schultern. Wir plauderten mit ihnen, mal hier mal dort, wir hörten von Terroranschlägen, die sich mehrten in letzter Zeit.

In welchem Hotel wir denn abgestiegen seien, wollte ein junger Milizionär schließlich wissen. Im »Victoria«? – Ja warum denn ausgerechnet dort? Ob wir denn nicht noch umziehen wollten? »Erschrecken Sie nicht, wenn es knallt in der Nacht«, gab er uns als Abschiedsgruß auf den Weg. Wir maßen dem keine Bedeutung bei, wie auch den dunklen, in bunte Decken gehüllten Gestalten nicht, die neben der Post und am

Zaun des französischen Kulturinstituts herumlungerten. Die Schilder im Lift »Keine Waffen ins Zimmer nehmen, auch keine Messer bitte« oder auf dem Gang »Türen bitte immer von innen verschließen« waren uns aus anderen afrikanischen Ländern längst vertraut. Nicht einmal ein Brief der Hotelleitung an der Wand mit Datum vom gleichen Tag, in dem wir »im Interesse der eigenen Sicherheit« gebeten wurden, keine unregistrierten Besucher in unsere Zimmer hereinzulassen, vermochte unser Mißtrauen wachzurütteln: wir waren wohl einfach zu müde.

Explosionen und Schüsse in unmittelbarer Nähe rissen uns aus tiefem Schlaf. Die Uhr zeigte kurz nach eins. Eine halbe Stunde lang wurde auf unserer Seite des Hauses in dichten Drei-Takt-Salven aus Maschinengewehren und -pistolen geschossen. Dazwischen detonierten Rauchgranaten, gefolgt von schwerem Geschütz. Motorenlärm, Schreie, dann entferntere Schüsse. Plötzlich bebte das Hotel. Unter unserem Balkon verballerte ein Pistolenschütze sein ganzes Magazin, dann war es still. Inzwischen war der Mond aufgegangen, dreiviertel voll – die Nacht war jetzt hell und klar. Wieder Motorengeräusche, Lastwagen vielleicht oder ein Zug? Anhaltendes Hupen, noch vereinzelte Schüsse, dann war nach kaum mehr als hundert Minuten der ganze schreckliche Spuk vorbei.

Gegen drei Uhr morgens ging der Berliner Wirt der kleinen Auberge, in der wir zu Abend gegessen hatten, nach Hause. Er war als erster auf der Szene, im Apartmentgebäude gleich hinter unserem Hotel. Seine Nachbarwohnung fand er völlig zerschossen und ausgebrannt vor, die Nachbarn, eine friedfertige dreiköpfige Basotho-Familie, alle tot. Der heutige Kommandant der Kampftruppen des ANC, Chris Hani, sprang andernorts aus dem Fenster und kam davon.

Als endlich der Morgen graute, traten viele Menschen vor ihre Hütten und rieben sich erstaunt die Augen, erstaunt, noch immer am Leben zu sein. »Ke boni leseli!« riefen sie einander zu. »Ich habe das Licht gesehen!« Mit diesen Worten hatte Moshoeshoe I. einen jeden neuen Tag begrüßt, Gott dankend, daß er den bösen »Boers« noch einmal davongekommen war. Denn daß dieser nächtliche Überfall nicht auf das Konto der LLA gehen konnte, das war schon bald den meisten klar. Das Außenministerium lud Diplomaten, Vertreter der ausländischen Hilfsorganisationen, die wenigen Journalisten und anderen Beobachter zu einer kleinen Rundfahrt ein. Ein Gutteil der zwölf Wohnungen und Vorortvillen wurde besichtigt, die die Spezialeinheiten der südafrikanischen Streitkräfte überfallen und zerschossen hatten: nur drei- oder viermal hatten sie sich in der Adresse geirrt.

40, 41, später 42 Tote, viele Frauen und Kinder unter ihnen, wurden in einem Raum aufeinandergehäuft. Das Angriffsziel waren Unterkünfte von politischen Flüchtlingen gewesen, die dem Afrikanischen Nationalkongreß zugerechnet wurden; doch wenigstens zwölf Opfer hatten nichts damit zu tun. Diese Operation sei nötig gewesen, um für Weihnachten geplanten Terroraktionen des ANC zuvorzukommen, tönte Radio Südafrika, während das südafrikanische Fernsehen den »Blitzsieg« von fünf Hubschrauberbesatzungen, je zwanzig Mann, mit aktuellen Bildern in buntesten Farben in den höchsten Tönen pries.

Erst nach etlichen Stunden verstanden wir, was für das stolze Volk der Basothos das Schlimmste an diesem Überfall gewesen war: daß die eigene Regierung davon gewußt haben mußte, daß ihr die Hände gebunden waren. Daß deshalb kein einziger Schuß der Milizionäre auf die Angreifer abgegeben worden war, weil der Befehl erteilt worden war, auf keinen Fall zurückzuschießen, um größeres Blutvergießen zu vermeiden. Den Milizionären war wohl mitgeteilt worden, es handele sich nur um eine begrenzte Aktion, die ausschließlich gegen ausländische Terroristen gerichtet sei. Doch dann kamen völlig unbeteiligte Basothos ums Leben, und niemand hatte ihnen helfen können. Das war in den Augen nicht nur ihrer Verwandten und Freunde, sondern aller Landsleute die eigentliche Beleidigung.

Eine Regierung, die ihr Volk nicht beschützen kann, hat für gewöhnlich ausgespielt. In ihrem wichtigsten Auftrag, dem des Schutzes, hat sie für alle sichtbar versagt. So stand der selbstherrliche Jonathan nach diesem Überfall recht kläglich da, was nach Ansicht der meisten Beobachter auch das eigentliche Motiv der nächtlichen Attacke gewesen war. Doch der Häuptling gab nicht nach. Im Landesinneren wurde er nur noch repressiver, international aber suchte er nach neuen Freunden, weil die Westmächte seiner Meinung nach den Prinzipien der Nichteinmischung und Souveränität nur Lippendienst zu leisten bereit waren, während sie in Wahrheit die Pax Pretoriana nicht nur akzeptierten, sondern förderten: als ihnen genehmes Ordnungsprinzip für die gesamte südafrikanische Region. Nacheinander nahm der erniedrigte antikommunistische Herrscher jetzt mit Maputo, Havanna, Moskau und Peking diplomatische Beziehungen auf; er schickte die Botschafter Taiwans und Seouls nach Hause und reiste ostentativ nach Rotchina, Nordkorea, Jugoslawien, Bulgarien und Rumänien.

Die Wut in konservativen Regierungskreisen sowohl in Maseru als auch in Pretoria war groß. »Es ist überhaupt nicht komisch, wenn Lesotho in seiner politischen Infantilität und seiner ökonomischen Unvernunft dadurch die Beziehungen im südlichen Afrika stört, daß es Kommunisten einlädt, zu kommen und Unruhe zu stiften. Es sollte deshalb niemanden überraschen, wenn Pretorias Geduld zu Ende geht. Nicht nur hat Südafrika genug davon, auf den Foren der Weltöffentlichkeit beschimpft zu werden, sondern es kann auch nicht zulassen, daß Terroristen aus Lesotho hier Chaos schaffen ... Sein (Jonathans) kleines Bergreich kann leicht zum Einsturz gebracht werden – wenn er nicht aufhört, die Hand zu beißen, die ihn füttert«, drohte die regierungsnahe *Beeld*.[8] »Ganz gleich, wie viele kommunistische Botschaften Premierminister Jonathan nach Maseru holt, Lesotho wird dennoch so abhängig von Südafrika bleiben, als hinge es an einer Nabelschnur«, warnte *Die Vaderland.*[9] (Zu dieser Zeit arbeiteten 145 797 der 1,3 Millionen Einwohner Lesothos in Südafrika; das Geld, das sie nach Hause schickten, machte mindestens 42 Prozent des Bruttosozialproduktes aus, und 72,5 Prozent des Gesamthaushaltes kamen aus der Zollunion.) Der Informationsminister Lesothos trat zurück, während der Außenminister gefeuert wurde.

Nur weil er Hilfe brauchte, die er vom Westen nicht erwarten konnte, wandte Jonathan sich an die Sowjetunion. Und nur weil sich solchermaßen eine günstige Gelegenheit bot, trat die Sowjetunion auch tatsächlich auf den Plan. Zunächst überreichte jedoch nur der russische Botschafter in Moçambique, ein bereits betagter Karrierediplomat namens Sepiliow, ohne erkennbare politische Weitsicht, sein Beglaubigungsschreiben in Maseru.

Wenn man die sowjetische Politik im südlichen Afrika verstehen wolle, müsse man zunächst einmal die Grundlagen der sowjetischen Außenpolitik im allgemeinen verstanden haben, trug wenig später der Experte für dieses Gebiet am »Council on Foreign Relations« (New York)[10], Robert Legvold, in einer sorgfältig erarbeiteten Analyse der sowjetischen Außenpolitik staunenden südafrikanischen Zuhörern vor. Man müsse die sowjetischen Prioritäten in der richtigen Rangordnung sehen. Seiner Meinung nach stünden der Zusammenhalt und die Stabilität der eigenen politischen Ordnung für Moskau an erster Stelle, und in diesem Zusammenhang sei ein Zustand unmittelbar außerhalb der eigenen Grenzen erwünscht, der eher hilfreich als hinderlich sei. Den nächstwichtigen Aufgabenbereich bildeten der Bestand und die Lebensfähigkeit des sowjetischen »Allianz-Systems« in Osteuropa. Drittens müsse die Außenpolitik einen nuklearen Konflikt vermeiden. Dieser Punkt komme erst an dritter Stelle, denn Moskau sei durchaus bereit, ihn für die beiden ersteren Interessen zu opfern. An vierter Stelle stehe die sowjetische Einflußnahme auf Entwicklungen in Nachbarregionen wie etwa Nordostasien, dem Persischen Golf oder dem Balkan. Erst an fünfter Stelle rangiere das Bedürfnis, mit der gleichen Autorität wie die Vereinigten Staaten von Amerika als Weltmacht aufzutreten und in internationale Auseinandersetzungen ordnend einzugreifen.

»Sechstens, und wirklich erst sechstens, beabsichtigt die Sowjetunion, die globale Reichweite ihrer Macht mit Möglichkeiten, Freundschaften und politischem Zugang auch in den allerentferntesten Regionen zu untermauern«, erklärte Legvold. »Von Südostasien bis Zentralamerika, vom südlichen Afrika bis zum Nahen Osten wünscht sich die Sowjetunion mehr ›Kohle-Stationen‹ und hochgestellte Freunde als Rückhalt. Mit diesen will sie ihre eigenen Kommunikationslinien, ihre Handelsverbindungen und ihre große Fischfangflotte schützen und, daran sollte kein Zweifel aufkommen, im Kriegsfalle ihre wesentlichen westlichen Widersacher bedrohen.«

Diese Infrastruktur betrachteten die Sowjetführer als unabdingbare Voraussetzung für die siebente Aufgabe ihrer Politik: ihre Vorstellungen von Weltverbesserung. Nur die letzten drei Punkte auf dieser Liste hätten überhaupt mit der Dritten Welt und deren dramatischen Entwicklungen zu tun, sagte Legvold. »Kurz, es kommt auf die sowjetischen Prioritäten und nicht so sehr auf die sowjetischen Ziele an. Rußland, Europa und die umliegenden Gebiete bleiben der Schwerpunkt der sowjetischen Außenpolitik, nicht jedoch das südliche Afrika... Die sowjetische Politik im südlichen Afrika rangiert hinter und nicht als Teil der sowjetischen Politik in Europa und Asien... Für die sowjetischen Führer können ausschließlich Regionen in ihrer Nachbarschaft, wie Europa, der Persische Golf und Nordostasien, eine vorrangige strategische Bedeutung einnehmen... Weiter entfernt liegende Gebiete sind ›regions of opportunity‹, die gerade deshalb attraktiv sind, weil Veränderungen dort nicht automatisch das zugrundeliegende Ost-West-Gleichgewicht gefährden.«

Mit dieser Einschätzung sowjetischer Prioritäten wurde der südafrikanischen Propaganda buchstäblich der Teppich unter den Füßen fortgezogen: denn wenn das südliche Afrika für die Sowjetunion tatsächlich nur von sechstrangiger Bedeutung und nicht das wichtigste Ziel ihrer expansiven Außenpolitik war, wie konnte man dann länger die Westmächte davon überzeugen, daß es in Südafrika um ihren Lebensnerv ging? Und wie wird man auf die Dauer die eigene Bevölkerung von der Notwendigkeit einer »totalen Strategie«, also eines totalitären politischen Systems, als Antwort auf den »totalen Angriff« des Weltkommunismus überzeugen können? Gorbatschow hat diese Aufgabe seither nicht leichter gemacht.

Das stärkste Argument auf seiten Pretorias war und blieb die Bedeutung der für die Rüstungsindustrie benötigten, deshalb gewöhnlich »strategisch« genannten Mineralien (vor allem Vanadium und Chrom-Mangan», die wie in einer göttlichen Laune fast ausschließlich über die Sowjetunion und das südliche Afrika verteilt sind. Selbstverständlich werde deren Wert für den Westen in Moskau genauestens registriert, doch bleibe auch dieser Gesichtspunkt von untergeordnetem Rang, meinte Legvold.

»Es gibt noch immer eine erstaunliche Diskrepanz zwischen den Befürchtungen, die im Westen über den möglichen Verlust der Kontrolle über die Mineralien im südlichen Afrika ausposaunt werden, und dem Realismus in Moskau«, urteilt auch der wohl kompetenteste Beobachter sowjetischer Afrikapolitik im deutschen Sprachraum, Winrich Kühne, Mitarbeiter der Stiftung Wissenschaft und Politik in Ebenhausen.[11] Ein Satz sei dieser Tage in Moskau immer wieder zu hören, nämlich daß es »objektive ökonomische Faktoren« gebe, die mit Ideologie nicht zu verändern seien, berichtet er. Und diese objektiven ökonomischen Faktoren dürften, seiner Meinung nach, künftig zu einem stärkeren und nicht etwa zu einem schwächeren Wettbewerb zwischen Südafrika und der Sowjetunion auf dem Weltmarkt führen: »Eine schwarze Regierung befände sich unter großem Druck, die ökonomischen Bedürfnisse der schwarzen südafrikanischen Bevölkerung zu erfüllen – und sie stünde deshalb unter noch größerem Druck als die gegenwärtige Minderheitsregierung, durch den Verkauf von Mineralien an die industrialisierten Länder harte Devisen zu verdienen.«

Ohnehin ist seit vielen Jahren bekannt, daß Südafrika und die Sowjetunion auf dem Rohstoffmarkt nicht nur gegeneinander, sondern auch miteinander arbeiten. Selbst nach Abbruch der diplomatischen Beziehungen 1956 blieben diese Kontakte bestehen, die beiden Seiten notwendig schienen, um Preise und Angebote abzustimmen. Sie wurden aber, vor allem aus innenpolitischen Gründen, tunlichst geheimgehalten. 1980 erregte nur deshalb die Nachricht weltweites Aufsehen, der südafrikanische Wirtschaftsmagnat Gordon Waddell sei in offizieller Begleitung im Bolschoj-Theater gesehen worden, nachdem er, wie man annahm, in Moskau über den Goldpreis verhandelt hatte; alljährlich dinierten unterdessen längst die Platin-Manager beider Länder feierlich im Londoner Hotel Savoy; südafrikanisches Uran wurde in der Sowjetunion angereichert und sowjetische Rohdiamanten wurden schließlich von der De Beers-Verkaufsorganisation in London mitbetreut, an der sowieso kaum ein Weg vorüberführt. Denn diese CSO hält sich die zweihundert wichtigsten Diamantenabnehmer der Welt exklusiv als Kunden. Diesen bietet sie jeweils ein Sortiment zu einem Preis an, über den nicht verhandelt werden darf. Hat ein Kunde das Angebot mehrmals abgelehnt, wird er einfach von der Liste gestrichen, was bisher noch immer sein Ende bedeutet hat.

Auch das Ende des eigenwilligen Häuptlings Jonathan war nur aufgeschoben, nicht aufgehoben. Vorübergehend stellte sich in Pretoria angesichts der hautnahen sowjetischen Präsenz vorsichtigeres Taktieren ein; denn war man auch sowjetische Niederlassungen in unmittelbarer Nachbarschaft (etwa in Botswana oder Moçambique) gewohnt, so saß jetzt die Laus im eigenen Pelz. Man sah ein, daß man sich mit militärischen Übergriffen fortan zurückhalten mußte, wenn man keine unnötige Eskalation des Konflikts riskieren wollte. Also drohte Südafrikas Außenminister »Pik« Botha mit »Verschärfung der Grenzkontrollen« und mit Ausweisung der Gastarbeiter; auch nahmen die Terrorattacken der LLA vorübergehend zu. Das Polizeiregime Jonathans wurde infolgedessen unerträglich hart, und Widerstand regte sich – von Einlenken jedoch keine Spur.

Schließlich dachte man sich in Pretoria eine »demokratische Lösung« aus, von der man sich einiges versprach, zumal Jonathan die schon lange überfälligen Parlamentswahlen angekündigt hatte. Minister Botha traf sich mit dem entlassenen Amtskollegen und einigen anderen »gemäßigten« Oppositionellen; eine »demokratische Allianz« wurde gebildet, die fortan die volle finanzielle Unterstützung Südafrikas genießen sollte. Der zukünftige Ministerpräsident von Pretorias Gnaden (ein wenig eindrucksvoller Mann namens Charles Mofeli, der nie wirklich eine Rolle spielen sollte) wurde dort auf geheimnisvoll arrangierten Pressekonferenzen »der Weltöffentlichkeit« präsentiert. Doch durch drastische Beschränkung der Redefreiheit und durch gezielte Einschüchterung brachte Jonathans hochbegabter Minister für Rundfunk und Information, Desmond Sixishe, alle fünf Oppositionsparteien nacheinander dazu, auf eine Kandidatur zu verzichten, so daß die Wahlen einfach »ausfielen«.

Das Ende des Jahres 1985 rückte somit heran, und noch immer war der Sicherheitsvertrag nicht unter Dach und Fach, den die Regierung in Pretoria ihren Wasserexperten spätestens für diesen August versprochen hatte. Seit einem vollen Jahr tobte zudem der Aufruhr in den schwarzen Wohngebieten, und Tausende von politischen Aktivisten waren vor den immer härteren Verfolgungen durch die südafrikanischen Sicherheitstruppen in die Nachbarländer geflohen; Hunderte von ihnen hielten sich in den Bergen von Lesotho versteckt. Selbstverständlich stellten sie eine potentielle Bedrohung für das Highland-Projekt dar, ein kompliziertes System aus fünf Stauseen, zahlreichen Tunnels, drei Kraftwerken und einer riesigen Pumpstation, das eines schon baldigen Tages das ganze hochsensible Industriegebiet des Transvaal mit Wasser versorgen sollte.

Mehrmals kamen in der zweiten Jahreshälfte 1985 Südafrikas Außenminister und Lesothos Informationsminister Sixishe zusammen und legten einander Beweise über ANC-Aktivitäten vom Boden Lesothos aus einerseits, andererseits über vermehrte Terrortätigkeit der »Lesotho Liberation Army« vor, deren Bekämpfung immer kostspieliger wurde. Chief Jonathan hatte seine paramilitärischen Truppen verstärken und besser ausrüsten müssen. Jetzt bewaffnete er zudem die Jugendliga seiner Partei, junge Radikale, die er von Nordkoreanern ausbilden ließ. Schon bald führte deren fanatisches Auftreten zu Spannungen mit der regulären Miliz, deren Kommandeur, Generalmajor Lekhanja, sich nicht nur bei Jonathan über die schießwütigen Halbstarken mit ihren sowjetischen Sturmgewehren beschwerte.

Vor diesem Hintergrund bereits bestehender Spannungen begann Südafrika zu Neujahr 1986 mit der Blockade sämtlicher Zufahrtswege des kleinen Königreiches. In dringlichen Hilferufen bat die Regierung Lesothos Großbritannien und die Vereinigten Staaten um eine Luftbrücke mit Nahrungsmitteln und Medikamenten, doch erhielt sie nichts als guten Rat. »Wenn es an Südafrikas Vermögen, den Lauf der Dinge auf dem südlichen Kontinent zu bestimmen, noch Zweifel gegeben haben sollte, dann sind diese jetzt durch die harte Lektion ausgeräumt worden, die das kleine – aber arrogante – Lesotho just in diesen Tagen lernt«, triumphierte nach siebzehn Tagen Zwangsisolierung die Tageszeitung *Beeld:* »Wir finden das sehr schade, daß diese Insel der Armut ... einfach nicht verstehen will, was gute Nachbarschaft bedeutet, sondern offenbar denkt, ein Flirt mit Terroristen ließe sich von der ökonomischen Abhängigkeit von Südafrika mühelos trennen.«

»Lesothos Knie knacken«, hatte *Die Vaderland* schon am 14. Januar gehöhnt. Am 20. Januar schließlich wurde bekannt, daß Generalmajor Lekhanja geputscht und »gemeinsam mit dem König« die Macht übernommen hatte, »um für Frieden und nationale Aussöhnung zu sorgen«. Schon drei Tage zuvor war der General an der Spitze einer »offiziellen Delegation« nach Pretoria geflogen und hatte die Erfüllung der südafrikanischen Sicherheitswünsche zugesagt.

»Unverkennbar waren die Pressionen, die Südafrika vom ersten Januar dieses Jahres an ausübte, dazu gedacht, Lesotho dazu zu zwingen, den ANC auszuweisen«, schrieb Erich Leistner, der deutschstämmige Direktor des Afrika-Institutes in Pretoria[12]. Der Sturz Jonathans sei lediglich eine willkommene Dreingabe gewesen. Die »drastischen Maßnahmen« seien nur widerstrebend und nach dem Scheitern diplomatischer Bemühungen ergriffen worden, weil vorhersehbar gewesen sei, daß sie nun als Argument für ökonomische Sanktionen gegen Südafrika selbst verwendet werden könnten.

In der Tat hatte Südafrika mit dieser Aktion den Beweis dafür erbracht, daß konsequente ökonomische Boykottmaßnahmen sehr wohl die gewünschten politischen Folgen haben können – und dies just in einer Zeit, in der international vermehrt nach Südafrika-Sanktionen gerufen wurde und in der die Gegner derartiger Strafmaßnahmen einzuwenden pflegten, es sei kein einziger Fall bekannt, daß Sanktionen Erfolg gehabt hätten. Jetzt hatte ausgerechnet Südafrika einen Paradefall geschaffen.

Im Laufe der folgenden Monate kamen in Lesotho zwei Generäle, zwei Minister – der ehemals mächtige »linke« Desmond Sixishe sowie dessen Freund und Mitstreiter, Außenminister Vincent Makhele – auf mysteriöse Weise ums Leben. Ein Priester, der Vorsitzende des »Lesotho Christian Council«, Vater Worsnip, wurde deportiert, nachdem er einer südafrikanischen Oppositionszeitung erzählt hatte, die Bevölkerung spreche von einem »südafrikanischen Todeskommando«.[13] Drei politische Aktivisten, denen Beziehungen zum ANC nachgesagt wurden, kamen ums Leben, drei weitere wurden entführt.

Dennoch wäre es immer noch nicht gerechtfertigt gewesen, Lesotho eine willenlose Marionette Südafrikas zu nennen: zwar wurden die südafrikanischen Flüchtlinge gebeten, das Land zu verlassen, aber an Südafrika ausgeliefert wurden sie nicht. Daraufhin ordnete dessen Regierung an, kein Flugzeug von oder nach Lesotho dürfe künftig die Republik überfliegen, ohne in Johannesburg zwischenzulanden; selbst der Papst auf seiner vierten Afrika-Reise sollte zur Landung auf dem Flughafen Jan Smuts gezwungen sein. General Lekhanja war offenbar niemals der Kandidat Pretorias gewesen, sondern lediglich ein Mann mit politischem Instinkt, der die Gunst der Stunde genutzt hatte: Als Jonathan ihn habe entlassen wollen, habe er den Spieß einfach umgedreht, hieß es bald unter Kennern der Region. Die eigentlichen Drahtzieher des Coups seien jedoch die beiden Letsie-Brüder, beides Offiziere der Miliz und Nahe Verwandte des Königs gewesen – und keineswegs Freunde Südafrikas. Diese beiden Männer nahmen alsbald im Militärrat Lekhanjas immer wichtigere Funktionen ein: Thaabe Letsie wurde verantwortlich für die Sicherheit des Palastes, für Außenpolitik, Information und Rundfunk, Transport und Kommunikation. Sein Bruder Joshua kontrollierte schon bald die Bereiche Erziehung, Gesundheit, Truppendisziplin, Justiz, Inneres sowie die Angelegenheiten der traditionellen Häuptlinge.

Mit großer Sorge wurde in Pretoria die wachsende Macht der ehrgeizigen Verwandten des Königs zur Kenntnis genommen, während Lekhanja in den Ruf eines unzurechenbaren Trinkers geriet. Eine nicht für die Öffentlichkeit bestimmte Studie, die unter südafrikanischen Führungskadern im März

1987 herumgereicht wurde[14], kam zu dem Schluß, daß der gestürzte Diktator Jonathan noch immer gefährlich werden könne, weil die Koalition zwischen dem General und dem König allzu wenig belastbar sei: »Irgendein Deal zwischen Elementen in der Jonathan-Clique und dem Moshoeshoe-Lager – das zur Absetzung Lekhanjas führen könnte – kann nicht ausgeschlossen werden. Das würde die Rückkehr zur Anti-Südafrika-, Pro-ANC-Politik bedeuten, was wiederum Südafrika veranlassen würde, erneut zum aggressiveren Akteur in den Beziehungen zwischen diesen beiden Ländern zu werden... Der abgesetzte Premierminister Leabua Jonathan verfügt immer noch über eine beachtliche Gefolgschaft und stellt eine Gefahr für die bestehende Ordnung dar.« So diese Schrift.

Nur wenige Tage nach Erscheinen dieses Textes, am 5. April 1987, starb Leabua Jonathan, 72jährig, angeblich an Magenkrebs, in Südafrika.

Die andere Gefahr jedoch sah man in Pretoria im »Moshoeshoe-Lager« selbst. Schon lange war bekannt, daß der König in seinen unfreiwilligen Europajahren, im niederländischen Exil zuerst und dann an den englischen Universitäten, mit allzuviel liberalem Gedankengut in Berührung gekommen war. Schon unmittelbar nach dem Umsturz in seinem Land, am 27. Januar 1986, hatte er anläßlich der Vereidigung des Ministerrates höchst beunruhigende Worte gefunden: Es sei an der Zeit, sagte der Oxfordabsolvent da, daß die Nation der Basothos endlich ihr nationales Ziel definiere. Und daß sie sich allen Versuchen, ihr eine unterwürfige Stellung (»a subservient status«) zuzuweisen, entschieden widersetze.

Opposition gegen diesen König, der die Symbolfigur seines Volkes und die höchste Autorität im Staate darstelle, sei zu Zeiten einer Militärdiktatur nicht leichter, sondern im Gegenteil erschwert, stellte schon Leistner in seiner ersten Analyse fest. Mehr noch: Moshoeshoe, der sich bereits vor dem UN-Sicherheitsrat für die politischen Flüchtlinge aus Südafrika eingesetzt hatte, galt sogar als Sympathisant des ANC. »Im Gegensatz zu Lekhanjas anscheinend pragmatischer Haltung gegenüber Südafrika und in anderen außenpolitischen Fragen, ist Moshoeshoe dem ANC mehr als nur zugeneigt. Seine ANC-Verbindungen reichen bis ins Jahr 1965 zurück, als er ein ehemaliges ANC-Mitglied gegen Jonathans BNP in den Unabhängigkeitswahlen unterstützte«, sorgte sich das schon erwähnte geheime südafrikanische Informationspapier.

Am 7. Juli 1988 war in der *New York Times* ein Beitrag Moshoeshoes II. zu lesen, in dem er die Welt erneut um Verständnis für die Lage seines von Südafrika umschlossenen Landes bat, diesen Floh in der Decke Pretorias. Selbstverständlich anerkenne sein Volk das Recht der internationalen Völkergemeinschaft, alle notwendigen Schritte zur Beendigung der Apartheid zu unternehmen, schrieb der liberale König dort. »Auch sind wir bereit, für dieses Ziel Opfer zu bringen, aber die internationale Gemeinschaft könnte unsere ökonomischen Beschwerden durch moralische wie finanzielle Hilfe erleichtern... Lesotho leidet nämlich nicht nur unter den Auswirkungen jeden äußeren Drucks auf Südafrika, es ist zudem selbst ein Opfer der politischen Erpressung, des Disinvestment und der Destabilisierung durch Südafrika. Wenn wir über die Wirkung von Sanktionen gegen Südafrika nachdenken, müssen wir alle jene, die sich im Namen der schwarzen Bevölkerung innerhalb Südafrikas und in seiner Nähe solchen Maßnahmen widersetzen, fragen: ›Wo ward Ihr, als Südafrika Lesotho in den Würgegriff einer Blockade genommen hat?‹«

Und wo ward Ihr, müssen wir weiter fragen, als dieser kluge König, der den Militärs in Südafrika so gar nicht gefallen wollte, eineinhalb Jahre später erneut entmachtet wurde? Am 22. Februar 1990 meldete die Nachrichtenagentur Reuters, daß General Lekhanja die Befugnisse des Königs an sich gerissen und damit die völlige Kontrolle über das Königreich gewonnen habe.

Auch noch eine weitere Rechnung Südafrikas ging zunächst

nicht auf: Unter der Schirmherrschaft des Königs wurde die sowjetische Niederlassung in Maseru nicht etwa dichtgemacht, sondern zur wichtigsten und größten im ganzen südlichen Afrika ausgebaut. Anfang 1988 wurde diese Botschaft mit dem Journalisten und bisherigen stellvertretenden Direktor des Moskauer Afrika-Institutes, Boris Asoyan, besetzt, einem viel zu großen Kaliber für dieses arme Ländchen von der Größe Belgiens mit nicht einmal eineinhalb Millionen Einwohnern. Asoyan wurde deshalb von Anfang an als »Moskaus Quasi-Botschafter in Südafrika« angesehen.[15]

In der *Literaturnaja Gazeta* hatte Asoyan die bisherige offizielle sowjetische Afrikaliteratur wegen ihres ideologischen Wunschdenkens, ihrer Halbwahrheiten und »bürokratischen Platitüden" kritisiert. Nun setzte er neue Akzente vor Ort. Damit wurde der Eindruck des deutschen Spezialisten Kühne bestärkt, den dieser schon Ende 1986 in Moskau gewonnen hatte: Die dortigen Experten waren über die Zunahme der Gewalttätigkeit im südlichen Afrika nicht etwa glücklich, sondern vielmehr besorgt, und »die realistischeren sowjetischen Afrikanisten und Fachleute für Entwicklungsländer schienen ihr Vertrauen verloren zu haben, daß Afrika je sozialistisch werden würde«.[16] Plötzlich bestand zwischen amerikanischen und sowjetischen Beobachtern Einigkeit darüber, daß ihr jeweiliges Interesse an dieser Region im Grunde minimal war, und daß sie alle beide nur ungern die gesunde südafrikanische Volkswirtschaft, die unter anderen Voraussetzungen vielen anderen Ländern Afrikas zugute kommen könnte, zerstört sähen; daß man sich also zusammensetzen müsse, um gemeinsam friedliche politische Lösungen für die Konflikte des südlichen Afrika zu finden.

Asoyan, der vorübergehend sogar in einer südafrikanischen Klinik behandelt wurde, legte auffallend großes Interesse an Begegnungen mit Buren an den Tag. Im April 1988 empfing er eine Abordnung von Studenten der konservativen afrikaanssprachigen Johannesburger »Rand Afrikaans Universiteit«

(RAU) und äußerte volles Verständnis für den Wunsch der Weißen nach einem Minderheitenschutz im Falle schwarzer Machtübernahme.[17] Unterdessen setzte eine nie dagewesene Reisewelle südafrikanischer Intellekuteller nach Moskau ein. »Es ist eine ernüchternde Entdeckung, daß das südliche Afrika im besonderen und sogar ganz Afrika allgemein auf der Liste sowjetischer Prioritäten gar nicht so hoch rangiert«, schrieb beispielsweise der Schriftsteller André Brink nach seiner Rückkehr in »S.A. Leadership«. Und er zitierte dort den ehemaligen sowjetischen Botschafter in Zambia, den derzeitigen Vizpräsidenten des Komitees für Afro-asiatische Solidarität, Wasilij Solodownikow: »Wir denken nicht, daß es unsere Aufgabe ist, auf einer sozialistischen Revolution in der Region zu bestehen... Es ist vielmehr besser für uns und für alle anderen, wenn Südafrika blockfrei wird, mit einer starken Volkswirtschaft, so daß es imstande ist, den Frontstaaten zu helfen...«

Die größte Bereitschaft, diese neuen Tendenzen in der sowjetischen Außenpolitk zu honorieren, finde man unter jenen Menschen in Südafrika, schreibt Kühne (wie wir glauben: zu Recht), die immer noch die Hoffnung nicht aufgegeben hätten, daß Südafrika durch einen ehrlichen Dialog zwischen Schwarzen und Weißen vor einem blutigen Konflikt bewahrt werden könnte. Er nennt alle jene Südafrikaner, die bereits den Dialog mit dem ANC und anderen Widerstandsgruppen gesucht haben, wie den ehemaligen Opositionsführer Frederik van Zyl Slabbert, Mitglieder der liberalen Oppositionspartei PFP, des Kirchenrates (SACC), der Vereinigten Demokratischen Front (UDF), des diesem nahestehenden Gewerkschaftskongresses (COSATU), aber auch des fortschrittlichen Flügels der regierenden Nationalpartei (NP). Sie alle hofften, daß, sobald der »kommunistische Angriff« als Buhmann entlarvt sei, mehr Weiße als bisher zu einem echten Dialog mit ihren schwarzen Landsleuten bereit wären und dann endlich aufhörten, die Regierung in Pretoria zu unterstützen.

Swaziland

Ich kann euch alles nur so erzählen,
wie ich es gesehen habe; alles andere
weiß Afrika.
Herman Charles Bosman
in »Mafeking Road«

Die verkaufte Braut

Swaziland ist das kleinste aller SADCC-Länder, sowohl was seine Ausdehnung als auch was seine Einwohnerzahl betrifft. Das ärmste und somit abhängigste ist es dennoch nicht, denn zu keiner Zeit hatten sich mehr als sechs Prozent seiner Arbeitskräfte bei den reichen Nachbarn verdingt, und von den sechs Binnenländern der Region verfügt es über die direktesten Verbindungen zu den Weltmeeren und zwar zu gleich mehreren Häfen des Indischen Ozeans, darunter einem in Moçambique. Durch lange Zeit war die Republik Südafrika sogar erheblich mehr auf das Wohlwollen der Swazis angewiesen als etwa umgekehrt, eine historische Tatsache, die in den südafrikanischen Geschichtsbüchern allerdings kaum zu finden ist.

Das waren die Jahre des Neubeginns nach dem Großen Treck, der etwa 1852, also 200 Jahre nach der Landung der ersten holländischen Siedler am Kap, mit dem Tode der bedeutendsten Voortrekker-Führer, Potgieter und Pretorius, zu Ende ging. Die damalige »Republik Südafrika« war die heutige Provinz Transvaal: ein noch kaum erschlossenes karges Hochplateau, das allenfalls durch den Verkehr von Ochsenwagen mit der Außenwelt verbunden war, ohne eigenen Zugang zum Meer. »Der Druck der Zulus trieb die Swazis in die

Arme der Republiken (Freistaat und Transvaal), wo sie, allem Augenschein nach, allmählich zu Trabanten des Transvaal wurden«, schreibt der Historiker Philip Bonner in einer außerordentlich interessanten Untersuchung der Geschichte Swazilands im 19. Jahrhundert, die er für das Zentrum für afrikanische Studien in Cambridge[1] angefertigt hat. »Doch die Beziehungen der Swazis zu den Republiken waren keineswegs so einseitig wie die nackte Aufzählung der Verträge und Landabtretungen glauben machen könnte. Für einen langen Zeitabschnitt waren die Swazis die dominanten Partner in diesem Verhältnis, und sie haben die Gesellschaft der Buren im gleichen Maße geprägt wie diese die ihre.« Die südafrikanischen Historiker hätten sich um diese Wahrheit eigentlich immer herumgedrückt.

Tatsächlich haben die offiziellen Geschichtsbücher an den Schulen und Universitäten Südafrikas durch lange Zeit die Vergangenheit so dargestellt, als hätten die Voortrekker vollkommen menschenleere Gebiete besiedelt, an deren Rändern sich einige Bantu-Stämme, von Nordosten kommend, erst allmählich niederließen, mit denen es zwar wachsende Konflikte gab, aber eben immer nur Konflikte am Rande, nicht im Zentrum der eigenen Existenz. In Wahrheit waren die jungen Burenrepubliken die Neuankömmlinge, und sie waren militärisch schwach, denn ihre Anführer waren untereinander zerstritten, und ihre Hauptquartiere lagen entsprechend weit voneinander entfernt. Die anfängliche Überlegenheit europäischer Handfeuerwaffen war schon früh einfach dadurch verlorengegangen, daß auch die afrikanischen Häuptlinge solche erwerben und bald recht ordentlich damit umgehen konnten. Und je mehr Land- und Viehwirtschaft an die Stelle von Jagd und Warentausch traten, desto abhängiger wurden die weißen Siedler von einer friedlichen Umgebung, von ausreichend Akker- und Weideland sowie von eingeborenen Arbeitskräften.

Es ist wahrscheinlich gar nicht möglich, die heutigen Spannungen sowohl innerhalb Südafrikas als auch zwischen den südafrikanischen Nachbarstaaten ganz zu verstehen, ohne eine konkrete Vorstellung von der damaligen Lebensweise der Buren zu haben: Genau wie die Swazis, Tswanas oder Sothos waren sie nomadisierende Pflanzerhirten auf der ständigen Suche nach gutem Boden und Weideland, nach Wasserstellen und Arbeitskräften, und sie waren auch nur dann zu kämpfen bereit, wenn es um den Schutz der Großfamilie ging. Genau wie die Pedis (Nordsothos) und Swazis von den kriegerischen Zulus »in ihre Arme gestrieben« wurden, waren sie auf deren Unterstützung angewiesen, um den Herrschaftsansprüchen der Briten Widerstand leisten zu können, von denen sie wie Eingeborene behandelt wurden, als zufällig weißer afrikanischer Stamm. Die zahlreichen Verträge, die in den vierziger und fünfziger Jahren des vorigen Jahrhunderts zwischen den Kommandanten der verschiedenen Voortrekkersiedlungen – wie etwa Ohrigstad oder Lydenburg – und einzelnen afrikanischen Häuptlingen abgeschlossen wurden, waren Abkommen zwischen gleichrangigen Partnern – und nicht etwa zwischen weißen Herren und schwarzen Knechten –, die einander Schutz und Zugang zu den Hilfsquellen der Natur gewähren oder aber versagen konnten. Die Swazis kontrollierten den Zugang zum Meer.

In der Tat scheint es nicht die Verschiedenheit, sondern gerade die Ähnlichkeit, wenn nicht sogar Gleichheit der Lebensbedingungen und der Lebensführung aller Menschen in der Region gewesen zu sein, die die strenggläubig calvinistischen burischen Siedler, die, wie man heute weiß, längst nicht mehr »reinrassige« Weiße waren, dazu brachte, ganz bewußt nach einer eigenen Identität zu suchen: um sich durchsetzen, um an sich selber glauben zu können, ja vielleicht um überhaupt als Gruppe zu überleben, bedurften sie eines sichtbaren Zeichens ihrer Erwähltheit, ihrer Prädestiniertheit (als Volk – nicht als Individuen); ihrer – wie Calvin gesagt hätte – »certitudo salutis«, ihrer Heilsgewißheit. Was sonst hätte dieses Zeichen sein können als die Farbe ihrer Haut?

Bis jetzt hatten Mütter und Mägde, Kinder und Knechte jedweder Hautfarbe gemeinsam andächtig den Worten des Oubaas (des *pater familias*) gelauscht, wenn dieser allabendlich aus der holländischen Bibel vorlas, dem einzigen Buch, das die Buren überhaupt besaßen. 1857 aber, auf der neunten Synode der »Niederdeutsch Reformierten Kirche« (NGK), wurde plötzlich beschlossen, die Glaubensgemeinschaften der Heiden (sic!) sollten »ihre christlichen Privilegien in einem separaten Gebäude oder Institute genießen«.[2] Das war der Anfang konsequenter Rassentrennung. Apartheid wurde also nicht aus Stärke, sondern aus Schwäche, aus Angst vor dem Untergang, geboren. Und erst die Minderwertigkeitskomplexe gegenüber den arroganten, stets ihre Überlegenheit herauskehrenden Engländern haben das übersteigerte Nationalbewußtsein, den übertriebenen Stolz auf die eigene Sprache (eine vereinfachte Variante des Holländischen mit malaiischen Einsprengseln) und schließlich den verheerenden Herrenmenschenwahn provoziert, der die Afrikaaner zu selbstgerechten Unterdrückern ihrer afrikanischen Brüder machte.

Ein Bürgerkrieg innerhalb der Burenrepublik Transvaal zwischen 1862 und 1864 schwächte diese natürlich nur noch mehr. »Das Machtgleichgewicht kippte bedenklich zugunsten Swazilands, da die Swazis sofort das Vakuum füllten, das die Schwächung der Republik geschaffen hatte«, schreibt Bonner über diese Zeit.[3] Erst nach dem Tode König Mswatis II., der ein kluger Politiker gewesen war, wendete sich für alle sichtbar das Blatt. Durch ein langes Interregnum war nun Swaziland seinerseits gelähmt, die »Republik Südafrika« annektierte 1868 kurzerhand das Küstengebiet, und als sich das trutzige kleine Königreich trotzdem auch weiterhin behauptete, stellte Pretoria unter dem Vorwand, den Südosten des Transvaal gegen die erneut angreifenden Zulus schützen zu müssen, 1875 ein Kommando auf, das Swaziland überraschend überfiel und zur Unterwerfung zwang.

Inzwischen waren jedoch am Vaal die diabolischen Diamanten gefunden worden, und binnen kurzem unterwarfen die begierigen Briten ihrerseits Transvaal. Daraufhin fanden auch die Buren endlich zu einiger Einigkeit und folglich Kraft zurück (»ex unitate vires« lautet noch heute ihr Wappenspruch) und schüttelten, 1881, die britische Vormundschaft wieder ab. Erst jetzt wurden die zwei Abkommen in Pretoria und London, 1881 und 1884, die neuen Grenzen Swazilands vertraglich festgelegt sowie die völkerrechtliche Selbständigkeit und staatliche Unabhängigkeit dieses Restgebietes ausdrücklich anerkannt.

1879 war jedoch in dessen Nordwesten Gold gefunden worden, und ein wilder Wettlauf um das bereits auf die Hälfte seiner ursprünglichen Größe reduzierte Ländchen begann. Das Pech der Swazis wollte es, daß gerade in dieser Zeit ein besonders gutgläubiger und langmütiger König namens Mbandzeni über sie herrschte, der grundsätzlich allen Vorschlägen zuzustimmen pflegte, die ihm hinreichend freundschaftlich vorgetragen wurden. Den Buren überließ er nach und nach alles brauchbare Weideland, den meist englischsprechenden Glücksrittern aber, die sein Reich ebenso heuschrekkenartig überfielen wie bald darauf den Witwatersrand, verkaufte er die Schürfrechte um einen Apfel und ein Ei. Schon bald hatte sich an der Seite dieses arglosen Mannes ein Brite namens Shepstone als »königlicher Ratgeber« etabliert, der in einer Vielzahl von einander oft überschneidenden Konzessionsverträgen das ehedem so stolze Reich bröckchenweise verscherbelte.

Mbandzeni konnte gar nicht verstehen, daß mit den von ihm gewährten Konzessionen nach Ansicht der Europäer das Eigentum an Grund und Boden in deren Hände überging, weil es privaten Landbesitz in den Traditionen nicht nur seines Stammes, sondern aller Bantu-Völker überhaupt nicht gab. Das Land gehörte nicht dem König, sondern der Nation, konnte also gar nicht einzelnen Menschen übereignet werden. Allein die Nutzung unterlag der königlichen Kontrolle: bestand kein Bedarf beim eigenen Volk, so konnte der Landesfürst nach Belieben auch ausländischen Antragstellern ein Besitzrecht einräumen, das er ihnen nach herkömmlicher Rechtsordnung jedoch jederzeit wieder entziehen konnte. Nach europäischer Rechtsauffassung angeblich aber nicht. (Als gäbe es nicht auch bei uns Begriffe wie Lehen oder Pacht.)

Analog verhält es sich mit dem Brautpreis, der *lobola*, die durch lange Zeit von europäischen Forschern stets als »Kaufpreis« mißverstanden und dargestellt worden ist. In Wahrheit erwirbt der Mann damit nicht die Frau, sondern lediglich das Recht, diese zu nutzen: als Arbeitskraft wie als Mutter seiner Nachkommen. Solange der Brautpreis nicht bezahlt worden ist, gehören die Kinder zur Familie der Frau. Zerbricht die Ehe und die Frau läuft weg, wird die *lobola* nur dann zurückerstattet, wenn den Mann keinerlei Schuld am Zerwürfnis trifft. Der Brautpreis in seiner herkömmlichen Form war also gleichzeitig eine Garantie für die gute Behandlung der Ehegefährtin und erfüllte somit eine wichtige soziale Funktion.

Daß die europäischen Konzessionäre grundsätzlich in gutem Glauben gehandelt hätten, also in Unkenntnis der regionalen Riten und Regeln, ist inzwischen längst widerlegt. Einige Johannesburger Bergbaumagnaten beispielsweise boten 1889 dem Transvaal ihre Anteile an Swaziland zum Tausch gegen Schürfrechte im Witwatersrand an: »Ich habe etwa 30 000 Pfund auf Swaziland gesetzt«, kabelte da der Unternehmer Hermann Eckstein im Juni dieses Jahres nach London, »und ich kann nur gewinnen, wenn ich zum Transvaal halte, nicht aber mit den Engländern ... Denn sobald die englische Regierung dieses Land übernimmt, wird sie eine Kommission einsetzen, die all diese Konzessionen untersuchen soll, und dann wird man erklären, daß die Konzessionen rechtlich auf schwankenden Füßen stehen und entweder ganz wertlos oder sehr wenig wert sind.«[4] Der Kuhhandel zwischen den Bergbaumagnaten und der Regierung der »Republik Südafrika«, der solchermaßen zustande kam, lieferte das Königreich de facto an Pretoria aus. »Sie konnten sich drehen und wenden wie sie wollten – die Swazis entkamen der Kontrolle durch die Republik jetzt nicht mehr«, faßt Bonner[5] dieses traurige Kapitel zusammen, das die weitere Entwicklung erst verständlich macht. Sie waren, wie fast ihr ganzes Land, längst verraten und verkauft. 1895 erklärte Präsident Krüger dann, »um endlich Ordnung in das Konzessionsdurcheinander zu bringen«, Swaziland zum südafrikanischen Protektorat.

Erst 1903, ein Jahr also nach Beendigung des zweiten, des Großen Burenkriegs und ein Jahr nach Rhodes', zwei Jahre nach Queen Victorias Tod, trat die Siegermacht Großbritannien in die Rolle des »Schutzherren« ein, und London ließ das kleine Königreich fortan gemeinsam mit Bechuana- und Basotholand durch einen Hochkomissar von Pretoria aus verwalten. Der König durfte sich jetzt nicht mehr König nennen – dieser Titel gebührte allein dem englischen Staatsoberhaupt; der Chef des seit dreizehn Generationen regierenden Königshauses Dlamini war von nun an nur noch ein »Paramount Chief«.

Während dieses großen, grausamen Krieges genoß Swaziland allerdings noch einmal ein gewisses Maß an Autonomie: im Namen Krügers schickte der Burengeneral Piet Joubert schon kurz nach Kriegsbeginn, Ende Oktober 1899, dem jungen König Ngwane V., genannt Bhunu, einen Brief. »Und jetzt, Ubunu«, schrieb er da, »stellt die Regierung Swaziland unter Deinen Schutz und vertraut darauf, daß Du Dich angemessen verhalten wirst. Woraufhin ich Dir nur in aller Freundschaft den Rat geben kann, Swaziland gut und in Frieden zu regieren...«[6] Wenige Wochen später, in der Nacht des 10. Dezember, starb der 26jährige Herrscher jedoch.

Der Thronfolger, Prinz Nkhotfotjeni, war erst vier Monate alt, weshalb die Mutter des bisherigen Königs die Regentschaft des Landes übernahm, wie dies den Traditionen entspricht. »Die Kürbispflanze überdauert ihre Früchte«, heißt die Regel, derzufolge es immer eine Königsmutter gibt; denn stirbt die Erzeugerin vor ihrem Sohn, wird sie durch eine Frau aus dem gleichen Clan ersetzt, wodurch die Kontinuität gesichert bleibt. König und »Mutter« – er immer ein Dlamini, sie aber nie – herrschen gemeinsam, gemäß der Regel »eins in zwei«: er ist Ngwenyama, der große Löwe, er ist Sonne, Milchstraße, Vater, Härte und Donner; sie hingegen ist Ndlovukazi, der weibliche Elefant, sie ist Mond, Erde, Milde und Regen. Die Zweifaltigkeit dieser Herrschaftsstruktur ist, zum Wohle der Bevölkerung, immer auf Ausgleich und Ausgewogenheit bedacht.

21 Jahre lang, bis zur Volljährigkeit des kleinen Prinzen, mußte seine Großmutter, die große Elefantin, allein mit den Problemen Swazilands fertig werden. Doch war sie eine energische, starke Frau, die notfalls auch Härte zeigen konnte, und mit Hilfe des liqoqo, des »inneren Kreises« an königlichen Ratgebern, gelang es ihr weitgehend, das kleine Reich aus dem kriegerischen Konflikt herauszuhalten, der in ihren Augen ohnehin nur eine Angelegenheit unter wildgewordenen Weißen war. Als Nkhotfotjeni schließlich gekrönt werden durfte und unter dem Namen Sobhuza II. den so lange vakanten Thron bestieg, war freilich das »Swazi nation land« längst auf weniger als ein Drittel seiner ursprünglichen Größe zusammengeschrumpft. Die frühen Jahre seiner Regierung waren deshalb ganz auf den Rückkauf von Boden konzentriert, und als Swaziland 47 Jahre später unabhängig wurde, befanden sich gerade wieder 47 Prozent seines Landes unter königlicher Kontrolle. Auch versuchte er in einer Reihe von Prozessen, die in letzter Instanz bis vor den Staatsrat in London getragen wurden, einige der unrechtmäßigen Konzessionen für null und nichtig erklären zu lassen, doch ohne jeglichen Erfolg. »Nicht Mbandzeni hat den Fehler gemacht, sondern die (britische) Regierung ist der Übeltäter«, rechtfertigte Chief Sobhuza nach dieser Niederlage seinen allzu blauäugigen Großvater. »Mbandzeni hat nur Konzessionen erteilt, die Regierung jedoch hat diese nach Lust und Laune ausgelegt...«

Weltweit wurde protestiert, eine Stimme aus Indien: »Da zeigt es sich wieder – Macht ist Recht«.[7]

Während beider Weltkriege kämpften dennoch auch einige Swazi-Truppen freiwillig in den Reihen der britischen Armee. Erst im Februar 1946 kehrten die letzten von ihnen aus Nordafrika in die ferne Heimat zurück. Sie fanden große Veränderungen vor, denn auch dort stand die Zeit natürlich nicht still. Der südafrikanische Bergbaukonzern Anglo American Corporation aus dem Erbe Cecil Rhodes' hatte mit der Förderung von Kohle und Eisenerz begonnen; eine Eisenbahnlinie zum Transport der Rohstoffe nach Lourenço Marques, von wo aus sie nach Japan verschifft werden sollten, wurde geplant und schließlich gebaut; Eukalyptuswälder wurden angepflanzt, um den Bergbau nicht nur innerhalb Swazilands mit Holz zur Verschalung der Stollen zu versorgen; die Commonwealth Development Corporation legte große Zuckerrohr-Plantagen an, deren Produktion noch heute weitgehend von der EG (120000 t jährlich sind über die Lomé-Abkommen fix gebucht) zu Festpreisen abgenommen wird, welche beträchtlich über dem Weltmarktniveau liegen.

War es allein den Spannungen zwischen Briten, Buren und auch Portugiesen zu verdanken, daß überhaupt etwas vom Reich der Swazis übriggeblieben war, so zögerte Sobhuza II. jetzt lange, ehe er sich dem Zeitgeist beugte und sich aus dem wie immer gearteten Schutz Großbritanniens in die Gefahren der Freiheit begab. »Swazilands Unabhängigkeit 1968 war nicht eigentlich das Ergebnis des Drucks von seiten der relativ bescheidenen internen antikolonialen Kämpfe. Sie war vielmehr die Folge der strategischen Entscheidung der größeren Kolonialmächte, die sich andernorts intensiven antikolonialen Kämpfen konfrontiert sahen, die formale Kontrolle über alle ihre afrikanischen Kolonien aufzugeben«, stellt eine in Jargon wie Wertung linkslastige Untersuchung der Universität von Maputo[8] fest, die jedoch offensichtlich den Kern der Sachlage trifft. Schließlich seien die Traditionalisten ebenso wie die weißen Landbesitzer mit der britischen Regierung weitgehend einverstanden gewesen: sie »betrachten die den Swazi-Traditionen gemäße Führungsrolle des Königs und der Häuptlinge als die beste Gewähr für die Erhaltung ihrer Privilegien«, schreibt nämlich auch der unabhängige Afrika-Spezialist Joachim Jeske im »Politischen Lexikon Afrika«.[9]

Bis zum Beginn der sechziger Jahre gab es in Swaziland noch keinerlei Parteien, und als 1972, bei den ersten Wahlen nach der Unabhängigkeit, die Opposition auch nur drei Mandate eroberte (allerdings etwa 20% der Stimmen), sah Sobhuza bereits Gefahr im Verzug; er setzte die Verfassung außer Kraft und verbot alle politischen Organisationen, einschließlich seiner eigenen.

Sechs Jahre regierte er wie ein absolutistischer Monarch, ausschließlich per Erlaß. Als die Macht hinreichend gefestigt schien und alle Opposition mundtot gemacht, wie dies den Traditionen entsprach, schuf der König sich seine eigene Konstitution – ein krauses Gemisch aus Swazi-Bräuchen und westlicher Demokratie. Alle wichtigen Positionen konnte er auch weiterhin nach eigenem Gutdünken besetzen, was jedoch keineswegs immer im Sinne der königlichen Clique geschah. 1979 beispielsweise berief er zur allgemeinen Überraschung nicht einen Sohn, sondern einen entfernten Vetter, den rundum gebildeten, liberalen Wirtschaftsexperten Prinz Mabandla Dlamini zum Premierminister, der sich sofort der Aufgabe widmete, der katastrophalen Korruption der Königsfamilie ein Ende zu setzen, bevor diese den Staat ruinieren konnte. Das Geld hätten wohl die Mäuse gefressen, hatte einer der königlichen Prinzen sich gerade herauszureden versucht, als einige zigtausend Rand in der Kasse fehlten. Beliebt machte Prinz Mabandla sich damit nur beim Volk.

Die königliche Familie aber wuchs und wuchs, wenn schon nicht an Ansehen, so doch an Zahl, denn die Swazi-Tradition schreibt vor, daß der Potentat seine Potenz alljährlich sichtbar beweisen muß; andernfalls wird er abgesetzt. Als Sobhuza II.

im September 1981 sein diamantenes Kronjubiläum beging, füllte seine allerengste Familie in den ihr vorbehaltenen roten Tüchern und Leopardenfellen eine riesige Tribüne aus, denn er hatte in den sechzig Jahren seiner Herrschaft wenigstens sechzig Jungfrauen gefreit, die ihm dann Kinder geboren hatten, einige hundert an der Zahl. Die Galerie der Ehrengäste zeigte symbolisch, wo Swaziland politisch stand: Die Präsidenten aller »schwarzen« Nachbarrepubliken, von Botswana über Zambia, Zimbabwe und Tanzania bis Moçambique, waren ebenso erschienen wie die königlichen Vettern aus Lesotho und Zululand, und Queen Elisabeth von Großbritannien hatte ihre Schwester geschickt. Die reichen Nachbarn im Rassenstaat aber, von denen man neunzig Prozent aller Einfuhren bezog und in vielen Bereichen abhängig war (in der Zoll- und auch in einer Währungsunion), hatte man nicht einmal eingeladen, und sie waren auch nicht präsent.

Allzu groß war der Druck in letzter Zeit, Swaziland solle seine Grenzen dichtmachen, nicht nur für Flüchtlinge aus Südafrika, sondern auch gegenüber Moçambique, von wo, nach südafrikanischer Auffassung, die Terrorbanden des ANC heimlich über die Berge kamen, um den bewaffneten Befreiungskampf in ihre Heimat hineinzutragen. Erst vor kurzem war eine Studie des angesehenen südafrikanischen Politologen Deon Geldenhuys bekanntgeworden, die die Absicht Pretorias verriet: »Nachbarstaaten dürfen nicht als Sprungbretter für Guerilla- oder Terroristenangriffe auf Südafrika gebraucht werden«, stand dort. »Südafrika verlangt eindeutig nicht nur, daß die Nachbarregierungen sich dahingehend verpflichten, sondern es verlangt auch, daß sie in diesem Sinne tätig werden, also dafür sorgen, daß ›nicht-autorisierte‹ Übergriffe nicht mehr stattfinden. Darüber hinaus wünscht Südafrika, daß die schwarzen Staaten in der Region ... den Kämpfern auch keinerlei Transitmöglichkeiten mehr einräumen und daß sie den Bewegungen auch nicht mehr gestatten, in ihren Ländern Büros einzurichten.«[10]

Natürlich hatte Pretoria diesem Wunsche längst militärisch Nachdruck verliehen. Auf die übliche Züchtigung durch einige saftige Peitschenhiebe folgte dann eine stattliche Bonbonniere Zuckerbrot: Zur Belohnung sollte Swaziland 700 000 Hektar Land bekommen mit mehr als 700 000 Menschen, wodurch sich die Einwohnerzahl des kleinen Königsreiches mit einem Schlage mehr als verdoppelt hätte. Dieses Land sollte aus zwei Teilen bestehen (beide im Grenzbereich zu Moçambique), einerseits dem nördlichen Randgebiet KaNgwane, dem *homeland* der Swazis in Südafrika, andererseits aus dem Küstenstreifen im Südosten, dem derzeit zu KwaZulu gehörenden sogenannten Ingwavuma-Gebiet. Dies bedeutete den von Sobhuza so innig gewünschten, seinen Vorfahren geraubten Zugang zum Meer.

Die Bedingungen aber waren kaum zu erfüllen, denn Swaziland war Mitglied der Frontstaaten, der SADCC, der Blockfreienbewegung und der OAU und somit zum Kampf gegen die Apartheid verpflichtet. Außerdem war Sobhuza II. schon seit vielen Jahren ein treuer Freund des, wie schon erwähnt, bis zu seinem Verbot 1960 ausdrücklich gewaltfreien, christlich-nationalistischen ANC. Und die Pragmatiker in seiner Umgebung, allen voran der Ministerpräsident, machten ihn auf die kaum zu bewältigenden Probleme aufmerksam, die die Übernahme so vieler Bürger, die sicher nicht alle freiwillig kämen, für den kleinen Staat bedeuten würde. Ohnehin schuf die wachsende Arbeitslosigkeit vor allem junger Schulabgänger (es waren etwa 7000 im Jahr, denen höchstens 2000 Arbeitsstellen offenstanden) Unruhe im Volk. Und zu den angebotenen Gebieten gehörte keine einzige Fabrik. Es verstand sich keineswegs von selbst, daß alle Swazis »ihr Land wiederhaben« wollten, wie das in Pretoria behauptet wurde, denn Außenminister Richard Dlamini, ein leidenschaftlicher Befürworter des Projekts, der die Verhandlungen mit Südafrika führte, verbot – was eigentlich Sache des Innenministers gewesen wäre – jede öffentliche Diskussion dieses Themas.

Für die Menschen, die da dem greisen König als Untertanen angedient wurden, war die Aussicht auf den ersten Blick gar nicht schlecht: Sie würden Mitglieder des Commonwealth werden und Inhaber von Reisepässen, die im Unterschied zu ihren *homeland*-Papieren in aller Welt anerkannt würden, sowie Staatsbürger eines wunderschönen Landes, eines nach Eukalyptus duftenden friedlich-fröhlichen Ferienparadieses. Und doch wehrten sie sich mit aller Kraft. »Wir lassen uns nicht wie Vieh verkaufen!« erklärte der stolze Ministerpräsident der Zulus, Prinz Mangosuthu Buthelezi, der schon allen Versuchen Pretorias, seiner Heimat die »Unabhängigkeit« aufzuzwingen, sie also aus Südafrika herauszuschneiden, unbeirrbar widerstanden hatte. »Die Regierung verhält sich wie ein Farmer, der sein Eigentum verschachern will.« Die wirkliche Gefahr drohe nicht von außen, weder von Moçambique noch von Swaziland; sie komme in Wahrheit von innen her: von der Unfähigkeit der Südafrikaner, eine gemeinsame, auf der Zustimmung aller beruhende Nation zu werden.[11]

Und auch der vergleichsweise stille Chief-Minister des *homelands* KaNgwane, Enos Mabuza, wehrte sich so energisch, wie auch er seit Jahren, von der Welt kaum beachtet, den Wünschen Pretorias Widerstand geleistet hatte. Seine Schützlinge würden die Herrschaft der Dlaminis niemals akzeptieren, vor denen viele ihrer Vorfahren vor hundertundfünfzig Jahren geflohen seien, erklärte er. Erst kürzlich habe ein Swazi-Minister seine Leute verächtlich »homeland boys« genannt. Auch seien keineswegs alle Betroffenen Swazis – viele seien Shangaans, Tsongas, Pendes oder Zulus. Er persönlich sei zwar kulturell ein Swazi, aber politisch nie und nimmermehr. Schließlich bliebe auch ein aus Schottland stammender Mann Südafrikaner, »selbst wenn er seinen Dudelsack spielt«.

Alle beide *homeland*-Führer gingen vor Gericht. Die höchste Justizbehörde von Natal, die für das Zululand zuständig war, erklärte die Abtretung von Ingwavuma schon sehr bald für illegal. Das Oberste Gericht von ganz Südafrika, vor das die Regierung in Berufung ging, ließ sich indes mit der Entscheidung Zeit.

Die Lage war also noch ungeklärt, als im August 1982 König Sobhuza, der große Löwe von Swaziland, starb. Zu einem Begräbnis lädt man nicht ein – da kann ein jeder kommen, der mag. So saßen sie denn dort dicht beieinander, als beim großen Staatsakt der tote Herrscher in einem mit Fahne und Orden dekorierten schrankähnlichen Sarg aus Holz und Glas aufrecht sitzend von rotberockten schwarzen Soldaten in die Arena hereingetragen wurde, gefolgt von den königlichen Garden in Fellen und Federn, mit Stöcken, Schildern und Speeren: Moçambiques Frelimo-Führer Samora Machel, Südafrikas Vizepräsident Alwyn Schlebusch, ANC-Vorsitzender Oliver Tambo, Pretorias Außenminister Botha und der Generalsekretär der verbotenen südafrikanischen Kommunistischen Partei. Die Herren blickten starr geradeaus, um einander nicht wahrnehmen zu müssen; einigen bereitete das sichtlich Pein.

Von den rund 20 000 Trauergästen, von denen die meisten in traditioneller Tracht von den Bergen heruntergestiegen waren, auch unter den Dutzenden königlicher Witwen und unter den aberhundert königlichen Waisen sah man niemanden wirklich weinen, auch die gramgebeugte Königsmutter nicht, die Ndlovukazi Dzeliwe aus dem Hause Ngolotsheni, die zwei Tage nach dem Tod die Regentschaft übernommen hatte. Von nun an präsidierte sie dem *liqoqo*, von der »autorisierten Person«, einem Prinzen Sozisa, unterstützt. Die sterbliche Hülle des Großen Löwen aber hat man in eine Kuhhaut gewickelt, aufrecht sitzend auf seinem Thron, auf dem heiligen Begräbnisplatz seiner Ahnen in den herrlichen Bergen des Shiselweni begraben, mitten in der nächsten Vollmondnacht. Dort werde, so lehrt die Tradition der Swazis, sein Geist allmählich in die Erde eingehen, um eines hoffentlich baldigen Tages als bläßlich grüne kleine Schlange in den königlichen Kraal zurückzukehren und dort seinen letzten Willen kundzutun.

Für Swaziland aber brach erneut die schwere Zeit eines langen Interregnums an. Es war Premierminister Prinz Mabandla, der die Machtübernahme der »Queen mother« formell bekanntgab und gleichzeitig klarstellte, worin er das Vermächtnis des Königs sah: »Sein ganzes Leben war beispielhaft für positive gute Nachbarlichkeit, welche auch als bleibendes Vorbild und als Anregung für gegenwärtige und kommende Generationen angesehen werden sollte, im südlichen Afrika wie in der ganzen Welt«[12], erklärte der Prinz, ein Freund Mabuzas, der bis zuletzt das volle Vertrauen des Königs genossen hatte. »Tatsächlich wird die Erinnerung an die Herrschaft seiner Majestät immer mit seinem lebenslangen Kampf verknüpft bleiben, zuerst mit Großbritannien und zuletzt mit Südafrika«, schrieb *The Swazi Oberserver*.

Hatte Swaziland bis zum Tode dieses großen Mannes, dem es immer noch gelungen war, zwischen Traditionalisten, Royalisten und modernen Technokraten, zwischen *liqoqo* und Kabinett zu vermitteln, als eines der stabilsten Länder Afrikas gegolten, so brach jetzt, seinem Vermächtnis zum Trotz, unter etwa siebzig der ungezählten königlichen Erben ein erbitterter Machtkampf aus. Zum Nachfolger wählte der Kronrat den gerade erst fünfzehnjährigen Prinzen Makhosetive, einen Internatsschüler in England, der fast auf den Tag genau bei Erlangung der Unabhängigkeit auf die Welt gekommen war. Sollte alles nach Plan verlaufen, würde er erst 1989 den Thron besteigen können. Nach Plan verlief aber nichts.

Mit einem Leoparden fing alles an: Zacharias, der Gärtner des Vizepremiers, hatte eines Tages im Gebüsch seines tropischen Gartens eine ausgewachsene Großkatze entdeckt. Polizei und Feuerwehr machten gemeinsam Jagd auf das gefährliche Tier, das schließlich in der Nähe der Dienstwohnung des Ministerpräsidenten mit einer Maschinenpistole nicht ganz waidgerecht erlegt und alsbald im Triumphzug zur Residenz der Königinmutter getragen wurde, als zünftige Zierde des künftigen Königs.[13] Das sei ein verkleideter Segen, eine Botschaft des alten Königs, freuten sich die Parteigänger Dzeliwes und ihres Vertrauten, des unbestechlich rechtschaffenen Prinzen Mabandla. Dessen Gegner aber behaupteten, er habe das Tier illegal ins Land geholt, um es dem Kronprinzen zu schenken und seine eigene Macht zu erweitern. Sechs Wochen später schon wurde Dzeliwe zur Absetzung ihres Günstlings Mabandla gezwungen.

Erstaunlicherweise erfuhr Radio Südafrika zuerst davon. Nicht minder merkwürdig war, daß Mabandla mit seiner Familie ausgerechnet nach Südafrika floh, wo er sich in Regierungskreisen wegen seines hartnäckigen Widerstandes gegen den *land deal* kaum großer Beliebtheit erfreute. Genau diese Hartnäckigkeit war, wie sich bald herausstellen sollte, der eigentliche Grund seiner Entlassung gewesen. »Der ehemalige Prime Minister, Prinz Mabandla Dlamini, wurde vor allem wegen seiner Opposition gegen den Land-Handel abgesetzt«, schrieb nicht nur die südafrikanische *Sunday Tribune*[14]: »Unter offiziellen Swazis wie in der Bevölkerung wächst die Sorge über eine sichtlich zunehmende Annäherung zwischen Swaziland und der südafrikanischen Regierung. Einige Beobachter halten es für möglich, daß Südafrika bei der Entfernung des Prinzen Mabandla die Finger im Spiel gehabt hat. Es hat ihm nie wirklich über den Weg getraut, vor allem wegen seiner Opposition gegen den *land deal* und wegen seiner relativ toleranten Einstellung zum Afrikanischen Nationalkongreß.«

»Swazi Ex-PM bringt Südafrika in große Verlegenheit«, lautete die Balkenüberschrift der südafrikanischen Regierungszeitung *The Citizen* am 28. März. Außenminister »Pik« Botha habe dessen Ankunft bestätigt und der Hoffnung Ausdruck verliehen, seine Anwesenheit werde den Beziehungen zwischen den beiden Ländern nicht schaden. Er habe schon vor der Ankunft des Prinzen mit R.V. Dlamini, (dem Außenminister, der nachweislich der Drahtzieher des ganzen Umsturzes war) Kontakt aufgenommen. Schon vor zwei Wochen habe er gewußt, daß Prinz Mabandla nach Südafrika kommen werde, um »Angelegenheiten bilateraler Natur zu diskutieren«. Jetzt sei der Gast erschöpft und wünsche in Ruhe gelassen zu werden, »um über seine Zukunft nachdenken zu können«. Wie lange wohl?

Für einige Monate hielt man Mabandla in Pretoria versteckt. Dann wurde er nach Mmabatho, der Hauptstadt des »unabhängigen Nationalstaates« Bophuthatswana gebracht, wo ihm eine Hütte zugewiesen wurde, vor der fortan – tagaus, tagein – ein Wächter stand. Alle auch noch so raffiniert eingefädelten Versuche in- wie ausländischer Journalisten, mit dem Ex-Regierungschef in Kontakt zu treten und nur einige Worte zu wechseln, schlugen während der folgenden Jahre fehl.

In südafrikanischen Kategorien »das Normale« wäre gewesen, Prinz Mabandla im *homeland* der Swazis, KaNgwane, anzusiedeln, wo man wenigstens seine Sprache spricht. Doch genau davor hatte man nicht nur in Swaziland Angst: daß der vor allem unter der Intelligenz immer noch populäre Ex-Premierminister sich mit Chief Enos Mabuza zusammentun könnte, einem womöglich noch entschlosseneren Gegner des *land deal* als er.[15]

Das Normale für Swaziland hingegen wären weitere fünfeinhalb Jahre regulärer Regentschaft Königinmutter Dzeliwes gewesen, doch sechs Monate nach dem Sturz Mabandlas entriß man der großen Elefantin aus heiterem Himmel die rote Feder des Blitzvogels, das Symbol ihrer Macht, und setzte die politisch ahnungslose Mutter des Thronaspiranten, Prinzessin Ntombi (das heißt »kleines Mädchen«) auf den Platz der erfahrenen, klugen Regentin, die allein dem Vermächtnis Sobhuzas II. treu geblieben war. »Jetzt ist alles unter Kontrolle«, freute sich der Außenminister, und sein weißes Pendant in Pretoria freute sich mit ihm.

Zum 31. März 1984, 11 Uhr 15 (also wieder genau sechs Monate später), lud das südafrikanische Außenministerium alle akkreditierten Journalisten in das Gästehaus der Regierung ein. Da dieser Tag ein Samstag war, konnten nur wenige Korrespondenten den kurzfristig angesetzten Termin wahrnehmen, und da die Akteure der Veranstaltung dann stundenlang auf sich warten ließen, gingen viele vor Beginn wieder weg. Schließlich öffnete sich die Tür. Herein kamen die beiden Außenminister. Lachend schob der riesige Bure den zierlichen Swazi vor sich her. Dann nahmen die beiden ehrwürdigen Herren in ihren obligaten Nadelstreifenanzügen zwischen den gleichfalls obligaten bunten Fahnen und Mikrophonen Platz. »Pik« Botha legte seinem kleinen Nachbarn den schweren Arm über die schmalen Schultern, zwinkerte verschwörerisch in die Runde und sagte breit grinsend nur: »Mein Freund!« Dann wurde eine Erklärung der beiden Minister verlesen, im Namen des Königreiches Swaziland und der Republik Südafrika seien sie übereingekommen, Handelsdelegierte auszutauschen und sobald wie technisch möglich Handelsmissionen zu eröffnen, im »Geiste guter Nachbarlichkeit und konstruktiver Kooperation, welche das Verhältnis zwischen ihnen charakterisiert«.

Und dann kam die kleine Sensation: schon im Februar 1982 hätten die beiden Regierungen in einem geheimen Austausch von Briefen und Noten ein Sicherheitsabkommen abgeschlossen, das in seinen wesentlichen Zügen mit dem am 16. März, also vor zwei Wochen, mit Moçambique unterzeichneten Nkomati-Vertrag identisch sei. Photokopien beider »Dokumente« wurden den staunenden Korrespondenten kichernd in die Hände gedrückt.[16] Sie trugen die Unterschriften P.W. Bothas sowie eines Toten, nämlich des Königs, und eines, der nicht zu errreichen war; vielleicht aus gutem Grund?

Sollte das eine Fälschung sein? Und war diese Frage relevant? Die Tatsache der Veröffentlichung bedeutete doch auf alle Fälle, daß die derzeitigen Regierungen hier wie dort hinter dem Wortlaut dieser Texte standen. Sie waren übereingekommen, »einzeln und gemeinschaftlich Terrorismus, Aufruhr und Subversion« mit allen Mitteln zu verfolgen und einander »wenn nötig« zu Hilfe zu rufen. »Das dürfte der bisher schwerste Schlag eines afrikanischen Landes gegen den ANC sein«, schrieb am nächsten Morgen der südafrikanische *Sunday Express*.

In der Tat hatte man in Swaziland während der letzten fünf Monate an allen wichtigen Kreuzungen Straßensperren aufgebaut, jedes Transportmittel nach Waffen durchsucht und die südafrikanischen Flüchtlinge mit immer drastischeren administrativen Maßnahmen und sonstigen Mitteln verfolgt. Und nach dem verheerenden Taifun »Domoina« im Januar – allein der Schaden an Straßen und Bahnanlagen wurde auf viele Millionen geschätzt – hatten südafrikanische Militärkonvois in voller Rüstung im ganzen Land zum Straßenbild gehört. De facto war das »Geheimabkommen« also seit Wochen oder Monaten bereits in Kraft. Aber schon vor dem Coup gegen die Königinmutter, vor dem Sturz des Prinzen Mabandla, zu Lebzeiten gar des großen Löwen, der sich von Krokodilen nicht fressen ließ?

Anwälte hatten inzwischen im Namen Dzeliwes vor dem höchsten Gerichtshof Swazilands gegen ihre Absetzung als Verfassungsbruch geklagt. Daraufhin erklärte der *liqoqo*, die Angelegenheiten des Königshauses stünden außerhalb jeder Jurisdiktion. Der oberste Richter namens Nathan wurde seines Amtes enthoben und verließ bald darauf verbittert das Land. Die endgültige Entscheidung des südafrikanischen Gerichtshofs in Sachen *land deal* aber stand unterdessen immer noch aus. Eine Woche vor dem seltsamen Auftritt des ungleichen Außenministerpaares hatte der Leiter der »Inkorporations-Kommision«, Richter Rumpff, ein Referendum in KaNgwane gefordert. Die Frage wurde auf ein unbestimmtes Datum vertagt – das »von den Umständen abhängig« sei.[17] Kaum waren »die Umstände« eingetreten, nämlich die Vertragsdokumente publiziert, da schnappte – wenn's denn eine solche war – die Falle plötzlich zu. Der Köder aber hatte sich in Luft aufgelöst: Man habe nach reiflicher Überlegung beschlossen, die Klage in Bloemfontein zurückzuziehen und den *land deal*- Plan wieder fallen zu lassen, hieß es auf einmal in Pretoria. Hatte man einfach wieder einmal die tumben Swazis hereingelegt – überlegen, burenschlau?

Wäre es da wirklich ein Wunder gewesen, wenn sich ob dieser Wendung der Dinge die ohnmächtige Wut in Swaziland gegen die Verantwortlichen gerichtet hätte, gegen die »buddies« der beiden Bothas, die Partner Pretorias? Wie dem auch sei: in einer neuerlichen Revolte wurden im Namen der Regentin vier der höchsten Würdenträger überraschend abgesetzt: der Außen- und der Finanzminister sowie die obersten Befehlshaber der Polizei und der Armee. Dem Vernehmen nach ging es um Steuerbetrug; angeblich waren indische Waren als Swazi-Produkte deklariert und in Südafrika verkauft worden, zu dem Indien keine Handelsbeziehungen unterhält – ein keineswegs so ungewöhnlicher Vorgang im Zeichen vielfältigen Handelsboykotts. (So werden auf europäischen Märkten Äpfel »aus Swaziland« angeboten, obwohl es dort keinen Apfelbaum gibt.)

»Pik« Botha aber, der sich zu dieser Zeit mit seinem Regierungschef und Namensvetter auf der spektakulären Europa-Reise befand – er wurde am 9. Juni in Wien mit der neuesten Nachricht aufgeschreckt –, reagierte erstaunlich aufgeregt und äußerte sich »zutiefst besorgt«: »Natürlich können wir keinem anderen Land vorschreiben, wer seine Kabinettsmitglieder sein sollen. Aber das Feuern dieser vier Männer, besonders im Lichte dessen, was ich für die Gründe ihrer Entlassung halte, gibt zu ernster Sorge Anlaß«, sagte er.[18]

Sein »Freund« und Kollege Richard Dlamini setzte sich nach Südafrika ab. Bevor es dort jedoch irgend jemandem gelungen wäre, an diesen Mann heranzukommen und ihn über die wahren Hintergründe seines Sturzes zu befragen, brachte man ihn in ein Krankenhaus und meldete alsbald seinen Tod.

Auch mit dieser Episode seien die leider üblichen Intrigen eines Interregnums wohl nicht ausgestanden, unkte die Johannesburger *Financial Mail.*[19] »Auf die Dauer ist die Aussicht auf weitere fünf Jahre Unvorhersehbarkeit, auf stets wechselnde Allianzen und immer wieder gestürzte Funktionäre für Investoren und deren Pendants in der Politik nicht gerade einladend. Von Südafrikas Gesichtspunkt aus ist Stabilität jetzt essentiell.«

Also wurde schon bald beschlossen, noch einmal im Namen der Tradition beherzt alle Traditionen über den Haufen zu werfen und den Prinzen Makhosetive – das bedeutet »König aller Völker« – aus seiner Schule heimzuholen und schon mit 18 Jahren zu krönen, am Jahrestag der Unabhängigkeit. Wieder geriet das farbenfrohe Fest zu einem regionalen Gipfeltreffen; wieder saßen Zambias Präsident Kaunda und der moçambikanische Marschall Machel nebeneinander auf der Ehrentribüne: der kindliche König Mswati III. (er hatte den Namen des Staatsgründers gewählt) könne ja nichts für die geographische Lage seines kleinen, wehrlosen Landes, sagten sie zu ihrer Entschuldigung. Kenias Präsident war nämlich nicht erschienen, weil diesmal das Staatsoberhaupt Südafrikas, P.W. Botha, eingeladen war. Für diesen ein großer Triumph.

Kaunda sprach für die Republiken von der Einheit aller Völker Afrikas, die durch künstliche Grenzen getrennt worden seien. König Moshoeshoe II. von Lesotho, der die Monarchien vertrat, fand unerwartet harte Worte für den benachbarten Rassenstaat. In schönstem Englisch versprach Mswati, in die Fußstapfen seines weisen Vaters zu treten und seinem Volke Gerechtigkeit und Frieden zu bringen. Tatsächlich war in Swaziland in diesen Tagen die Hoffnung groß, daß die Zeit der Unruhen beendet sein möge; daß dieser Kindkönig stark genug wäre, sowohl dem Druck raffgieriger, aber arbeitsscheuer Prinzen im Inneren als auch den Machtansprüchen von außen zu begegnen; daß er, wie sein Vater, imstande sein werde, Brücken zu bauen zwischen alt und neu, schwarz und weiß, Tradition und Fortschritt, Ost und West, Süd und Nord. Eine Hoffnung, die sich bisher nicht erfüllen konnte – dafür waren die Spannungen innerhalb Südafrikas und in der Region längst zu groß.

Moçambique

It was quite simple.
All that was needed was an
unending series of victories
over your own memory.
»Reality control«, they called it:
in Newspeak »doublethink«.
George Orwell
in »Nineteen Eighty-Four«

Die Pax Pretoriana

Wo ward ihr, als Südafrika Lesotho in den Würgegriff genommen hat? fragt König Moshoeshoe II. die westliche Welt. Warum habt ihr geschwiegen, als ihr saht, wie Swaziland hereingelegt worden ist? kann König Mswati III. fragen. Und wo werdet ihr sein, wenn Botswana ein ähnliches Schicksal ereilt?

Muß, kann, darf, sollte Außenpolitik moralisch sein? Internationale Beziehungen, die gänzlich von Opportunismus, ja Zynismus frei wären, bleiben gewiß immer eine Utopie. Wie aber unterscheidet sich Außenpolitik, die gänzlich auf moralische, kulturelle und/oder völkerrechtliche Prinzipien verzichtet, von der eines Stalin oder Hitler? Ein Kompromiß könnte kurzfristig nationale Interessen mit langfristigen ethischen Grundsätzen und der mutmaßlichen Meinung der Weltöffentlichkeit in Einklang zu bringen versuchen – Zugeständnisse machend, hier wie dort. Das ist, was man gemeinhin staatsmännisches Verhalten nennt.

Wo die Bereitschaft zur Rücksichtnahme auf ideelle Werte zugunsten handfester nationaler Interessen aufhört, läßt sich bei den meisten Staaten leicht an der Liste ihrer außenpolitischen Prioritäten ablesen. Im Falle der Bundesrepublik Deutschland stehen natürlich die innerdeutschen Probleme, wie die Berlinfrage oder die der besonderen Beziehungen zur DDR, obenan. Hieraus ergibt sich automatisch als Punkt zwei die Pflicht zur Rücksichtnahme auf die Interessen der Bündnispartner, sowohl in der NATO als auch in der EG. Wenn keine spezifisch deutschen Fragen berührt waren, habe er seinen Leuten grundsätzlich Weisung gegeben, immer zuerst die Meinungen der befreundeten Regierungen zu eruieren und dann, ohne weitere Rückfrage in Bonn, mit der Mehrheit zu stimmen, hat ein hochrangiger deutscher Beamter der Verfasserin einmal gestanden, als von den Möglichkeiten eigenständiger deutscher Außenpolitik die Rede war.

In der Südafrika-Politik hat Bonn, mit Ausnahme weniger Stimmenthaltungen, bisher fast grundsätzlich die amerikanische Linie mitgemacht. Denn solange die totale Bi-Polarisierung aller Außenpolitik anhielt, bedeutete die Begrenzung politischer Zielsetzung im Rahmen der realen Möglichkeiten – und das ist ja doch wohl Realpolitik – immer zugleich prowestliche Parteilichkeit.

Die amerikanische Südafrika-Politik war jedoch niemals völlig einheitlich. Immer waren Spannungen zwischen dem State Department, dem Weißen Haus, dem Pentagon, der CIA, dem Kongreß und privaten Wirtschaftsinteressen feststellbar. Sowohl unter republikanischen als auch unter demokratischen Präsidenten wurde die US-Außenpolitik jedoch zunächst und zumeist von dem Ziel bestimmt, auf keinen Fall der Sowjetunion die von dieser angestrebte internationale Führungsrolle abzutreten. Im Namen des Antikommunismus hielt Washington deshalb grundsätzlich allen »befreundeten« Regimen die Stange, selbst wenn es sich bei diesen um moralisch kaum vertretbare Diktaturen handelte. Erst wenn solche Nibelungentreue sich als allzu kontraproduktiv herausstellte, daß heißt, wenn der Schaden den Nutzen zu übertreffen drohte, ließ man sich von einer Opposition »zu Hilfe rufen« – wie etwa im Falle Grenadas; kaum anders als die Sowjetunion 1956 in Ungarn oder 1968 in der Tschechoslowakei.

Die offizielle amerikanische Südafrika-Politik bewegte sich immer innerhalb der beiden möglichen Extreme: Absetzung der herrschenden Clique einerseits – man duldete deshalb keine Maßnahmen, die diese ernsthaft gefährden konnten – und offener Unterstützung des Apartheidsystemes auf der anderen Seite, die wegen der wachsenden Zahl farbiger Wähler in den USA ohnehin nicht länger praktikabel war. Gewiß verschoben sich die Schwerpunkte innerhalb dieses Rahmens von einer Administration zur anderen, wobei unter Carter (1976-1980) das State Department noch federführend war, während unter Reagan zunehmend die CIA den Ton angab, deren Führung offenbar alles, also selbst Afrika, nur im Kontext der Zweiteilung der Welt, nämlich des Kalten Krieges, zu sehen vermochte.

Während diese vereinfachende CIA-Sicht nach Aufdeckung der Iran/Contra-Affäre harter Kritik ausgesetzt war, wurde sie im Zusammenhang mit dem südlichen Afrika auch weiterhin als selbstverständlich hingenommen. »Haben wir etwa eine andere Wertskala, wenn es um Afrika geht?« fragte folglich ein Redakteur des *Africa-Report*, einer alle zwei Monate erscheinenden amerikanischen Fachzeitschrift, im November 1987 in einem Beitrag für die *New York Times*.[1] Oberstleutnant Oliver North – nach Woodward[2] die Schlüsselfigur nicht nur zu »Irangate«, sondern zu sämtlichen verdeckten Operationen der CIA unter Reagan – habe in einem *hearing* ausgesagt, er habe in zwei amerikanischen Kriegen, in Vietnam und in Angola, gekämpft. »... stolz berichtete er über seinen Dienst in Vietnam, aber mit keiner Silbe erwähnte er, was er in Angola gemacht hatte. Und niemand scherte sich darum ...«

Natürlich sei es damals um die Versorgung der UNITA-Rebellen, die gegen die marxistische MPLA-Regierung in Luanda kämpften, mit amerikanischen Waffen gegangen. Genau wie jegliche Waffenhilfe für die Contras (durch das Boland-Amendment) verboten gewesen sei, habe zu dieser Zeit (bis zu dessen Aufhebung im August 1985 durch Reagan) das Clark-Amendment vom Dezember 1975 gegolten, das Waffenlieferungen an Savimbi untersagte. Demokraten aus Michigan hätten bei dieser Anhörung sogar einen Zeugen mitgebracht, der bereit gewesen sei, darüber auszusagen, wie Saudi-Arabien dem Plan zugestimmt habe, im Austausch gegen amerikanische Awacs-Flugzeuge UNITA-Soldaten auszurüsten und auszubilden, berichtete der Redakteur des *Africa Report*. Alle Fragen, die sich auf das südliche Afrika bezogen, seien jedoch achtlos beiseite geschoben worden. Während für die Contra-Situation vor allem einzelne Menschen verantwortlich gewesen seien, werde die Waffenversorgung der UNITA nämlich von Zaïre, Marokko, Saudi-Arabien und Südafrika gewährleistet – »alles befreundete Nationen, die die Mitglieder des Untersuchungskomitees nicht in Verlegenheit bringen wollten. Doch während die Iran/Contra-Affäre der Vergangenheit angehört, wird die verdeckte Hilfe für die UNITA fortgesetzt.«

Tatsächlich war es des neuen Präsidenten Bush allererste außenpolitische Aktion (noch vor seiner Amtseinführung), daß er dem UNITA-Führer Jonas Savimbi am 6. Januar 1989 einen persönlichen Brief schrieb, in dem er ihn seiner vollen »militärischen und diplomatischen Unterstützung« versicherte, so lange bis die angolanische Regierung sich zu einem politischen Arrangement mit dem Rebellen bereitgefunden habe. »Bis dieses Ziel erreicht ist, wird meine Administration jede angemessene und wirksame Form der Hilfe fortsetzen«, schrieb der ehemalige CIA-Direktor (unter Ford).[3] Zwei Wochen später bekannte der frischgebackene Außenminister Baker sich gleichfalls zur »Reagan-Doktrin« der Unterstützung von Befreiungsbewegungen gegen kommunistische Herrschaft – »von Afghanistan bis Angola«[4].

Kein Wort jedoch von der RNM (oder Renamo), die gleichfalls im Namen des Antikommunismus einen ehemals gesunden, lebensfähigen, durch sozialistisches Mißmanagement allerdings bereits weitgehend heruntergewirtschafteten Staat vollends in den Ruin trieb. Seit Washington im Juli 1983 mit Maputo diplomatische Beziehungen aufgenommen hatte, galt dort die These, dieses Land sei durch Annäherung und Hilfe allmählich aus der sowjetischen Umarmung zu lösen. Der RNM, deren Hintergrund und Entstehungsgeschichte man aus britischen Quellen kannte, wurde jede Legitimität als kombattante Befreiungsbewegung abgesprochen. Weder habe sie ein klares politisches Programm, noch eine erkennbare qualifizierte Führungsfigur (wie etwa Savimbi), noch verfüge sie über »befreite Gebiete«, sagte man.

Offiziell war das auch die Linie der Bundesrepublik, die schon ab 1976 mit der jungen Volksrepublik volle diplomatische Beziehungen pflegte. Diese blieben jedoch recht inhaltsleer, bis Außenminister Chissano (der heutige Präsident) im Juni 1982 Bonn besuchte und die Berlinklausel unterschrieb. Von jetzt an war der Weg für eine engere Zusammenarbeit, vor allem natürlich im Bereich der Entwicklungspolitik, frei, zumal Maputo ganz bewußt nach neuen Freunden Ausschau hielt, weil die sozialistischen Bündnispartner zwar Waffen lieferten, aber kein Brot.

Nachdem die Queen Samora Machel zum Dank für seine Hilfe bei der Lösung des Rhodesienskonfliktes geadelt und Sir Samora eine Reihe westeuropäischer Staaten aufgesucht hatte, war die Wende nahezu perfekt.

Die Absprachen zwischen Bonn und Maputo wurden jedoch nur schleppend realisiert, denn am Rhein hatten nach Ansicht der bis 1982 oppositionellen CSU nicht alle die dortige »Wende« mitgemacht. CSU-Chef Strauß forderte eine neue Außenpolitik, ja er verlangte Minister Genschers Kopf. »Aus technischen Gründen« und mit dem (durchaus gerechtfertigten) Hinweis auf die unstabile Sicherheitslage schien das von der CSU geführte Bundesministerium für wirtschaftliche Zusammenarbeit fortan alle Projekte zu blockieren, die das Auswärtige Amt in bilateralen Verträgen der bedrängten moçambikanischen Regierung zugesagt hatte. In Maputo wurde Mißtrauen wach.

Erst Ende 1983 allerdings wurde die Bundesregierung durch die Aufdeckung von Verbindungen zur RNM wirklich in Verlegenheit gebracht: Ein hoher Beamter des State Department, Frank Wisner, reiste im Dezember persönlich in geheimer Mission nach Bonn und sprach bei Kanzleramtschef Waldemar Schreckenberger vor, um gegen die Aktivitäten des Bundesnachrichtendienstes in Moçambique zu protestieren. Dieser sei dort in »Aktivitäten« des südafrikanischen militärischen Geheimdienstes »verstrickt«, die der amerikanischen Politik schadeten.[5] Denn sie trieben durch ihre Aktivitäten Machel in die Arme der Sowjets zurück. Auch sei es nicht hinnehmbar, daß in Bonn Politiker empfangen würden, die in den USA als »faschistisch« eingestuft seien. Gemeint war ein Besuch von vier Vertretern der RNM, angeführt von »Präsident Afonso Dhlakama, den der Kieler Politologe Professor Werner Kaltefleiter, von 1970 bis 1975 Leiter des sozialwissenschaftlichen Forschungsinstituts der Konrad-Adenauer-Stiftung in Köln und seit 1983 Direktor des Instituts für Sicherheitspolitik in Kiel, in die Wege geleitet hatte.[6]

In Kiel promoviert hat auch der Jurist Professor André Thomashausen, Pretoria, von dem im Zusammenhang mit der RNM bereits die Rede war. In Südafrika gilt er auch unter Diplomaten als gern gesehener Experte für Moçambique.

In Bonn konferierten die Reisenden der RNM mit dem CSU-Abgeordneten Graf Huyn (der sich gelegentlich auch in Pretoria mit RNM-Vertretern traf) sowie mit anderen Repräsentanten der CDU/CSU-Fraktion. Der damalige Kanzleramtsminister und spätere Bundestagspräsident Philipp Jenninger ließ sich, immer laut *Spiegel*, damals entschuldigen. Höhepunkt der rundum gelungenen Reise war schließlich ein

Treffen mit Franz Josef Strauß, der erst vor wenigen Tagen von einer seiner Südafrika-Safaris und von Gesprächen mit seinen burischen Freunden in die bayerische Landeshauptstadt zurückgekehrt war.

Die Einzelheiten der RNM-Reise wurden nach und nach publik; woher die Amerikaner aber von den BND-Verbindungen wußten, blieb lange unbekannt. Erst Ende 1987, also vier Jahre später, kam nämlich eine junge Zimbabwerin (gerade war sie dreißig geworden) aus den südafrikanischen Gefängnissen frei. Sofort wurde sie zum Flughafen gebracht und nach Zimbabwe deportiert. Dort aber gab Patricia Hanekom, von ihren Freunden »Trish« genannt, auf einem Symposium ihr Geheimnis preis. Gemeinsam mit ihrem Ehemann Derek, einem Südafrikaner, hatte Frau Hanekom große Mengen streng geheimer Dokumente allmählich außer Landes gebracht, durch die die Pläne und Machenschaften der südafrikanischen Spezialeinheit zur Destabilisierung der Nachbarländer Angola, Lesotho, Zimbabwe und vor allem Moçambique in allen Einzelheiten dargelegt wurden. Diese Dokumente hatte das Ehepaar, das in der Nähe von Johannesburg eine Farm betrieb und seine Schätze zunächst dort vergrub, von einem gemeinsamen Freund namens Roland Hunter bekommen, der in Pretoria seinen Wehrdienst ableistete und – wegen seiner auffallenden Intelligenz – zum Assistenten eines gewissen Obersten Cornelius van Niekerk, des Leiters der »Operation Mila«, bestellt worden war, mit anderen Worten: der RNM.

Das umfangreiche Material enthielt genaueste Einzelheiten, zum Beispiel über Programme für den pro-RNM-Radiosender »Voice of Free Africa«, die vom südafrikanischen militärischen Geheimdienst produziert und anschließend von Soldaten in Zivil zum Funkturm der Post im Johannesburger Stadtteil Hillbrow gebracht wurden, von wo sie ausgestrahlt werden sollten. Oder über große Mengen nagelneuer sowjetischer Sturmgewehre (AK 47 – die Seriennummern natürlich weggefeilt), die auf dem Campus von Voortrekkerhoogte bei Pretoria gelagert wurden, um mit alten Dakotas unter dem Firmennamen »Frama Intertrading« nach Moçambique eingeflogen zu werden. Die Dokumente enthielten sogar die Gehaltslisten für RNM-Mitarbeiter innerhalb Südafrikas, sowie Zahlungs-Anweisungen für Geräte aller Art, für Medikamente, Fahrzeuge, Düngemittel, Bleistifte usw., die Aufschrift »made in South Africa« jeweils entfernt. Eines Tages, Anfang November 1983, wurden Roland Hunter 5000 Rand in die Hand gedrückt (das waren damals mehr als 5000 DM), um mit der Führung der RNM in den besten Geschäften Johannesburgs einzukaufen, damit die Herren für eine Reise in die Bundesrepublik »smart genug« angezogen seien und dort einen guten Eindruck machten.[7]

Damit all diese Einzelheiten nicht an die Öffentlichkeit gerieten, fand der Prozeß gegen die drei jungen Leute Ende 1983 hinter verschlossenen Türen statt. Und damit auch dort nicht alle Dokumente auf den Tisch gelegt werden mußten, verzichtete die Anklage auf »Hochverrat«, und Derek und Trish Hanekom wurden wegen Vergehens gegen die innere Sicherheit und den Besitz illegalen ANC-Materials zu drei bzw. vier Jahren Gefängnis verurteilt. Roland Hunter aber erhielt wegen Verstoßes gegen das Verteidigungsgesetz sowie wegen Diebstahls geheimer Dokumente eine Strafe von fünf Jahren Haft.

Der Eindruck aber, den die frisch eingekleidete RNM-Führung in der Bundesrepublik hinterließ, war kaum mehr eine Frage des Geschmacks: Die jetzigen Machthaber in Moçambique würden nach ihrem baldigen Sturz nicht etwa vor Gericht gestellt, protzte »Generalssekretär« Evo Fernandes (der Schulfreund des Professors Thomashausen) gegenüber dem Abgeordneten Graf Huyn, sondern sie würden »eliminiert«. Am besten würden sie wohl dem »Volkszorn« überlassen.[8]

Patricia Hanekom war und ist überzeugt davon, zu ihrer illegalen Tätigkeit moralisch verpflichtet gewesen zu sein.

»Ich bin Staatsbürgerin Zimbabwes und stehe diesem Staat sehr loyal gegenüber. Die Zukunft Zimbabwes hängt nun einmal von dem ab, was in Südafrika geschieht«, sagt sie.[9] »Wenn das, was wir taten, den Frontstaaten geholfen haben sollte, gegen die Aktivitäten der südafrikanischen Wehrmacht besser gerüstet zu sein, dann war, für mich, auch die längste Gefängnisstrafe die Mühe wert.« Sie glaubt sogar, die Tatsache, daß die Frelimo mit dieser Art von Information versorgt gewesen sei, habe zum Entschluß der südafrikanischen Regierung erheblich beigetragen, mit Moçambique einen Nichtangriffspakt abzuschließen, den sogenannten Nkomati-Vertrag vom 16. März 1984. Pretoria habe sich genötigt gesehen, international sein Image aufzubessern, nachdem seine Destabilisierungspolitik enthüllt war.

Dies trifft wohl nur partiell zu, denn alles in allem war der Nkomati-Vertrag eher ein Sieg Südafrikas als Moçambiques, auch wenn er von Samora Machel lange als großer Erfolg dargestellt wurde. Innerhalb Südafrikas jedoch bedeutete das Abkommen einen Sieg der Tauben des Außenministeriums über die Falken des Sicherheitsrates mit ihrem Vorsitzenden P. W. Botha. Denn jeder diplomatische Erfolg Südafrikas ist bis auf den heutigen Tag zugleich immer auch ein interner Sieg über jene Kräfte, die nicht die Sprache von Verhandlungen und Übereinkommen sprechen wollen, sondern die der Waffengewalt.

Tatsächlich hatte Machel im Oktober 1983 sechs westeuropäische Länder besucht und seine Gesprächspartner über die verzweifelte Lage seines Landes sowie deren Gründe informiert, und als »Pik« Botha etwa einen Monat später hinterherreiste, um den Schaden wiedergutzumachen, wurde er meist frostig empfangen. »Die Botschaft, die er mit nach Hause nahm, war: Destabilisierung ist schlecht fürs Geschäft«, schrieben David Martin und Phyllis Johnson.[10]

Die bilateralen Verhandlungen zwischen den ungleichen Nachbarn Südafrika und Moçambique, die schließlich zu dem

»Vertrag über Frieden und gute Nachbarschaft«, wie er in Pretoria meist genannt wurde, führen sollten, hatten jedoch schon vor der Tätigkeit des jugendlichen Spionagetrios Hanekom und Hunter, Ende 1981, begonnen: zwischen dem Hammer der südafrikanischen militärischen und ökonomischen Überlegenheit (und Aggression) und dem Amboß des »konstruktiven Engagements« Präsident Reagans, wie der südafrikanische Journalist Brendan Nicholson[11] sich ausdrückte. Ganz unbeteiligt war aber auch die Sowjetunion angesichts ihrer Unfähigkeit oder mangelnden Bereitschaft nicht, ihren afrikanischen »Freunden« selbstlos beizustehen. Die Russen, beschwerte Machel sich bisweilen, seien einfach zur Freundschaft nicht fähig, »sie sind zu gierig«. »Das ist wie mit den Fischen«, sagte er einmal dem ohnehin unsicheren sowjetischen Botschafter ins Gesicht: »Ihr nehmt euch die großen und laßt uns die kleinen.«[12] Und als die RNM in dieser Zeit abkühlender Liebe zwölf sowjetische Geologen gefangen nahm, weigerte Machel sich schlicht, seinen sowjetischen Sicherheitsberatern und deren Mitarbeitern eine bewaffnete Befreiungsaktion zu gestatten.

Alle in Maputo akkreditierten Ostblockbotschafter nahmen jedoch am 16. März 1984, bei der extremen Hitze und Luftfeuchtigkeit in ihren dicken dunklen Wollanzügen verhaltend schwitzend, an der feierlichen Vertragsunterzeichnung am Nkomati, dem Grenzfluß zwischen Südafrika und Moçambique, teil. Die beiden Regierungschefs trafen sich zunächst in jenem bereits betagten ehemals britischen weißen Waggon, in dem schon mehrmals Geschichte gemacht (oder zu machen versucht) worden war. Zum Akt der Vertragsunterzeichnung selbst begaben sich die Delegationen beider Staaten vom Zug aus zu einem in aller Eile vorbereiteten Festgelände am Fluß, wo sie von Ehrengarden beider Armeen, den Ehrengästen beider Regierungen, sowie den sehr unterschiedlichen jeweiligen Diplomatischen Korps erwartet wurden.

Präsident Machel pries in seiner Festansprache auf Portugiesisch seine beiden Vorbilder Nyerere und Kaunda bei der Befreiung Afrikas. Diese waren aus Rücksicht auf die Gefühle schwarzer Nationalisten allerdings zu Hause geblieben. Premierminister Botha aber hob – auch er in der Sprache des ehemaligen »Unterdrückers«, nämlich auf Englisch – das Recht eines jeden Landes auf Selbstbestimmung hervor: »Wir sind beide Vertreter afrikanischer Länder«, sagte er, »auch wir sind ein Teil Afrikas.« Afrikanische Lösungen also für afrikanische Probleme – ein neues Steckenpferd des südafrikanischen Außenministers, das dieser in den folgenden Jahren zu Tode reiten sollte.

Denn das war nicht die Handschrift des Verteidigungsfanatikers P. W. Botha, sondern sehr viel eher die seines Namensvetters »Pik«. Sechs Wochen später gestand der Premierminister dem damals noch rein-weißen südafrikanischen Parlament dann auch, er habe Präsident Machel damals gleich gesagt, daß Südafrika nicht bereit sein werde, fortan für Moçambique den Weihnachtsmann zu spielen. Wenn der Vertrag jedoch erfolgreich sei, dann könnten beide Staaten davon profitieren.[13]

Der Gewinn für Südafrika lag natürlich auf dem Gebiet seiner seit 1978 alles dominierenden Sicherheitspolitik. Wenigstens 70 Prozent (nach Ansicht des Außenministers sogar bis zu 98 Prozent) aller Terroranschläge des ANC waren in jüngster Vergangenheit von Moçambique ausgegangen und von Maputo aus gesteuert worden. Für diese Organisation, die von diesem Tag an in Maputo nur noch diplomatisch vertreten sein durfte, bedeutete das Abkommen einen äußerst schweren Schlag. Es verpflichtete die beiden Signatarstaaten nämlich ausdrücklich, den Widerstandbewegungen des jeweiligen Nachbarlandes weder als Refugium noch gar als Sprungbrett zu dienen – doch einklagbar war diese Pflicht natürlich nur beim schwächeren. Der eigentliche Triumph Südafrikas bestand jedoch in der Öffentlichkeit des Ereignisses. Nicht etwa geheim, nein, vor den Augen der Welt stieg da ein mit dem Erzfeind Sowjetunion verbündeter Roter, um seine schwarze Haut zu retten, in den weißen Eisenbahnwaggon der weißen Rassisten ein. Der Versuch der Frontstaaten, das von Südafrika geplante Satelliten-System pretoriahöriger Staaten zu durchkreuzen, schien für alle sichtbar gescheitert.

Und tatsächlich rettete Machel durch seine Unterschrift zunächst einmal seine eigene Haut. Er konnte es sich einfach nicht mehr leisten, nicht wenigstens den Versuch zu unternehmen, die südafrikanischen Destabilisierungsmaßnahmen zu beenden und die tagtägliche militärische Bedrohung von seinen Landesgrenzen abzuwenden. Darüber hinaus mag er auch, wie manche Beobachter meinen, die Hoffnung gehegt haben, der verheerende Ost/West-Konflikt lasse sich neutralisieren, vielleicht sogar ganz aus der Region hinauskomplimentieren, indem man regionale Probleme ohne Mitwirkung der Großmächte bilateral anging. Druck und Versprechungen von seiten nicht nur Portugals, sondern vor allem auch der USA hatten indessen ganz erheblich zum Zustandekommen des Vertrags beigetragen. Für Washington war dieser ein erster Testfall der soeben deklarierten »Economic Policy Initiative« (EPI) für Afrika.

Die sechs Frontstaaten-Führer, die schon wenige Tage später in Arusha, Tanzania, zusammenkamen, um die neue Entwicklung zu erörtern, zeigten Verständnis für Machels Lage. Ihr gemeinsames Schlußkommuniqué drückte die Hoffnung aus, daß die südafrikanische Regierung jetzt wirklich »ihren Verpflichtungen nachkommen werde, die Destabilisierung Moçambiques durch den Einsatz von bewaffneten Banditen zu beenden«[14].

Dies blieb natürlich das Kernproblem: »Die Crux ist, daß Südafrika nicht die nötigen konkreten Schritte unternommen hat, RNM-Aktivitäten innerhalb Südafrikas zu unterbinden«, schrieb der erfahrene Kolumnist JHP Serfontein im *Sunday Star*.[15] Zu ehrlicher Partnerschaft mit seinen schwachen schwarzen Nachbarn war Pretoria, wie sich bald zeigen sollte, in der Tat (noch) nicht bereit.

Die RNM wurde allerdings längst nicht mehr nur von Südafrika unterstützt; zu ihren Gönnern zählten so unterschiedliche Länder wie die Komoren, Saudi-Arabien, Israel und Malawi; Geld floß aus meist privaten oder geheimen Quellen in Brasilien, der Bundesrepublik Deutschland, in den Vereinigten Staaten und in Portugal. In Lissabon hatten sich vor allem ehemalige Kolonialherren für die Rebellen in Angola und Moçambique engagiert. Als Zentrum des portugiesischen RNM-Netzes galt Manuel Bulhosa, der frühere Besitzer der Ölraffinerie von Lourenço Marques. Hier gehörte dem immer noch vermögenden Mann das Verlagshaus Bertrand, in dem Evo Fernandes wie auch der Lissaboner RNM-Sprecher Jorge Correia angestellt waren.[16]

Waren derartige Verbindungen nicht wirklich überraschend und auch nicht eigentlich geheim, so gab »the portuguese connection« ihren Beobachtern doch bisweilen kaum lösbare Rätsel auf: immer wieder schienen auch Regierungsvertreter in Machenschaften verwickelt zu sein, die mit den nationalen Interessen Portugals nicht zu vereinbaren waren. Das vorrangige Ziel Lissabons mußte ein baldiger Waffenstillstand in Moçambique sein, weil dort hohe finanzielle Einsätze noch aus der Zeit der Kolonialherrschaft auf dem Spiel standen.

In der Tat setzte unmittelbar nach Unterzeichnung des Nkomati-Vertrages eine intensive Konferenztätigkeit ein. Gleichzeitig intensivierte sich allerdings auch die Kampftätigkeit der RNM, die, wie sich bald herausstellen sollte, unmittelbar vor dem 16. März 1984 noch »einen Schuß in den Arm«, nämlich eine große Waffenlieferung erhalten hatte, nachdem der letzte Jahrgang in Südafrika ausgebildeter Buschkämpfer (angeblich 1200 Mann) noch schnell ins Land eingeschleust worden war. Der damalige stellvertretende Außenminister Südafrikas, Louis Nel, versicherte am 13. Juni ausdrücklich, von jetzt an habe seine Regierung mit der RNM überhaupt nichts mehr zu tun. Auch operierten mit Sicherheit keine Söldner auf eigene Faust von Südafrika aus in Moçambique: »Alle Angriffe auf die moçambikanische Regierung und jeglicher Zusammenbruch von Recht und Ordnung in diesem Land stünden zu unseren eigenen Interessen im Widerspruch.«[17] Erst 14 Monate später lag der Beweis dafür vor, daß Nel damals log.

Machel jedoch, für den der Erfolg von Nkomati zur Existenzfrage geworden war, bewies am 16. Juni durch eine eingreifende Kabinettsumbildung, daß er zu seinem Wort stand: Er setzte sowohl den Innenminister und Politkommissar der Armee, General Guebuza, der in Maputo als Mann Moskaus galt, als auch den Sicherheitsminister Generalmajor Matsinhe, dessen Apparat in enger Zusammenarbeit mit DDR-Beratern aufgebaut und geleitet worden war, ab und ersetzte sie durch gemäßigte Mitarbeiter. Matsinhes Nachfolger wurde Oberst Sergio Vieira, einer der beiden Vorsitzenden der in Nkomati gebildeten gemeinsamen Sicherheitskommission mit Südafrika – ein Weißer. Vieira war schließlich auch Mitglied der von Generalmajor Veloso, dem gleichfalls portugiesischstämmigen Minister für Ökonomie im Büro des Präsidenten, geführten moçambikanischen Delegation, die im Oktober 1984 in Pretoria über einen Waffenstillstand verhandelte. Die RNM-Vertretung wurde von Fernandes geleitet; ihr gehörte, laut Protokoll, auch ein gewisser Mr. Horacio an, den niemand kannte, der aber möglicherweise mit Horacio Leven, dem RNM-Repräsentanten in Köln, identisch war.

Nach einer Schlacht ist jeder General, und so ist im nachhinein nur zu offensichtlich, daß diese Verhandlungen von vornherein zum Scheitern verurteilt waren. Zunächst einmal trafen die Frelimo-Delegierten mit ihren Feinden gar nicht direkt zusammen, sondern sie hielten sich an verschiedenen Orten auf, und die südafrikanischen »Vermittler« eilten hin und her. Schließlich wurden alle dazu überredet, an einer kurzen Pressekonferenz im südafrikanischen Regierungspalast, den Union Buildings, teilzunehmen, um einer Erklärung Glaubwürdigkeit und Gewicht zu verleihen, die der südafrikanische Außenminister »Pik« Botha dort verlas: die Deklaration vom 3. Oktober 1984.

»Weil die südafrikanische Regierung sich verpflichtet hat, für Frieden und Stabilität im südlichen Afrika einzutreten, habe ich, als Minister für Auswärtige Angelegenheiten der Republik Südafrika, mich an die Regierung der Volksrepublik Moçambique gewandt und diese Regierung von Südafrikas Wunsch unterrichtet, in Moçambique Frieden zu sehen. Mir wurde versichert, daß die moçambikanische Regierung meine Gefühle erwidere. Daraufhin wandte ich mich an den moçambikanischen nationalen Widerstand (Renamo), der gleichfalls Interesse an Frieden in Moçambique zum Ausdruck brachte.

Seither habe ich einerseits mit der Regierung der Volksrepublik Moçambique, andererseits mit Renamo Verhandlungen geführt, um eine Basis für Frieden in Moçambique zu erarbeiten, die folgendes enthält:

1. Samora Moises Machel wird als Präsident der Volksrepublik Moçambique anerkannt.
2. Bewaffnete Aktivitäten und Konflikte innerhalb Moçambiques, von welcher Seite auch immer, müssen aufhören.
3. Die südafrikanische Regierung wird darum gebeten zu erwägen, in der Ausführung dieser Erklärung eine Rolle zu spielen.
4. Sofort wird eine Kommission gebildet, die auf eine baldige Verwirklichung dieser Erklärung hinarbeiten soll.

Hier und heute sind Repräsentanten der Regierung der Volksrepublik Moçambique und der moçambikanischen nationalen Widerstandsbewegung anwesend. Diese Erklärung wird mit ihrem Einverständnis abgegeben, und durch ihre Anwesenheit bekunden sie ihr Einverständnis.

Die südafrikanische Regierung ist bereit, bei der Verwirklichung dieser Erklärung eine Rolle zu spielen und an der Arbeit der Kommission mitzuwirken.«

Unter der dreizehnköpfigen südafrikanischen Delegation – sie war bei weitem die stärkste – befanden sich jedoch mindestens drei Männer, die immer noch aktiv in die Guerilla-Tätigkeit der RNM innerhalb Moçambiques verwickelt und entschlossen waren, den Frieden zu verhindern: der stellvertretende Außenminister Louis Nel, der Sekretär des Staatssicherheitsrates Generalleutnant van der Westhuizen und der Chef des militärischen Geheimdienstes (MID), Brigadegeneral van Tonder. (Das Protokoll gab für letztere nur knapp »SADF« an.) Als »ehrliche Makler« waren sie wohl kaum qualifiziert. Dennoch schien eine Woche später das immer noch ohne persönliche Kontakte zwischen Frelimo und RNM ausgehandelte Waffenstillstandsabkommen perfekt. 45 Tage nach seiner Unterzeichnung durch das »Joint Security Committee« (JSC) sollte jegliche Gewalttätigkeit eingestellt werden.

Am Abend des 11. Oktober jedoch bat Fernandes plötzlich um eine Woche Aufschub. Anlaß war ein Telefonanruf aus Lissabon gewesen, von Carlos Mota Pinto, wie Fernandes sagte; und dieser Pinto war kein Geringerer als der (konservative) stellvertretende Premier- sowie Verteidigungsminister in des Sozialisten Soares' Koalitionsregierung. Fernandes behauptete, Pinto habe ihn gebeten, gemeinsam mit dem Frelimo-Delegierten Veloso nach Portugal zu kommen, um vor der Unterschrift noch einige Einzelheiten abzuklären.[18]

Fünf Monate später, auf seiner jährlichen Pressekonferenz für Auslandskorrespondenten anläßlich der Parlamentseröffnung, bestätigte Botha diesen Anruf: »Von diesem Augenblick an hatten wir wachsende Schwierigkeiten.«[19]

Wer in Wahrheit hier Schwierigkeiten machte, ist bis heute freilich nicht völlig geklärt. Fernandes können wir nicht mehr fragen, denn seit April 1988 ist er tot. (Erst am 17. März 1989 wurde ein Angehöriger der moçambikanischen Botschaft in Lissabon des Landes verwiesen, weil die portugiesische Polizei annehmen mußte, daß er in den Mordfall Fernandes verwickelt war.)

Pinto hat unseres Wissens Fernandes' Behauptung nie dementiert. Dennoch hieß es in Südafrika bald gerüchteweise, der Anruf sei von Fernandes' Arbeitgeber Bulhosa gekommen, was freilich schon deshalb unwahrscheinlich ist, weil dessen Stimme Fernandes natürlich vertraut war. Diese Version wurde ohnehin von vielen Beobachtern, auch im Diplomatischen Korps, bald als Erfindung der eigentlichen Anrufer gewertet, nämlich des MID des Brigadiers van Tonder, der schon als Gegner des Nkomati-Vertrages hervorgetreten war und nun den Waffenstillstand habe verhindern wollen. Der Militärische Geheimdienst MID habe einen Anruf Pintos aus Lissabon vorgetäuscht: für die portugiesische Regierung peinlich genug, denn »Pinto und eine Zahl hoher Beamter in Lissabon werden beschuldigt, von wohlhabenden portugiesischen Ex-Kolonialisten geschmiert zu werden, die den Sturz der Frelimo-Regierung wünschen«, berichtete das gewöhnlich verläßliche Johannesburger Wirtschaftsmagazin *Financial Mail*.[20]

Wieder nur einige Tage später, am 1. November, erlebten die in Pretoria akkreditierten Berichterstatter eine weitere seltsame Pressekonferenz. Diesmal hatte die RNM in das Drei-Sterne-Hotel Boulevard gebeten, in dem sonst gewöhnlich der »Pretoria Press Club« tagt. Das mit Spannung erwartete Ereignis fand aber gar nicht statt. Die südafrikanischen Behörden hätten es verboten, erklärte Fernandes, als er endlich erschien, den staunenden Journalisten, »und wir müssen uns an die Vorschriften der südafrikanischen Regierung halten.«[21] Das Verbot war offenbar nur wenige Minuten vor Beginn aus dem Außenministerium gekommen, nachdem RNM-Freund Nel noch am Vorabend ausdrücklich sein Placet gegeben hatte.

Außer Fernandes waren dessen Mitarbeiter Jorge Correia, ein weißer Portugiese aus Lissabon, zwei Herren aus Nairobi (wo es, wie sie behaupteten, 500 weitere RNM-Kämpfer gab) und ein dritter Funktionär anwesend, der naturgemäß die deutschen Korrespondenten besonders interessierte: Arturo Janeiro da Fonseca. Dieser noch jung wirkende Schwarze, der ein wenig deutsch sprach, behauptete nämlich, er sei der offizielle Repräsentant der RNM in der Bundesrepublik.

Ursprünglich war dieser 1945 geborene da Fonseca Seemann gewesen, und zwar gehörte er zur Mannschaft des portugiesischen Passagierdampfers Santa Maria, als dieser im Januar 1961 an der argentinischen Küste von Piraten unter der Führung eines Kapitän Galvao gekapert wurde. Als sich Galvao, der als politischer Gegner Salazars galt, nach zwölf Tagen den Brasilianern ergeben mußte, hißte da Fonseca heldenmütig die portugiesische Fahne auf dem Schiff. Dafür erhielt er von Salazar später einen Orden. Erst 1965 tauchte er wieder auf; diesmal geriet er auf einem Treffen verschiedener nationalistischer Organisationen aus ehemaligen portugiesischen Kolonien in den Verdacht, ein Spitzel des portugiesischen Geheimdienstes PIDE zu sein. Später wurde da Fonseca in Algerien, in Ostdeutschland und in der Tschechoslowakei gesichtet – in Moçambique hingegen scheint er nie gelebt zu haben.[22]

Als nach dieser abgesagten Pressekonferenz, die dennoch zum ersten Mal ein wenig Licht auf die internen Konflikte der südafrikanischen Friedensfürsten – nämlich auf die Spannungen nicht nur zwischen Militär und Außenamt, sondern auch innerhalb des letzteren – warf, die Waffenstillstandsverhandlungen schließlich ganz in sich zusammenbrachen, schalt die RNM den südafrikanischen Außenminister einen »Verbündeten des marxistischen Regimes in Maputo«. »Pik« Botha aber erklärte geheimnisvoll, ausländische Interessen behinderten seine Bemühungen, der Region den Frieden zu bringen.[23]

Völlig ungeklärt blieb unterdessen, inwieweit die RNM-Vertreter in Pretoria überhaupt die RNM-Kämpfer innerhalb Moçambiques repräsentierten, also einen Waffenstillstand – wäre er zustandegekommen – hätten durchsetzen können. Überläufer und gefangene *bandidos* hatten nämlich ausnahmslos von Männern wie Fernandes, Correia oder auch da Fonseca noch nie gehört. Es lag folglich nahe, in den Portugiesen die Kreaturen des PIDE, in den Moçambikanern rund um Dhlakama aber die Marionetten des MID zu sehen, womit der mysteriöse Telephonanruf vom 11. Oktober zu erklären wäre.

Alle drei Regierungen, die protugiesische, die moçambikanische, vor allem aber die südafrikanische, seien elementar an Frieden interessiert, wurde gutgläubigen Ausländern in Pretoria immer wieder beteuert, denn Südafrika habe unter den ständigen Übergriffen der RNM selbst am meisten zu leiden. Seit der Unabhängigkeit Zimbabwes, also seit 1980, zerstörten die Freischärler immer wieder die parallel verlaufenden, insgesamt 1400 km langen Überlandleitungen (davon fast 900 km durch moçambikanischen Busch) vom Zambezi-Staudamm Cahora Bassa, so daß Südafrika auf den vertraglich zugesicherten billigen Strom verzichten müsse. Tatsächlich war in den letzten Monaten vor dem Nkomati-Vertrag überhaupt kein Strom mehr bis zu seinem Ziel, der Verteilerstation »Apollo« in der Nähe Pretorias, gelangt.

Cahora Bassa (früher sagte man Cabora Bassa) ist das Paradebeispiel schlechthin für den Wahnsinn der Entwicklung der letzten Jahre im südlichen Afrika. Schon 1969, als die ersten Verhandlungen dazu geführt hatten, daß ein Konsortium von italienischen, französischen, südafrikanischen und deutschen Firmen den Auftrag zum Bau dieses Mammutprojektes erhielt, wurden durch dieses Vorhaben nicht nur enorme Geldsummen, sondern, vor allem bei den europäischen Linken, in den Vereinten Nationen und in der OAU, auch gewaltige Emotionen in Bewegung gesetzt: Moçambique war damals noch eine (allerdings bereits heftig umkämpfte) portugiesische Kolonie. Das Vorhaben trage unnötig zur Zementierung der Herrschaft des Weißen Mannes im Süden Afrikas bei, wurde moniert.

Als das riesige Kraftwerk jedoch 1977 fertig war und Elektrizität zu produzieren begann, hatten sich die politischen

Vorzeichen umgekehrt: Jetzt war Moçambique eine »befreite« sozialistische Volksrepublik. Dennoch lieferte Cahora Bassa bis Ende 1980 »regelmäßig und zuverlässig«, wie eine offizielle südafrikanische Schrift[24] bestätigt, seine gesamte Kapazität von etwa 1400 Megawattstunden Strom nach Südafrika, das etwa 90 Megawattstunden in das Stromnetz von Moçambique zurückführte, weil man dort noch immer über keine eigenen Transportleitungen verfügte und verfügt. Deshalb hängt die Stromversorgung Maputos immer noch am südafrikanischen Netz und kann von Südafrika aus nach Belieben ein- und ausgeschaltet werden, wie dies vor und nach jedem einzelnen Übergriff südafrikanischer Truppen denn auch geschah.

Genau 526 Tage lang ging alles gut, und Pretoria konnte acht Prozent seines wachsenden Strombedarfs zu extrem günstigem Preis aus Moçambique beziehen. Auf den ersten Blick war also Südafrika der Hauptleidtragende, als die RNM einen Hochmast der Überlandleitung nach dem anderen in die Luft jagte: wie konnte es auch nur denkbar sein, daß Pretoria dahinterstand? Erst im Mai 1984 wurde auch in Südafrika bekannt, daß Portugal und Moçambique allein den gesamten Schaden trugen, da die schon seit dem Bau hoch verschuldete »Hydroelectrica de Cahora Bassa«-Gesellschaft in Lissabon vertragsgemäß einerseits sämtliche Kosten der (vergeblichen) Instandhaltung der Anlage[25] übernehmen, andererseits Südafrika für den Stromausfall entschädigen mußte. Die dem südafrikanischen Energiekonzern Escom entgehenden acht Prozent seines Bedarfs wurden unterdessen durch die Produktion des Kernkraftwerkes Koeberg bei Kapstadt voll und ganz ersetzt. Für Maputo bedeutete der Verlust vor allem eine beträchtliche Schmälerung der Deviseneinnahmen des ohnehin mageren Staatshaushalts.

All diese Einzelheiten wurden erst bekannt, als sechs Wochen nach dem Nkomati-Vertrag die portugiesischen Minister für Finanzen und Auswärtige Angelegenheiten anreisten, um mit Südafrika und Moçambique einen neuen Cahora-Bassa-Vertrag auszuhandeln. »Die Voraussetzungen hatten sich seit der ersten Vertragsunterzeichnung zwischen Südafrika und Portugal am 19. September 1969 so sehr verändert«, kommentiert die offizielle südafrikanische Darstellung nicht ohne Ironie, »daß sie nicht länger die Realitäten im südlichen Afrika widerspiegelten«.[26]

An der Sicherheitssituation innerhalb Moçambiques änderte sich auch durch dieses neue Abkommen allerdings nichts. »Da mehr als die halbe Länge der Leitungen in Moçambique liegt, entfällt auch der größere Anteil an der Verantwortung für ihren Schutz auf diesen souveränen Staat. Selbstverständlich wird Südafrika jedes Ansuchen um Hilfe wohlwollend in Erwägung ziehen«, sagt der Text des dortigen Außenministeriums. »Keine südafrikanischen Truppen für Cahora Bassa«, erklärte jedoch gleichzeitig Vizeaußenminister Louis Nel.[27] Ohne wirksamen militärischen Schutz, den die allseits bedrängte Frelimo längst nicht mehr gewähren konnte, weigerten sich die Reparaturgruppen selbstverständlich, in das unsichere Buschgelände zu gehen, in dem mittlerweile mehrere hundert Hochmasten gesprengt worden waren.

»Es (Cahora Bassa) ist eines unserer wichtigsten strategischen Ziele«, erklärte RNM-»Präsident« Dhlakama noch im Januar 1989 gegenüber der Korrespondentin der *Welt*, die »in einem geheimen Buschcamp« mit ihm sprach, offensichtlich immer noch bemüht, den selbst in den Augen des Reagan-Establishments durch nichts legimitierten Freischärler aufzuwerten. »Denn Südafrika bezahlt der Regierung in Maputo eine nicht unerhebliche Summe für den gelieferten Strom. Damit kauft die Regierung Panzer, Flugzeuge und Waffen. Wenn wir Cahora Bassa sabotieren, unterbinden wir den Zufluß von Devisen für die Rüstung.«[28] Welchen Preis Südafrika oder ein anderes Land denn bezahlen müsse, damit die Renamo ihren Kampf gegen Cahora Bassa einstelle, fragte *Die Welt* – auf eine seltsame Bemerkung des früheren CSU-Chefs

Strauß während dessen umstrittener letzter Reise ins südliche Afrika anspielend, »man« denke daran, die Renamo-Rebellen in Moçambique durch »nützliche Abgaben« (also durch Bestechungsgelder) davon abzuhalten, die Strommasten in die Luft zu sprengen.[29] »Cahora Bassa ist das größte Projekt im südlichen Afrika und kann nicht mit einer Tonne Munition oder für den Preis von 25 000 Dollar ... freigekauft werden ... Frieden ist der Preis, der für Cahora Bassa bezahlt werden muß«, antwortete Dhlakama. Frieden zu den Bedingungen dieses Mannes.

Oder seiner Hintermänner.

Im März 1985, auf einem Gipfeltreffen der sechs Frontstaaten-Führer, gab Machel zum ersten Mal offen zu, daß Nkomati ein Fehlschlag war.[30] Die Situation in seinem Lande war mittlerweile noch sehr viel hoffnungsloser als zur Zeit der Vertragsunterzeichnung vor einem Jahr: wenigstens 100 000 Menschen waren bereits in sinnlosem Gemetzel ums Leben gekommen, weitere Hunderttausende wurden vom Tode bedroht, weil in einer Phase verheerender Dürre alle Versorgungswege zusammengebrochen waren. Weder Machel noch Außenminister Chissano, der heutige Präsident, der von Anfang an sichtbar Distanz gewahrt hatte, beschuldigten jedoch einstweilen die südafrikanische Regierung der direkten Unterstützung der Rebellen. Sie unternehme nur nicht genug, um extrem rechte Gruppen an solchem Tun zu hindern, sagten sie. Wenn das so weitergehe, müsse sein Land »zusammen mit anderen« kämpfen, warnte Chissano. Und niemand zweifelte daran, daß er mit diesen »anderen« die Kubaner meinte. Die Gefahr einer angolanischen Entwicklung stand somit im Raum.

Machel jedoch wandte sich nicht etwa an Havanna oder Moskau, sondern an Washington. Zwei dicke Bände mit Dokumenten hatte er in seinem Gepäck, als er schließlich im September 1985 nach Amerika flog. Seine amerikanischen Gesprächspartner waren beeindruckt und sagten Hilfe zu. Am

19. September empfing Präsident Reagan den Staatsgast zwei Stunden lang und pries diesen anschließend in aller Öffentlichkeit für seine Bereitschaft zum Frieden und zur Aussöhnung mit Südafrika.

Der dortige Außenminister »Pik« Botha, der längst wußte, wie explosiv das Material in Machels Koffer war, wählte, wie so oft in seiner stürmischen Karriere, die Flucht nach vorn. Jawohl, sagte der temperamentvolle »Ehrenoberst« der Luftwaffe, Südafrika habe den Vertrag verletzt, aber nicht die Regierung, sondern ausschließlich das Militär sei schuld. Verteidigungsminister General Malan – der intimste Vertraute des sicherheitsfanatischen Staatspräsidenten – habe bereits die volle Verantwortung übernommen. Die fortgesetzte südafrikanische Unterstützung für die RNM habe in der Versorgung mit Waffen und Munition, in der Lieferung von »humanitärer Hilfe«, wie Nahrungsmitteln und Medikamenten, in der Einrichtung eines Kommunikationsnetzes, im Bau von Luftlandebahnen und anderen Einrichtungen an den Guerillabasen, in Transporten zu Luft wie zu Wasser bestanden, gestand der Außenminister gegenüber dem Korrespondenten der *Los Angeles Times*, Michael Parks.[31] »Wenigstens eine U-Boot-Fahrt für Guerilla-Führer fand statt«; auch sei sein Stellvertreter, Louis Nel, in den zurückliegenden drei Monaten wenigstens dreimal im RNM-Hauptquartier Gorongosa mitten in Moçambique gewesen, was dieser bisher standhaft geleugnet hatte. Bei all diesen Unternehmungen handele es sich indes um nichts weiter als »technische Verletzungen« des Vertrags.

Trotz diesem wahrlich weitgehenden Eingeständnis ließen die internationalen und vor allem die südafrikanischen Journalisten, die man Ende September nach Maputo rief, selbst angesichts der Fülle an Dokumenten, die ihnen da überreicht wurde, immer noch Vorsicht walten: schließlich konnte das alles ja ein geschicktes Täuschungsmanöver der Sowjets sein. »Aber wenn das alles ausgekochte Fälschungen sind, dann sind sie bemerkenswert gut gemacht«, schrieb einer der sorgfältigsten Beobachter der Region, Gerald L'Ange, im *Star*.[32] Die Rede war von Notiz- und Tagebüchern, die bei einem erfolgreichen gemeinsamen Angriff zimbabwescher und moçambikanischer Truppen auf das RNM-Hauptquartier Gorongosa erobert und sichergestellt worden waren, wie Sicherheitsminister Vieira persönlich erklärte.

»Wenn auch nur die Hälfte von alldem wahr wäre, würfe das schon ein vernichtendes Licht auf die Fähigkeit der Exekutive, ihre eigene Wehrmacht zu kontrollieren«, empörte sich der liberale Oppositionsführer Slabbert. »Wer kontrolliert denn überhaupt noch die Sicherheitskräfte?« fragte aber auch die konservative Finanzzeitung *Business Day* in ihrem Leitartikel bestürzt.[33] Präsident Botha jedoch erklärte vor dem Kongreß seiner Nationalpartei in Kapstadt, er glaube dem Oberkommandierenden seiner Streitkräfte, General Viljoen, aufs Wort: »Er ist ein ehrbarer und tapferer Soldat. Ich glaube ihm.«[34] »Ich glaube aber keinem kommunistischen Versuch, General Viljoen oder Vizeminister Louis Nel in Schwierigkeiten zu bringen.«[35]

Das hatten seine beiden Protegés freilich auch ohne »die Kommunisten« längst ganz alleine geschafft. Nel war, wie dieser ja bereits bestätigt hatte, tatsächlich wiederholt ohne Wissen seines Ministers im moçambikanischen Busch gewesen. Noch tiefer involviert aber war das Militär. Eine Eintragung im Gorongosa-Tagebuch: »Der General (kein Name) hat uns empfohlen, uns nicht von Pik Botha täuschen zu lassen, weil der ein Verräter ist. Er hat sogar Chester Crockers Idee zugestimmt, daß Frelimo den Renamo-Mitgliedern eine Amnestie anbieten solle.« Offenbar wurde Minister Botha vom Geheimdienst MID sogar abgehört. Am 6. September 1984 sagte, einer anderen Eintragung zufolge, General Viljoen, daß der Waffenstillstand nach Nkomati nicht in Kraft treten dürfe; auch solle man Amnestie-Angebote der Frelimo keinesfalls annehmen; er stehe »bis zum Endsieg« auf der Seite der

RNM. »Die USA haben ihre Methode im Kampf mit den Russen, wie auch die südafrikanischen Politiker auf ihre Weise gegen den Kommunismus kämpfen. Und wir Soldaten haben unsere Methode...«, so Viljoen.

Durch die Dokumente – an deren Authentizität heute niemand mehr zweifelt, weil allzuviele Details inzwischen bewiesen und, über Monate verteilt, meist auch die entsprechenden personellen Konsequenzen gezogen worden sind – wurden außer Nel (heute ist er in der Privatwirtschaft tätig) und Viljoen, der schon bald »aus Altersgründen« in den Ruhestand ging und durch den etwas älteren General Geldenhuys ersetzt wurde, auch noch General van der Westhuizen (derzeit Botschafter in Chile), Brigadier van Tonder und natürlich dessen untergebener RNM-Führungs-Offizier, Oberst van Niekerk (Roland Hunters Chef), belastet.

Bewiesen war jetzt aber vor allen Dingen, daß der Zivilist Pieter Willem Botha nicht etwa mit dem Kabinett regierte, sondern hinter dessen Rücken (und dem seiner Fraktion) mit einer kleinen Schar vertrauter Beamter aus Sicherheit und Militär. Dieser Kreis – und das war das eigentlich Neue – mußte sogar noch kleiner sein als der für gewöhnlich etwa 12köpfige Staatssicherheitsrat, in welchem einige Minister ex officio Sitz und Stimme haben; so der Außenminister und dessen Staatssekretär. Mit anderen Worten: spätestens seit September 1984, seit Inkrafttreten der neuen Verfassung, war Südafrika dank der Allmacht seines Präsidenten de facto eine Militärdiktatur.

Woraus sich logisch die Frage ergibt, wie »Pik« Botha, der zivile Außenminister, dem die Generalität so offenkundig nicht traute, sich in seinem Amte halten konnte. Innerhalb Südafrikas wird dies unter Kennern gewöhnlich damit erklärt, daß er in Einzelheiten eingeweiht war, die schon 1978 zur Machtergreifung des damaligen Verteidigungsministers führten: die beiden Bothas hätten, wird dort behauptet, sozusagen eine gemeinsame Leiche im Schrank. Denkbar ist allerdings auch, daß man auf einen Mann nicht verzichten wollte, der zu den immer dünner gesäten bleibenden Freunden Südafrikas in aller Welt einigermaßen vertrauensvolle Beziehungen hatte und dem immer noch, auch bei zunehmender Isolation seines Landes, so manche Türe offenstand.

Zum Beispiel in den Vereinigten Staaten von Amerika. Gewöhnlich sehe man in Washington allerdings das südliche Afrika säuberlich in zwei Teile geteilt, höhnte der erfahrene südafrikanische USA-Korrespondent Simon Barber[36] einmal bitter – und sein hartes Urteil trifft mit Sicherheit auch noch auf viele andere Hauptstädte zu: die eine Hälfte der Region werde gemäß dieser simplen Sicht von tyrannischen weißen Neonazis regiert, die andere von unfähigen, bestechlichen und mordlustigen schwarzen Marxisten. Die liberalen Amerikaner hackten mit Vorliebe auf den ersteren, die konservativen auf den letzteren herum. Dadurch ergebe sich zwar eine schöne Ausgewogenheit, man habe den Menschen der betroffenen Region jedoch nichts anderes zu bieten, als genau den gleichen blutigen Konflikt, in dem sie sich ohnehin befänden; also den permanenten Kriegszustand.

Wenn man etwa die *Washington Times* lese, »das wichtigste Schaufenster für entfesseltes kaltes Kriegertum«, könne man den Eindruck gewinnen, die Renamo sei eine Regierung im Wartestand, die bereits riesige Gebiete des Territoriums kontrolliere. Und daß das »glückliche Ereignis« von Machels Tod Moçambique nur deshalb nicht gleich in ein sonnendurchflutetes Hochland Jeffersonscher Demokratie verwandelt habe, weil die »dämonischen Kryptomarxisten« im State Department in Ronald Reagans Ohr Gift geträufelt hätten. Und mit diesen dämonischen Kryptomarxisten, die das Ohr des Präsidenten hatten, meinte man vor allem Unterstaatssekretär Chester Crocker, der als loyaler Diplomat, der er war, unbeirrt nach politischen statt nach militärischen Lösungen suchte.

Auf der langen Liste all jener rechtsextremen amerikanischen Organisationen, die sich teils schon seit 1980 mit Rat, Tat und oft sehr viel Geld für die RNM einsetzten, nimmt die Tageszeitung des Reverend Sun Myong Moon tatsächlich eine wichtige Stelle ein. Als »amerikanischer Agent für Renamo« hat sich zudem der Direktor eines »Moçambique Research Center« in Washington registrieren lassen, ein gewisser Thomas W. Schaaf, der geheime Botschaften Dhlakamas zu übermitteln pflegt. Schaaf arbeitet eng mit Luis B. Serapiao, dem RNM-Sprecher für Amerika, sowie Ray Cline, dem ehemaligen »chief of operations« der CIA, zusammen. Eine andere Organisation, die sich »Free the Eagle« nennt, hat das Moçambique Research Center mit Büroräumen und -material ausgerüstet. Einer weiteren konservativen Gruppe mit Namen »Freedom Inc«, die gleichfalls Geld für die RNM sammelt, steht ein Amerikaner namens Robert C. MacKenzie vor, der in Vietnam als Nahkämpfer eingesetzt war und anschließend als Söldner zuerst der rhodesischen S.A.S., dann den Südafrikanern für Sonderaufgaben diente, und so weiter und so fort. Im September 1986 reisten Schaaf und MacKenzie gemeinsam nach Malawi, von wo aus sie zu Dhlakama stießen, mitten in Moçambique.[37]

Eine solche Abenteuer-Reise in den afrikanischen Busch wird von RNM-Vertretern in der Bundesrepublik auch deutschen Journalisten immer wieder angeboten.[38] Wieso es diesen RNM-Repräsentanten überhaupt gestattet wird, sich bereits seit 1980, also seit Übernahme der RNM durch den militärischen Geheimdienst Südafrikas, ungehindert auf bundesdeutschem Boden zu tummeln, das ist freilich eine Frage, die bis zur Niederschrift dieses Buches nicht überzeugend beantwortet war. Im Dezember 1988 ging der Deutschlandfunk[39] diesem Thema in einem interessanten Beitrag nach.

Radio-Reporter Bernd Girrbach hatte für seine Zeitfunk-Sendung den uns schon aus Pretoria bekannten »Außenminister« der RNM, Arturo da Fonseca, in seiner Wohnung in Eppelheim bei Heidelberg aufgesucht. Dieser stellte sich selbst als »der Verantwortliche für die Politik der Renamo im Ausland« vor: »Ich bin der Chef... Wir verschleiern überhaupt nichts, wir sagen, wir sind eine antikommunistische Organisation.«

»Sie überfallen Lkw-Konvois, Sie sprengen Brücken, Sie sprengen Eisenbahnlinien, Sie sprengen Strommasten«, stellte der Interviewer fest.

»...ja, wir sprengen das, wir sprengen«, antwortete der »Verantwortliche«.

»Sie überfallen Konvois, Lkw-Konvois, wo Zivilisten drinsitzen, die dabei zu Tode kommen. Das stimmt doch?«

Antwort: »In Moçambique gibt es nichts Privates, alles Militär... wir wollen genau die Wirtschaft der Frelimo lahmlegen, kaputt, ja.«

Girrbach stellt Fonsecas Kämpfer als »Khmer Rouges Afrikas« vor: »Allein in den vergangenen zwei Jahren haben sie über 100 000 Zivilisten getötet, viele davon abgeschlachtet und über eine Million ins Ausland getrieben.« Weitere 1,5 Millionen Moçambikaner seien Vertriebene im eigenen Land, das heute nur noch zehn Prozent seiner Bürger ernähren könne. Einhellig hätten deshalb Washington, Moskau, die EG und auch Bonn den Terror der RNM verurteilt, »die durch ihre Politik der verbrannten Erde für die gegenwärtig schwere Versorgungskrise in weiten Teilen des Landes maßgeblich Verantwortung trägt«, wie Girrbach aus einer offiziellen Stellungsnahme der Bundesrepublik vom März 1985 zitiert.

Warum also durfte da Fonseca hier Terror planen, Geld organisieren, Kontakte knüpfen, ja sogar Waffen sammeln? (Zitat: »Lieferung von Waffen und so weiter, das ist meine Arbeit«.) Warum durfte die RNM seit 1981 regelmäßig in Köln und Heidelberg »Gipfeltreffen« und Tagungen abhalten, zuletzt am 27. August 1988? Politische Betätigung sei Ausländern in der Bundesrepublik nicht prinzipiell verboten, stellt der Deutschlandfunk klar.

»Allerdings: das Vorbereiten von Gewaltakten auf deutschem Boden verstößt gegen deutsches Recht und Völkerrecht. Fonseca ist Auslandschef einer Organisation, die Bonn als terroristisch einstuft, und er gibt zu, daß Bewaffnung, Finanzierung und Planung des Guerillakampfes zu seinen Aufgaben zählt. Doch Fonseca und andere Renamo-Agenten in der Bundesrepublik bleiben unbehelligt. In Bonn ist von den Umtrieben der Renamo in der Bundesrepublik ›nichts bekannt‹.«

Ohne Privatinitiative wäre das enthüllende Interview, das außer vom Deutschlandfunk auch von mehreren ARD-Anstalten ausgestrahlt wurde, ganz sicher ohne irgendwelche Folgen im Äther verrauscht. Eine Heidelberger Hörerin fand dessen Inhalt jedoch so empörend, daß sie sich an die Stadtverwaltung von Eppelheim wandte und wissen wollte, warum es diesem Terroristen eigentlich gestattet sei, dort in einem Sozialen Wohnheim für Studentenpaare Waffen zu sammeln und auch sonst einer gewiß strafbaren Tätigkeit nachzugehen. Im zuständigen Einwohnermeldeamt war »der Student« da Fonseca, der in der Tat seit 1981 mit Unterbrechungen an der Heidelberger Universität zunächst für Jura, später für Romanistik und politische Wissenschaften eingeschrieben war, freilich nicht bekannt. Seiner Meldepflicht war der Asylant nicht nachgekommen. Der beunruhigte Bürgermeister, Hugo Giese, ließ sich vom Hessischen Rundfunk eine Tonbandaufzeichnung der Girrbach-Sendung schicken, hörte, erschrak und ging zur Polizei. Das sei doch längst ein alter Hut, wurde ihm dort gelangweilt bedeutet; doch fand die Staatsanwaltschaft des Landgerichts Heidelberg sich schließlich dazu bereit, ein Ermittlungsverfahren wegen eines möglichen Verstoßes gegen den Paragraphen 129 a des Strafgesetzbuches (Bildung terroristischer Vereinigungen)[40] einzuleiten.

Am 24. April 1989 richtete der Abgeordnete Dr. Hermann Otto Solms (FDP) schriftlich folgende Frage an die Bundesregierung: »Ist der Bundesregierung bekannt, daß der Außenminister der moçambikanischen Widerstandsbewegung RNM (auch Renamo) in Eppelheim bei Heidelberg lebt und nach eigener Aussage in einem Gespräch mit dem Deutschlandfunk, gesendet am 14. Dezember 1988, auf dem Boden der Bundesrepublik Deutschland Terror plant, Geld organisiert, Kontakte knüpft und Waffen sammelt?«

Die gleichfalls schriftliche Antwort hatte zwei Teile. Zunächst: »Dem Bundeskriminalamt und dem Bundesamt für Verfassungsschutz liegen keine Hinweise vor, daß Angehörige der Renamo in der Bundesrepublik Deutschland terroristische Aktivitäten vorbereiten.« Doch dann: »Die in einem Rundfunkinterview gemachten Äußerungen des ›Außenministers‹ der Renamo, Arturo Janeiro da Fonseca, zuletzt wohnhaft in 6904 Eppelheim/BW, sind Gegenstand eines von der Staatsanwaltschaft Heidelberg eingeleiteten Ermittlungsverfahrens. Der Ausgang dieses Verfahrens bleibt abzuwarten.«[41]

Nur wenige Tage später wurde der Vorgang an den dafür zuständigen Generalbundesanwalt in Karlsruhe weitergereicht. Dort wurde in den folgenden Wochen die Rechtslage geprüft, was zu einem negativen Ergebnis führte: Das vorliegende Beweismaterial – nämlich das Interview – reiche allein nicht aus, einen Strafbestand nachzuweisen, lautete der Befund. Nach weiteren Beweisen wurde jedoch offenbar nicht gesucht. Mit gleichlautender Begründung stellte schließlich am 10. Juli 1989 auch die Staatsanwaltschaft in Bonn ihre Ermittlungen ein. Dorthin hatte nämlich das Landgericht Heidelberg nach dem Bescheid aus Karlsruhe den Fall überstellt, weil da Fonseca in Eppelheim nicht mehr anzutreffen war. (Er hatte auf eine Räumungsklage hin seine Zweizimmer-Wohnung bereits im November 1988 verlassen.) Und nun hieß es, der zweithöchste RNM-Funktionär sei im Raum Köln/Bonn untergetaucht.

»Herr Arturo«, wie der »Außenminister« sich gewöhnlich nennen ließ, wurde allerdings auch noch in den folgenden Monaten immer wieder sowohl in Eppelheim und Heidelberg als auch in Frankfurt gesehen, und noch am Abend des

6. September 1989 stürmte er in Begleitung eines Mitstreiters in den Saal des Eppelheimer Gasthauses »Zur Linde«, in dem sich der Ortsverband der »Grünen« mit einigen Dritte-Welt-Gruppen versammelt hatte, um die Lage in Moçambique zu diskutieren, und konnte erst nach einer Stunde erregter Debatten wieder an die Luft gesetzt werden. Diesem Auftritt vorausgegangen waren mehrere Anfragen der »Grünen« im Landtag wie im Bundestag. Die »Kleine Anfrage« der Abgeordneten Frau Eid beantwortete der Bundesminister des Inneren am 18. Juli (also erst nach Einstellung aller Ermittlungen) ausführlich.[42]

An der Haltung der Bundesregierung gegenüber der Renamo habe sich nichts geändert, heißt es in der schriftlichen Antwort. Somit gilt auch weiterhin die Erklärung vom März 1985: »Nach Erkenntnissen der Bundesregierung richten sich die Aktivitäten der Renamo in erster Linie gegen die Zivilbevölkerung, gegen die sie in besonders brutaler Weise vorgeht. Es gibt überzeugende Hinweise dafür, daß die Renamo durch ihre Politik der verbrannten Erde für die gegenwärtig schwere Versorgungskrise in weiten Teilen des Landes maßgeblich Verantwortung trägt«, war damals ausdrücklich festgestellt worden. Erst auf Presseberichte hin sei gegen da Fonseca, der seit 1980 das Asylrecht genieße, ein Ermittlungsverfahren eingeleitet worden. Möglichkeiten, Versammlungen der RNM-Spitze, wie etwa das »Gipfeltreffen« der Bewegung im Oktober 1988 in einem Heidelberger Hotel, zu untersagen, sehe die Bundesregierung nicht. Denn sie sei »nicht zuständig für die Durchführung des Versammlungsrechts«.

Doch erfahren wir auf einmal, daß RNM-Führer Afonso Dhlakama seit Mai 1989 »aus den in Paragraph 18 Abs. 1 des Ausländergesetzes genannten Gründen in der Sichtvermerksliste zur Zurückweisung ausgeschrieben« ist. Auf wessen Veranlassung dieses Einreiseverbot angeordnet wurde – diese ausdrücklich gestellte Frage indes blieb unbeantwortet. Sollten, wie schon 1983, erneut die Amerikaner dahinter stecken? Es sei jetzt offensichtlich das Ziel der CIA, die Renamo von ihren südafrikanischen Führungsverbindungen abzutrennen und dann zu Friedensverhandlungen mit Maputo zu zwingen, berichtete am 7. Juli 1989 die in London erscheinende Zeitschrift *Africa Confidential*[43], nachdem, infolge des bereits erwähnten Berichts über die Terrororganisation, das State Department in der innenpolitischen Auseinandersetzung über die Grundsätze amerikanischer Moçambique-Politik wohl endgültig den Sieg davongetragen habe. Bei seinem Treffen mit Chissano in Songo[44] habe Präsident Botha versprochen, mit der Unterstützung der Rebellen wirklich Schluß zu machen.

Den letzten und »stärksten« Beweis für diese Theorie sieht *Africa Confidential* im bisher ersten und einzigen Kongreß der Resistencia Nacional Moçambicana, der vom 5. bis zum 9. Juni 1989 in Gorongosa in Zentralmoçambique stattfand. Dort wurde die Führungsspitze der Bewegung völlig umgebaut. Der »Parteitag« ernannte ein neues, vier Mann starkes »Kabinett«, einen zehnköpfigen »Nationalrat« und mehrere neue Ressortleiter. Da Fonseca, der durch sein eigenes törichtes Bramarbasieren in der Bundesrepublik Deutschland untragbar und somit für seine Organisation unbrauchbar geworden war, wurde durch den ehemaligen »Generalstabschef« der Rebellenarmee, Raul Manuel Domingos, ersetzt. »Der Sturz Fonsecas wäre undenkbar gewesen, wenn nicht sein südafrikanischer Mentor, Brigadier Charles van Niekerk, entweder dem zugestimmt hätte oder selbst zuvor neutralisiert worden wäre«, schreibt *Africa Confidential* hierzu.

Wie lange hätte der ewige »Student« Arturo wohl noch ungehindert seinem vielschichtigen Treiben nachgehen können – diese Frage bleibt –, wäre nicht in Washington die Stimmung umgeschlagen? Wer hatte den »Asylanten« durch all die achtziger Jahre gedeckt? Wer hatte diesem Agenten des südafrikanischen militärischen Geheimdienstes so lange die Stange gehalten? In ihrer Kleinen Anfrage verlangt Frau Eid auch hierzu Auskunft: »Laut ZDF-Sendung vom 8. Dezember 1988 mit dem Titel ›Wer ließ Dulcie S. ermorden?‹ sind der Renamo durch Herrn R., einen Mitarbeiter des Bundesnachrichtendienstes, Gelder in Höhe von 10 Millionen DM für Waffenkäufe zur Verfügung gestellt worden. a) Hat es diese oder irgendeine andere Zusammenarbeit zwischen dem Bundesnachrichtendienst und der Renamo gegeben? b) Trifft es zu, daß die Renamo Mittel des Bundesnachrichtendienstes erhalten hat? Wenn ja, wie hoch waren die Zuwendungen? c) Wer ist innerhalb des Bundesnachrichtendienstes befugt, solche Entscheidungen zu treffen? d) Welche personellen Konsequenzen wird die Bundesregierung ziehen? e) Was gedenkt die Bundesregierung zu unternehmen, um eine Unterstützung der Renamo durch den Bundesnachrichtendienst oder andere staatliche Stellen, private Unternehmen oder Privatpersonen zu verhindern?« Und später: »Sind Aktivitäten der Renamo in der Bundesrepublik Deutschland Gegenstand des Interesses und der Beobachtung des Verfassungsschutzes?«[45]

Die Antwort war erneut kurz und bündig: »Die Bundesregierung erteilt Auskünfte über Einzelheiten der Arbeit der Nachrichtendienste nur in den dafür vorgesehenen parlamentarischen Kontrollgremien.« Eine deutliche Distanzierung wäre vertrauenerweckender und überzeugender gewesen.

Bereits einen Monat vor dem Deutschlandfunk wandte das Zweite Deutsche Fernsehen sich zunächst nach Pullach (an den Bundesnachrichtendienst: keine Auskunft, war die Antwort) und anschließend an den im Kanzleramt offenbar noch immer für »die Dienste« zuständigen Staatssekretär Schrekkenberger: »Ihre Fragen beziehen sich auf Gegenstände, die nachrichtendienstlich-operativen Charakter haben«, winkte dieser, nicht allzu diplomatisch, ab.[46] (Schreckenberger schied erst Ende April 1989, nach 7 Jahren Amtszeit, aus dem Bonner Aufgabenbereich und lehrt jetzt Rechtsphilosophie, Rechtspolitik und Gesetzgebungslehre an der Hochschule für Verwaltungswissenschaften in Speyer.)

Schon im Frühjahr 1988, als sich rund um die Ermordung Evo Fernandes' die ersten Zerfallserscheinungen der Auslands-RNM manifestierten und eine Reihe ihrer Führer zur moçambikanischen Regierung überlief, kam der bis dahin wichtige Funktionär Paolo Oliveira in Maputo zu Wort: »Bei einer Sache, von der ich weiß, war etwa eine Million Dollar im Spiel, die vom BND bereitgestellt worden waren, um Luftschutzeinrichtungen zu kaufen. Es handelte sich um Raketen des Typs SAM-7, die auf dem Schwarzmarkt gekauft (werden) und aus Polen kommen sollten. Diese Raketen kamen letztlich nie bei der Renamo an. Aber Arturo Jareira da Fonseca erzählte mir am 18. 8. 87 in Lissabon – er war schon ziemlich betrunken –, daß er deshalb in die Schweiz gefahren sei, um 90 000 Dollar von einem Nummernkonto abzuheben, das der Bewegung gehörte.« So weit zitiert der Deutschlandfunk (in unzulänglicher Übersetzung) den Ex-Rebellen, der aber später, im gleichen Interview auch noch einen Namen nannte: einen Wolfgang Richter vom BND.[47] Am 30. Oktober 1988 bestätigte auf einer weiteren Pressekonferenz in Maputo der gleichfalls übergelaufene bisherige Leiter der RNM-Mobilisierungsabteilung Chanjunja Chivaca Joao die Aussagen Oliveiras bis ins Detail. Eine weitere Figur aus Geheimdienstkreisen, ein Dr. Ludwig Holger Pfahls, hat nach Angaben des *Indian Ocean Newsletter* Mitte 1986 ein RNM-Treffen in Köln unterstützt.[48] Der Verfasserin sind wenigstens vier weitere BND-Mitarbeiter persönlich bekannt, die sich in der einschlägigen Zeit im südlichen Afrika aufhielten und dort tätig waren.

Es kann und soll jedoch nicht die Sache dieses Berichts sein, die gewiß oft verdienstvolle Arbeit des nationalen Nachrichtendienstes unnötig zu erschweren. (Ein Staat, der ohne derartige Institutionen auskäme, ist noch nicht erfunden.) Vielmehr wäre es die Aufgabe der zuständigen Behörden, in aller Stille selbst sehr genau zu überprüfen, wer da – und in wessen Auftrag – die offizielle Bonner Politik, zu Lasten des Ansehens der Bundesrepublik in aller Welt, systematisch unterminiert. Erhält die RNM Unterstützung vom »Dienst« oder nur von einzelnen Dienern im Dienst? Und wessen Diener sind das wohl? *Der Spiegel*[49] stellte in seinem Bericht über den Besuch des amerikanischen Unterstaatssekretärs Frank Wisner 1983 ungestraft die Vermutung an, »der BND reagiere dort (im fernen Afrika) weniger auf Bonner Anweisungen als auf Signale aus München: Die alte CSU-Seilschaft, vor Jahren mit Hilfe von Franz Josef Strauß in der Pullacher BND-Zentrale installiert, hat die dreizehn Jahre sozialliberaler Regierung offenbar unbeschadet überdauert. Der BND, so hielt der Amerikaner Kohls Staatssekretär vor, unterstütze in Moçambique die Politik Südafrikas, das Regime des Präsidenten Samora Machel zu stürzen.«

Bis Ende 1984, also noch eine gute Weile nach dem Nkomati-Vertrag, galten die intimen Verbindungen der CSU-nahen Hanns-Seidel-Stiftung zu UNITA wie zu RNM im südlichen Afrika als allgemein bekannt. Mehrere südafrikanische Tages- und Wochenzeitungen berichteten ebenso regelmäßig über diese Kontakte, wie auch die häufigen Besuche des CSU-Chefs Strauß – des »German Prime Minister«, wie ihn, leicht mißverständlich, aber sicher nicht ganz unbeabsichtigt, die regierungsnahe Presse zu titulieren pflegte – bei seinen Freunden in Südafrika und Namibia genauestens registriert wurden. Erst nach dem Scheitern der Waffenstillstandsverhandlungen durch »ausländische Interessen, die seine Politik behinderten«, unternahm »Pik« Botha, der, wie seine Mitarbeiter bestätigten, von dem Wunsch geradezu besessen war, sein Abkommen am Leben zu erhalten, eine Reihe aktiver Rettungsversuche. Er flog zu den Komoren, über die offenbar beträchtliche Geldmengen gleich mehrerer islamischer Länder an die moçambikanischen Terroristen »kanalisiert« wurden, er redete mit den Regierungen Portugals und Malawis, und »Botha führte auch Gespräche mit dem alten Freund der süfafrikanischen Regierung, dem bayerischen Ministerpräsidenten Franz

Josef Strauß, dessen Christlich-Soziale Union aktiv sowohl die RNM als auch die angolanische Rebellenbewegung UNITA unterstützte«[50].

In Südafrika wie Moçambique ging man damals davon aus, das Geld aus Bayern werde über Privatleute in Südafrika jeweils an seine Adresse weitergeleitet, »und schon mit einem Rand kann man in Moçambique eine Menge anrichten«[51].

1984 hatte Strauß noch aus den Händen des südafrikanischen Außenministers den Orden der »Guten Hoffnung« entgegengenommen, die allerhöchste Auszeichnung, die die Republik am Kap der Stürme an Ausländer zu vergeben hat. Dennoch blieben Zweifel bestehen, ob der Bayer die Bitte seines Burenfreundes jetzt auch tatsächlich im Detail erfüllte oder ob er lediglich auf andere (Um-)Wege sann. Nur allzugut war nämlich auch zehntausend Kilometer von Bonn entfernt bekannt, daß Strauß nach der sogenannten Wende (Oktober 1982) gern deutscher Außenminister geworden wäre. Als der bereits seit 1974 amtierende AA-Chef Hans-Dietrich Genscher jedoch auch unter Bundeskanzler Kohl seine bisherige Afrika-Politik aus sozial-liberalen Tagen unverändert fortsetzen durfte, blieb Strauß gleichfalls unverändert in Opposition; das heißt, er verlegte sich auf Obstruktion. Und da ihm das ersehnte Außenamt nun einmal verschlossen blieb, bediente er sich zur Durchsetzung seiner Ideen und Ziele (der Rettung der »weißen Kultur« am Kap vor dem roten Expansionismus und den schwarzen Barbaren) des im Bonner Proporz seiner Partei anheimgefallenen Ministeriums für wirtschaftliche Zusammenarbeit (BMZ). Bonn hatte – zu seinem nicht geringen Schaden – fortan eine doppelte Afrikapolitik.[52]

Verdeutlicht wurde diese mißliche Lage jeweils durch das in aller Öffentlichkeit ausgetragene Gerangel um die Besetzung der Botschaft am Kap. Kurz vor den vorgezogenen Wahlen vom März 1983, als sich der bajuwarische Traum endlich zu erfüllen schien, mußte der liberale Botschafter in Pretoria, um ihn vor seinem künftigen Chef in Schutz zu nehmen, flugs gegen einen konservativen Hanseaten an einem Ort ausgetauscht werden, für den Strauß kein Interesse hatte. Vier Jahre später wiederholte sich das Spiel: Nachdem Genscher seinen Afrika-Beauftragten in der Koalition gegen die CSU nicht hatte durchsetzen können, schickte Bonn einen gestandenen Diplomaten aus dem Kanzleramt gen Süden. Dieser berichtete fortan an den Bundeskanzler, sein erster Botschaftsrat informierte den Außenminister, und natürlich gab es da auch noch einen Dritten im Bunde, der die direkte Verbindung zu München unterhielt.

Als Beweis für den Fortbestand intensiver CSU-Kontakte mit der RNM wird gewöhnlich ein Brief zitiert, den die Illustrierte *Stern* im Januar 1988 veröffentlicht hat.[53] In diesem Schreiben teilt der Leiter des CSU-Büros für Auswärtige Angelegenheiten, Dieter A. Schmidt, im Auftrage seines Parteivorsitzenden dem RNM-Vertreter in Nairobi, Francisco Nota Moises, mit, »daß wir schon in direktem Kontakt mit dem Präsidenten und Oberbefehlshaber Ihrer Organisation in der ›Casa Banana‹ und deshalb ständig und ausreichend über die Probleme Ihrer Organisation informiert sind.« Schmidt hob, laut *Stern*, »die Wichtigkeit der von Ihnen geforderten Unterstützung sowohl in der Bundesrepublik als auch in West-Europa« hervor und gab der Hoffnung Ausdruck, »daß auch andere Politiker der westlichen Welt Ihr Anliegen nicht ignorieren werden«. Nach einer Einladung zum Gespräch habe Schmidt mit folgenden Worten geschlossen: »Ich wünsche Ihnen viel Glück und Erfolg für Sie selbst und für Ihre schwierige und bedeutende Aufgabe.«

Wie ungelegen diese Veröffentlichung kam, verrät die ungewöhnliche Eile, mit der sie dementiert wurde. Noch am Vorabend des Erscheinungsdatums leugnete CSU-Sprecher Rosenberg diesen *Stern*-Bericht: »Es gab und gibt keine Unterstützung für die ›Renamo‹ in Moçambique«, erklärte er, und ähnliches gab auch die Hanns-Seidel-Stiftung eiligst zu Protokoll. Unter Beachtung internationaler Gepflogenheiten habe der CSU-Chef lediglich »eindeutig und klar« einen Gesprächswunsch abgesagt.[54] Strauß selber berichtete in seinen Erinnerungen[55] nur von einem einzigen Zusammentreffen mit dem Präsidenten der RNM, das erst drei Monate später zustandegekommen sei, wie er überhaupt bemerkenswert wenig von seinem Lieblingsspielzeug, dem südlichen Afrika, erzählt: »Im April 1988 suchte mich in München Afonso Dhlakama, der Führer der Renamo, zu einer Unterredung auf. Bis dahin hatte ich weder zu ihm noch zu seiner Organisation Kontakt gehabt. Ich stellte ihm die Frage, ob er zu einer Art Waffenstillstand bereit und an einer Vermittlung interessiert sei. Die Behauptung, seine Organisation führe terroristische Aktionen durch, wies Dhlakama ebenso entrüstet wie unglaubwürdig zurück. Grundsätzlich bekundete er seine Bereitschaft, den blutigen Kampf einzustellen; er hatte wohl eingesehen, daß ein Sieg für ihn ausgeschlossen ist. Die Veränderung der politischen Situation im südlichen Afrika und die Bereinigung des Verhältnisses zwischen der Republik Südafrika und Moçambique berauben ihn zunehmend früherer Unterstützungen. Der Renamo-Führer erklärte sich bereit, ein Abkommen über die Sicherheit der Eisenbahnlinie zwischen Maputo und Johannesburg und über die Stromleitungen vom Cabora-bassa-Staudamm abzuschließen. Da er jedoch kein Vertrauen zu Pretoria mehr habe und schon gar kein Vertrauen zu Chissanos Frelimo-Regime, bitte er mich, zu einer Konferenz aller Beteiligten einzuladen und die Verhandlungen zu leiten. Das ist der gegenwärtige Stand der Dinge.« (Strauß diktierte diese Sätze vermutlich an seinem letzten Arbeitstag, dem 22. September 1988.)

Anlaß des unbequemen *Stern*-Berichtes war nämlich die letzte Afrika-Safari des bayerischen Großwildjägers (Schmidt reiste mit), die dieser endlich einmal nicht im Alleingang pirschend, sondern »auf ausdrückliches Bitten« des Bundeskanzlers unternahm. Dieser hatte sich nur zwei Monate zuvor selbst für einige wenige Stunden in Maputo aufgehalten (als erster westlicher Regierungschef nach 13 Jahren Unabhängigkeit!) und wünschte nun, daß auch Strauß seine Vorurteile begrabe und sich vor Ort über die schwierige Lage des Landes informiere und sich von den freundschaftlich-friedliebenden Absichten der bedrängten Regierung überzeuge. Erst kürzlich hatte der amerikanische Afrika-Experte, Unterstaatssekretär Chester Crocker, Moçambique den »kooperativsten Partner im südlichen Afrika« genannt und eine baldige Reise seines Ministers nach Maputo angekündigt: »schon bald nach Kohls Besuch«[56]. Was diese erste Etappe, nämlich Moçambique betraf, war die umstrittene Strauß-Reise ganz sicher eine kluge Idee.

Und sie erfüllte auch ihren Zweck. Augenblicklich sagte der bayerische Ministerpräsident dem sympathischen moçambikanischen Präsidenten, der ihn offen und herzlich empfing, die erwünschte Hilfe zu, und zwar in Höhe von genau jenen 69 bis 72 Millionen Mark, die im Bundeshaushalt ohnehin für diesen Zweck längst vorgemerkt waren, jedoch einem Sperrvermerk unterlagen – auf Wunsch der CSU.[57]

Dazu Strauß: »Meine Gespräche in der Republik Südafrika und in Moçambique haben den dünnen Verhandlungsfaden zwischen den beiden Staaten verstärkt. Die Möglichkeiten zur Beilegung der Konflikte zwischen Südafrika und Moçambique haben sich konkretisiert, eine Reihe bilateraler Gespräche wurde eingeleitet. Einer der wichtigsten Punkte meiner langen Gespräche war ein möglicher Ausgleich zwischen der Regierung Chissano und der Renamo-Bewegung. Die Regierungen in Maputo und Pretoria baten mich, meine Einflußmöglichkeiten in Afrika geltend zu machen, um die Renamo zu einem Stillhalten zu bewegen. Dabei denkt man in beiden Ländern durchaus auch an das klassische Rezept von Tributzahlungen: Laßt ihr unsere Eisenbahnlinien und unsere Stromleitungen in Ruhe, so kann uns dies durchaus bares Geld wert sein!«[58]

Allmählich setzte sich in der folgenden Zeit auch der festgefahrene Nkomati-Karren wieder in Gang. Im Februar besuchte eine Drei-Länder-Delegation (Moçambique, Südafrika und Portugal) den Staudamm Cahora Bassa und verabredete weitere Verhandlungen. Im Mai wurde vereinbart, eine neue Gesellschaft zu gründen, an der neben anderen auch der britische Konzern Lonrho beteiligt sein sollte, welcher bereits in anderen Krisengebieten Verantwortung übernommen hatte, so zum Beispiel für die Sicherung der Beira-Linie. Eine private Wach- und Schieß-Gesellschaft sollte von jetzt an mit dem Schutz der Anlagen und der Leitungen beauftragt werden, und zum ersten Mal sagte auch Südafrika materielle Hilfe zu.[59]

Diese Änderung in der Haltung Pretorias war freilich nicht das Ergebnis eines plötzlichen Sinneswandels, sondern der dramatischen Entwicklung, die sich gleichzeitig auf der anderen Seite des Subkontinentes vollzog. Dort in Angola hatte das südafrikanische Militär eine erste ernste Schlappe erlitten, und die Position der Falken war fürs erste derart geschwächt, daß die Tauben ihre Stunde gekommen sahen: ganz bewußt stilisierten sie jetzt Cahora Bassa zur Testfrage einer neuen Außenpolitik, nämlich der Bereitschaft Pretorias zu friedlicher Nachbarschaft mit seinen afrikanischen Nachbarn empor.[60] Im September schließlich reisten die beiden Bothas, der Präsident natürlich mit seinem Schatten Malan, gemeinsam nach Moçambique: zu einem Arbeits- und nicht zu einem Staatsbesuch, wie Optimisten in »Piks Kindergarten«, dem Außenministerium, ursprünglich erwartet hatten. Aber immerhin. Diese feine Unterscheidung tat der Bedeutung des Ereignisses jedenfalls kaum Abbruch, handelte es sich doch um die allererste Reise des seit genau zehn Jahren regierenden, sich angeblich als Teil Afrikas fühlenden südafrikanischen Staatspräsidenten in irgendein afrikanisches Land.

War Botha unter dem Zwang des Rückschlags in Angola und Namibia reumütig zu Vorsters außenpolitischer Linie zurückgekehrt, oder wollte er nur von dem offensichtlichen Scheitern seiner Aggressionspolitik durch neue Initiativen ablenken und es »der südafrikanischen Öffentlichkeit erleichtern, notwendige schmerzhafte Kompromisse in den Verhandlungen um eine Friedenslösung um Angola und Namibia einzugehen«, wie Robert von Lucius in der *FAZ* es sah?[61] Was auch immer der tiefere Beweggrund des inzwischen 72jährigen, nicht mehr gesunden Staatschefs gewesen sein mag, er mußte weit über seinen eigenen Schatten springen, um folgenden Satz über seine Lippen zu bringen: niemand, der »die Interessen des südlichen Afrika im Herzen« habe, sollte die Stromleitung von Cahora Bassa unterbrechen.[62] Nur ein Jahr war es schließlich her, daß sein großer Intimus Malan, ausdrücklich an Moçambique gerichtet, das genaue Gegenteil behauptet hatte: »Es gibt prowestliche Gruppen, die mit dem sowjetischen Expansionismus im südlichen Afrika konfrontiert sind, aus eigenen Kräften jedoch nicht überleben können. Wenn solche Gruppen Südafrika um Hilfe rufen, dann muß diese grundsätzlich erwogen werden, wobei Faktoren ins Gewicht fallen, die der Region letztendlich Stabilität und Frieden bringen werden.«[63] Die Pax Pretoriana nämlich der »totalen Strategie«.

Um den Arbeitscharakter des Besuches zu unterstreichen, hatte man sich in Songo, in der Tete-Provinz, am Fuße des gigantischen Staudammes getroffen. Nachdem der moçambikanische Präsident eine Gegeneinladung angenommen hatte, reiste das südafrikanische Trio nach Malawi weiter, jenem einzigen afrikanischen Staat, mit dem Süfafrika seit mehr als zwanzig Jahren volle diplomatische Beziehungen unterhält. (Südafrikanische Handelsmissionen gibt es mittlerweile in einer ganzen Reihe afrikanischer Länder, selbst in Moçambique.)

So durchsichtig ungetrübt wie noch vor kurzem war das Verhältnis zwischen diesen guten alten Freunden allerdings schon längst nicht mehr: Inzwischen war es mehr als fraglich geworden, ob die einseitige Ausrichtung pro Südafrika dem armen kleinen Binnenländchen nicht mehr Schaden als Vorteile eingebracht hatte. Denn zu Hunderttausenden strömten hungernde Flüchtlinge aus Moçambique über die offenen Grenzen des politisch wie wirtschaftlich labilen, zur Ernährung all dieser Menschenmassen unfähigen Bauernlands. Sie waren die Opfer jener »antikommunistischer« Bewegung, die seit Jahren die volle Unterstützung des greisen »Ngwazi« (des Erlösers, wie er sich selber genannt hatte), nämlich des seit der Unabhängigkeit 1964 autokratisch regierenden Präsidenten auf Lebenszeit, Dr. med. Hastings Kamuzu Banda, genoß – der RNM.

Ausdrücklich war von dieser Hilfe im Nkomati-Vertrag die Rede gewesen, denn die Vertragspartner hatten sich dort (im Paragraphen 3 des Artikels 3) expressis verbis dazu verpflichtet, auch das Territorium dritter Staaten nicht zur Infiltration des jeweils anderen zu benutzen. Darüber, daß mit diesem Punkt nur Malawi gemeint sein konnte, bestand unter sämtlichen Kommentatoren damals Einigkeit. Es waren die an das ehemalige Nyassaland angrenzenden Provinzen, in denen seit Jahren die RNM am stärksten war, und ortsansässigen Beobachtern waren die unüberhörbar dröhnenden regelmäßigen Transportflüge von Zomba, der ehemaligen Landeshauptstadt, in der der Präsident noch immer residierte, seit langem bestens bekannt. Dies war schließlich auch der Weg, auf dem bereits mehrere als zuverlässig antikommunistisch eingestufte Journalisten ins Kampfgebiet eingeschleust worden waren, um an der Propaganda-Mär mitzuweben.

Was sich jedoch keineswegs von selbst verstand, war die Bereitschaft Präsident Bandas, sich, zu seinem ganz offensichtlichen Nachteil, im Interesse Südafrikas derart zu exponieren. Auch Malawi ist nämlich ein Binnenland, das zwar über den drittgrößten See Afrikas verfügt, aber für seinen Außenhandel völlig von seinen Nachbarn abhängig ist. Und diese sind im Norden und Osten Tanzania, im Westen Zambia, im Südwesten, Süden und Osten Moçambique. Ohne ein freundschaftliches Arrangement mit allen dreien konnte und kann das kleine Ländchen mit seinen etwa sieben Millionen Einwohnern und ohne nennenswerte Bodenschätze auf die Dauer kaum friedlich bleiben, denn in all diesen Nachbarstaaten lauerte machtlüstern der durch Bandas Polizeimaßnahmen aus dem Lande getriebene Widerstand seit Jahren auf das Ableben des zähen alten Herrn, dessen Alter als Staatsgeheimnis galt. Zählte man seine Lebensdaten zusammen – unter Diplomaten und Journalisten ein beliebtes Spiel –, dann kam etwa das Geburtsjahr 1897 heraus, und Bandas Biograph Phillip Short gibt den Februar 1898 als das wahrscheinlichste Geburtsdatum an.

Warum Malawi seiner Lage zum Trotz so beharrlich die RNM unterstützte, schien lange ein unlösbares Rätsel zu sein. Zum Teil erklärte man sich dieses irrationale Verhalten mit Bandas persönlichem Lebenslauf: Nachdem er wegen versuchten Betrugs beim Examen von seiner Schule gejagt worden war, hatte der junge Mann umgehend beleidigt das Land verlassen und war zu Fuß ins gelobte Goldgräberland am Kap gepilgert, um dort das große Geld zu verdienen für den Sprung zum Medizinstudium an einer amerikanischen Universität. Nachdem ihm diese fraglos beachtliche Leistung gelungen war, liebte er nicht nur Südafrika, sondern er haßte auch alles von ganzem Herzen, was irgendwie nach Kommunismus roch, beteuerten Freund wie Feind. Vielleicht habe Pretoria aber auch dem treuen Vasallen, der noch im Alter von neunzig Jahren nicht nur Präsident, Partei- und Regierungschef, sondern auch noch sein eigener Außen-, Verteidigungs-, Landwirtschafts- und Versorgungsminister war, ein gutes Stück von Moçambique für den Tag versprochen, da dieses Kunstgebilde auseinanderfalle, nahmen einige Beobachter an – nämlich die Nachbarprovinz Niassa, die sicher wirklich einmal Teil des alten Königreiches Marawi gewesen war, vielleicht aber auch den ganzen Norden, Cabo Delgado und Nampula und somit den ersehnten Zugang zum Meer?

Nachdem Banda Ende 1984 seinem Staatsgast Samora Machel hoch und heilig versprochen hatte, seine Regierung werde die Rebellen bekämpfen, ohne daß das Geringste geschah, kam es zwei Jahre später schließlich zum Krach: Drei der sechs Frontstaaten-Führer – Kenneth Kaunda aus Zambia, Robert Mugabe aus Zimbabwe und natürlich der Marschall von Moçambique, letzterer in voller Kampfuniform, offen mit Raketen drohend – sprachen persönlich bei Banda vor und setzten ihm die Pistole auf die Brust. Doch der Erlöser leugnete auch weiterhin jede Kenntnis von einer Verbindung seiner von Südafrikanern ausgebildeten kleinen Armee zu den Freischärlern der RNM. Allerdings könne es ja sein, gab er schließlich zögernd zu, daß die Bevölkerung die offene Grenze, die mitten durch ihr Stammesgebiet schneide, nicht gebührend respektiere. Einige Menschen hätten wohl Verwandte, die seien am Morgen Malawier, aber vielleicht etwas ganz anderes in der Nacht.[64]

Das stärkste Argument, das der greise Tyrann für seine Unschuld anführen konnte, war der Schaden, den sein eigenes Land durch die moçambikanischen Unruhen hatte: Auch für die malawischen Transporte waren natürlich nun schon seit Jahren die Verkehrswege zum Indischen Ozean blockiert. Fast der gesamte Außenhandel mußte deshalb auf Straßen und Schienen durch das Gebiet der Nachbarländer und weiter bis nach Südafrika und zu den dortigen Häfen geleitet werden. 40 Prozent aller Deviseneinnahmen (meist aus Tabak, Zucker und Tee) fraßen die Transportkosten auf, und 40 Prozent aller Importe kamen notgedrungen aus der Burenrepublik. Immer wieder mußte Pretoria mit großzügigen Darlehen dafür sorgen, daß Malawi als Markt nicht zusammenbrach.

Eine Änderung dieser absurden Lage brachte erst der Tod Machels. An diesem Tag, dem 19. Oktober 1986, eignete sich der südafrikanische Außenminister ohne Genehmigung der zuständigen Luftfahrtbehörden offenbar am Unfallort einige Dokumente an, aus denen klar ersichtlich war, daß unter Malawis verzweifelnden Nachbarn die Geduld zu Ende ging.

Infolgedessen hatten sie erwogen, das Binnenländchen genau auf die gleiche Weise mit seiner verkehrspolitischen Lage zu erpressen, wie Südafrika das mit ihnen tat.

Banda erfuhr von diesem Plan, wie uns in Lilongwe bestätigt wurde, nicht etwa früher als der Rest der Welt, sondern auch erst am 6. November, als Botha den Zeitpunkt für die Veröffentlichung der geheimen Papiere gekommen sah. Das muß ein großer Schock gewesen sein, denn damit wurde dem »Ngwazi« nicht nur klargemacht, wie gefährlich seine einseitige Außenpolitik auf die Dauer war, sondern auch, wie verächtlich Pretoria selbst mit seinen treuesten Dienern umspringen zu dürfen glaubte, wenn es um die eigenen Großmachtinteressen ging. Ganz als wäre Banda ein dahergelaufener *homeland-Führer* und Lakai und nicht der Erlöser der Region.

Zahlreiche RNM-Partisanen mußten nach dieser traumatischen Erfahrung auf Befehl der Regierung Malawi räumen, was freilich zu vermehrten Kämpfen in den Grenzgebieten führte und zu einem verstärkten Flüchtlingsstrom. Mit den Nachbarn schloß Bandas Vertrauter John Tembo (der Onkel seiner Lebensgefährtin und schon lange ein einflußreicher Mann) nacheinander weitreichende Sicherheitsverträge ab. Vor allem mit Moçambique. Es folgten Gespräche über Verkehrsprobleme, und schon bald wurden Botschafter ausgetauscht. Anfang 1987 entsandte Malawi Truppen, die ein Teil der 615 km langen Nacala-Verbindung gegen die RNM bewachen sollten. Gleichzeitig wurden innerhalb Malawis die wichtigsten Führungskader in Polizei und Militär ohne glaubhafte Begründung ausgewechselt. Womit zu Lebzeiten des Präsidenten die Ära nach ihm begonnen hatte.

Bei »Piks« Papieren handelte es sich um die Niederschrift eines Gesprächs zwischen dem moçambikanischen Präsidenten Machel und einer hochrangigen Militär- und Sicherheitsdelegation aus Zimbabwe, das am Nachmittag des 16. Oktober, also drei Tage vor Machels Tod, stattfand. Zunächst dankte Machel seinen Gästen, daß sie so schnell gekommen waren, denn seine Regierung befinde sich in allergrößter Not. Schuld daran trügen die »bewaffneten Banditen«, die, wie überall sonst auf der Welt, immer nur eines wollten: die Regierung stürzen und das Land aufteilen. Der Druck, gerade auch der Amerikaner, werde immer unerträglicher. US-Botschafter Miller habe verlangt, daß Frelimo die Macht mit der RNM teile. Das größte Problem bilde zu dieser Zeit jedoch die feindliche Haltung Malawis: Moçambique und Zimbabwe müßten den störrischen Nachbarn gemeinsam daran hindern, die RNM weiter zu unterstützen. »Moçambique und Zimbabwe müssen innerhalb Malawis eine neue Kraft ins Leben rufen. Banda ist am Ende (»está gasto«). Wir dürfen Südafrika nicht länger gestatten, in Malawi den Kurs zu bestimmen. Wir dürfen aber auch nicht den Engländern, Amerikanern und der RFA (der Bundesrepublik) erlauben, die künftigen Führer Malawis auszuwählen. Die Armee weiß, wie man so etwas macht.« Eine gemeinsame militärische Aktion, die ihren Schwerpunkt in der Provinz Zambezia habe, sei vonnöten, um den Landesnorden unter Kontrolle zu bringen. »Wir sollten die Grenzen zu Malawi schließen.«

Kaunda sei leider nicht bereit, die Schließung seiner Grenzen zu garantieren. »Wir müssen wachsam sein!... Unterschätzt auch nicht Südafrika, weil es jederzeit zur See, mit U-Booten und Schiffen, bewaffnete Banditen heranschaffen kann. Es ist verzweifelt, weil wir Malawi bloßgestellt haben...« Wenn man die Grenzen zumache, müsse man notfalls auch die Brücken sprengen. »Wenn wir die Brücken nach Tanzania und Zambia zerstörten, wäre Malawi in unserer Hand.«

Der zimbabwesche Armeekommandant, General Rex Nhongo, antwortete: »Das Problem ist, daß der Genosse Präsident viel spricht. Wir reden natürlich auch, aber dann handeln wir... laßt uns gleich heute die Grenzen dichtmachen!« Machel: »Das kann ich nicht. Ich kann es mir nicht leisten, die Freunde Malawis zu provozieren. Ich kann nicht noch mehr Feinde brauchen... Ich will dir mal ein paar Dokumente zeigen, damit du siehst, wie die Welt reagiert hat, als wir – auf einen UN-Beschluß hin – die Grenze zu einem illegalen Regime (Rhodesien) geschlossen haben. Sofort hatten alle Mitleid mit Smith, und er bekam mehr Unterstützung als je zuvor. Weißt du, was die Amerikaner tun können? Sie können Flugzeugträger in den Indischen Ozean bringen, um Malawi oder die bewaffneten Banditen zu versorgen oder gar Moçambique zu bedrohen. Und die Amerikaner wird man nicht so leicht los... Malawi steht nicht allein.«

Schließlich einigte man sich auf eine inoffizielle Blockade, wie Südafrika sie erst zu Beginn des Jahres im Falle Lesothos so lehrreich vorgeführt hatte. Unter dem Vorwand, die Straßen und Brücken reparieren zu müssen, sollten sie geschlossen werden – wozu es, dank Machels Tod, nicht kam.

Am 6. November trat, wie gesagt, »Pik« Botha mit diesem Dokument, das er, wie er ausdrücklich betonte, der Tüchtigkeit der Armee verdankte, in Pretoria an die Öffentlichkeit.[65] Am gleichen Tage trat in Maputo der bisherige Außenminister Joaquim Alberto Chissano Machels schweres Erbe an. Er beteuerte in einer ersten Erklärung die Bereitschaft seines Landes zu guter Nachbarschaft mit jedermann, wobei er ausdrücklich Malawi erwähnte und dessen Verbindung zur RNM.

Warum aber machte Südafrikas Außenminister aus seiner Veröffentlichung eine Haupt- und Staatsaktion? Sollte das eine Rechtfertigung sein? Für wen? Für was? Für welche Tat? Zunächst einmal hatte der schwer kontrollierbare Mann, der zudem an einem Sonntagabend mit einiger Wahrscheinlichkeit nicht mehr nüchtern war, das Gesprächsprotokoll, so wollte uns scheinen, auf nicht ganz legale Weise an sich gebracht. Als er so gegen zehn Uhr abends vom Absturz der moçambikanischen Maschine erfuhr, ließ er sich umgehend zum Unfallort fliegen. Er wußte also bereits, daß der Vorfall wichtig war. (Die Entfernung von Pretoria zum Absturzort beträgt 380 km Luftlinie.) Erst sehr viel später, nach Mitternacht, wurde die südafrikanische Polizei informiert. Den »Chief of Accident Investigations of Occurence« erreichte ein Anruf um 7 Uhr 30, Moçambique wurde um 8 Uhr 50 Ortszeit verständigt, nachdem man die ganze Nacht dort das Meer abgesucht hatte, und das Ursprungsland der zerstörten Maschine, die Sowjetunion, wurde überhaupt erst am 22. Oktober offiziell kontaktiert.

Die ortsansässige Bevölkerung in der Nähe der Missionsstation Mbuzini im Distrikt Komatipoort, also am Rande des *homeland* KaNgwane, hatte dem Lärm keine Bedeutung beigemessen, denn hier im Grenzgebiet zu Swaziland wie Moçambique wimmelte es ohnedies von Militär, für dessen Treiben man sich kaum interessierte. Erst am 6. Oktober war zudem ein Fahrzeug der Armee auf eine Mine aufgefahren – da wurde man besser nicht in der Nähe gesehen –, sechs weiße Soldaten wurden verletzt.

»Die Ironie des Schicksals bei alledem«, entfuhr es KaNgwanes Regierungschef Mabuza in einer ersten Reaktion auf den Tod des Freundes, »ist, daß Präsident Machel auf dem Territorium der RSA seinen Tod gefunden hat, und zwar gar nicht weit von der Stelle, an der er 1984 den Nkomati-Vertrag unterschrieb, und sehr dicht bei jenem Fleck, an dem vor zwei Wochen eine SADF-Patrouille eine Landmine detoniert hat.«[66]

Die Entwicklung der letzten Tage ließ freilich nicht nur Mabuza vermuten, daß dieses Schicksal einen Namen trug:

Am 7. Oktober warnte Malan, der südafrikanische Verteidigungsminister, Moçambique vor einem Racheakt.

Am 8. Oktober gab die südafrikanische Regierung das Verbot der Anwerbung moçambikanischer Arbeitskräfte (die letzte Devisenquelle für das strangulierte Land) bekannt.

Am 9. Oktober schrieb der *Citizen*, »da General Malan die erste Warnung aussprach, muß man annehmen, daß auch eine militärische Aktion nicht auszuschließen ist. Der Verteidigungsminister sagt, die südafrikanische Regierung sei über die jüngste Entwicklung in Moçambique besorgt, da Präsident Machel offenbar die Kontrolle verloren habe. Er beschuldigt Moçambique, dem Nkomati-Abkommen zum Trotz, mit subversiver Propaganda fortzufahren, und sagt, daß immer noch terroristische Aktivitäten von Moçambique ihren Ausgang nehmen. Wenn Präsident Machel einen von Moskau inspirierten revolutionären Krieg gegen Südafrika zuläßt, ›muß er auch bereit sein, die Konsequenzen zu tragen. Präsident Machel hat den Nkomati-Vertrag in der Hand. Nkomati und Minen können nicht Seite an Seite existieren; wenn Machel sich für Minen entscheidet, wird Südafrika entsprechend reagieren‹.«[67]

Am 11. Oktober gab die moçambikanische Regierung ein Kommuniqué heraus, in dem stand, man habe aus südafrikanischen Wirtschaftskreisen erfahren, daß »die Militaristen« in Pretoria Luftwaffenangriffe planten und bereits ein Kommando eingeschleust hätten, um in oder bei Maputo zu operieren.[68]

Am 12. Oktober berichtete die *Sunday Times* von einem massiven Anwachsen der Guerilla-Tätigkeit in Moçambique, von Panikstimmung in Regierungskreisen, in denen man mit irgendeiner militärischen Aktion Südafrikas in den allernächsten Tagen rechne.

Am 15. Oktober schrieb *The Star*, die internationale Völkergemeinschaft müsse möglichst sofort eingreifen, um den Todesqualen Moçambiques ein Ende zu bereiten: »Der Zustand des Landes könnte kaum schlechter sein... Moçambiques Nöte versetzen die gesamte Region in Unruhe.« Am Abend des gleichen Tages wiederholte Malan in einem Fernsehinterview seine Warnung, Moçambique stehe unmittelbar vor dem Zusammenbruch; die Schuld daran trage allein Machel.

Am 16. Oktober meldete der *Citizen*, die ständige ANC-

Vertretung in Maputo habe sich auf die der Hauptstadt vorgelagerte Insel Inhaca zurückgezogen, weil mit einer südafrikanischen Invasion gerechnet werde. Auch der Präsident befinde sich, aus Angst um sein Leben, nicht mehr in seiner Residenz.

Am frühen Morgen des 19. Oktober, einem Sonntag, brach schließlich Machel zu einer Tagesreise nach Zambia auf, wo er sich mit den Frontstaaten-Führern beraten wollte. Die Präsidentenmaschine, eine Tupolew TU-134 A-3 mit sowjetischer Besatzung, flog über Lusaka, wo sie aufgetankt wurde, weil in Moçambique die Reserven an Flugbenzin erschöpft waren, nach Mbala im hohen Landesnorden. Von dort trat sie um 16 Uhr 38 UTC (Universalzeit), also um 18 Uhr 38 Ortszeit, den Rückflug an, um gegen 19 Uhr 25, also 21 Uhr 25, in Maputo zu landen. Der Flug schien problemlos bis kurz vor dem Ziel, die Sichtweite betrug mehr als zehn Kilometer. Nachdem es den Limpopo überquert hatte, ging das Flugzeug in der Höhe herunter und begann mit dem Landeanflug.

Der Navigator (Orter) folgte dem VOR-Signal (VOR = Very High Frequency Omni Directional Range) des Flughafens Maputo. Um 19 Uhr 10:41 (21 Uhr 10:41 Ortszeit), etwa 100 km vor dem Ziel, vollzog die Maschine im Laufe von knapp einer Minute eine Wendung um genau 37 Grad, nämlich von 184° M nach 221° M. Hätte sie dieses Manöver acht Minuten später ausgeführt, wäre sie sicher in Maputo gelandet. Die Treibstoffreserven waren zwar beschränkt, weshalb beim Aufschlag der Maschine keine Explosion erfolgte, sie hätten aber ausgereicht.

Dazu der offizielle Bericht der südafrikanischen Untersuchungskommission unter dem Vorsitz des Richters C. S. Margo vom Obersten Gerichtshof Südafrikas, welcher der britische ehemalige Berufungsrichter Sir Edward Walter Eveleigh, der amerikanische Astronaut Oberst Frank Borman, der britische Flugunfall-Spezialist Geoffrey Crichton Wilkinson (ein ehemaliger Testpilot) sowie zwei südafrikanische Experten angehörten[69]: »Die Wende war um 19 Uhr 11:39 h vollzogen und wurde vom Kapitän kommentiert. Der Navigator antwortete, daß das ›VOR das so anzeigt‹.« Diese Kursänderung wird von der Aufzeichnung der Radaranlage der südafrikanischen Luftwaffe bestätigt, vom Radar des moçambikanischen Militärs wurde sie jedoch offenbar nicht wahrgenommen. Um 19 Uhr 16:58, auf einer Höhe von 1514 Metern, machte der Kapitän gegenüber dem Flugingenieur eine Bemerkung über den Höhenmesser, der wohl nicht ganz in Ordnung sei. (Maputo liegt auf Meereshöhe, die Maschine flog jedoch bereits auf die Lebombo-Berge, den nord-südlich verlaufenden Bergzug entlang der Grenze zwischen Südafrika und Moçambique, zu. Um 19 Uhr 17:21 und noch einmal sechs Sekunden später sagte – immer dem vorliegenden südafrikanischen Bericht zufolge – der Kapitän: »Da ist kein Maputo.« Beim zweiten Mal fügte er hinzu: »Der elektrische Strom ist ausgeschaltet, Freunde!« Der Orter sagte: »ILS (Instrument Landing System) ausgeschaltet, desgleichen DME (Distance Measuring Equipment).« Der Kapitän: »Alles ausgeschaltet«, wozu der Navigator bemerkte: »Und die NDBs (die Non Directional Beacons) funktionieren nicht.«

Um 19 Uhr 21:02, auf einer Höhe von 796 m über dem Boden, ertönte das Alarmzeichen des Höhenwarnsystems und blieb für 32 Sekunden an. Der Kapitän fluchte, setzte aber, da er sich ja über dem Meer wähnte, den Abstieg mit 2,5 m pro Sekunde fort. Um 19 Uhr 21:17 fragte der Funker den Kontrollturm, ob denn die Startbahnbeleuchtung außer Betrieb sei. Der Kapitän bemerkte: »wolkig, wolkig, wolkig...«

Um 19 Uhr 21:36 rief der Navigator entsetzt: »Nein, nein, da ist absolut nichts, keine NDBs, nichts!« Der Kapitän fügte dieser Klage hinzu: »Weder NDBs noch ILS!« – »Und das waren«, fügt der Bericht lakonisch an, »die letzten Worte, die der Cockpit Voice Recorder (CVR) aufgenommen hat. Der Aufprall erfolgte um 19 Uhr 21:39, in Dunkelheit.« Der Unfallort befand sich nur 35 nautische Meilen westlich Maputos, auf einer Höhe von 666,75 Metern über dem Meeresspiegel.

Von den 44 Menschen an Bord waren 34, darunter der moçambikanische Präsident Machel und einige seiner nächsten Mitarbeiter, tot, neun schwer und einer leicht verletzt.

Der Bericht faßt zusammen: »Am 19. 10. 1986 um 19 Uhr 21:39 zerschellte das Flugzeug in hügeligem Land, während es in Dunkelheit und Wolken abstieg. Die Besatzung stand unter dem irrtümlichen Eindruck, daß das Flugzeug sich in der Nähe des Flughafens Maputo, Moçambique, befand.«

Warum? Der entscheidende Augenblick war ohne Zweifel die Rechtswende um 37 Grad, 100 km von Maputo entfernt. Der Kapitän akzeptierte offensichtlich die Antwort seines Orters bedenkenlos, daß »das VOR das so anzeigt«, denn er verlangte keine weitere Erklärung. In der Tat war zu diesem Zeitpunkt, nämlich nach dem Verlassen des Funkbereichs Limpopo, der Kontakt mit dem VOR-Signal von Maputo das nächste zu erwartende Vorkommnis auf dem Flug. Falls das Empfangsgerät funktionierte, worauf sich der Kapitän offenbar verließ und was spätere Untersuchungen auch bestätigten, dann bleiben nur zwei logische Erklärungen für den Irrtum: entweder hatte die Tupolew fälschlich das VOR-Signal des Flughafens Matsapa im nördlichen Swaziland aufgenommen und sich danach gerichtet, dessen Frequenz mit 112,3 MHz sehr dicht, nämlich nur 0,4 MHz neben der Maputos liegt, oder aber sie war einem falschen Signal gefolgt, einer Täuschung. Nach dem Unfall wurde das Nr. 2 VOR-Setting auf 112,7 MHz (also Maputo), und das Nr. 1 VOR/ILS auf 110,3 MHz gesetzt vorgefunden, was der ILS-Frequenz Maputos entspricht, wie auch der südafrikanische Report ausdrücklich festhält. Womit er selber die Matsapa-Theorie, das Lieblingsspielzeug der südafrikanischen Presse, ausschließt.

»Die Quelle des VOR-Signals, das die Mannschaft dazu veranlaßte, die Wende zu vollziehen, ist noch nicht befriedigend identifiziert worden, obwohl bereits große Anstrengungen dahingehend unternommen worden sind«, stellt die moçambikanische Regierung in ihrer Gegendarstellung betont höflich fest.[70] Der sowjetische Kommentar fiel da schon auffallend härter aus: »Die Hauptaufgabe einer objektiven Untersuchung dieses bestimmten Luftunfalls, d. h. die Erklärung der Gründe, die die Flugbesatzung dazu zwangen, den Kurs auf Maputo um 37° nach rechts zu verlassen und bis zu ihrem Eintreffen im Hügelgelände unverändert auf dem neuen Kurs zu bleiben, wurde in diesem Bericht nicht erfüllt. In diesem Falle ist die Version von dem Versagen der Crew, auf das sich die Schlußfolgerungen des Berichtes stützen, vollkommen unbegründet.« Daß die sowjetische Crew extrem undiszipliniert war – die Warnsignale des Höhenmessers wurden einfach mißachtet, das vorhandene ILS-System blieb unbenutzt, der Flugplan war mangelhaft ausgefüllt, der Co-Pilot hörte in der entscheidenden Flugphase Musik – ist freilich nicht zu bestreiten. Es hat ganz sicher zur fatalen Entwicklung beigetragen, ist jedoch kaum der entscheidende Faktor gewesen.

Als der Richter Margo am 9. Juli 1987 in einem außerhalb Johannesburgs gelegenen Hotel der internationalen Presse den Bericht seiner Untersuchungskommission vorlegte, wurde er auch zu der Kontroverse über das mögliche falsche Funksignal befragt. Ein solches Richtsignal ziehe schließlich ein Flugzeug nicht wie an einem Strick vom Himmel, sagte er da völlig zu Recht, es sei kein Magnet, sondern nur eine Orientierungshilfe. Es sei denn, man verläßt sich hundertprozentig darauf, wie dies die sowjetische Crew offenbar tat. Zudem, fügte der Richter geheimnisvoll hinzu, hätte ein falsches Funkfeuer – schon wegen der Berge – von einem Standort innerhalb Moçambiques, und zwar etwa sieben Kilometer von der südafrikanischen Grenze entfernt, ausgestrahlt werden müssen: »Ich will nicht darüber spekulieren, was das besagt ...«

Hatte er damit suggerieren wollen, die Moçambikaner hätten selber ihren Präsidenten umgebracht, so ging jedenfalls niemand darauf ein. Allzugut wußten alle, daß das fragliche Grenzgebiet allenfalls von der RNM kontrolliert wurde, die wohl kaum über eigene elektronische Kampftruppen mit entsprechend hoch entwickelter Ausrüstung verfügt. Sie wäre auf Hilfe aus der Nachbarschaft angewiesen gewesen.

Den Beweis dafür, daß allein das Versagen der Crew, von der »Pik« Botha zunächst behauptet hatte, sie sei betrunken gewesen, den Unfall verursacht habe, ist der südafrikanische Bericht jedenfalls schuldig geblieben. Er hat freilich auch keinen Beweis für eine Manipulation erbracht, was allerdings, bei Gott, nicht seine Aufgabe und Absicht war. Für Experten – wir haben solche über Monate in mehreren Ländern an Hand der vorliegenden Berichte befragt – steht jedenfalls ohne Zweifel fest, daß die Voraussetzungen für das, was man in der Fachsprache eine ECM- oder auch EloGM-Maßnahme (eine elektronische Gegenmaßnahme) nennt, nämlich TÄUSCHEN, kaum idealer hätten sein können: Die Besatzung war undiszipliniert, der letzte Anflug lag fast zwei Stunden zurück, und das nächste Flugzeug mußte erst eine geraume Weile später in den Funkbereich Maputo-VOR; in der Zwischenzeit konnte problemlos der Strom für Maputo abgeschaltet werden, der, wie wir wissen, aus Südafrika kommt. Westliche Diplomaten hatten nach Hause berichtet, die Beleuchtung des Flughafens Maputo sei zum fraglichen Zeitpunkt ausgefallen gewesen. Weil sie die eigentliche Bedeutung dieser Information nicht verstehen konnten, zogen sie in ihren Berichten den Schluß, die Piloten hätten deshalb den Flughafen, bzw. die Landebahn nicht gesehen und sich irrtümlich an den Lichtern von Nelspruit in Südafrika orientiert. Wahrscheinlicher ist, daß aus genau diesem Grund das VOR-Maputo vorübergehend nicht funktionierte und sich dadurch die Möglichkeit ergab, das gleiche Signal auf gleicher Frequenz von einem elektromagnetischen Spezialgerät auszustrahlen, das ohne Probleme auf jedes geländegängige Transportfahrzeug montiert und an eine geeignete Stelle gebracht werden kann. Hilfreich wäre, wie ein Mitarbeiter eines bayerischen Unternehmens, das derartige Geräte produziert, uns sagte, eine Radarstation in der Nähe. Sie war.

Namibia

Diese ganze Kolonialpolitik
wäre für uns genauso,
wie der seidene Zobelpelz
in polnischen Adelsfamilien,
die keine Hemden haben.
Otto von Bismarck

Das Riesenspielzeug

Wie nicht nur die meisten ihrer Landsleute, sondern wohl aller Bewohner der gesamten Region, war die moçambikanische Unterrichtsministerin davon überzeugt, daß die südafrikanische Wehrmacht die verunglückte Tupolew-Maschine auf dem Gewissen habe. Allenfalls sprach sie noch verzweifelter über den »Unfall« als alle anderen, denn Samora Machel war der Vater ihrer Kinder, ihr Mann. »Es war nicht das erste Mal, daß so etwas geschah«, erklärte sie noch Ende April 1988 vor Journalisten in London. Für sie sei der Vorgang völlig klar. Mehrere andere Flugzeuge seien bereits in der Vorvergangenheit von falschen Funkfeuern der Südafrikaner getäuscht worden; das habe diesen Gelegenheit gegeben, ihre Technik zu perfektionieren, und sie seien jetzt – wie übrigens alle gut ausgebildeten Fernmeldespezialisten einer technisch modernen Armee – in der Lage, die jeweiligen Flugbedingungen derart genau zu simulieren, daß die Besatzung beim Lesen der Instrumente den Eindruck gewinnen müsse, sie befinde sich auf dem Anflug auf ein bestimmtes Ziel. In diesem konkreten Falle auf den Flughafen Maputo. Ihre Regierung habe eine eigene Untersuchung in Auftrag gegeben, und »ich werde zu gegebenem Zeitpunkt sprechen«, sagte Graça Machel.[1]

Bis heute wartet die Weltöffentlichkeit freilich auf den angekündigten moçambikanischen Bericht. Sie wartet natürlich völlig vergebens, denn Machels Nachfolger, Präsident Chissano, der dem Frieden mit dem herrischen Nachbarstaat von allem Anfang an skeptisch gegenübergestanden hatte – er hatte dies als Außenminister sogar mehrfach deutlich hervorgehoben –, konnte und kann in seiner heutigen Position eine derart offene Provokation Pretorias nicht riskieren. Wie sagte Machel drei Tage vor seinem Tod? »Das kann ich nicht; ich kann es mir nicht leisten...«

Lasset die Toten ihre Toten begraben. Chissano, den man längst weltweit als klardenkenden, vielsprachigen, liebenswürdigen Außenminister kannte, wurde denn auch in den Hauptstädten des Westens sogleich mit üppigen Vorschußlorbeeren bedacht: im Gegensatz zu seinem naiven Vorgänger sei er ein pragmatischer, also kein ideologisch-fanatischer Mann, ein Mann, mit dem sich reden lasse, der die Grenzen seiner Macht erkenne und gelegentlich auch schweigen könne (als ob Machel das alles nicht gewesen wäre). In der betroffenen Bevölkerung aber blieben Furcht und Mißtrauen zurück.

Furcht und Mißtrauen, diese zwei, wuchsen zu den wichtigsten Komponenten in den Beziehungen zwischen den ungleichen Nachbarn der Region heran. Sie waren keineswegs nur das Ergebnis dieses tragischen Ereignisses an der moçambikanischen Grenze, sondern der gesamten Entwicklung der letzten Jahre, vom brutalen Wüten der Widerstandsbewegungen über die plötzlichen militärischen Überfälle im Rahmen der »totalen Strategie« Bothas und Malans, gegen die eine wirksame Verteidigung unmöglich war, bis hin zu der Weigerung des Burenpräsidenten, in den Nachbarländern »den Weihnachtsmann zu spielen«, also den notleidenden Nächsten beizustehen, wie es nicht nur seine christliche Erziehung, sondern auch die afrikanische Tradition befiehlt. »Die Kuh steckt im Sumpf«, sagt man bei den Zulus, wenn echte Not entstanden ist; ein Hilferuf, dem alle Menschen, ob Freund oder

Feind, zu gehorchen haben. Während der Rettungsaktion ruhen dann die Waffen.

Furcht und Mißtrauen belasten in der Tat nun schon seit 1975 alle Beziehungen im südlichen Afrika. Wie Quecke, Knöterich und Giersch in einem verwahrlosten Garten haben sie nach und nach das gesamte Terrain überwuchert, und wenn gelegentlich die zarten Samen von Zuversicht und Zutrauen doch noch einmal aufgegangen sind – wie etwa 1984 in Nkomati –, sind ihre jungen Triebe gewöhnlich gleich wieder in diesem robusten, ihnen Licht, Luft und Nahrung verweigernden Gestrüpp erstickt. Welch schlechte Ratgeber aber in der Politik Furcht und Mißtrauen gemeinhin sind, auch das haben wir hier bereits an einer Reihe von Beispielen erlebt. Wie viele gute Ansätze zur Versöhnung wurden von ihnen zunichte gemacht, wie viele Friedensabkommen zerstört.

Im »Jahr der Lüge«, 1885, schrieb Hendrik Witbooi, der Führer der Nama-Hottentotten (eines der fünf Orlam-Stämme, die längst mit Weißen vermischt waren und Afrikaans sprachen), an den Herero-Führer Maharero einen Brief. Achtzehn Monate war es her, daß das Deutsche Reich unter Wilhelm I. den Schutz der Erwerbungen des Bremer Kaufmanns Lüderitz am Atlantik übernommen hatte – der Ort der Handlung hieß also Deutsch-Südwest. »Wohllöblicher Kapitän Maharero!« schrieb Witbooi da, wobei Kapitän seiner eigentlichen Bedeutung gemäß für Häuptling steht. »Du hast mich mit List in die Falle gelockt, aber der Herr ist gerecht... Wie soll ich dir noch in Zukunft Glauben schenken können, wenn du mir abermals in einer Notlage etwas versprichst? Du hast mich (ja) schon einmal in Gottes Namen betrogen. O Maharero, denke an unsere Worte bei unserer ersten Begegnung unter dem Kameldornbaum! Du hast gesagt, wenn du den Frieden brechest, solle ich dich mit kalten Händen ergreifen... Der Herr hat diese Worte deines Mundes gehört, er wird die Sache gewißlich untersuchen... Wehe über unsere Verhandlungen!«[2]

Es halte wahrlich schwer zu ergründen, warum der Waffenstillstand unter dem Kameldornbaum wieder nur so kurzlebig gewesen sei, nachdem schon der Frieden von Okahandja, der 1870 durch Vermittlung der Missionare der Rheinischen Mission zustandegekommen war, nicht lange gehalten hatte, schreibt der Verfasser des Klassikers aller Südwestafrika-Geschichtsschreibung, der Hobby-Forscher Heinrich Vedder. »Auf beiden Seiten war man aber so voll Mißtrauen, daß die Schlacht als ein Unglück bezeichnet werden kann. Man darf aber nicht vergessen, daß die Namahäuptlinge ihre Kriegszüge immer wieder mit der Versicherung zu beginnen pflegten, sie wollten Frieden stiften. Vom Denken des Nama aus war das keine direkte Lüge. Sie verstanden aber unter dem Ausdruck etwas anderes, als das Wort an sich besagt. Sie konnten sich keinen Frieden denken, den man mit einem Gegner zu schließen beabsichtigt, wenn dieser noch nicht völlig unterworfen war. Daher verband sich bei ihnen bei der Bereitwilligkeit zu einem Friedensschluß fast regelmäßig die Vorstellung, daß man vorher den Feind ganz und gar in den Staub demütigen müsse.«[3]

Eine Vorstellung, die zum Leidwesen nicht nur Südwests unter Schwarzen wie Weißen Schule machte. Der afrikaanssprechende Nama-Führer Hendrik Witbooi war im Laufe der folgenden Jahre einer der großen Gegenspieler deutscher Kolonialherrschaft – nachdem der Reichskommissar, Landeshauptmann und Oberkommandierende aller Schutztruppen, Major Kurt Karl Bruno von François, ihn ohne Anlaß oder Vorwarnung mitten im Frieden überfallen hatte –, bis er 1905 im Befreiungskampf fiel. Sein direkter Nachkomme gleichen Namens wurde hundert Jahre später zum Vizepräsidenten der namibischen Befreiungsorganisation SWAPO gewählt, die sich schon lange – allen Behauptungen der südafrikanischen Propaganda zum Trotz – keineswegs nur auf das Volk der Ovambo im hohen Norden Namibias stützen konnte.

Auch Samuel Maharero, der Sohn Mahareros, führte sein

Volk ab Januar 1904 zum Aufstand gegen die Fremdherrschaft. Nach sieben Monaten verlustreicher Kämpfe wurde dieser stolze Held bei Waterberg vernichtend geschlagen und »in den Staub gedemütigt«: der siegreiche deutsche General Lothar von Trotha trieb wie von Sinnen – ganz als hätte auch ihn »diese Vorstellung« gepackt – die Masse der Hereros mit ihren Frauen und Kindern, alles in allem etwa achtzigtausend wehrlose Menschen, erbarmungslos in die trockene Steppe hinaus, wo die meisten von ihnen qualvoll verdursteten, während einige wenige nach Bechuanaland entkamen, wo sie noch heute zu Hause sind. Immerhin wurde der Schutztruppen-Major wegen völligen Versagens 1894 aus dem Dienst entlassen, und dem General wurde mehr als zehn Jahre später in Berlin der Prozeß gemacht. Am Waterberg aber wurde den letzten drei freien Häuptlingen der Herero, Tjamuaka, Maharero und Samuel, ein gemeinsames Grab- und Ehrenmal errichtet, das längst zu einer Art Wallfahrtsort geworden ist. Die Inschrift an diesem eindrucksvollen Monument ist in drei Sprachen verfaßt: auf Englisch, Deutsch und in der Hererosprache. In letzterer steht dort zu lesen: »Hier ruhen drei Häuptlinge, welche das Reich noch in der Gunst ihres Volkes regiert haben, nun aber gestorben sind. Sie waren noch wirkliche Häuptlinge.«

Als Samuel Maharero, der seine letzten Jahre als Flüchtling auf dem Gebiet der Engländer verbrachte, am 14. März 1923 starb, war die kurze Zeit deutscher Kolonialherrschaft längst vorüber, doch vergessen war sie nicht. Schon gleich nach Ausbruch des Weltkrieges, am 19. September 1914, waren britische Truppen im kleinen Hafen von Lüderitzbucht gelandet, von dem der imperialistische Traum der Deutschen vor drei Jahrzehnten ausgegangen war; am 14. Januar 1915 nahm die südafrikanische Armee unter General Louis Botha das Küstenstädtchen Swakopmund ein, am 12. Mai ging Windhoek verloren, und am 9. Juli 1915 unterschrieben die Schutztruppen (zu dieser Zeit waren es, einschließlich der Farbigen, alles in allem etwa 3500 Mann) bei Otavi die Kapitulation. Nach dem Kriege folgte die Zeit des Völkerbundmandates, und für die folgenden drei Generationen war Südwestafrika, das dem britischen Imperium hatte einverleibt werden sollen, somit de facto eine südafrikanische (fünfte) Provinz.

Wer immer seither nach Südwestafrika fuhr, wußte von dem erstaunlichen Phänomen zu berichten, daß 31 Jahre deutscher Kolonialherrschaft sehr viel tiefere Spuren hinterlassen hatten als 74 Jahre Burentums. Die gesamte Infrastruktur des Riesenraumes (er ist 3,3 mal so groß wie die Bundesrepublik, hat jedoch nur höchstens 1,5 Millionen Bewohner – also 1,6 bis 1,7 Menschen pro Quadratkilometer) war in jenen 31 Jahren geplant und weitgehend entwickelt worden. Windhoek und Swakopmund, vor allen anderen, waren und sind noch immer deutsche Städtchen, wie aus einem alten Bilderbuch; mit deutschen Bahnhöfen, deutschen Bibliotheken, deutschen Museen und Gefängnissen. Mit außerordentlich deutschen Gebäuden, wie der Christuskirche, der Turnhalle oder dem Tintenpalast, und nicht minder deutschen Straßennamen, wie Kaiser-, Göring- oder Roonstraße.

Im ganzen Lande lebten bei der letzten Volkszählung etwa 75000 Weiße, und ein gutes Drittel von diesen nannte als Muttersprache noch immer Deutsch. Auch war zuletzt die deutsche Zunge, neben Englisch und der eigentlichen Verwaltungsprache Afrikaans, wieder als Amtssprache zugelassen. Politisch konnte man unter all diesen Deutschen, von denen eine wachsende Anzahl dafür sorgte, daß der bundesdeutsche Reisepaß stets in Ordnung war, alle nur denkbaren Schattierungen finden: von rechtsradikalen Nationalisten, die sich mit Pretoria identifizierten und den Südafrikanern als Reservepolizisten dienten, über nostalgisch-kaisertreue Traditionalisten, für die Hitler ein Linksabweichler gewesen war, über unbeirrbare alte Nazis, völlig apolitische Pragmatiker, die allenfalls aus persönlicher Loyalität irgendeine Splittergruppe unterstützten, bis hin zu eindeutig liberalen Realisten, die gerade in der »Interessengemeinschaft Deutscher Südwester« und in der Geschäftswelt zu finden waren, ja bis hin zu einzelnen Intellektuellen und romantisch-naiven Farmerssöhnen, die sich (etwa ab 1984) immer offener zum antisüdafrikanischen Widerstand bekannten, wenn sie nicht gar der SWAPO beitraten – selbst in der wohlbehüteten »Deutschen Höheren Privatschule« in Windhoek mit ihren 850 deutschsprachigen Schülern gab es all diese Elemente und noch mehr.

Und es zeigte sich bei den meisten dieser Gruppen eine geradezu rührend tiefe Liebe zur neuen Heimat, wenngleich diese (wie im Südwesterlied) unzweifelhaft »hart wie Kameldornholz« ist. Eine nicht immer sympathische Liebe, weil sie sich bisweilen mit viel Rassismus und übertriebenem Stolz auf die »deutsche Leistung in Afrika« zu einem bedenklichen Herrenmenschendünkel verband – geneigt, in unkritisch-nostalgischem Blick zurück die koloniale Vergangenheit zu glorifizieren, während unliebsame Reminiszenzen und Relikte, wie etwa die braunen und schwarzen Kinder deutscher Schutztruppenoffiziere oder Siedler, schlicht versteckt und vergessen wurden.

Die anderen Weißen waren meist Buren, zum Großteil Verwaltungsbeamte aus den vier südafrikanischen Provinzen, die nur auf Zeit hierher versetzt worden waren und auch nur vereinzelt hier Wurzeln schlugen. Weder von den Deutschen noch von den Briten, die ihrerseits nie sehr zahlreich waren, wurden sie je besonders geliebt. Hinzu kam in den Jahren des Befreiungskampfes eine wachsende Zahl an Besatzungssoldaten, die das Leben im Landesnorden nach und nach verändern sollten, weil die Zivilbevölkerung auch in diesen »Schutztruppen« bald keinen Schutz mehr zu sehen vermochte, sondern eine tägliche physische Bedrohung, vor der es kein Entkommen gab.

Und wenn schon die wenigen Weißen so verschieden waren, um wieviel bunter wurde erst das Bild, wenn man die farbige Mehrheit in Augenschein nahm: das friedliebende akkerbauende Volk der Ambo im Norden (meist nach der Pluralbildung in ihrer Hauptsprache Kwanyama von allen anderen »Ovambo« genannt), das mehr als die Hälfte aller Einwohner und auch der Arbeitskräfte bis tief in den Süden hinein stellte, zum Beispiel auf den ehemals deutschen Diamantenminen des Weltkonzerns de Beers bei Oranjemund. Dann die Kavango (ca. 9,3%), die traditionell nomadisierenden viehzüchtenden, also um Weideplätze kämpfenden Herero (7,4%), die Damara (7,3%), die Nama (4,7%) und die Mischlinge (4,1%). Unter letzteren als besondere Gruppe die Rehobother »Bastaarde« (oder Basters), »Kleurlinge«, nämlich afrikaanssprechende farbige Nachkommen von etwa vierzig burischen Einwanderern (urprünglich waren es sieben Familien) mit Hottentottenfrauen, die auf ihren seltsamen, nicht eben schmeichelhaften Namen sehr stolz sind, weil er besage, daß unter ihren Ahnen – im Unterschied zu den Mischlingen am Kap – keine gekauften Sklaven waren, daß sie also immer schon »freie« Menschen gewesen seien.

Sodann die Bushmen – jene spärlichen Reste der einst im ganzen südlichen Afrika beheimateten San; diese bedürfnislosen kleingewachsenen Steinzeitmenschen, die von den Schwarzen verachtet werden und auf deren Vorfahren die Buren Jagd zu machen pflegten wie auf Antilopen oder sonstiges Wild. Seit Anfang der siebziger Jahre hatte das südafrikanische Militär diese fabelhaft feinfühligen Fährtenleser und Fallensteller im Buschkrieg gegen die SWAPO ganz bewußt als Spezialeinheiten eingesetzt, sie systematisch zu Aufklärungsspezialisten – aus Bushmen also Ambushmen gemacht[4] und somit Feinde der meisten Schwarzen, indem sie fortan als Kollaboranten galten mit dem eigentlichen Feind, der SADF. Ein trauriges Schicksal ist diesen gewaltsam entwurzelten Menschen also auch weiterhin gewiß.

Alles in allem gab und gibt es folglich elf sogenannte Ethnizitäten, und auch das nur, wenn man sich an die südafrikanischen Rassenbestimmungen hält und »die Weißen« als eine ethnische Einheit nimmt. Elf Bevölkerungsgruppen also mit jeweils völlig andersartigem Hintergrund, mit völlig verschiedenen Traditionen, auf völlig verschiedenem Entwicklungsstand und mit entsprechend verschiedenartigen Bedürfnissen und Wünschen. Doch statt die Gemeinsamkeiten zu betonen, statt ein nationales Zusammengehörigkeitsgefühl zu fördern, das das Zusammenleben erleichtert und es all diesen Völkern und Gruppen ermöglicht hätte, in Namibia ihren gemeinsamen Faktor, nämlich ihre gemeinsame Heimat zu sehen, wurden ihnen nach Pretorias Willen nach und nach die gleichen Gruppenregeln aufgezwungen, unter denen Südafrika zu leiden hat. Getrennte Wohngebiete und Reservate, getrennte Schulen, getrennte Krankenhäuser, ja völlig getrennte Verwaltungsstrukturen auf der Basis eines getrennten Steuersystems, also getrennte Entwicklung, sprich Apartheid, auch hier. Der Schlachtruf des Widerstandes »One Namibia – One Nation!« klingt angesichts dieser Zerrissenheit noch immer wie ein Verzweiflungsschrei.

Statt die Vielfalt als Bereicherung zu begreifen in einer dem menschlichen Leben ohnehin ungewöhnlich feindlichen Natur, wurden ganz bewußt Furcht und Mißtrauen geschaffen und geschürt, sowie Feindbilder herangezüchtet, die noch auf viele Jahre hin eine schwere Hypothek bedeuten werden für diesen riesigen Raum ohne Volk.

Eine der Folgen dieses Teilungswahnsinns war die Existenz von mehr als vierzig politischen Organisationen. Es gab, wie ein guter Beobachter einmal bemerkte, mehr Parteien als Zahnärzte in diesem Land, nämlich für je 25 000 Einwohner im Durchschnitt eine politische Vereinigung. Wenn man überdies einkalkuliert, daß schon seit Gründung dieser Befreiungsbewegung wenigstens die Hälfte aller Menschen zur SWAPO tendierten – meist ohne klare politische Vorstellungen und ohne genauere Kenntnisse all der europäischen Ideologien, die da mit im Spiele waren – dann wird das Zahlenverhältnis vollends absurd.

Der Streit um die Zukunft Namibias war freilich immer mehr als Parteiengezänk. Hier ging es nach internationaler Rechtsauffassung um die Befreiung der letzten Kolonie in Afrika. Dank der Zuständigkeit zunächst des Völkerbundes und später der Vereinten Nationen (die der Internationale Gerichtshof in Den Haag 1971 bestätigt hatte) beschäftigte diese Auseinandersetzung über Jahre einen guten Teil der Welt.[5] Lange Zeit sah es so aus, als würde nie und nimmer eine Lösung gefunden, weil es keinerlei Mittel gab, Südafrika zur Herausgabe des Mandatsgebietes zu zwingen. Doch dann traten Ende der siebziger Jahre die damaligen fünf westlichen Mitglieder des UN-Sicherheitsrates, USA, Kanada, Frankreich, Großbritannien und die Bundesrepublik Deutschland (man nannte sie deshalb in der Folge die Kontaktgruppe der westlichen Fünf) mit einem Lösungsvorschlag auf den Plan, der internationale Zustimmung fand. Unter der Kontrolle der Vereinten Nationen sollte ein Übergangsmodus gefunden werden, der in »freien und fairen« Wahlen zu einem verfassungsgebenden Parlament führen würde. In dieser Reihenfolge und nicht etwa umgekehrt.

Am 25. April 1978, genau fünf Monate also, bevor er zum Rücktritt gezwungen wurde, gab Ministerpräsident Vorster im südafrikanischen Volksrat bekannt, seine Regierung habe die westlichen Vorschläge zur Regelung der Namibia-Frage akzeptiert. Die Erfüllung dreier Wünsche habe er allerdings zur Voraussetzung seiner Unterschrift gemacht: erstens den Verbleib des südafrikanischen Generaladministrators in Windhoek während der Übergangszeit; zweitens einen Waffenstillstand vor dem Beginn des Abzugs der südafrikanischen Truppen und drittens, daß die ehemals britische Enklave Walfischbai – der einzige brauchbare Atlantikhafen, nachdem Swakopmund und Lüderitzbucht schon lange ungenutzt und folglich versandet waren – aus der Vereinbarung ausgeklammert, also auch weiterhin Teil Südafrikas bliebe.

Walfishbay war erst fünf Monate zuvor, im November 1977,

von der Generalversammlung der Vereinten Nationen zum integralen Bestandteil Namibias erklärt worden, dessen geplante Annexion durch Südafrika als »ein Akt kolonialer Expansion« anzusehen sei. Mit dem Verbleib des Hafens bei Südafrika war die Möglichkeit verkehrstechnischer Unabhängigkeit Namibias von seinem übermächtigen Nachbarn von vorneherein eingeschränkt, zumal keine einzige asphaltierte Straße aus diesem Gebiet in ein anderes Nachbarland als Südafrika führt, und auch die Eisenbahnlinie das Territorium einstweilen weder mit Botswana noch mit Angola verbindet. Trotz seinen 1400 Kilometern eigener Atlantikküste bleibt folglich Namibia, sollten nicht bald sichere Alternativen geschaffen oder aber Walfischbai zu einem internationalen Freihandelshafen mit gemeinsamer südafrikanisch-namibischer Verwaltung gemacht werden, von den Verkehrswegen Südafrikas abhängig wie ein Binnenland.

Noch am gleichen 25. April wurde ein Kompromiß mit Vorsters Wünschen dem UN-Sicherheitsrat unterbreitet, der diesen genau drei Monate später, nach zähneknirschender Zustimmung der SWAPO, als Resolution 431 verabschiedete. Einen weiteren Monat später wurde die Idee geboren, daß der Übergang nur stufenweise zu bewältigen sei und in allen Phasen kontrolliert werden müsse. Die Bildung einer »United Nations Transition Assistance Group« (kurz UNTAG) wurde deshalb für nötig erachtet und in der folgenden Namibia-Resolution 435, am 29. September 1978, vom Sicherheitsrat dann auch beschlossen.

Diese UNO-Resolution 435 war in der Folge zum Kürzel geworden, das alle vorhergehenden Namibia-Resolutionen einschloß. »435« bestätigte noch einmal den »Abzug der illegalen Verwaltung Südafrikas aus Namibia, sowie die Übertragung der Macht auf das Volk von Namibia« als vorrangiges Ziel, sie begrüßte ausdrücklich die Bereitschaft der SWAPO, bei der Verwirklichung des Planes mitzuwirken, einschließlich ihrer Bereitschaft, die Waffenstillstandsvereinbarungen zu unterzeichnen und zu befolgen. »435« rief Südafrika dazu auf, künftig mit dem Generalsekretär der Vereinten Nationen bei der Verwirklichung dieser Resolution zusammenzuarbeiten und erklärte alle »einseitigen Maßnahmen durch die illegale Verwaltung in Namibia im Zusammenhang mit der Wahlprozedur, einschließlich der einseitigen Registrierung von Wählern oder der Übertragung von Macht ... für null und nichtig«. Darüber hinaus wurde der Generalsekretär gebeten, dem Sicherheitsrat nicht später als am 23. Oktober über die Verwirklichung der Resolution zu berichten; was, wie wir heute wissen, abenteuerlich optimistisch war.

Resolution 435 war also von allem Anfang keine Ideallösung, sondern ein Kompromiß. Und wie alle Kompromisse hatte sie die Eigenschaft, daß von vorneherein niemand völlig glücklich damit war. Von den einen wurde sie als »typisch kapitalistisches Betrugsmanöver« angesehen, den anderen schien sie ein »kommunistisches Machwerk« zu sein, das »Verrat an der Sache des weißen Mannes« war. Aber niemand konnte je im Ernst bestreiten, daß »435« besser war als nichts. Immerhin war es den Amerikanern gelungen, Vorster mit seiner Zustimmung zu 431 – wenn auch mit den genannten Zugeständnissen – implicite zur Anerkennung der UN-Zuständigkeit für Namibia zu bewegen, die bislang Anathema gewesen war. Und genau dieses Zugeständnis hat Pieter Willem Botha seinem Vorgänger Vorster nie verziehn.

Wozu wir dies alles hier wiederholen, wo es doch längst Vergangenheit ist? Weil die heutigen Probleme Namibias, die schweren Wehen seiner Geburt, ohne Kenntnis dieser Vorgeschichte kaum zu verstehen und ganz gewiß nicht zu überwinden sind.

Getrennt marschieren, vereint schlagen – diese altbewährte Taktik lag auch der Arbeit der Kontaktgruppe zugrunde, zumal es zunächst und zumeist darum ging, sowohl Südafrika als auch SWAPO einzubinden, ohne daß diese (was beide ablehnten) in direkten Kontakt miteinander treten mußten.

Hatten die Amerikaner die Südafrikaner zu bearbeiten, was unter Botha äußerst schwierig wurde, weil er ihnen seit den Erfahrungen von 1975 nicht mehr über den Weg traute, so wurde die Bundesregierung als Rechtsnachfolgerin der alten Kolonialmacht, mit ihrer »besonderen Verantwortung« für dieses Land, mit dem Kontakt zu SWAPO betraut. Das war der alleinige Grund, warum Bonn schließlich seine konsularische Vertretung in Windhoek schloß und die Deutschen in Namibia von Kapstadt aus betreute, während in der Bundeshauptstadt von diesem Zeitpunkt an dem SWAPO-Präsidenten Sam Nujoma alle Türen offenstanden; sehr zur Wut all jener Menschen, die keinerlei Veränderung des von Südafrika bestimmten Status quo wünschten. Noch im März 1983 beispielsweise – unmittelbar vor den Bundestagswahlen – hatte der bayerische Ministerpräsident Strauß in einem Brief an die »Interessengemeinschaft deutschsprachiger Südwester« behauptet, »die von mir immer wieder geforderte und inzwischen bestätigte Wiedereröffnung des deutschen Konsulats in Windhuk ist ein erster Schritt in der richtigen Richtung.«[6] Der temperamentvolle Bayer hatte, nicht zum ersten Mal, der vermeintlichen Entwicklung vorgegriffen, da er sich bereits als neuer Außenminister sah. Weder Kohl noch Genscher dachten jedoch daran, ihre Rolle in der Kontaktgruppe aufzugeben, in der man zwar keine ideale Lösung, wohl aber den zur Zeit einzig möglichen Ansatz zu irgendeiner Lösung sah.

Genschers Einsatz für ein freies Namibia brachte ihm unter vielen deutschen Südwestern nicht etwa Dankbarkeit, sondern Furcht und Mißtrauen ein. »Sie wollen uns wohl vergenschern« (sprich verschaukeln) wurde damals auf so mancher südwesterdeutschen Farm zur stehenden Redensart. Und über Jahre war dieser Einsatz auch nur von geringem Erfolg gekrönt. Bald stellte er sich als die beschwerliche Arbeit jenes klassischen Helden heraus, der von den Göttern dazu verdammt ist, einen Felsbrocken einen Berg hinaufzuwuchten, der jedesmal, wenn er endlich oben angekommen scheint, gleich wieder herunterrollt. Auf die ein wenig höhnische Frage, ob er denn mit Camus übereinstimme, daß Sisyphus im Grunde glücklich gewesen sei, lächelte der damalige Bonner Botschafter (es war noch ein liberaler) nicht nur sichtlich gequält, sondern er war zudem ehrlich besorgt, daß der Ruf laut werden könnte, die gesamte Kontaktgruppen-Initiative sei mit ihrem sinnlosen Treiben zu nichts anderem wirklich gut, als der südafrikanischen Regierung zu beliebigem Zeitgewinn zu verhelfen.

Rückblickend muß festgestellt werden, daß sie genau dies tat; wenn es auch sicher nicht ihre eigentliche Absicht gewesen ist. Die Kontaktgruppe war das typische Produkt der Carter-Administration, die nicht nur im Falle Namibias, sondern auch einer ganzen Reihe anderer regionaler Konflikte auf Vermittlung statt einseitiger Parteinahme setzte, die also ganz bewußt den Versuch unternahm, den Nord-Süd-Konflikt aus dem Ost-West-Konflikt herauszulösen. Genau dies warf in Bonn die konservative Opposition dem liberalen Bundesaußenminister vor: er habe in Afrika die Freunde des Westens vernachlässigt, die Feinde aber unterstützt, erklärte beispielsweise der Abgeordnete Jürgen Todenhöfer, CDU, im August 1979 in einem Gespräch mit »Welt am Sonntag«. Die Afrika-Politik der sozialliberalen Bundesregierung sei keine Friedens-, sondern eine Anpassungspolitik gegenüber Moskau und den sowjetischen Verbündeten. »Außenminister Genscher hat damit den Vormarsch der Sowjetunion in Afrika – ob gewollt oder ungewollt – begünstigt. Auf der einen Seite ist es der Politik der Bundesregierung, die heute zwischen allen Stühlen sitzt, nicht gelungen, auch nur eine pro-sowjetische Organisation geschweige denn ein pro-sowjetisches Land im südlichen Afrika auf die Seite des Westens zu bringen ... Genschers Hoffnung, Afrika könne sich aus dem Ost-West-Konflikt heraushalten, ist einer der folgenschwersten Irrtümer der deutschen Außenpolitik der letzten Jahre ... Afrika ist ein Kernstück unserer Nord-Südpolitik. Als Lieferant nicht ersetzbarer strategischer Rohstoffe, als Anrainer der Ölrouten und als Handelspartner ist Afrika von höchster Bedeutung. Sollte Moskau noch mehr rohstoffreiche Länder oder gar Öl-Routen kontrollieren, könnten in Europa sehr schnell die Lichter ausgehen. Ein Außenminister wie Genscher, der diese strategischen Folgerungen nicht sieht und dadurch unsere eigenen Interessen in sträflicher Weise vernachlässigt, müßte eigentlich seinen Hut nehmen.«[7]

Ende der siebziger Jahre konnte man das vielleicht noch so sehen, denn damals schienen sowjetische Waffen und kubanische Kämpfer den schwarzen Kontinent förmlich zu überfluten. Doch auch schon damals wurde für Kenner erkennbar, daß nur solche afrikanische Staaten sich an Moskau um Hilfe wandten, die für interne oder Grenz-Konflikte dringend Waffen benötigten, sie vom Westen aber nicht bekommen konnten. Erst in der Folge wandten sie sich »dem Kommunismus« zu.

Ein typisches Beispiel ist Äthiopien, das lange als letztes sowjetisches Bollwerk in Afrika galt: erst als die Regierung in Addis Abeba durch Eritrea-Separatisten auf Grund der Somalia-Invasion im Ogaden akut bedroht war, und die USA (wegen Menschenrechtsverletzung) dem Wunsch nach Waffen eine Abfuhr erteilten, wandte sich das Regime an Moskau. »Die Hilfe kam prompt und wurde mit der ›Linkswendung‹ des Militärs belohnt«, wie ein dpa-Korrespondent später zu berichten wußte.[8] Fortan hatten sowjetische Kriegsschiffe freien Zugang zum Roten Meer. Somalia aber nahm nach Jahren sowjetischer Waffenhilfe und entsprechend »sozialistischer« Gesinnung »Abschied von der Revolution«. Seither laufen (trotz massiven Menschenrechtsverletzungen) amerikanische Kriegsschiffe das Horn von Afrika an, und der gesamte freie Westen unterstützt dort zuverlässig und brav seit Jahren ein völlig korruptes, bankrottes System.

Selbst von den vierzehn afrikanischen Staaten[9], in die im Laufe der Jahre sowjetische Waffen im Werte von vielen Milliarden Rubel rollten, zählten schon nach auffallend kurzer Zeit nur noch drei eindeutig zum sowjetischen Einflußbereich und waren durch »Freundschaftsverträge« an Moskau gebunden: Äthiopien, Angola und Moçambique. Alle drei wurden trotz tausenden Tonnen sowjetischer Kriegsmaterials und auch mit Hilfe kampferprobter kubanischer Söldner oder eifriger DDR-Berater ihrer innenpolitischen Probleme, nämlich der gleichfalls (nur von der anderen Seite) von außen bewaffneten jeweiligen Rebellen nicht Herr, deren Existenz sie ja zunächst dazu gezwungen hatte, sich an Moskau um Hilfe zu wenden. Solange der bewaffnete Widerstand nicht zu unterdrücken war, eben weil er unterstützt wurde, gab es kaum ein Entrinnen aus diesem Teufelskreis.

Es waren also ausnahmslos Sachzwänge und nicht etwa Glaubensfragen, die die afrikanischen »Sozialisten« auf Gedeih und Verderb an die Sowjetmacht und an deren Vasallen ketteten. Unsere europäischen Ideologien – ob Sozialismus oder Kapitalismus – blieben ihnen gleichermaßen fremd. Sie waren grundsätzlich äußerlich, auswechselbar wie Kleidungsstücke, und gingen niemals wirklich unter die Haut. Genau das gleiche gilt übrigens für unsere christlichen Konfessionen: sie wurden und werden in Afrika, sehr zum Leidwesen leidenschaftlicher Missionare, fast ebenso leichtfertig gewechselt wie ein Hemd.

Doch zurück zur sogenannten Kontaktgruppe, die den Teufelskreis des Namibia-Problemes zu durchbrechen hoffte, was allzu lange vergeblich schien. Die westlichen Fünf hatten ihre Rechnung noch mit Vorster, dem an Entspannung interessierten Diplomaten gemacht. Nur wenige Stunden vor Beschluß der Resolution 435, nämlich am Abend des 28. September, hatte jedoch in Südafrika der Soldat in Zivil die Macht ergriffen, die er elf Jahre lang fest in seinen zunehmend zittrigen Händen hielt; und von nun an wurde alles doppelt schwer. Doch auch schon vor diesem von lautem Skandalgetöse begleiteten Machtwechsel war das Sicherheitsestablishment in

Pretoria so stark geworden, daß es Grund zum Zweifel an der dortigen Bereitschaft zu echten Zugeständnissen gab. Schon am Tage bevor Vorster seine Zustimmung zu »431« bekanntgegeben hatte – also im April – hatten südafrikanische »Sicherheitskräfte« in Windhoek 27 legal dort lebende SWAPO-Führer (der politische Flügel der Bewegung war dort nie verboten) unter der Anklage festgenommen, sie seien kommunistische Agitatoren, die die Bevölkerung terrorisierten und freie und faire Wahlen verhindern wollten. Die rechtliche Handhabe zu diesem Schritt hatte eine noch druckfeuchte Proklamation des angeblich neutralen südafrikanischen General-Administrators geliefert.

Statt sofort energisch zu protestieren, ignorierten die Westmächte diese Provokation, weil sie ihre Initiative keinesfalls gefährden wollten. Sie gratulierten statt dessen Vorster zu seinem weisen Einlenken und setzten fortan alles daran, die wenigen in Freiheit verbliebenen SWAPO-Führer – jetzt befanden sich bereits vierzig von ihnen in Haft! – so gut es eben ging zu beschwichtigen. Durch diese lasche Reaktion noch bestärkt, wagte die südafrikanische Luftwaffe am 4. Mai einen blitzartigen Überfall auf ein Flüchtlingslager der SWAPO bei Cassinga, etwa 400 Kilometer tief innerhalb Angolas. Als es dort Bomben hagelte und Fallschirmspringer vom Himmel sprangen, die mit ihren Sturmgewehren jede sich regende Kreatur niedermähten, befanden sich 3000 Zivilisten, überwiegend Frauen und Kinder, in diesem Camp im Busch. Und als die Soldaten nach getaner Arbeit wieder in ihre Maschinen geklettert und davongeflogen waren, lagen mehr als sechshundert Leichen und tausend Verletzte da. Gleichzeitig griff die SADF ein militärisches Ausbildungslager der SWAPO etwa 50 Kilometer innerhalb Angolas an. So allein ist zu erklären, daß die Zustimmung der SWAPO zu »431« einige Wochen auf sich warten ließ, während der südafrikanische Generaladministrator in Windhoek unbekümmert mit der Vorbereitung angeblich »freier und fairer Wahlen« fortfuhr.

Kaum hatte Verteidigungsminister Botha das Heft in der Hand, wurde auch schon klar ersichtlich, daß er keinesfalls an international überwachte Wahlen dachte. Eine internationale Anerkennung der nächsten »Regierung« in Windhoek war in seinen Augen wesentlich weniger wichtig als die regionale Anerkennung seiner Macht.

Termingerecht teilte UN-Generalsekretär Waldheim dem Sicherheitsrat im Oktober mit, alle Vorbereitungen zur Bildung der UNTAG seien getroffen. Doch leider sähen sich die Außenminister der fünf westlichen Regierungen außerstande, die Pläne ihrer südafrikanischen Gesprächspartner mit den Lösungsbeschlüssen der Vereinten Nationen in Einklang zu bringen. Am 13. November verurteilte der Sicherheitsrat Bothas wortbrüchiges Verhalten, was diesen jedoch kaum zu kümmern schien: er ließ in Südwestafrika dennoch wählen und feierte anschließend den »überwältigenden Sieg« der aus sechs ethnisch fundierten Parteien bestehenden »Demokratischen Turnhallen-Allianz« (DTA); denn SWAPO nahm aus Protest an diesen Wahlen gar nicht erst teil. Die Kontaktgruppe, für die der Alleingang Bothas eine weithin schallende Ohrfeige bedeutete, begnügte sich erneut mit mattem Protest.

Innenpolitisch hatten nämlich alle fünf längst Ärger mit den Freunden Pretorias und Salisburys im eigenen Land, die die Anerkennung der »gemäßigten« Regierungen sowohl in Südwestafrika als auch in Rhodesien forderten.[10] Eifrig pries man dort den Bischof Muzorewa, hier den tüchtigen Farmer Dirk Mudge. In Washington trat sogar der neue Leiter des Nationalen Sicherheitsrates, Zbigniew Brzezinski[11], für die Anerkennung dieser beiden »moderaten« Führer ein, denn für ihn besaß – mehr noch als für Kissinger – die Rivalität der Supermächte, nicht nur im eigenen Einflußbereich, sondern auch »out of area«, also in der Dritten Welt, absolute Priorität vor allen anderen Erwägungen. Wo Vorherrschaft nicht zu erreichen war, ging es um ein Gleichgewicht der Kräfte. Für die betroffenen Menschen bedeutete dies im Klartext künftig

Dauerkonflikte, die ganz bewußt darauf angelegt waren, daß keiner sie gewinnen sollte. Also den permanenten Krieg.

Ohnehin virulente regionale Auseinandersetzungen wurden durch wohldosierte Waffenlieferungen und Stellvertretertruppen stets dahingehend gesteuert, daß ein Schwebezustand, »a no-win situation« bestand und aufrechterhalten wurde. Alle ihre Deviseneinnahmen gaben die betroffenen Länder infolgedessen für Waffen und Söldner aus. So hat der solchermaßen gesteuerte Krieg in Angola eines der potentiell reichsten Länder Afrikas systematisch ruiniert. Selbst die von dem südafrikanisch-angolanischen Diamanten-Konzern »Diamang« (einer Tochter der Anglo-American) und von den amerikanischen Ölproduzenten (Gulf-Oil-Texaco) erwirtschafteten Devisen gingen ausnahmslos für die Bezahlung der sowjetischen und kubanischen Rechnungen drauf, was schließlich zu der absurden Situation führen sollte, daß kubanische Truppen die südafrikanischen und amerikanischen Industrieanlagen in Angola vor den von Südafrika und den USA gestützten UNITA-Rebellen beschützen mußten, damit das Geld zu ihrer Bezahlung auch pünktlich in der sonst gähnend leeren Staatskasse war.

Während der Jahre 1979/80 erhob die südafrikanische Regierung einen Einwand nach dem anderen gegen den Wortlaut der Resolution 435. Sie forderte, daß die Zahl der UNTAG-Mitglieder von ursprünglich 7500 Mann drastisch heruntergesetzt werde; um die Kosten zu senken, hieß es, die Südafrika nicht trägt. Sie wünschte, daß die SWAPO-Kämpfer während der labilen Übergangszeit nicht in Namibia, sondern in den Nachbarländern interniert werden sollten. Sie verlangte, daß die DTA (und natürlich auch die UNITA) an den Vorbereitungsgesprächen beteiligt sein sollten, und daß die Vereinten Nationen ihre (in der Tat voreilige) Anerkennung der SWAPO als »einzig authentische Vertretung des namibischen Volkes« widerriefen.[12] Alles Wünsche, die fast alle neun Jahre später, auf Wunsch beider Supermächte, die plötzlich an einer Beilegung des Konfliktes interessiert waren, widerspruchslos erfüllt werden sollten, ohne daß man SWAPO dazu befragt hätte.

Die Kontaktgruppe aber schob zusehends verzweifelnd ihren Stein den Berg hinauf. Um die Vorwürfe zu entkräften, diese Situation nütze allein Südafrika, das gezielt auf Zeitgewinn spiele, um Alternativen zu SWAPO schaffen zu können und innerhalb Namibias loyal ergebene Sicherheits- und Verwaltungsstrukturen aufzubauen, wurde im Januar 1981 eine Konferenz nach Genf einberufen, deren Scheitern (wie kritische Beobachter von Anbeginn an meinten) von vorneherein einkalkuliert war. Denn was in Washington bis zu diesen Tagen die alternative Position der Sicherheitsberater im Gegensatz zur Linie des State Department und des Weißen Hauses gewesen war – allerdings mit wachsender Zustimmung des verunsicherten Präsidenten Carter –, das wurde dort jetzt zur offiziellen Politik: Der Republikaner Ronald Reagan hatte die Wahlen gewonnen und bestimmte fortan die Richtlinien der Außenpolitik.

Mit der amerikanischen Afrika-Politik war von nun an ein konservativer Karrierediplomat, der stellvertretende Außenminister Chester Crocker, betraut. Schnell entwarf er das Konzept einer positiven Beziehung – des sogenannten »constructive engagement« – gegenüber Südafrika, das Pretoria freundschaftlich auf einem Weg der Reformen begleiten, die Sowjets aber fernhalten sollte. Seine Prämisse: »Südafrika ist ein Teil des Westens«[13], und deshalb seien die Interessen des »freien Westens« und die Pretorias im ganzen südlichen Afrika untrennbar miteinander verknüpft.

Im Mai 1981 hielt Crocker in einem Memorandum für seinen Minister, den General Alexander Haig, der anschließend mit »Pik« Botha sprechen sollte, folgenden Ratschlag fest: »Die politischen Beziehungen zwischen den Vereinigten Staaten und Südafrika sind an einer Weggabelung von vielleicht historischer Bedeutung angelangt...« Nach zwanzig

Jahren zunehmender Kühle sei jetzt wieder etwas Wärme angebracht. Man müsse schließlich anerkennen, daß die Regierung P.W. Bothas »eine einmalige Chance für Wandel im Inneren« bedeute und müsse deshalb die Bereitschaft zeigen, mit Südafrika realistisch umzugehen. »Das Problem Namibias jedoch, das unsere Beziehungen zu unseren europäischen Verbündeten und zu Schwarzafrika belastet, ist für die Entwicklung einer neuen Beziehung zu Südafrika ein Haupthindernis. Gleichzeitig bietet es jedoch die Chance, der sowjetischen Bedrohung in Afrika zu begegnen. Deshalb brauchen wir Pretorias Kooperation bei der Bemühung um eine international akzeptable Lösung für Namibia, die jedoch die wesentlichen amerikanischen und südafrikanischen Interessen und Sorgen berücksichtigen muß... Die Südafrikaner hegen allerdings noch wegen der Erfahrungen von 1975/76 und aus der Carter-Zeit einen tiefen Argwohn gegen uns.«

Es gehe also vor allem darum, Mißtrauen ab- und Vertrauen aufzubauen. Crocker gibt seinem Chef in diesem Text folgenden Rat: »Sie müssen Pik klarmachen, daß wir die südafrikanische Hoffnung teilen, daß – allen politischen Differenzen zwischen den Staaten des südlichen Afrika zum Trotz – die ökonomische Interdependenz des Gebietes sowie ein konstruktiver Wandel innerhalb Südafrikas die Fundamente für eine neue Ära der Kooperation, der Stabilität und der Sicherheit in der Region abgeben könnten. Auch teilen wir ihre Ansicht, daß die wesentliche Gefährdung der Verwirklichung dieser Hoffnung in der Anwesenheit und in dem Einfluß der Sowjetunion und ihrer Verbündeten in der Region besteht.« Das Gespräch müsse auch auf folgenden Punkt kommen: »Wir teilen Ihre Ansicht, daß Namibia nicht an die Sowjets und deren Verbündete ausgehändigt werden darf. Eine russische Fahne über Windhoek ist für uns genauso wenig akzeptabel wie für Euch. Wir glauben, daß eine sorgfältig vorbereitete und durchgeführte Namibia-Lösung dazu beitragen wird, das mögliche Anwachsen des sowjetischen Einflusses im südlichen Afrika zu verhindern, und daß im Laufe einer derartigen Regelung genau die Hebelwirkung erreicht werden kann, die wir brauchen, um den Rückzug der sowjetisch-kubanischen militärischen Präsenz aus Angola zu erreichen...«

So wurde zwischen dem Abzug der Kubaner aus Angola und der Freigabe Namibias (durch die Südafrikaner) ein Junktim hergestellt, das Pretoria noch einmal Schonzeit für eine Reihe von Jahren bescheren sollte.

Die Generalversammlung der Vereinten Nationen wies im Dezember 1982 »die beharrlichen Versuche der Vereinigten Staaten und Südafrikas, eine Verknüpfung oder Parallelität zwischen der Unabhängigkeit Namibias und irgendeiner nicht zur Sache gehörenden Frage, insbesondere dem Abzug der kubanischen Truppen aus Angola, herzustellen«, ausdrücklich zurück. Ende April 1983 fand in Paris (unter UN-Protektorat) eine internationale Namibia-Konferenz statt. Dort erklärte zur allgemeinen Überraschung in seiner Begrüßungsrede plötzlich der neue französische Außenminister Claude Cheysson (aus innenpolitischen Gründen natürlich, denn vor zwei Jahren war der Sozialist Mitterrand zum Staatspräsidenten gewählt worden und jetzt übte man sich in *Cohabitation*), seiner Meinung nach sei die Arbeit der Kontaktgruppe beendet. Jetzt müsse endlich zu Taten geschritten werden. Frankreich könne das ständige Einbringen von neuen Problemen in die Debatte unmöglich länger akzeptieren: »Diese plumpe Erklärung, die jetzt sicher kritisiert werden wird, soll nicht besagen, daß Frankreich die Schwierigkeiten und Probleme nicht sähe..., es ist nur einfach nicht länger hinnehmbar, daß das namibische Volk als Geisel herhalten soll, um Nachbarländer zu zwingen, ganz andere Fragen anzupacken, wie bedeutend auch immer diese sein mögen.«[14] Ein halbes Jahr später diskutierte der UN-Sicherheitsrat eine ganze Woche lang über die Namibiafrage. Mit Ausnahme der Vereinigten Staaten, die sich der Stimme enthielten, lehnten alle Mitglieder der Kontaktgruppe das Junktim ab; also auch

Bonn. Chester Crocker jedoch hielt beharrlich daran fest, und so blieb es denn dabei.

Auch wiederholte Übergriffe der SADF auf angolanisches Hoheitsgebiet förderten die Entwicklung kaum. Sämtliche Ansätze zur Verurteilung der brutalen Pretorianer scheiterten jedoch am Veto Washingtons. Erst im Orwell-Jahr 1984 flimmerte über der Namib-Wüste erneut eine Fata Morgana und spiegelte eine positive Entwicklung vor. P. W. Botha erklärte nur wenige Tage vor dem Nkomati-Vertrag, Südafrika sei jetzt bereit, an einer Friedenskonferenz mit allen Parteien Namibias teilzunehmen. Doch wie sagte Orwell? Frieden ist Krieg.

Immerhin traf man sich auf Einladung Kaundas, der seiner Rolle als Mittler treugeblieben war, im Mai in Lusaka, nachdem zwischen Angola und Südafrika eine »Joint Monitoring Commission« gebildet worden war, die die Waffenruhe überwachen sollte, und nachdem sogar der SWAPO-Mitbegründer und heutige Generalsekretär, Toivo Ja Toivo, sechzigjährig, mit einigen seiner Kameraden aus der Haft entlassen worden war. Die südafrikanische Delegation führte der Arzt und Geburtshelfer Dr. Willie van Niekerk, der damalige Generaladministrator, an. Die Fäden der augenblicklichen Marionettenregierung, der sogenannten Mehrparteienkonferenz (MPC), die gleichfalls nach Lusaka kam, hielt er fest in seiner Hand. SWAPO führte eine »Patriotische Front«, ganz nach dem Muster Rhodesiens, an. Und alle gaben optimistische Erklärungen ab. Der Mediziner sah gar »einen bedeutenden Durchbruch«, weil seine MPC dabeisein durfte; er wähnte sich ihrer von Pretoria gewünschten internationalen Anerkennung nah. Doch dann trennte man sich ohne Schlußkommuniqué und gab jeweils dem anderen die Schuld an dem Scheitern, gemäß dem längst eingeschliffenen Ritual.

So hätte das ewig weitergehen können – mal Scheinschwangerschaft, mal Fehlgeburt –, wäre nicht am anderen Ende der Welt ein bedeutender Wandel eingetreten. Um sich ohne allzugroßen Gesichtsverlust nicht nur aus Afghanistan und Kambodscha, sondern auch aus Angola zurückziehen zu können, brauchte Moskau plötzlich keine »no-win«-Situation mehr, sondern einen Sieg. Deshalb schickte Gorbatschow Ende 1986 einen afghanistanerfahrenen General namens Konstantin Schagnowitsch nach Afrika, um nach dem bisher eher westlichen Prinzip des »Gefechtes der verbundenen Waffen« im Süden Angolas Ordnung zu schaffen. (Schagnowitsch wurde schon nach wenigen Monaten wieder von einem Kubaner abgelöst.) Innerhalb kurzer Zeit erlitt die südafrikanische Luftwaffe mit ihren maximal 300 Kampfflugzeugen so hohe Verluste (mehr als vierzig Maschinen in wenigen Wochen), daß unter militärischen Beobachtern bald gemunkelt wurde, sie habe die Kontrolle des Luftraumes eingebüßt.

Schon während des großen Manövers mit scharfer Munition »Thunder Charriot« im September 1984, das die Autorin von einem Schützenpanzer des Typs Ratel (Honigdachs) aus zwei Tage und eine Vollmondnacht lang zu beobachten Gelegenheit hatte, war die Verwundbarkeit der Luftwaffe offensichtlich geworden, die eine direkte Folge des internationalen Waffenembargos war.

Entgegen allen Regeln militärischer Vernunft drangen südafrikanische Artillerieverbände mit ihren sensationellen neuen 155-mm-Feldhaubitzen vom Typ G 5 und G 6 im Januar 1988 ohne ausreichenden Schutz aus der Luft in einer großangelegten Gegenoffensive bis nach Cuito Cuanavale (Luftlinie 300 km von der namibischen Grenze) vor. Die Südafrikaner kannten die Gegend gut, denn noch zu Zeiten der portugiesischen Kolonialherrschaft war die hübsche kleine Siedlung im Südosten Angolas mit ihrer Hilfe zu einem militärischen Stützpunkt ausgebaut worden. Ganz in der Nähe hatte die südafrikanische Luftwaffe eine Landebahn eingerichtet, die mit den eigenen Fliegerstützpunkten im nördlichen Namibia und im östlichen Caprivi-Zipfel verbunden war (jenem eigentümlichen, ursprünglich als Verbindungsweg nach Deutsch-Ostafrika gedachten und zu diesem Zwecke

1890 im Helgoland-Abkommen den Briten abgehandelten Landfinger, der sich von Südwestafrika aus in die Weichteile des südlichen Afrika bohrt, auch heute noch von außerordentlicher strategischer Bedeutung ist und bald wieder zum Zankapfel werden könnte; denn während seine Westhälfte ab 1919 von Windhoek aus verwaltet wurde, blieb der östliche Teil Pretoria direkt unterstellt) – doch nützte ihnen das jetzt wenig.

Zwar hagelte es drei Monate lang tagtäglich Dutzende von 155-mm-Granaten auf das einst liebliche Städtchen an den Flüssen Cuito und Cuanavale, das bald in Schutt und Asche lag; doch die angolanischen Kampftruppen (die »Forcas Armadas Populares des Libertaçao de Angola«, kurz FAPLA) hielten nicht nur überraschend dem Angriff stand, sondern sie bildeten schließlich selbst einen Kessel, in den die südafrikanischen Angreifer sich plötzlich eingeschlossen sahen. Nach übereinstimmenden vertraulichen Berichten, die die westlichen Hauptstädte damals erreichten, verloren in dem folgenden Kampf wenigstens 300 weiße und 2000 schwarze Süd- und Südwestafrikaner das Leben, was für diese Art von Krieg eine schwere Einbuße bedeutete. Noch dazu traf kubanische Verstärkung der FAPLA ein; und diese machte nicht etwa im eigentlichen Kampfgebiet halt, sondern sie zog einfach weiter, direkt bis an die Grenze Namibias, so daß jetzt zum allerersten Mal die »kommunistischen Internationalisten« tatsächlich das umstrittene Territorium bedrohten, wie die Südafrikaner dies seit einem Dutzend und mehr Jahren fälschlich behauptet hatten, um nicht selbst als Aggressoren, sondern als Schutzmacht dazustehn.

Noch wichtiger für die weitere Entwicklung war jedoch, daß mit der Niederlage von Cuito Cuanavale mit einem Schlag zwei Mythen vernichtet wurden: Erstens der Mythos von der Unbesiegbarkeit der Pretorianer. Zwar wurde die tatsächliche Zahl der Gefallenen dort nie offiziell bekanntgegeben; sehr viel weniger Heldenbegräbnisse fanden statt, und den Soldaten wurde in mehreren Fällen gesagt, ihre Kameraden seien der Malaria tropica zum Opfer gefallen (einem gefürchteten, sich immer weiter ausbreitenden Chloroquin-resistenten Erregertyp), aber die oppositionelle südafrikanische Presse berichtete, von widerwillig kämpfenden weißen Wehrpflichtigen mit Nachrichten versorgt, detailliert[15], und wer die Wahrheit kennen wollte, wußte Bescheid. Zweitens der Mythos, daß die UNITA Jonas Savimbis ganz alleine ein Drittel Angolas »befreit« habe und dort der MPLA-Regierung, deren Truppen und rund 50 000 Kubanern aus eigener Kraft Paroli bot. Plötzlich gab Südafrika die ständige Präsenz seiner Truppen im Süden Angolas zu.

»Wir bleiben dort«, erklärte Präsident Botha sogar trotzig in einem Interview mit dem Chefredakteur der Moonie-Zeitung *Washington Times*[16]: »Wir bleiben dort, bis die Kubaner abziehen. Das war die Abmachung mit Präsident Reagan, der verlangte, daß die Kubaner abziehen müßten; und wir hatten dem zugestimmt.« Wie auch sein getreuer Adlatus Malan begann nämlich Botha jetzt deutlich zu spüren, wie sich die Schlinge des bislang so nützlichen Junktims plötzlich um seinen eigenen Hals zusammenzuziehen begann. Denn wenn die Kubaner nach diesem Triumph sich jezt wirklich zum Abzug aus Angola bereit finden konnten (weil das dem Wunsche Moskaus entsprach), dann stand er, Botha, jetzt bei Reagan mit Namibia im Wort. Schnell versuchte er deshalb, burenschlau wie er zeitlebens war, dem Junktim eine andere Bedeutung zu geben: »Wenn die Kubaner Angola verlassen, dann auch wir«, sagte er, wohl wissend, daß es darum nie gegangen war. Außenminister Botha und dessen Mannschaft, die endlich wieder Morgenluft witterten, hielten unterdessen entschlossen am ursprünglichen Sinn des Junktims fest. Der Abzug der Kubaner bedeute die Freilassung Namibias, sagten sie. Nämlich die Erfüllung der Resolution 435.

Die Niederlage von Cuito Cuanavale konnte deshalb auch innenpolitisch nicht lange ohne Folgen bleiben: in der Tat bedeutete sie den Anfang vom Ende Pieter Willem Bothas, der selbst vor jetzt zwölfeinhalb Jahren seinem Vorgänger genau hier in Angola den Strick gedreht hatte. So schloß sich der Kreis. Jetzt blieb es nur noch eine Frage der Zeit und der Methode, wie Bothas Abtritt von der politischen Bühne (die ganz auf seine Machtbedürfnisse zurechtgeschneiderte neue Verfassung aus dem Jahre 1984 hatte die Möglichkeiten seiner Absetzung erheblich eingeschränkt) zu vollziehen sei. Und da ein Sturz Bothas auch Malan mitzureißen drohte, wuchs vorübergehend die Gefahr eines präventiven Coups.

Doch warum nur hatten Botha und Malan die Lage, nämlich den Siegeswillen der Angolaner und Kubaner (und natürlich der Russen im Hintergrund), derart falsch eingeschätzt, daß sie sich auf das Abenteuer von Cuito Cuanavale einließen ohne ausreichenden Schutz aus der Luft? »Was war geschehen?« fragt auch Winrich Kühne in seiner schon zitierten Analyse der Entwicklung seit 1986. »Botha und die SADF-Führer hatten, dank einer Kombination aus Wunschdenken und Anmaßung, die Berichte westlicher Experten über den Charakter von ›Perestrojka‹, ›Glasnost‹ und der Bedeutung von Gorbatschows ›neuem Realismus‹ für das südliche Afrika falsch verstanden«, urteilt Kühne. Oder aber sie hätten sich von den falschen Experten beraten lassen. Meint er da etwa Strauß? Der hielt diese Phase mit folgenden Worten fest: »Bei meinem Besuch im Dezember 1987 in Moskau habe ich im Gespräch mit Außenminister Schewardnadse das Thema Afrika angeschnitten. Ich stellte fest, daß die Sowjetunion aus ihrem Engagement in Afrika keinen politischen, keinen militärischen und keinen wirtschaftlichen Nutzen ziehen könne. Es zahle sich für Moskau nicht aus, Afrika sei ein Faß ohne Boden. Im übrigen seien die Völker des schwarzen Kontinents nicht geeignet zur Durchsetzung von Ideologien. Drei für Moskau schmerzliche Beispiele habe ich genannt: Angola, Moçambique und Äthiopien. Schewardnadse widersprach mir nicht. Er meinte nur, daß es leicht sei, mit Truppen einzumarschieren, aber schwer, wieder abzuziehen. Gemünzt war dieses Wort auf Afghanistan, aber es war auch durchaus allgemein zu verstehen. Sollte Moskau seine Interventionspolitik rund um den Erdball tatsächlich revidieren, so sind dafür in erster Linie nicht moralische Gründe, sondern solche der wirtschaftlichen und politischen Zweckmäßigkeit ausschlaggebend.«

Und er fuhr fort: »Am Vorabend meiner Reise ins südliche Afrika im Januar 1988 traf ich in Bonn erneut mit Schewardnadse zusammen. In unserer Unterredung, die von einer sehr höflichen und freundlichen Atmosphäre geprägt war, knüpften wir direkt an unsere Moskauer Gespräche vom Dezember an. Der Kernpunkt war Angola. Dort hatten in jüngster Zeit schwere Kämpfe stattgefunden, die Regierungstruppen hatten gegen die UNITA von Jonas Savimbi am Lombo-Fluß eine große Schlacht verloren, auf beiden Seiten gab es große Verluste. Ich fragte Schewardnadse, ob die Sowjetunion bereit sei, einen Waffenstillstand, einen Frieden in Angola zu unterstützen, oder ob sie als Voraussetzung einen vollständigen Sieg der von der Sowjetunion politisch und von den Kubanern militärisch unterstützten angolanischen Regierungstruppen fordere. Die Antwort stimmte hoffnungsvoll: ›Die sowjetische Regierung unterstützt jede Regelung, die die Zustimmung aller Konfliktparteien findet‹.«[17] Mit dieser Botschaft war Strauß nach Pretoria gereist.

Wie dem auch sei: »Der Wandel in der sowjetischen Afrika-Politik bedeutet nicht unbedingt das Verlassen Afrikas.« Er beinhalte vielmehr die Überwindung überholter, als schädlich (counter-productive) empfundener ideologischer Dogmen und Konzepte, das Begrenzen von Verlusten sowie einen neuen Realismus in der Beurteilung der Frage, was notwendig und was erreichbar sei. »Eine sichtbare Niederlage der MPLA-Regierung durch die direkt von Südafrika unterstützte, von Washington beratene und militärisch ausgerüstete UNITA würde für Moskau einen nicht hinnehmbaren Verlust an globaler Glaubwürdigkeit bedeuten«, sagt Kühne. Seit Mitte der siebziger Jahre sei Angola nun einmal zu einem Symbol sowjetischer Weltgeltung geworden. Es gehe für viele Menschen in Moskau folglich mehr um eine Frage des Nationalstolzes als darum, Angola zu einem Schaukästchen des Marxismus-Leninismus in Afrika zu machen.

In der Tat hatte Luanda längst zu einer Westwende à la Moçambique angesetzt. Die MPLA-Regierung hatte die Mitgliedschaft im Internationalen Währungsfonds, der Weltbank und einer Reihe weiterer internationaler Organisationen beantragt, die nach herkömmlicher marxistischer Weltanschauung nichts als Werkzeuge des imperialistischen, kapitalistischen Neokolonialismus sind.

Für die amerikanischen Republikaner bedeutete ein möglicher kubanischer Rückzug aus Angola ein in einem Wahljahr höchst willkommenes Geschenk, nämlich den dringend benötigten Erfolg in der Außenpolitik, nachdem Gorbatschow in den Ost/West-Beziehungen wie in der Abrüstungsfrage so eindeutig die Initiative übernommen hatte. Schnell war deshalb zwischen den Supermächten Einvernehmen hergestellt, daß mit einem Stückchen Angola mehr oder weniger Weltgeltung ohnehin nicht zu gewinnen oder zu verlieren sei. Doch der interne angolanische Konflikt, der schließlich – man hatte das ja längst vergessen – am Anfang aller Einmischung von außen gestanden, ja diese überhaupt ermöglicht hatte, war damit noch lange nicht gelöst. Wohin mit Savimbi, diesem »charismatischen Führer«, dessen Guerilla-Armee keineswegs, wie die Propaganda das gewöhnlich darzustellen versuchte, aus unschuldigen Ministranten und schüchternen Pfarrerstöchtern zusammengesetzt ist, sich jedenfalls nicht einfach in Luft auflösen würde, nur weil man das höheren Ortes, nämlich in Washington oder Pretoria, so befahl? Die MPLA bot eine Amnestie an; man wolle auch gerne direkt mit der UNITA verhandeln, ja sogar deren Führungskader in die eigene Regierungsmannschaft integrieren, war zu hören, keinesfalls jedoch deren machthungrigen Präsidenten, der nun schon zu oft und zu deutlich gezeigt habe, daß er zu Koalitionen, nämlich zu partnerschaftlicher Zusammenarbeit (wie etwa Nkomo in Zimbabwe) nicht willens, ja charakterlich nicht fähig sei. Daran änderte auch das dramatische Händeschütteln zwischen dos Santos und Savimbi, das schließlich am 22. Juni 1989 in Zaïre zuwege kam, grundsätzlich nichts.

Zumal sowohl die Amerikaner als auch die Südafrikaner auch nach diesem Waffenstillstand unbeirrt damit fortfuhren, die UNITA mit Waffen und sonstigem Material zu versorgen. »Angeblich sind sie in den Friedensprozeß involviert, aber Waffenlieferungen dienen der Entwicklung kaum", beschwerte sich der angolanische Präsident noch zwei Monate später.[18] Seit Inkrafttreten des Waffenstillstandes am 24. Juni hatte es schon mehr Tote gegeben als in der gesamten vorangehenden Jahreshälfte.

Was wollte und will Washington mit seinen jährlichen 15 Millionen Dollar (seit 1985) in Angola nur durchsetzen? Was konnte und kann das Ziel dieses halbherzigen Angola-Engagements – denn was sind schon 15 Millionen Dollar angesichts der Probleme dieses Landes? – nur sein, das schwerer wöge als ein funktionierender Waffenstillstand und anschließend ein innenpolitischer Kompromiß, der dem verwüsteten Land und seiner gequälten Bevölkerung endlich die ersehnte Ruhe und eine faire Chance zum Wiederaufbau böte?

Nun habe auch die Sowjetunion die Idee aufgegriffen, Angola entlang der Benguela-Bahn zu teilen (Savimbi sprach zum ersten Male im November 1984 anläßlich eines Sonderparteitages im Beisein der Autorin offen davon), berichtete im April 1988 der Schwarzafrika-Korrespondent der *Frankfurter Allgemeinen Zeitung*, Günter Krabbe.[19] Der sowjetische Außenminister Schewardnadse habe bei den Verhandlungen in Lissabon persönlich angeregt, diesen Plan weiter zu verfolgen. Das gute alte CIA-Projekt plötzlich aus des Georgiers Mund?

Cui bono? Wer sollte, könnte, wollte dann diese Bahnlinie so zuverlässig schützen, daß die Situation der von ihr abhängigen Binnenländer nicht auch weiterhin im eigentlichen Sinne des Wortes ausweglos blieb? Oder sollte genau dies die verschwiegene Absicht sein? Und warum, darf man wohl weiter fragen, fanden sich die Supermächte nach all ihren schlechten Erfahrungen in der Region, nicht endlich einmal dazu bereit, die betroffene Bevölkerung selbst um ihre Meinung zu fragen und in ihre Zukunftsplanung einzubeziehen?

Schon wieder wurde dort in Lissabon, genau wie bereits vor vierzehn Jahren, am grünen Tisch über das Schicksal des schwarzen Kontinentes – diesmal über dessen verwundbare südwestliche Flanke – entschieden, ganz als handelte es sich um ein artig Spielding im Sandkasten der Riesen. Verhandelt wurde auch davor und danach (entscheidend jedoch war Lissabon), in London und Brazzaville, in Kairo und Moskau, in New York und nicht zuletzt in Genf. Drei Parteien saßen jeweils um den Tisch: Kuba, Angola und Südafrika; nicht jedoch Namibia. Die an erster Stelle betroffene Bevölkerung der letzten afrikanischen Kolonie war an keinem Ort zu keinem Zeitpunkt und durch keinen einzigen Menschen je vertreten. Die anderen – vor allem natürlich die beiden Riesenmächte, die, in Gestalt des bewährten Junktim-Fabrikanten Chester Crocker wie seines sowjetischen Pendants Adamischin, zwar wohlweislich immer hinter dem Vorhang blieben, jedoch von dort aus sorgsam ihre Marionetten lenkten – wußten ja, was gut für sie, für ihr Riesenspielzeug war.

Wie anders war doch seinerzeit die rhodesische Unabhängigkeit vorbereitet worden! Durch Menschen, die Afrika kannten und seine Empfindlichkeiten. Von Victoria Falls bis Lancaster House nahmen grundsätzlich immer alle wichtigen Repräsentanten sämtlicher Befreiungsorganisationen an den Vorverhandlungen unter britischem Vorsitz teil: Mugabe, Nkomo, Sithole, Muzorewa und wie sie alle hießen. Sie alle waren von Anfang bis Ende über jedes noch so nebensächlich scheinende Detail informiert, sie arbeiteten gemeinsam die Modalitäten einer friedlichen Machtablösung aus und waren infolgedessen auch alle für deren Einhaltung voll verantwortlich. Die Buschkämpfer wurden innerhalb Rhodesiens und nicht in der Fremde in Auffanglager zusammengeführt und gaben erst dort ihre Waffen an glaubwürdig neutrale Überwacher ab.

»Für uns bedeutet die Unabhängigkeit Südwestafrikas weit mehr als ein paar juristische Formalitäten«, hatte schon dreißig Jahre zuvor der damalige oberste Herero-Häuptling, Hosea Kutako, in einem »offenen Brief an die Vereinten Nationen«[20] gewarnt. »Auf gar keinen Fall darf über unsere Köpfe hinweg entschieden werden.« Doch auch die Weltorganisation sah sich jetzt durch den erstaunlichen Eifer der Supermächte, die plötzlich alle beide, wenn auch aus völlig verschiedenen Gründen, auf eine baldige Lösung drängten, ja sich bereits auf ein Datum im September festgelegt hatten – die einen, weil sie noch vor den Wahlen dringend eines außenpolitischen Erfolges bedurften, die anderen, weil es galt, möglichst schnell mit möglichst geringem Gesichtsverlust möglichst viel außenpolitischen Ballast abzuwerfen, um sich den immer dringlicheren Problemen des eigentlichen Imperiums zuwenden zu können –, von dem Vorbereitungsprozeß weitgehend ausgeschaltet und in den Hintergrund gedrängt.

Mit einer Reihe von »juristischen Formalitäten", mit Diskussionen ihrer Größe, ihrer Zusammensetzung und Finanzierung, wurde schließlich auch noch der Einsatz der UNTAG derart verzögert, daß das Flugzeug des UN-Sonderbeauftragten für Namibia, Martti Ahtisaari, erst am Nachmittag des 31. März 1989 in Windhoek landen konnte. Zu diesem Zeitpunkt waren nicht mehr als 900 Mann seiner Überwachungstruppen dort eingetroffen, und nur zwei UNTAG-Offiziere befanden sich bereits sieben- bis achthundert Kilometer weiter nördlich im eigentlichen Kampfgebiet, wo sie ab dem 1. April den Waffenstillstand überwachen sollten. Zwei der vereinbarten Beobachtungsposten einer gemeinsamen angolanisch-südafrikanischen Sicherheitskommission waren noch immer nicht besetzt. Sie lagen beide am Rande des Caprivi-Zipfels, durch den weiterhin kaum behindert der südafrikanische Nachschub für Savimbi rollte. Die beiden UNTAG-Offiziere sprachen kein Wort irgendeiner Landessprache und ließen sich infolgedessen von südafrikanischen Kollegen durch die Gegend fahren und »objektiv über die Lage der Dinge unterrichten«.

Nur so ist das Unglück von Oshakati zu erklären, an dem der gesamte ebenso komplizierte wie kostspielige Übergangsprozeß gleich am allerersten Tage zu scheitern drohte. Aus Angst vor einer nochmaligen Verschiebung der inzwischen leidigen Angelegenheit waren im Laufe der Verhandlungen fast alle südafrikanischen Sonderwünsche erfüllt worden: zuerst (schon 1978) das Bleiben des Generaladministrators und das Inkrafttreten eines Waffenstillstandes noch vor dem Abzug der südafrikanischen Truppen, sowie die Anerkennung der ehemals britischen Enklave Walfischbai als bleibender Teil der Republik Südafrika. Nun (1987) auch noch die Reduzierung der UNTAG-Truppen von ursprünglich 7500 auf nur noch 4650 Mann; die Beendigung der Anerkennung der SWAPO als »einzig authentische Vertretung des namibischen Volkes« durch die Vereinten Nationen und somit der finanziellen Unterstützung aus dem UN-Flüchtlingsfonds. Vor allem aber der dringlichste Wunsch, daß die Kämpfer der namibischen Befreiungsarmee PLAN nicht (wie ursprünglich vorgesehen) innerhalb Namibias, sondern in Angola, und zwar nördlich des 16. Breitengrades, also mindestens 180 km von der Grenze entfernt, interniert und entwaffnet werden sollten. Erst sechs Wochen später sollte ihnen dann die Heimkehr als Zivilisten gestattet sein.

Am Freitag, dem 31. März 1989, traf also Ahtisaari in Windhoek ein. »Das ist der Beginn einer neuen Zeit", erklärte er pompös. »Jetzt bricht die Zeit aller Namibier an. Namibia ist wahrlich eine Wunde in der Seite Afrikas gewesen, ihm gehört aber auch ein besonderer Platz in den Herzen und Hirnen der ganzen Welt.« Nur einen Tag später, am 1. April, stand der finnische Missionar der Weltorganisation schon als kleinlauter Versager da. Dies hatte der Tag des ersten Schrittes in Frieden und Freiheit werden sollen. Ab sechs Uhr morgens beendete ein Waffenstillstand den jetzt dreiundzwanzigjährigen Krieg. Im ganzen Lande tanzten die Menschen vor Freude auf allen Straßen und Plätzen und sangen das hohe Lied ihrer Befreier. Sie ahnten ja nicht, daß im hohen Norden hunderte Befreiungskämpfer über die Landesgrenze gekommen waren und jetzt völlig sinn- und ahnungslos den schußbereiten südwestafrikanischen Polizeitruppen (Swapol) vor die entsicherten Waffen liefen. Auch war nicht überall bekannt, daß während der zurückliegenden Wochen gerade die gefürchtetsten Sondereinheiten der südafrikanischen Antiterrortruppen in die SWAPOL integriert worden waren, darunter zwei Drittel des berüchtigten KOEVOET, wörtlich »Kuhfuß«, was soviel wie Brechstange bedeutet. Mehr als 300 Guerillas fanden nun einen grausamen Tod.

»Das war die Schlacht, die nie hätte sein dürfen«, schrieb wenig später der langjährige Namibia-Beobachter Tony Weaver in der konservativen südafrikanischen Zeitschrift *Leadership*[21]. War doch der SWAPO der Sieg gewiß. »Im Feld, in den Gefängniszellen, in mündlichen Botschaften, die die entlegensten Missionsstationen erreichten, erzählten die Überlebenden alle die gleiche Geschichte: ›Wir kamen nicht in kriegerischer, sondern in völlig friedfertiger Absicht. Wir kamen, um die Vereinten Nationen zu treffen‹«, berichtet Weaver, und noch Monate später erzählten uns Missionare im Ovamboland, manche hätten verblutend mit letzter Kraft die Buchstaben »UN« in den Sand geschrieben.

Doch sie kamen mit Sturmgewehren und Raketenwerfern; sie kamen als Krieger und nicht als Zivilisten, was gegen die Abmachungen von Genf verstieß. Wenn sie tatsächlich glaubten, was sie sagten – woran in Namibia kaum jemand zweifelt –, dann waren sie arglose Opfer einer Täuschung geworden, wer auch immer dafür verantwortlich war. Entweder ihre eigene politische Führung im Exil, die in kaum zu überbietender Torheit glaubte, den Südafrikanern seien die Hände gebunden, und mit einem triumphalen militärischen Einmarsch seien die Chancen bei den Wahlen zu erhöhen. Sollte diese Version wirklich zutreffen, stünde die SWAPO-Führung unter Nujoma in einem derart bedenklichen Lichte da, daß das Schicksal des neuen Staates bei ihr nicht gut aufgehoben sein kann. Oder aber, Theorie Nummer zwei, die militärische Führung der Befreiungsarmee hatte entgegen ihren Weisungen den verhängnisvollen Einmarsch geplant, um den Politikern zu zeigen, daß ein militärischer Triumph doch möglich war. Aber auch noch eine dritte Version machte die Runde: die politische Führung hatte den militärischen Flügel bewußt über die Abmachungen falsch informiert, um zu beweisen, daß sie das Bestmögliche herausgeholt hatte und daß ein militärischer Sieg nicht möglich war – auch dies wäre höchst verantwortungslos.

Oder aber Variante vier – und selbst für diese gibt es etliche Belege: die Truppen hatten sich im Süden Angolas versammelt, um in die fälschlich dort vermuteten UN-Lager zu gehen, waren jedoch von UNITA-Kämpfern über die Grenze getrieben worden, geradenwegs in die Arme der SWAPOL hinein. Und schließlich bleibt auch noch die Möglichkeit fünf: die politische wie die militärische SWAPO-Führung waren über die Genfer Absprachen nicht ausreichend informiert, so daß sie sich in aller Ahnungslosigkeit an die ursprüngliche Bestimmung der Resolution 435 hielten, die UNO-Lager innerhalb Namibias vorgesehen hatte (sogenannte reception camps sollte es ja dann auch tatsächlich geben), wo die SWAPO-PLAN-Kämpfer ursprünglich hatten versammelt und entwaffnet werden sollen. Dies würde bedeuten, daß der Nachrichtenfluß zwischen Luanda und den SWAPO-Hauptquartieren sehr viel schlechter funktionierte, als dies – schon aus Stolz – zugegeben wird. »Alle angeblichen Annahmen jedenfalls waren falsch«, wie die *New York Times* lapidar konstatierten;[22] es bleibe lediglich unklar, ob die SWAPO selber den komplexen Plan mißverstanden oder ob sie absichtlich den Wortlaut verdreht hatte, meinte der amerikanische Korrespondent. »Das Ganze war eine absichtlich falsche Interpretation des Abkommens durch Menschen, die es besser hätten wissen sollen«, deutete ein UN-Sprecher in Windhoek gegenüber dem *Spiegel* an, sagte aber nicht, durch wen. Ein anderer bestätigte sogar, daß SWAPO die Genfer Protokolle überhaupt nicht im Wortlaut gekannt hatte und vor allem »nie unterschrieb«.[23]

In Windhoek hörten wir von zwei DDR-Journalisten, die Ende März bei Lubango filmten, Sam Nujoma habe persönlich vor ihrer Kamera seinen Truppen den Befehl gegeben, in Namibia einzumarschieren. Diesen Film hat allerdings niemand gesehen.

Die endgültige Klärung des Herganges und seiner Gründe scheint uns heute vor allem ein internes SWAPO-Problem zu sein. Zur Stunde, da diese Zeilen geschrieben werden, können immer noch nur Vermutungen über einen Machtkampf angestellt werden, der entweder bereits die Ursache oder aber die Folge der Tragödie von Oshakati war oder ist. Eines aber steht unbestreitbar fest: Die PLAN-Kämpfer wurden in Namibia erwartet. »Die Sicherheitskräfte wußten, sie waren da«, schreibt auch Weaver in seinem Aufsatz für *Leadership*. Sie wurden mit offenen Geschützrohren empfangen, denn natürlich waren die Antiterrortruppen des Burengenerals Dreyer »da«, für die kaum etwas erfreulicher sein konnte, als eine günstige Gelegenheit, die verhaßte Resolution 435 noch im letzten Moment zum Scheitern zu bringen.

Wer aber nicht zu Stelle war, das waren, wie bereits gesagt, die UNO-Truppen Ahtisaaris; sie konnten wegen der kunstvoll ausgedehnten Verhandlungen, wegen der schon von Kapuuo gefürchteten »juristischen Formalitäten«, ja noch gar nicht an Ort und Stelle sein. Warum haben die fünf Regierungen der westlichen Kontaktgruppe den Sicherheitsrat dann nicht um Aufschub gebeten? Schließlich handelte es sich bei diesem Namibia-Plan um die größte und teuerste Aktion dieser Weltorganisation in ihrer Geschichte und nicht um einen Sonntagsausflug. Die Kosten einer einzigen Stimme in dem international überwachten Wahlkampf zur ersten, verfassunggebenden Volksvertretung beliefen sich auf wenigstens 1500 Mark (soviel Geld, fast das halbe jährliche Pro-Kopf-Einkommen, hat der durchschnittliche Namibier noch nie auf einem Haufen gesehen); in einem deutschen Wahlkampf werden (zum Vergleich) gewöhnlich zwischen 2,60 und 3,50 DM pro Stimme vergütet.

Warum nur plötzlich diese Eile, nachdem man jahrelang geduldig gezaudert und jedes Hinhaltemanöver mitgemacht hatte? »Ich hatte höchstens eine Stunde Zeit, mich zu entscheiden«, erklärte Ahtisaari am nächsten Tag gegenüber namibischen Kirchenführern, die ihm heftige Vorhaltungen machten. Wenn die UNO nicht augenblicklich die Erlaubnis erteile, daß südafrikanische Truppen ihre Stellungen verließen, um im Kampfgebiet für Frieden zu sorgen, dann werde er sie aus dem Lande werfen, und der ganze Prozeß sei passé, hatte »Pik« Botha in gewohnter Imponierpose gedroht. Um das totale Loslassen sämtlicher noch im Lande stationierten südafrikanischen Truppen zu verhindern, willigte der völlig überforderte Finne schließlich in eine begrenzte Aktion der südafrikanischen Streitkräfte ein. Sechs gepanzerte Bataillone rollten nach Norden, Impala-Düsenjäger dröhnten durch die Luft, und reguläre südafrikanische Truppen räumten in den nächsten Tagen unter den Buschkämpfern wie unter deren Sympathisanten in der Zivilbevölkerung auf. Augenzeugen berichteten von Massengräbern im Ovamboland voller völlig zerschossener schwarzer Menschen, denen man zum Teil die Kleider vom Leibe gerissen hatte.

Doch weltweit stand die SADF endlich einmal nicht als Aggressor, sondern als Verteidiger da: ein unschätzbarer Propagandasieg. Nur wenige wagten da noch zu fragen, ob die Mittel angemessen waren. Denn mit größter Sicherheit bedeutete die Anwesenheit von 750 bis höchstens 1300 SWAPO-Kämpfern, solange kein einziger Schuß gefallen war, keine Bedrohung des ganzen Landes und schon gar nicht eine militärische Machtübernahme, auch wenn der eine oder andere Guerilla in seiner Naivität davon geträumt haben mag. In aller Ruhe hätte General Dreyer den UN-Beauftragten oder dessen General von der Lage der Dinge unterrichten können, bevor er seinerseits den Schießbefehl gab. In seinem Falle hatten die Pretorianer nicht nur einen Bock zum Gärtner, sondern schlimmer noch, einen Wolf zum Schäfer gemacht.

Wahrscheinlich waren sogar etliche Kämpfer überhaupt nicht über die Grenze gekommen, sondern sie hatten bereits die längste Zeit unerkannt im Ovamboland gelebt, wo sie, wie Maos sprichwörtlicher Fisch im Wasser, in der Zivilbevölkerung untergetaucht waren und auch über Waffenverstecke verfügten, die die allgegenwärtigen Sicherheitstruppen trotz all ihren Spitzeln und Spionen bisher nicht aufgefunden hatten. Nun hatten diese Partisanen – noch im Juli 1989 trafen wir dreißig von ihnen mitten im Busch – einfach nicht akzeptieren wollen, daß sie zuerst ihr Land verlassen und sich in UN-Lager nördlich des 16. Breitengrades begeben sollten (wo immer so ein Breitengrad war), um ohnehin in ein paar Wochen wieder nach Hause zurückzukehren. Ihnen seien erst nach Beginn der Kämpfe Kameraden aus Angola zu Hilfe gekommen, lautet die gängige Erklärung Nummer sechs.

Die kommende Zeit sei eine Zeit der Freude, denn nach hundert Jahren bitteren Kampfes stehe jetzt endlich die Unabhängigkeit vor der Tür. Doch sei das vor allem eine Zeit der Vorsicht, schrieb SWAPO-Präsident Sam Nujoma in einem Beitrag für die *New York Times*, der am 1. April veröffentlicht wurde: »Der Weg ist noch voller Hindernisse... Wir rechnen mit Gewalttätigkeit.« Während die Friedenstruppen der Vereinten Nationen endlich mit ihrem Einsatz begännen, würden die Greueltaten und Einschüchterungsversuche der Vergangenheit sicherlich fortgesetzt. Die Sicherheitssituation, vor allem im Norden, sei absolut gefahrenträchtig. Besonders zu fürchten sei die Sondereinheit »Koevoet«, die längst die schrecklichsten Verbrechen an der Zivilbevölkerung auf dem Kerbholz habe, die sie allesamt unter dem Vorwand begangen habe, Buschkämpfer verfolgen zu müssen. Südafrika habe die Auflage, seine Truppen zu demobilisieren, weitgehend einfach dadurch umgangen, daß es ehemalige Militärbasen in Polizeistationen umwandeln und »Koevoet«-Kämpfer in die Polizeitruppen integrieren ließ.

Es halte wahrlich schwer zu ergründen, warum der Waffenstillstand unter dem Kameldornbaum nur so kurzlebig gewesen sei, schrieb Vedder 55 Jahre zuvor. »Auf beiden Seiten war man aber so voll Mißtrauen, daß die Schlacht als ein Unglück bezeichnet werden kann.« Man darf aber auch heute nicht vergessen, daß die Pretorianer immer wieder ihre Kriegszüge mit der Versicherung zu beginnen pflegen, sie wollten Frieden stiften. Vom Denken der Pretorianer aus ist das keine direkte Lüge. »Sie verstanden aber unter dem Ausdruck etwas anderes, als das Wort an sich besagt. Sie konnten sich keinen Frieden denken, den man mit einem Gegner zu schließen beabsichtigt, wenn dieser noch nicht völlig unterworfen war. Daher verband sich bei ihnen bei der Bereitwilligkeit zu einem Friedenschluß fast regelmäßig die Vorstellung, daß man vorher den Feind ganz und gar in den Staub demütigen müsse.«

Für die Zukunft eine schwere Hypothek. Statt Furcht und Mißtrauen abzubauen, waren sie jetzt nur gefestigt worden. »In Windhuk ist zu hören, die SWAPO habe Glaubwürdigkeit und Ansehen in der namibischen Bevölkerung verloren. Auch die UN-Friedenstruppe habe Vertrauen bei der weißen Bevölkerung und bei der SWAPO eingebüßt, weil sie nicht vorbereitet gewesen sei und Pretoria den Einsatz seiner Truppen erlaubt habe«, schrieb Robert von Lucius in der *FAZ*.[24] »Südafrika konnte ... seine Ziele diplomatisch durchsetzen; sein von vielen als ›Überreaktion‹ empfundenes Vorgehen gegen die SWAPO-Guerilleros – der Präsident von Zimbabwe, Mugabe, bezeichnete es als ›Völkermord‹ – bestärkte die Verbitterung bei denen im Lande, die der SWAPO nahestehn.« Weiße Namibier, die nach der Unabhängigkeit im Lande bleiben wollten, befürchteten nun, daß es zu einer Unterbrechung der Versöhnungspolitik kommen könnte. Auch wurden Vermutungen laut, Nujoma habe die Kontrolle seiner Bewegung verloren und durch einen unverantwortlichen Befehl zurückgewinnen wollen. Sogar der Name eines Konkurrenten um die Macht, Hidipo Hamutenya, wurde genannt. Furcht und Mißtrauen also auch dort.

In seinem Beitrag für die *New York Times* hatte Nujoma jedoch klar gesagt, daß auch er in baldiger Aussöhnung die wichtigste Aufgabe der nahen Zukunft sah: »In der Zeit nach Erlangung der Unabhängigkeit wird es lebenswichtig sein, möglichst schnell zu einer nationalen Versöhnung zu finden, um die bestehenden rassischen, ethnischen und politischen Differenzen zu vermindern. Wir erwarten keine Flucht der Weißen in großem Maßstab; die meisten Namibier sind, ohne Ansehen ihrer Hautfarbe oder Ideologie, daran interessiert, unsere reiche, junge Nation aufzubauen«, fügte er fast beschwörend hinzu. »Südafrika hat eine Politik der Destabilisierung betrieben, die der gesamten Region Tod und Zerstörung gebracht hat. Dennoch ist die namibische Volkswirtschaft derart eng an Pretoria gekettet, daß sie eine Phase weiterer Abhängigkeit wird hinnehmen müssen.«

Realistischer geht es wohl kaum. Sein Konzern könne mit den Zukunftsvorstellungen der SWAPO recht gut leben, erklärte denn auch ein Sprecher der größten Uranmine der Welt (16% der globalen Produktion), Rössing bei Swakopmund, prompt, nachdem er das Dokument zur Wirtschaftspolitik dieser Organisation gelesen hatte, das deren »Politbüro« in Luanda Ende 1988 herausgegeben hatte. Dieser Text beurteilt die Zukunft Namibias als viertgrößten Mineralienproduzenten in Afrika (17. in der Welt) recht optimistisch. In den vergangenen zehn und mehr Jahren sei die Volkswirtschaft Namibias allerdings dem Zusammenbruch nahe gewesen, wegen

a) des Verfalls der Rohstoffpreise
b) der Kriegskosten an Menschen und Material
c) der rücksichtslosen Plünderung der Fischvorkommen
d) der langanhaltenden Dürre und
e) wegen Mißwirtschaft und Korruption.

Noch gebe es in Namibia kein einziges Bergbauunternehmen, das sich ganz oder auch nur zum Teil im Besitz von Namibiern befinde. Die westlichen und südafrikanischen Eigentümer hätten Namibia bewußt zum Rohstofflieferanten ohne eigene Endfertigung gemacht, wodurch bis zu 35% des Bruttosozialproduktes auf ausländische Bankkonten abgewandert sei. »Die SWAPO-Führung leugnet ihren Glauben an die moralische Überlegenheit gesellschaftlichen Besitzes und gesellschaftlicher Kontrolle der Wirtschaft nicht«, beteuert ein letztes Aufmucken reiner Ideologie. Doch sei die Bewegung realistisch genug, um zu wissen, daß in der unmittelbar bevorstehenden Zukunft das unabhängige Namibia weder die finanziellen noch auch die unternehmerischen Voraussetzungen habe, um eine ausreichende ökonomische Leistungsfähigkeit zu garantieren. Deshalb strebe SWAPO eine Mischform aus staatlichen, genossenschaftlichen und privaten Unternehmen sowie »joint ventures« an. »Keine allumfassende Verstaatlichung des Bergbaus, der Landwirtschaft oder der anderen produktiven Sektoren in der vorhersehbaren Zukunft«, lautet die Parole. Mit anderen Worten: eine »mixed economy«, nach dem Erfolgsrezept Zimbabwes.

Weiße Farmer werden in diesem Papier[25] ausdrücklich aufgefordert, im Lande zu bleiben. Für »allenfalls im Interesse der Volkswirtschaft notwendige Enteignungen« sollen sie »fair und gerecht entschädigt« werden. Auch auf den hohen Grad an Abhängigkeit vom ungeliebten überstarken Nachbarn Südafrika geht das Dokument erstaunlich zuversichtlich ein: zwar stammten gut zwei Drittel aller Investitionen im namibischen Bergbau von transnationalen Konzernen in der Republik, doch seien diese ohnehin dabei, sich aus dem als zunehmend riskant angesehenen Land zurückzuziehen. Die meisten Maschinen würden zudem nicht von dort, sondern aus Europa oder Nordamerika importiert, also »nicht notwendigerweise via Südafrika«.

Aber wie denn nicht? Noch ist die gesamte Infrastruktur Namibias einseitig auf Südafrika hin ausgerichtet. »Es gibt keine Eisenbahnlinie, die aus Namibia in ein anderes Land führt, es gibt keine Straße zu anderen Nachbarstaaten. Der einzige Hafen Namibias, Lüderitzbucht, kann nur Schiffe bis zu einer Größe von 6000 Tonnen aufnehmen«, schrieb schon 1984 Wolfgang Müller-Haeseler in der *FAZ*, als er dieses Problem genauer unter die Lupe nahm. Das gesamte Kommunikationswesen (Telephon- und Fernschreibnetz) hänge an Südafrika, ja, es gebe weit mehr als eine Nabelschnur, mit der Namibia an den Nachbarn angebunden sei.[26]

Auch im Bereich der Finanzen sah das kaum anders aus. Allerdings wurden nur die Zuweisungen Pretorias an den südwestafrikanischen Haushalt bekanntgegeben, während all die Summen, die Südafrika aus namibischen Rohstoffen direkt und indirekt zugeflossen sind, strikt geheimgehalten worden sind.

Im Unterschied zu den meisten anderen Staaten des südlichen Afrika sei Namibia nicht unbedingt auf die südafrikanischen Verkehrswege oder Häfen zum Transport seines Außenhandels angewiesen, behauptet kühn das SWAPO-Dokument, »ungeachtet des südafrikanischen Anspruchs auf Walfischbucht«. Denn die augenblickliche Abhängigkeit sei künstlich geschaffen und zudem überflüssig teuer. Darüber hinaus seien zahlreiche Bestimmungen allein dazu gedacht gewesen, Namibia in künstlicher Abhängigkeit zu halten. So war in der Tat der Transport lebender Tiere vorgeschrieben, so daß die Schlachthöfe und Pelzverarbeiter Südafrikas gefördert wurden, während es in Namibia keine gab. Kurz vor Beginn der Übergangsphase machte sich die südafrikanische Verwaltung gemeinsam mit der Interimsregierung sogar daran, staatliche Unternehmen in Namibia zu »privatisieren«. Das heißt, der Generaladministrator verkaufte praktisch die Öffentlichen Dienste, »Krankenhäuser, Nah- und Fernverkehr, Wasser- und Stromversorgung, Post, Rundfunk und Fernsehen an Kapitalgesellschaften«,[27] sowie soziale Wohnungsbauten an private Spekulanten, die sofort alle Mieten und Gebühren in die Höhe trieben.

Namibia wird folglich noch lange Jahre sehr geld- und hilfsbedürftig, die meisten seiner Einwohner aber werden schutz- oder nutzlos sein. Darüber hinaus werden der neuen Regierung Macht und Mittel fehlen, funktionierende neue Verwaltungsstrukturen aufzuziehen. Die Gefahr weitreichender Korruption ist um so größer, je mehr »kleine Geschenke« als Ergänzung der allzu niedrigen Gehälter angesehen werde, wie das Beispiel allzu vieler afrikanischer Staaten zeigt.

Einige der heute schon vorhersehbaren Probleme des neuen Staates hat die neue politische Führung unter Sam Nujoma – wie auch Helga und Ludwig Helbig in ihrem ausführlichen Bericht für *medico international* nach einer Reise im Oktober und November 1989 dies sehen – selber ins Land gebracht. Für eine gesunde demokratische Entwicklung könnten, trotz des verbindlichen Bekenntnisses zu Menschenrechten, Pressefreiheit, ja Mehrparteiendemokratie, die bürokratisch-zentralistischen Strukturen der Exilführung der SWAPO immer noch gefährlich werden, sie seit zwanzig Jahren keinen Kongreß und keine internen Wahlen abgehalten hat. Es war auffallend, wie schwer sich die heimkehrenden »Befreier« nach Jahren im Busch oder in internationalen Hotels in ihrer veränderten

Heimat wieder eingewöhnten und wie sie alsbald versuchten, den zu Hause gebliebenen Kameraden ihre militärischen Kommandostrukturen überzustülpen oder ihnen – wie im Falle der Gewerkschaften – Organisation und Führung aus der Hand nehmen.

Zur stalinistischen Vergangenheit gehören fraglos auch die »Säuberungen« in den eigenen Reihen der Befreiungsbewegung, die zwar mit der ständigen und durchaus berechtigten Angst vor südafrikanischen Spionen zu erklären, doch durch nichts zu entschuldigen sind. Die vorliegenden Beweise für schwere Menschenrechtsverletzungen sind nicht zu widerlegen und stellen – auch wenn sie hundertmal im Wahlkampf von der südafrikanischen Seite aus aufs widerlichste ausgeschlachtet wurden – eine schwere Belastung für die Zukunft dar.

Bemerkenswert ist in diesem Zusammenhang, daß sich das Mißtrauen der Exilführung auf Menschen aus dem Süden konzentrierte, aber nicht etwa, wie man denken könnte, aus Gründen der verschiedenen Stammeszugehörigkeit, sondern weil dort die jungen Männer im Durchschnitt sehr viel besser ausgebildet sind als im Norden, wo von über 500 000 Einwohnern noch 1988 nur ganze fünf die Hochschulreife erreichten. Und da es im noch unfreien Namibia bis auf eine Lehrerbildungsanstalt und eine sogenannte Akademie keine einzige Hochschule gab (erst kürzlich mauserte sich die Akademie mit internationaler Hilfe zur Universität), hatten viele der Ex-Häftlinge der SWAPO »beim Feind«, nämlich in Südafrika, studiert. Nicht nur der Hauptverantwortliche für Folterungen, der Sicherheitschef Salomon Hauala, genannt Jesus, sondern auch Präsident Nujoma ist mit seinen zwei bis drei Volksschuljahren fast ein Analphabet.

Daß Namibia auf dem beschwerlichen und von Hindernissen noch erschwerten Weg in die Unabhängigkeit vorurteilsfreie Helfer braucht, haben wohl in der Zwischenzeit alle westlichen Regierungen erkannt. Nur über die Art und Weise dieser Hilfe gab und gibt es noch immer Streit. »Wir machen aus Namibia einen Modellfall deutscher Entwicklungshilfe«, protzen in Bonn die einen unverbesserlich paternalistisch. »Wenn die Namibier es wollen, dann bieten wir ihnen an, sie zu unterstützen, damit sich ihr unabhängiges Land zum Besten hin entwickelt«, bescheiden sich die anderen. Und da man in einer Mehrparteiendemokratie nun einmal in kurzen Fristen, von Wahl zu Wahl, zu denken pflegt, versucht auch eine jede Partei, sich geschwind eine Friedenstaubenfeder an den Hut zu stecken, obwohl der deutsche Beitrag zur Unabhängigkeit nicht allzu überwältigend gewesen war. Hilfreich war allerdings gewiß Genschers keineswegs unumstrittenes Festhalten an »435«.

Doch als am 24. Februar 1989 der Bundestag über drei Anträge zu Namibia[28] beriet, die auf die besondere historische Verantwortung der Bundesrepublik für dieses Land und seine Bürger ausdrücklich hingewiesen hatten, bestand erfreuliche Einigkeit über ein gemeinsames Ziel: einen friedlichen Übergang zu gewährleisten, durch den allein Mißtrauen und Angst zu überwinden sind. »Die wichtigste Voraussetzung dafür, daß... eine gedeihliche wirtschaftliche Entwicklung Namibias auf die Dauer erwartet werden kann«, erklärte schließlich ein liberaler Außenpolitiker im Namen der Koalition, sei, »daß der innere Friede im Land geschaffen und gesichert werde und daß die Wunden der Vergangenheit geheilt werden können. Hier trägt insbesondere die SWAPO, die stärkste politische Kraft in Namibia, ein hohes Maß an Verantwortung. Ich möchte hier eigentlich das Beispiel eines anderen Landes empfehlen, das erst vor kurzer Zeit die Unabhängigkeit erreicht hat: Simbabwe. Zwar sind nicht alle Hoffnungen in Erfüllung gegangen, die man an das unabhängige Simbabwe geknüpft hatte – zum Teil auch wegen der Destabilisierungsversuche seitens Südafrika – (Zwischenruf aus den Reihen der Opposition: Sehr wahr!), trotzdem war die Basis der Politik des unabhängigen Simbabwe von Anfang an die Aussöhnung, reconciliation. Mugabe hat allen Bevölkerungsgruppen im Lande, auch früheren Gegnern, auch Minderheiten, die Hand zur Versöhnung hingestreckt und hat versucht, allen im Land eine Hoffnung und eine Zukunft zu geben. Daran sollte sich Sam Nujoma ein Beispiel nehmen«, erklärte der Abgeordnete. »Wenn auf diese Weise das unabhängige Namibia zu einem Modell werden kann, dann meine ich: Es könnte auch das Modell für das Funktionieren einer gemischtrassigen Gesellschaft werden, in der die Menschen- und auch Minderheitenrechte gewahrt werden. (Zwischenruf von links: Jawohl!) Das wiederum hätte dann nämlich ganz entscheidende Auswirkungen auch auf die Situation innerhalb der Republik Südafrika. Dies könnte nämlich dort von der weißen Mehrheit [er meinte vermutlich die Mehrheit der Weißen, denn die Weißen sind in der Minderheit], von den Vernünftigen innerhalb der weißen Mehrheit zum Anlaß genommen werden, zu sagen: Bitte, so geht es auch. Es könnte diejenigen, die immer sagen, ob ein Mensch gut oder schlecht ist, ob er Rechte haben darf oder nicht, hänge von der Hautfarbe ab, dazu bringen, anzuerkennen: Ja, die Schwarzen können es auch, wenn man ihnen die Möglichkeit dazu gibt. – Und es ist möglich, daß Menschen verschiedener Hautfarbe friedlich miteinander leben.

Machen wir uns doch nichts vor: Wir freuen uns über die neuen Entwicklungen in und um Namibia, aber das südliche Afrika wird erst dann zur Ruhe kommen, wenn das Apartheidregime endgültig und restlos beseitigt ist.«[29] Applaus von allen Seiten, von links wie von rechts.

Die Vereinigten Staaten von Südafrika

Das moralisch Böse hat die von
seiner Natur unabtrennliche Eigenschaft,
daß es in seinen Absichten ...
sich selbst zuwider und zerstörend ist,
und so dem (moralischen) Prinzip des Guten,
wenngleich durch langsame Fortschritte,
Platz macht.
Es gibt also objektiv ... gar keinen Streit
zwischen der Moral und der Politik.
Immanuel Kant
in »Zum ewigen Frieden«, 1795

So sind denn in noch unlängst kaum vorstellbarer Einmütigkeit nicht nur in Bonn, sondern vor allem auch zwischen Moskau und Washington, die achtziger Jahre zu Ende gegangen. Allenthalben scheint sich die Einsicht durchgesetzt zu haben, daß Kriege überhaupt nicht mehr zu gewinnen sind; daß es also auch nicht länger zu verantworten ist, ganze Volkswirtschaften mit sinnlosen Dauerkonflikten mutwillig zu ruinieren, von den sonstigen verheerenden Folgen für die jeweilige Zivilbevölkerung ganz abgesehen. Infolgedessen ist aber auch der Draht des Ost/West-Konfliktes nicht mehr hinreichend gespannt, um den aus eigener Kraft nicht lebensfähigen Systemen noch länger jenen Seiltanz zu ermöglichen, der sie bislang vor dem Absturz bewahrt hat. All diese Seiltänzer – von Jugoslawien bis Südafrika – waren die eigentlichen Profitanten der Ost/West-Spannungen gewesen. Die Opfer hingegen liegen schon lange am Boden, von unzumutbaren Verteidigungsausgaben erschöpft, physisch ausgeblutet, infrastrukturell zerstört.

Wie in einem Rückspiegel haben wir die siebziger und achtziger Jahre bisher Revue passieren lassen – wenn du nicht weißt, woher du kommst, wie willst du dann wissen, wohin du gehst, soll Hendrik Witbooi der Ältere einmal gesagt haben. Jetzt kennen wir die Gegebenheiten der südlich afrikanischen Region, wir können weiterfahren und versuchen, mögliche Szenarien für die Zukunft zu entwickeln. Wir alle wissen, daß wir »angesichts der wachsenden Herausforderungen und der wachsenden Bedrohungen der ganzen Menschheit durch Unterentwicklung, Überbevölkerung, ethnische und religiöse Konflikte, Umweltvernichtung, Klimaveränderungen« uns »auf Dauer den Luxus eines Ost/West-Konfliktes, den Wahnsinn wachsender Rüstungspotentiale, das Festhalten an historisch interessanten, in Wirklichkeit aber gescheiterten orthodoxen Lehrmeinungen und Utopien nicht mehr leisten« können, wie ein deutscher Außenpolitiker schon 1988 unter großem Beifall ausgerechnet in Moskau erklärte.[1] Das »nächste Jahrhundert wird im Zeichen der Überwindung der Nord-Süd-Problematik stehen, für deren Lösung die Industriestaaten in Ost und West gemeinsam Antworten finden und zu gemeinsamem Handeln kommen müssen.«

Um damit vernünftig umgehen zu können, müssen wir zunächst einmal auch den Nord/Süd-Konflikt auf einen einfachen, vor allem aber ideologiefreien Nenner zu bringen versuchen. Grundsätzlich haben wir es hier doch mit dem nicht etwa schrumpfenden, sondern immer weiter wachsenden Abstand zwischen den Milliardären der technisch entwickelten Welt und den armen jungen Milliarden der sogenannten dritten (oder auch Zweidrittel-) Welt zu tun, in der – und das scheint ihr wesentlichstes Merkmal zu sein – die Bevölkerungszahl schneller anwächst als die wirtschaftliche Produktion, also die Fähigkeit, alle Menschen zu ernähren. In all diesen Ländern sind der Ausbildungsstand und die Infrastruktur auf so niedrigem Niveau und ist infolgedessen die Produktivität so gering, daß, so absurd das klingen mag, auch noch bei allerniedrigsten Löhnen der Lohnkostenanteil relativ höher liegt als in irgend einem technisch weiterentwickelten Land, in dem die relativen Lohn/Stück-Kosten durch Automation inzwischen so weit zurückgegangen sind, daß sie kaum noch eine Rolle spielen.

Auslandsinvestitionen (ohne die technischer Fortschritt nicht zu finanzieren ist) bleiben folglich aus, der industrielle Sektor wird rückläufig, bis zur De-Industrialisierung hin, während sich das Gesamteinkommen der Bevölkerung bei ständig sinkendem Sozialprodukt in immer weniger Händen konzentriert. Der Sparwille, bzw. die Sparfähigkeit, der mittellosen Bevölkerungsmehrheit schwindet, für Investitionen ist also auch intern bald kein Geld mehr da. Mehr noch: »Die Entwicklungsländer in ihrer Gesamtheit sind seit fünf Jahren nicht Nehmende, sondern Gebende der Industrieländer«, wie der Niedersächsische Landesbeauftragte für Internationale Zusammenarbeit Staatssekretär a.D. Professor Dr. Otto Nass, in seiner vielbeachteten Antrittsvorlesung an der Universität Hannover im September 1989 sagte.[2] »Von 1982 bis 1987 überstiegen ihre Zins- und Tilgungszahlungen auf mittel- und langfristige Auslandsschulden die Neuauszahlungen solcher Kredite um insgesamt 85 Milliarden Dollar netto, davon im Rekordjahr 1986 allein um 35 Milliarden.« Professor Nass traf auch noch eine zweite, wie er selbst meinte, erschreckende Feststellung: »Es ist für das Gros der Entwicklungsländer, darunter auch viele hoch verschuldete Schwellenländer, immer schwerer, teilweise ganz unmöglich geworden, Tilgung und Zinsen ihrer Darlehen aufzubringen. Das Verhältnis der Preise für Rohstoffe, die die Entwicklungsländer exportieren, zu den Preisen industrieller Erzeugnisse hat sich nämlich erheblich verschlechtert: Die realen Rohstoffpreise lagen Ende 1987 etwa 32 Prozent unter dem Durchschnitt der Jahre 1980/84, die Kaufkraft der afrikanischen Länder südlich der Sahara fiel von 1980 bis 1987 sogar um mehr als die Hälfte. Hinzu kommt ein wachsender Protektionismus der Industrieländer gegenüber Entwicklungsländern, der diese nach Schätzung der Weltbank mit zwischen 2,5 Prozent und 9 Prozent des Bruttosozialprodukts der Entwicklungsländer belastet.«

Leider sei es bisher nicht gelungen, in den sogenannten AKP-Ländern, nämlich den Entwicklungsländern Afrikas, der Karibik und des Pazifik, Produktionen aufzubauen, die es ihnen ermöglicht hätten, auf den Märkten der Europäischen Gemeinschaft und auf anderen Märkten für die Erlöseinbußen bei den Rohstoffen einen Ausgleich zu finden, bedauerte der Lomé-Experte im Bonner Auswärtigen Amt anläßlich der Verhandlungen zum 4. Lomé-Abkommen.[3] Er versäumte es freilich, hinzuzufügen, daß die Produktionen dieser Länder auf den vorhandenen Märkten kaum Chancen hätten – wegen mangelnder Qualität bei zu hohem Preis. Den einzigen Ausweg sähen viele Entwicklungshilfe-Organisationen im Aufbau von neuen Binnenmärkten im Süden, kommentierte ein Rundfunkjournalist. Und er ließ die Präsidentin der »Welthungerhilfe« mit folgenden Sätzen zu Worte kommen: »Die großindustrielle Fertigung... für Konsumgüter beispielsweise, dafür sind im einzelnen AKP-Land die Märkte zu klein. Es fehlt die kaufkräftige Nachfrage... Also kann doch nur die Antwort heißen: Gleichgewichtige Entwicklung, binnenmarktorientiert in den AKP-Ländern... und vor allen Dingen größere Wirtschaftsräume müssen geschaffen werden durch die Reduktion – durch den Abbau, den rigorosen Abbau der Zollmauern und der nichttarifären Handelshemmnisse zwischen den AKP-Staaten.« Für unseren Problemkreis hier würde das bedeuten: Aufnahme aller Staaten des südlichen Afrika in die schon bestehende SACU, die südafrikanische Zollunion. Mitglieder sind heute nur Botswana, Lesotho sowie Swaziland, also die drei um ihre Autonomie bangenden Binnenländer, denen Pretoria längst das Geschick eines Homelands zugedacht hatte; und natürlich die Republik Südafrika und Namibia.

Mit dem Ende der gezielten Destabilisierung der südafrikanischen Nachbarländer wäre es also noch nicht getan. Und so hat denn einer der wenigen Experten für die Entwicklung in Moçambique, der Hamburger Professor Wolfgang Schoeller[4], längst statistisch nachgewiesen, daß die negative Wirtschaftsentwicklung in allen Ländern des südlichen Afrika bereits Ende der sechziger Jahre – also vor der »totalen Strategie« der Pretorianer – begonnen hat, und zwar überdies völlig unabhängig von dem jeweiligen politischen System.

Sehen wir uns – in Anlehnung an Schoeller – die wirtschaftliche Entwicklung Moçambiques als besonders symptomatischen Fall einmal genauer an: Erst in den sechziger Jahren begann die portugiesische Kolonialverwaltung, Maschinen und Ausrüstungsgüter für die geplante Industrialisierung des Landes zu importieren. Die Außenhandelsbilanz stürzte daraufhin in ungekannte Tiefen ab. Die Kapitalbilanz blieb jedoch nahezu konstant, und die Zahlungsbilanz besserte sich ab 1969/70 sogar zusehends (genau gleichzeitig mit dem Beginn des gigantischen Cahora-Bassa-Projektes). Die gesamte Entwicklung wurde von den Einnahmen aus dem unsichtbaren Warenverkehr, nämlich durch die Überweisungen für und durch die Wanderarbeiter in Bergbau und Landwirtschaft Südafrikas sowie aus dem Transitsektor, das heißt den Gebühren für die Nutzung der moçambikanischen Verkehrswege und Häfen durch die Nachbarstaaten, getragen. Das heißt: die moçambikanische Volkswirtschaft basierte fast ausschließlich auf Dienstleistungen für die gesamte Region.

Nach der Unabhängigkeit verließen zunächst einmal so gut wie alle ausgebildeten Fachkräfte das Land. Sodann verringerte sich die Zahl der Wanderarbeiter deutlich. Zudem ging durch die Schließung der Grenzen zu Rhodesien (im Rahmen des verordneten internationalen Rhodesienboykotts) ein großer Teil des Transitverkehrs verloren. Erst dann zog sich Südafrika aus Maputo als natürlichem Hafen für die Provinz Transvaal zurück, und erst ab 1980 setzte mit der gezielten Zerstörung der moçambikanischen Transitwege und sonstigen Infrastruktur einschließlich der Cahora-Bassa-Leitungen, die eigentliche Destabilisierung ein. Der daraufhin unausbleibliche Engpaß an Devisen entzog dem industriellen Sektor seine Grundlagen, so daß die ohnehin noch in ihren Kinderschuhen steckende Industrialisierung zuerst gebremst wurde, dann zum Stillstand kam und schließlich rückläufig wurde. Die Folge war eine Devisenkrise, von der auch die Landwirtschaft nicht unberührt blieb, weil durch die galoppierende Geldentwertung jeglicher Produktionsanreiz verschwand. Hinzu traten die wachsenden Probleme der Sicherheit (Schoeller tendiert dazu, diese zu ignorieren): es liegt ja doch wohl auf der Hand, daß Bauern – soweit sie nicht ohnehin längst geflohen sind – mitten in einem Kampfgebiet nur zögerlich ihre Felder bestellen, wohl wissend, daß ihre Ernte ihnen höchstwahrscheinlich entweder geraubt oder niedergebrannt wird. Ganz abgesehen vom beschwerlichen, wenn nicht gar unmöglichen Transport von Saatgut, Düngemitteln und etwaigen Erzeugnissen. Durch internationale Hungerhilfe wurden schließlich vollends die Preise verdorben, so daß eine bedenkliche Apathie und schließlich Bettlermentalität fußzufassen und sich auszubreiten begann.

Eine in den Auswirkungen noch nicht vergleichbar fatale, doch in der Tendenz bereits auffallend ähnliche Entwicklung haben in den letzten Jahren, wie schon gesagt, alle Staaten des südlichen Afrika durchgemacht. Das gilt – auch wenn das in den Chefetagen unserer international operierenden Unternehmen und Banken vielleicht noch nicht in seiner vollen Tragweite verstanden sein sollte – auch für das vermeintliche Mitglied der ersten Welt, den angeblichen Industriestaat Südafrika. Dessen Haushalt steht und fällt mit den Exporten der mit immer höheren Kosten produzierten Rohstoffe, deren Vorräte zudem nicht unerschöpflich sind, und ist infolgedessen von den Weltmarktpreisen, die nur sehr begrenzt zu steuern sind, abhängig. Es müßte also sehr viel mehr als bisher im Lande selbst veredelt werden, eine eigene produzierende Industrie müßte aufgebaut werden, doch dazu fehlt das Kapital und vor allem der Markt. Hinzu kommt, daß sich die über Jahre gültige Prämisse, daß Rechtsdiktaturen stabil und schon deshalb für Investitionen ideal seien, durch die landesweiten Unruhen seit September 1984 als unhaltbar erwiesen hat; ganz abgesehen von all dem Ärger mit den moralisch argumentierenden Gegnern jeder Zusammenarbeit mit dem Apartheid-System.

Was uns in unserem Zusammenhang aber besonders interessieren sollte: genau wie die negative Entwicklung in den Nachbarländern bereits vor jeder Destabilisierung eingesetzt hat, hat der wirtschaftliche Niedergang Südafrikas schon vor irgendwelchen Boykotts oder Sanktionen begonnen.

Um die südafrikanische Situation zu verstehen, müssen wir bis in das Jahr 1948 zurückgehen. Als damals die Nationale Partei der Buren mit einem ganz knappen Wahlsieg die politische Macht übernahm, zog sich die fast ausschließlich englisch sprechende Geschäftswelt nahezu widerstandslos aus den Wandelhallen Pretorias in ihre Büros in Johannesburg zurück. Das Land wurde einfach zweigeteilt: Den Buren überließ man gnädig die »schmutzige« Politik – da konnten diese ihre Minderwertigkeitskomplexe austoben, ihre verrückten Apartheidsideen verwirklichen und endlich die unbestrittenen Landesherren sein. Wenn das neue politische System der getrennten Entwicklung aller Rassen weiterhin billige schwarze Arbeitskräfte garantierte – um so besser. Erst als in den siebziger Jahren die wirtschaftliche Entwicklung an die Grenzen menschlicher Ressourcen stieß, als die Ausbildung schwarzer Facharbeiter unumgänglich wurde und schließlich auch eine gewisse Freizügigkeit Voraussetzung für die Realisierung vieler Investitionspläne war, kam es zu wachsenden Spannungen zwischen Johannesburg und Pretoria und schließlich zur offenen Kritik.

Jetzt drängten die Unternehmer die Regierung zu Reformen, ohne die dieser Staat mit seiner ins Aberwitzige wachsenden burischen Verwaltung auf die Dauer nicht mehr zu finanzieren war. Gleichzeitig distanzierten sie sich lauthals von der bislang wortlos akzeptierten, aber international immer peinlicher werdenden Apartheid-Politik und lenkten die Aggressionen des politischen Widerstands voll und ganz gegen die verantwortliche Regierung und damit weg vom frühkapitalistischen Wirtschaftssystem. Nur so ist es beispielsweise zu erklären, daß die Wirtschaft es war, die den Politikern die Anerkennung schwarzer Gewerkschaften als Tarifpartner abgenötigt hat (und nicht etwa umgekehrt). Daß die Regierung dieses in ihren Augen natürlich unfaire Spiel allmählich durchschaute, war dann gewiß einer der Gründe dafür, daß der Druck der Wirtschaft in Richtung Reformen immer wirkungsloser wurde. Das Mißtrauen der Buren gegenüber dem Erbfeind aus dem Großen Krieg saß viel zu tief.

Die gesetzlichen Rassenschranken hemmten also die mögliche Entwicklung auch weiterhin. Südafrikas Wachstumsrate verlangsamte sich. »Aber bevor alle Probleme wirklich spürbar wurden, kam der große Goldrausch übers Land und dominierte alles ökonomische Denken«, urteilte später rückblickend der 1989 gestorbene Gouverneur der südafrikanischen Zentralbank, Gerhard de Kock.[5] »Ein Goldpreis über 600 Dollar gab uns 1980 die traumhafte Wachstumsrate von 8 Prozent und 1981 immer noch 4 bis 4,5 Prozent.« Zinsen und Steuern wurden gesenkt, Löhne und Gehälter sprunghaft erhöht, und auch bei einer Inflationsrate von über 15 Prozent machte sich noch kaum jemand Sorgen.

Um so böser sollte das Erwachen sein: Der Goldpreis fiel und fiel – gegen Ende 1984 stand er schließlich auf 285 Dollar –, und gleichzeitig brach eine große Dürre, wie sie in dieser Weltgegend in regelmäßigen Abständen wiederkehrt, herein. Damit befanden sich die beiden Hauptpfeiler der Wirtschaft, Bergbau und Landwirtschaft, gleichzeitig in einer Krise, und die politische Katastrophe folgte auf dem Fuß. Mit Inkrafttreten der neuen Verfassung, die Botha zum Diktator machen sollte, brachen Anfang September 1984 schwere Unruhen aus. Die Zukunftsprognose wurde immer düsterer, bis schließlich, im Juli 1985, die Regierung den nationalen Notstand ausrief. Nur noch durch einen wagemutigen Sprung nach vorne wäre die Lage jetzt zu retten gewesen. Und tatsächlich reiste Außenminister Botha nach Europa und versprach ein »dramatisches neues Angebot« an die schwarzen Südafrikaner, deren politische Rechtlosigkeit durch die neue Verfassung erneut verdeutlicht, ja festgeschrieben worden war. Aller Augen blickten erwartungsvoll nach Durban, wo der frischgebackene Staatspräsident die befreiende große Rede halten sollte.

Doch dann kam nichts. Bockig wies Botha jede Einmischung von außen zurück: »Don't push us too far!« Er kündigte lediglich Gespräche mit schwarzen Führern an; jedoch nur mit den Männern seiner Wahl. Mit diesem Nicht-Ereignis habe Botha bewiesen, daß er nicht Teil der Lösungen, sondern Teil der Probleme seines Landes sei, kommentierte am nächsten Morgen die Wirtschaftszeitung *Business Day*. Es folgte die Weigerung amerikanischer Banken, kurzfristige Kredite in längerfristige umzuwandeln, es folgten das einseitige Schuldenmoratorium, die Wiedereinführung eines gespaltenen Wechselkurses und schließlich der Zusammenbruch der Landeswährung Rand. »Jetzt hat Südafrika ein langfristiges Strukturproblem, das von einem kurzfristigen Krisenmanagement überlagert wird«, beschrieb de Kock verzweifelnd die Situation. Das Wirtschaftswachstum erreichte in den folgenden Monaten nur noch knapp ein Prozent; es blieb, mit anderen Worten, weit hinter dem Zuwachs der Bevölkerung zurück, genau wie in einem Entwicklungsland. Arbeitslosigkeit und Inflation stiegen um die Wette, für neue Investitionen, also auch Schaffung von Arbeitsplätzen, war jedoch jetzt kein Geld mehr da. Die Unternehmer gaben jede Hoffnung auf, durch weiteren Druck auf Pretoria doch noch Reformen erzwingen und dadurch Sanktionen abwenden zu können. Enttäuscht wandten sie sich wieder ihrer eigentlichen Aufgabe zu: irgendwie immer noch Gewinne zu machen. Sie hatten lernen müssen, daß es dieser Regierung gar nicht vorrangig um eine Lösung der Wirtschaftskrise ging, sondern an allererster Stelle um den Erhalt der Macht. Hatten die Vertreter der Wirtschaft lange geglaubt, in Pretoria verstünde man den tieferen Zusammenhang zwischen Ökonomie und Politik einfach nicht, so wußten sie jetzt, daß man diesen Zusammenhang dort sehr wohl sah, aber nicht verstehen und schon gar nicht berücksichtigen wollte, weil die politischen Konsequenzen unannehmbar schienen.

Dies war natürlich nicht ein Grund weniger, sondern mehr, sich in Johannesburg um die Zukunft zu sorgen. Besonders beunruhigend wurde die Entwicklung für den Erben und Nachlaßverwalter des Rhodes'schen Vermögens, den Bergbaugiganten »Anglo American«. Je mehr amerikanische und andere überseeische Unternehmen sich von ihren südafrikanischen Töchtern trennten, desto höher wurde der Anteil des Oppenheimer-Konzerns am gesamten Kapitalmarkt Südafrikas, bis schließlich, eines schönen Tages, das Anglo-Management zu seinem Schrecken gewahrte, daß über sechzig Prozent aller an der Johannesburger Börse gehandelten Werte zu seinem Verantwortungsbereich gehörten.

Sollten sie da weiterhin passiv zusehen und den Dingen ihren Lauf lassen, oder sollten sie nicht doch versuchen, die Zukunft aktiv mitzugestalten, fragten sich die Verantwortlichen besorgt. Sie schickten einen ihrer besten Leute, den schon in den Rhodesien-Verhandlungen bewährten Zach de Beer zurück in die aktive Politik. Noch bei den Wahlen im September 1989 zog dieser geschickte Taktiker erneut in die Parlamentskammer der Weißen ein, als einer der Führer der »Demokratischen Partei«. Und sie beauftragten einen weiteren ihrer »Eierköpfe«, den 1944 geborenen Oxford-Absolventen Clem Sunter, der zwischen 1971 und 1973 in Zambia für den zentralafrikanischen Anglo-Zweig gearbeitet hatte und seitdem der Zentrale in Johannesburg angehörte, die südafrikanischen Probleme im internationalen Kontext zunächst für den internen Gebrauch des Konzerns zukunftsweisend zu analysieren. Das Ergebnis war ein gemeinsam mit Fachleuten aus aller Welt erarbeiteter Text, den Sunter – von zahlreichen anschaulichen Tabellen und Kurven untermalt – zunächst nur in geschlossenen Anglo-Kreisen vortrug. Die Kunde davon machte jedoch die Runde, und das Interesse an dem Vortrag wurde bald so groß, daß man sich dazu entschloß, auch andere von der kostspieligen Studie profitieren und diese unter dem Titel »Die Welt und Südafrika in den neunziger Jahren« als kleines Büchlein erscheinen zu lassen.[6]

Für die Machthaber in Pretoria gebe es nur zwei mögliche Wege, stellt diese Anglo-Studie fest: entweder sie verordneten allen Südafrikanern, ohne diese zu fragen, einen Zukunftsplan von oben herab, oder aber sie verhandelten mit allen Südafrikanern über die Zukunft. Der erste Weg wäre vielleicht vor fünfzig Jahren noch gangbar und akzeptabel gewesen, aber heute längst nicht mehr: »Heute will jeder mitbestimmen, wie das Haus aussieht, in dem er wohnt... eine von oben auferlegte Zukunft wird also nicht mehr hingenommen – sie kann folglich nur noch mit Gewalt durchgesetzt werden.« Deshalb müsse verhandelt werden. Und zwar verhandelt, wie im Geschäftsleben – mit Geben und Nehmen, ohne Vorbedingungen; ohne den Verhandlungsverlauf schon vorher bestimmen oder gänzlich kontrollieren zu können. Denn die Voraussetzung sei schließlich, daß man als gleichrangige Partner (on »equal status«) einander am Verhandlungstisch gegenübersitze. Deshalb sei auch das Ergebnis nicht sicher. Vor allem aber müßten auch auf der Seite des Gegners die Verhandlungspartner stark genug sein, etwaige Ergebnisse bei ihren Anhängern durchsetzen zu können. Darum sei die wichtigste Bedingung für erfolgreiche Verhandlungen, daß den Unterhändlern zuvor die Möglichkeit verschafft werde zu beweisen, daß sie legitime Vertreter des Volkes sind.

Wie anders sollte das festzustellen sein, als durch freie, faire und geheime Wahlen? Sunters Text drückt sich um diese Konsequenz herum; er spricht vage von »formellen und informellen Verfahren« und bleibt eine Erklärung schuldig, was das ist.

Auch für die Menschen ohne Macht sieht die Anglo-Studie zwei mögliche Wege: entweder bestünden sie auf dem Alles oder Nichts, dem ganzen oder gar keinem Kuchen, oder aber sie akzeptierten das Konzept eines gemeinsamen Kuchens Macht, über dessen Verteilung verhandelt werden müsse. Der erste Weg bedeute den bewaffneten Kampf, der sich wegen der ungleichen Verteilung der Waffen im Lande und aus anderen, zum Teil geographischen Gründen, zum Schaden aller Südafrikaner noch sehr lange erfolglos hinziehen könne. Oder aber auch sie fänden sich zu Verhandlungen bereit – nicht über eine totale Machtübergabe, sondern über eine Beteiligung an der Macht.

»Negotiations«, dieses Wort, ist seither zu einer der häufigst gebrauchten politischen Vokabeln in der südafrikanischen Diskussion geworden. Schon Präsident Botha wollte verhandeln, aber immer nur mit kooptierten Partnern seiner eigenen Wahl. Er habe »negotiations« mit »consultations« verwechselt, meinte Sunter und traf damit wohl das Problem im Kern. Auch Bothas Nachfolger, der um zwanzig Jahre jüngere Frederik Willem de Klerk, hat schon in seiner allerersten Rede im Amt ausdrücklich von Verhandlungen gesprochen; ein Gleiches gilt für den Widerstand, der im Grunde, seit Gründung des ANC im Jahre 1912, nie etwas anderes gefordert hatte, bis es, aus purer Frustration, erst nach der unglücklichen Verfassung von 1984 zu revolutionären Forderungen kam. Mehr noch: auch der Afrikaaner-Bruderbund, jener elitäre Femeorden der obersten zehntausend Buren, der seit 1918 deren politisches Denken und Handeln bestimmt und deren Vorsitzender der neue Verfassungsminister Viljoen durch lange Jahre gewesen ist, hat Ende 1989 in einem Grundsatzpapier für die neu anbrechende Ära de Klerk ausdrücklich bestimmt, daß Verhandlungen mit dem schwarzen Widerstand zwar keinesfalls ohne Risiko seien, daß es aber noch weitaus gefährlicher wäre, keine Verhandlungen aufzunehmen. Prompt traf sich eine Delegation des Geheimbundes, von dessen Existenz noch bis vor wenigen Jahren selbst in Südafrika niemand etwas wußte, mit einigen jüngeren Führungskadern des ANC.

Doch zurück zu Sunter, der 1989 seine ersten Thesen überarbeitet und zu einem neuen Vortrag geordnet hatte, den er beispielsweise am 17. Juli 1989 (im Beisein der Autorin) an der Universität von Windhoek hielt. Auch dieses Mal betonte er, daß ohne ein völlig neues politisches System auch eine wirtschaftliche Neuordnung und somit das dringend benötigte Wirtschaftswachstum von wenigstens 8 Prozent für die nächsten zwanzig Jahre keinesfalls zu erreichen sei. Der eigentliche Schlüssel zum Erfolg liege gar nicht in Südafrika, sondern in dem einzigartigen Potential der gesamten Region, das endlich zum Nutzen aller zehn Staaten mit ihren neunzig Millionen Einwohnern zu erschließen sei.

An der Schwelle der neunziger Jahre ist das Mißtrauen auf allen Seiten noch sehr groß. »Eine neue Strategie ist bereits entwickelt worden, die der Weltöffentlichkeit ein reineres und besseres Bild (von Südafrika) zeigen, aber gleichzeitig subtilere Formen der Unterdrückung entwickeln soll, um die Kontrolle über die andersdenkende Bevölkerung zu erhalten«, schrieb etwa der prominente Dissident Max Coleman für die südafrikanische Menschenrechtskommission im Juni 1989. Das beste Beispiel sei die Entscheidung der Regierung, sich aus Angola und Namibia zurückzuziehen, während dort gleichzeitig bereits eine »Contra«-Bewegung (à la UNITA, RNM usw.) zur Destabilisierung der jungen Nation aus Resten der berüchtigten Koevoet und anderen Elementen aufgebaut werde. Wer die Entwicklung des südlichen Afrika in den letzten Jahren aus einiger Nähe verfolgen konnte, kann Colemans Skepsis wohl verstehn. Noch hat auch de Klerk den

Beweis nicht erbracht, daß die neuen Reformankündigungen weit genug gehen.

Denn reformiert wurde ja auch schon unter Botha – und zwar sehr viel mehr, als ihm international zugute gehalten wird. Daraus erklärte sich zum Teil die tiefe Wut, in der er schließlich zurückgetreten ist. Freilich blieben alle seine Reformschritte jeweils hinter den erweckten Erwartungen zurück, weil sie immer nur Entwicklungen sanktionierten, die »das Leben selbst« längst genommen hatte. Botha führte nicht, er lief hinterher. Auch packten seine Reformen nicht an des Übels Wurzeln, sondern immer nur an dessen Auswüchsen an. So ging die Regierung, Schritt für Schritt, Gesetz für Gesetz, nicht eigentlich voran, sondern chronologisch genau umgekehrt zur Entstehungsgeschichte der Gesetze, die 1948 eingeschlagene Sackgasse zurück; so daß sie – wenn das so weitergeht – eines Tages nicht etwa in der Zukunft, sondern am Anfang ihrer Machtübernahme angekommen sein wird. Wenn noch die beiden letzten verbleibenden Apartheids-Gesetze gefallen sein werden – das nun längst gelokkerte »separate amenities law«, das Schwimmbäder, Strände, Toiletten, Transportmittel, Hotels und dergleichen sehr strikt nach Rassen zu trennen hatte, sowie das Gruppen-Gebietsgesetz, das jedem vorschreibt, wo er, gemäß seiner Bevölkerungsgruppe, sprich Rasse, zu leben und zu sterben hat – dann bleibt nur noch das sogenannte Bevölkerungsregistrierungsgesetz, das jeden Menschen, schon bei seiner Geburt, einer ganz bestimmten Gruppe zuweist, übrig. Erst mit seiner Abschaffung wäre dem rassistischen Herrschaftsprinzip tatsächlich ein Ende gesetzt, das heißt » Apartheid« wäre wirklich abgeschafft, und wir hätten es nur noch mit ganz gewöhnlichem afrikanischen Tribalismus zu tun, solange die Buren die Macht behalten.

Doch de Klerk beteuert, daß er weitergehen wolle: »Die südafrikanische Regierung hat sich unwiderruflich zu fundamentalem Wandel verpflichtet«, ließ diese Ende 1989 weltweit in einer Anzeigenkampagne verkünden. »Eine neue demokratische Zukunft – ohne Apartheid und rassische Diskriminierung – ist bereits im Entstehen begriffen. Wie die jüngsten Entwicklungen in der Sowjetunion gezeigt haben, sind Wandel und Reform ein komplizierter Prozeß. Auch in Südafrika muß die Regierung einen Drahtseilakt über stets wachsenden Erwartungen vollbringen. Doch trotz der Schwierigkeit unserer Lage bleibt unser Ziel vollkommen klar: eine echte und dauerhafte Demokratie zu schaffen, die auf christlichen und westlichen Werten beruht. Und vor allem – dies auf friedlichem Wege, durch Verhandlungen zu vollbringen. Boykotte und Isolierung – so schädlich sie für das wirtschaftliche Gefüge unserer Gesellschaft auch sein mögen – werden uns nicht davon abhalten, dieses Ziel zu erreichen. Wir bitten lediglich darum, daß Sie uns die Ernsthaftigkeit unseres Vorhabens glauben.«

Diese kleinmütig klingende Bitte mag bei uns so manchen rühren und vielleicht sogar überzeugen können. In Südafrika selber aber erregt sie Ungeduld und Zorn: Warum bestimmen da die weißen Landesherren, wenn sie ehrliche Verhandlungen wollen, denn schon wieder im voraus, wie das Ergebnis, nämlich das künftige System aussehen soll? Warum soll es denn à tout prix auf »christlichen und westlichen« und nicht vielleicht auf animistischen und afrikanischen oder auf atheistischen oder agnostischen und afrikanischen oder gar auf christlichen und afrikanischen Werten beruhen? Steckt in dieser Fixierung nicht längst wieder die hinreichend gehaßte Verachtung, die absolut unerträgliche Bevormundung drin?

Große Worte könnten niemanden mehr überzeugen, man warte auf Taten, sagt man im ganzen südlichen Afrika. Zu viele Versprechungen seien hohl, zuviele Friedensverträge verlogen gewesen. Solange nicht sämtliche politischen Häftlinge freigelassen, alle politischen Flüchtlinge heimgekehrt seien, solange der Ausnahmezustand vollkommen aufgehoben worden, solange in den Nachbarländern nicht endlich

Frieden eingekehrt sei, solange glaube man auch der Regierungsmannschaft de Klerks kein Wort, in der allzuviele bekannte Gesichter, vom Verteidigungs- bis zum Polizeiminister und deren Helfershelfern vertreten seien; ganz zu schweigen vom Staatssicherheitsrat mit seinem ausgedehnten Spitzelnetz und einem gewissen General van der Merwe, dem gefürchteten »Sicherheits«-Chef unter Botha, den de Klerk gleich nach seinem Amtsantritt zum obersten Polizeikommandeur befördert hat.

De Klerk hat aber längst ganz andere Zeichen gesetzt, die durchaus Signalwirkung haben sollten: innerhalb nur einer Woche ließ er sieben weiße Polizisten wegen Mordes, Mordversuchs, Entführung und Raubes, begangen an völlig wehrlosen Schwarzen, vor Gericht stellen und schwer bestrafen – unter Botha waren Hunderte vergleichbarer Verbrechen unter dem Schutz absurder Gesetze ungeahndet geblieben – und warf damit der politischen Rechten offen den Fehdehandschuh hin. Er genehmigte friedliche Demonstrationen im ganzen Lande und ließ politische Häftlinge frei. Er stutzte die Rolle des Staatssicherheitsrats mit seinem »nationalen Sicherheits-Management« zurück, reduzierte den Wehrdienst und die Rüstungsausgaben und bot auch den Nachbarstaaten Freundschaft an. Er reiste, gegen den erklärten Willen Bothas, nach Livingstone in Zambia, um dem Schutzpatron des ANC, Kenneth Kaunda, seinen »neuen Plan« zu erklären.[7] Vor allem aber hat de Klerk in seiner Rede vor dem Parlament am 2. Februar 1990 jenen Schritt gewagt, den alle Welt gefordert hatte: Er kündigte die Wiederzulassung aller bislang verbotenen politischen Organisationen an, er hob einen Teil der Notstandsgesetze auf und gab die bevorstehende Freilassung seines politischen Häftlings Nummer eins, des zur Symbolfigur idealisierten ANC-Führers Nelson Mandela bekannt. Von einem Ende der Rassentrennung, von politischer Gleichberechtigung aller Gruppen, von freien Wahlen sprach er freilich nicht.

Neun Monate zuvor hatte er als designierter Präsident noch vor der weißen Kammer des südafrikanischen Parlamentes erklärt, daß das allgemeine Wahlrecht auch für die Schwarzen auf der Basis »Ein Mensch – eine Stimme« unvermeidlich zur Herrschaft der schwarzen Mehrheit führen würde. »Das wäre ungerecht gegenüber den Wählern dieses Hauses wie auch gegen gewisse andere Gruppen und ist deshalb völlig unannehmbar.«[8] Statt allen Schwarzen das Wahlrecht zu geben, werde die Regierung unter ihm versuchen, ein neues politisches System zu schaffen, in dem mittels der Zustimmung nichtgewählter Repräsentanten der verschiedenen Rassengruppen regiert werde. Nur ein solches System werde nämlich nicht zur Machtübernahme der Bevölkerungsmehrheit, also der Schwarzen, führen. Nichts anderes war und ist in der Tat sein unbestreitbarer Wählerauftrag: die Macht der Weißen zu erhalten um jeden Preis. Auch um den Preis gewisser Zugeständnisse.

Südafrika befindet sich also auch unter de Klerk auf dem Weg zu einer Pseudolösung, zu der auch schon von Botha gesuchten »Scheinkonkordanz«. Denn auch weiterhin gilt, daß nur gewählte Widerstands-Führer ihr Gefolge in den politischen Prozeß einbringen und zur Einhaltung von Vereinbarungen verpflichten können. Noch immer ist in Grundzügen richtig, was Mitte 1982 der herausragende Südafrika-Kenner Professor Dr. Heribert Adam, in einem Leserbrief an die *Frankfurter Allgemeine Zeitung*[9] so formulierte: »Südafrika steht vor der Wahl zwischen einvernehmlichen Verhandlungslösungen mit allen schwarzen Repräsentanten, einschließlich Mandelas, und einem sich stetig ausweitenden Bürgerkrieg. Zur Zeit ist die Regierung noch so stark, daß sie, wie Ian Smith, den günstigen Zeitpunkt für Verhandlungen ignorieren kann und sich dafür mit Scheinlösungen bescheidet. Der... Freiburger Politologe Theodor Hanf hat schon 1978 auf die reale Gefahr von Pseudoreformen in Südafrika hingewiesen: Die geplante ›Scheinkonkordanz‹ kompromittiert die später notwendigen Verhandlungen und macht Kompromisse unglaubwürdig... Nur wenn die zur Zeit dominierende burische Elite die Folgen ihrer Kurzsichtigkeit rechtzeitig begreift, kann sie ihre berechtigten Existenzinteressen als weiße afrikanische Minderheit langfristig sichern.«

Und nicht, indem sie auf den ihr genehmen Lösungen besteht, weil »keine Bevölkerungsgruppe eine andere dominieren« dürfe, als dominierte nicht seit 1948 eine Bevölkerungsgruppe, nämlich die Buren, alle anderen Bevölkerungsgruppen. Mit anderen Worten: es geht in Südafrika auch weiterhin vorrangig um die Macht.

In südafrikanischen Regierungskreisen ist man noch immer zuversichtlich, daß man durch großzügigen Ballastabwurf die alleinige Allmacht bewahren kann. Mehr noch: man ist dort sogar überzeugt, sich auf dem besten Wege zu befinden, bald Mitglied der OAU zu sein. Es werde genügen, Mandela freizulassen und die verfassungsmäßige Apartheid abzuschaffen, erklärte beispielsweise der schon zitierte »Experte« Professor Thomashausen in einem privaten Gespräch. Südafrikas Zukunft liege in Afrika. Das reiche Europa werde mit seinem schlechten Gewissen und überschüssigem Geld schon bereitwillig die nötige Entwicklungshilfe geben, damit die verarmten Länder Afrikas reich genug würden, die südafrikanischen Waren zu bezahlen. Indirekt subventionierten sie mit ihrer Hilfe dann ahnungslos Südafrika. Damit würde der Burenstaat vom Kapitalimport aus Europa unabhängig, und das sei dann das Ende aller Sanktionen und jedes wirksamen Investitionsverbots.

Wenngleich er nun wirklich nicht im gleichen politischen Lager steht, schlug auch der rebellische Friedensfürst, Erzbischof Desmond Tutu, beständig in die gleiche Kerbe. Der Nobelpreisträger gilt als einer der Anführer der erst 1989 entstandenen »Demokratischen Massenbewegung« (MDM) – einer so lockeren Interessengemeinschaft aller Apartheidsgegner nicht nur aus den herkömmlichen Widerstandsgruppierungen, sondern auch aus Gewerkschaften und Kirchen, daß sie eigentlich keine klare Führung hat, ja keine greifbare Organisation, kein Hauptquartier und keinerlei Statuten, so daß sie mit den bisher gebräuchlichen und wirksamen Repressionsmitteln nicht mehr zu treffen oder gar zu zerstören ist. Diese MDM ist, wie einer ihrer Gründungsväter uns sagte, weder eine Partei noch eine sonstige Organisation, sondern ein Konzept, »und ein Konzept kann man nicht verbieten«. Erzbischof Tutu jedenfalls, der seit Jahren schärfere Sanktionen fordert, weil er in ihnen das einzig friedliche Mittel zum Wandel sieht, behauptete im Oktober 1989 gegenüber der afrikaanssprachigen Wochenzeitung *Rapport*, mit einem einzigen Federstrich könne der neue Präsident de Klerk das politische Klima drastisch verändern. Er müsse »nur« den Ausnahmezustand aufheben, die politischen Häftlinge freilassen und die verbotenen politischen Organisationen wieder zulassen.[10] Gemeinsam mit Mandela besteht aber auch Tutu auf der politischen Gleichstellung aller Bewohner Südafrikas.

»Sanktionen!«, der immer lautere Ruf nach ihnen, ist zunehmend zu einer Zauberformel geworden, die nicht nur Tutu, strengen Gesetzen zum Trotz, immer häufiger und lauter beschwört. Da schon der Gebrauch des Begriffes unter Strafe steht, wissen viele Schwarze noch nicht einmal, was genau er bedeuten soll. Deshalb scheint es auch mehr als vermessen, angeblich zu wissen, was die Mehrheit der Schwarzen in diesem Zusammenhang wirklich will. Die Mehrheit der Schwarzen – sie wird nicht gefragt, und würde sie gefragt (hätte sie das Recht zu wählen), wären Sanktionen überflüssig. In diesem engen logischen Kreis dreht sich nun schon seit Jahren die Diskussion. Die Behauptung vieler weißer Gegner von Sanktionen, es seien vor allem die Schwarzen und die Nachbarländer, die unter Sanktionen leiden müßten, wird von ihren Befürwortern als zynisch abgetan: Gerade die Menschen, die dieses Argument vorbrächten, hätten sich in der Vergangenheit für das Wohl und Wehe der Schwarzen und auch der Nachbarn bemerkenswert wenig interessiert. Wenn eine Leiter umfalle, pflegt der pfiffige Bischof zu sagen, wer tue sich da mehr weh, der da oben oder jener Mensch, der unten stand? Selbstverständlich könne Disinvestment den Verlust von Arbeitsplätzen bedeuten; doch habe Investment in der Vergangenheit keineswegs die Schaffung von Arbeitsplätzen mit sich gebracht. Vor allem der Bergbau pflegte kapitalintensiv zu investieren, das heißt man importierte größtmögliche Maschinen, um mit immer weniger Arbeitskräften auszukommen. Dies gilt vor allem für die Kohleförderung im Tagbau *(strip mining)*, die seit 1980 zunehmend zu einem wichtigen Pfeiler des südafrikanischen Außenhandels geworden ist.

»Wie ich Herrn de Klerk gesagt habe, sind wir (die Kirchenführer Chikane, Boesak und Tutu) entschlossen gegen jeden Gebrauch von Gewalt zur Erreichung jenes fundamentalen Wandels, den unser Land so dringend braucht«, schrieb der Erzbischof nach seinem ersten Treffen mit dem neuen Präsidenten in einem Beitrag für die *New York Times.*[11] »Wenn man nicht berechtigt ist, die gesetzgebende Versammlung seines Landes zu wählen, bloß wegen der Farbe seiner Haut, und wenn man gleichzeitig Gewalt ablehnt, welche andere Möglichkeit bleibt einem denn dann, als gewaltlose Strategien, die die Regierung zwingen, Veränderungen einzuleiten?... Die internationale Völkergemeinschaft kann ihren Beitrag dazu leisten, indem sie auf die südafrikanische Regierung Druck ausübt. Ohne Zweifel zeigt solcher Druck Wirkung.« Ihm sei es beispielsweise zu verdanken, daß eine Reihe wichtiger politischer Häftlinge nur wenige Tage vor der Commonwealth-Konferenz freigelassen und friedliche Protestversammlungen erlaubt worden seien. »Die Vereinigten Staaten, das Commonwealth, die Europäische Gemeinschaft und alle anderen sollten ihren Druck auf die südafrikanische Regierung jetzt nicht auf Grund von Absichtserklärungen vermindern... sobald jedoch eine wirklich demokratische Lösung garantiert ist, können die Sanktionen aufgehoben werden, und Südafrika kann seinen ihm zustehenden Platz in der internationalen Gemeinschaft einnehmen.«

Daß die bisherigen Sanktionen sowie die Drohung mit schärferen Schritten, mit Handelsboykott, also Isolation, bereits erhebliche Erfolge hatten, bezweifelt unter objektiven Beobachtern, vor allem im amerikanischen State Department, seit 1989 niemand mehr. Selbst der Nachfolger Crockers als »Assistant Secretary of State for African Affairs« unter Bush, Herman Cohen, hat dies schon wiederholt bestätigt. Pretoria hat lernen müssen, daß der Weg ins vielzitierte »Laager« sowohl kostspielig als auch schmerzhaft ist. So war das durch Bothas Starrheit verursachte Schuldenmoratorium von 1985 sehr viel schädlicher gewesen, als offen zugegeben wird. Pretoria – so viel ist sicher – wird nie wieder so kreditwürdig sein wie zuvor. Nur mit Mühe wurde bisher zwei Mal ein Stillhalteabkommen zuwegegebracht, das kurzfristige Darlehen in langfristige umwandelte und somit dem hochverschuldeten Staat am Kap bei insgesamt 330 internationalen Banken jeweils eine Gnadenfrist bescherte. Außer bei einigen Schweizer Getreuen (zum Dank für die Schweizer Haltung wurde der Goldhandel schon vordem nach Zürich verlegt) war die Bereitschaft internationaler Kreditinstitute, Südafrika neue Darlehen einzuräumen, von nun an erheblich eingeschränkt. Statt Kapital importieren zu können, mußte die Regierung zusehen, wie auch außerhalb des Schuldendienstes riesige Geldsummen das Land verließen, durch den Rückzug internationaler Unternehmen, durch Dividenden und Zinszahlungen, vor allem aber durch legalen wie illegalen Kapitaltransfer der großen südafrikanischen Unternehmer, allen voran Anglo-American. Nach Angaben des Reserve-Bank-Gouverneurs Gerhard de Kock verließen nach dem August 1985 in vier Jahren über zehn Milliarden Dollar das Land.[12]

Die Devisenreserven schwanden also rapide, für die notwendigen Investitionen war schon bald kein Geld mehr da, und die Regierung sah sich zum ersten Mal ernstlich vor die Frage gestellt, wie sie das Vertrauen ausländischer Investoren zurückgewinnen könnte, ohne den Forderungen nach der Machtübergabe an die schwarze Bevölkerungsmehrheit nachzukommen. Dies war, ist und bleibt ihr Kernproblem.

Vor allem seit Bothas offensichtlichem Scheitern muß Pretoria jetzt alles tun, das den Eindruck vermittelt, Apartheid werde nun nicht mehr länger nur reformiert, sondern sie werde völlig beseitigt. Sobald aber auch das letzte Gesetz, nämlich die grundsätzliche Einteilung aller Menschen von Geburt an in rassisch definierte Gruppen (der Population Registration Act aus dem Jahre 1950) außer Kraft gesetzt und aufgehoben sein wird, ist die Gleichheit, nämlich Gleichwertigkeit aller Menschen vor dem Gesetz, unabhängig von ihrer Hautfarbe, nicht länger per Gesetz zu leugnen. Sobald jedoch alle Südafrikaner vor dem Gesetze gleichwertig sind, stehen ihnen auch gleich Rechte zu; vor allem das Recht, selbst zu wählen, wer ihr Land regieren soll.

Der Einwand, die Schwarzen seien »noch nicht reif«, mag in Europa Eindruck machen, für schwarze Südafrikaner ist er natürlich unannehmbar. Aber sollten nicht auch wir uns erst einmal fragen, was uns das Recht zu solcher Aussage gibt? Waren denn die französischen Bauern 1789 oder die russischen Muschiki 1917 (oder die deutschen Wähler 1933) reifer als beispielsweise der bald sechzigjährige Friedensnobelpreisträger, vielfache Ehrendoktor und Oberhirte sämtlicher anglikanischer Christen im gesamten südlichen Afrika, der hier so ausführlich zitierte Erzbischof? Und ist ein 18jähriger Burensohn wirklich automatisch »reifer« als dieser, nur wegen seiner weniger stark pigmentierten Haut?

Ein qualifiziertes Wahlrecht sei die Lösung: nur wer die Hochschulreife erreicht habe oder wer Steuern zahle, solle wählen dürfen, schlagen seit Jahren Ratgeber aus aller Welt – gebetene wie ungebetene – vor. Doch auch für diese Lösung, die vielleicht vor fünfzig Jahren noch durchsetzbar gewesen wäre, ist es inzwischen längst zu spät. Allzu genau ist es nämlich allen politisch bewußten Schwarzen klar, daß hinter ihrer Unwissenheit, Unbildung und folglich Armut nicht nur ihr eigenes Unvermögen, ihr Mangel an Hirn und Zivilisation, sondern eine entschlossene Absicht steht. »Die große Zukunftsfrage war, was geschehen würde, sobald der kulturelle Abstand (zwischen den Rassen) geschrumpft wäre – im Falle gar vieler Individuen zu einem schmalen Spalt –, während das rassische Gefälle geblieben wäre. Schon in den neunziger Jahren waren da die Aussichten nicht eben gut«, schreibt der herausragende Südafrika-Historiograph Arthur Keppel-Jones in seinem bisher letzten großen Werk »Rhodes and Rhodesia«.[13] Und er meint hier die neunziger Jahre des vergangenen Jahrhunderts und nicht etwa jetzt. »Schnell wurde es zu einem Glaubensgrundsatz der Weißen, daß Ausbildung ›die Eingeborenen verdirbt‹.« Keppel-Jones zitiert einen Zeugen der Zeit, der da sagt, es sei Wahnsinn, die Wilden zu zivilisieren: »Den einzigen Gebrauch, den ich je einen afrikanischen Eingeborenen von seiner Fähigkeit zu lesen und zu schreiben machen sah, war, daß er die Namen weißer Männer fälschte, um an Schnaps heranzukommen... Kein Weißer würde das Risiko auf sich nehmen, einen ausgebildeten Eingeborenen in sein Haus zu nehmen; diese werden nämlich allgemein als eine Bande von Dieben und Fälschern angesehen und werden von der gesamten weißen Gesellschaft bewußt auf Armeslänge ferngehalten.« Von dieser Einstellung bis hin zu Verwoerds hinlänglich bekannten rassistischen Erziehungsgrundsätzen sechzig Jahre später, an deren Folgen Südafrika noch heute krankt, war es doch wohl nur ein kleiner Schritt.

Aber auch schon der »heilige« Rhodes, dessen beispielhafte Vorstellungen von gleichen Rechten für alle heute die englischsprachigen südafrikanischen Schulbücher zieren, hat erst in seinen reiferen Jahren das Wort »Weiße« von seinen Wahlaufrufen gestrichen. Seine Biographin Sarah Gertrude Millin, eine großartige Schriftstellerin, die sich noch heute zu lesen lohnt, hat seine Jugendsünden aufgedeckt: »Die Sache, für die Rhodes' Name in Südafrika heute steht – diese Idee der gleichen Rechte – lag keineswegs an der Wurzel seines politischen Lebens«, schrieb sie 1933.[14] »In seiner Frühzeit, in den achtziger Jahren, unterschied er höchst entschieden zwischen ›jedem weißen Mann‹ und ›jedem zivilisierten Mann‹; er folgte nicht der Tradition der Kirchen, sondern der Buren; er hielt es für notwendig, sich an die Buren-Tradition anzuschließen, und er sagte: ›Ich will meinen eigenen Standpunkt in dieser Eingeborenenfrage formulieren. Entweder muß man sie als gleichberechtigte Bürger akzeptieren, oder man muß sie eine Untertanen-Rasse nennen. Ich bin zu dem Schluß gekommen, daß es eine Klassen-Gesetzgebung geben muß, mit Paßgesetzen und Gesetzen zur Erhaltung des Friedens, und daß wir die Eingeborenen, soweit sie sich noch im Stadium der Barbarei befinden, anders behandeln müssen als uns selbst. Wir müssen die Herren über sie sein. Das sind meine politischen Grundsätze in der Eingeborenenfrage, und das ist die Politik Südafrikas... Der Eingeborene ist als Kind zu behandeln, und das Wahlrecht muß ihm verwehrt werden; Alkohol ist ihm gleichfalls zu verbieten... Wenn ich meine Stellung in diesem Land als Engländer nicht mit den Stimmen der Europäer halten kann, dann will ich das Land verlassen, denn ich bin nicht bereit, auf die Unterstützung der Eingeborenen angewiesen zu sein... Wir müssen ein despotisches System einführen, von der Art, wie es in Indien so gut funktioniert, in unseren Beziehungen zu den Barbaren von Südafrika.‹«

Nicht nur hat Rhodes im Laufe seines Lebens diese Ansichten gründlich revidiert – heute gibt es unter den südafrikanischen »Barbaren« längst viel zu viele gut ausgebildete und vor allem politisch denkende Schwarze, als daß die Gründe mangelnder Ausbildung der Mehrheit und folglich ihrer sozialen Rückständigkeit nicht längst verbreitete Kenntnis wären.

Freilich ist deshalb noch nicht gesagt, daß in ehrlichen

Verhandlungen (und nicht etwa in Konsultationen mit handverlesenen Mitläufern) nicht ein Wahlmodus gefunden werden könnte, der den Besonderheiten des Vielvölkerstaates auf besondere Weise Rechnung trägt. Längst liegen viele Modelle vor, wie ein Wahlsystem aussehen könnte, das beispielsweise jedem einzelnen Wähler nicht eine, sondern mehrere Stimmen gäbe, um eine gewisse Ausgeglichenheit und vor allem Minderheitenschutz zu sichern. Heftig umstritten ist jedoch noch immer, wie »Minderheit« zu definieren sei – als Rasse, als Volk, als kulturelle Gruppe, als Sprach- oder als Glaubensgemeinschaft. Immer mehr Weiße sehen die Gefahr, sich als rassisch definierte Gruppe für immer derart zu isolieren, daß jeder politische Einfluß verloren gehen muß. Sie fordern das Ende jeder Gruppen-Klassifizierung und sehen in individuellen Menschenrechten den einzig denkbaren bleibenden Schutz.

»Wir bestreiten wirklich längst nicht mehr, daß alle Südafrikaner ein Wahlrecht haben müssen; daß alle Südafrikaner an allen Entscheidungen, die ihr Leben betreffen, beteiligt sein müssen«, hat Präsident de Klerk schon wiederholt gesagt.[15] Sehr viel weiter als Botha ging er damit nicht. Denn auch dieser hatte längst seinen schwarzen Untertanen ein Wahlrecht zugestanden, auf kommunaler Ebene, ein Wahlrecht auch in ihren Homelands, nicht jedoch das allgemeine Wahlrecht, das Recht nämlich, jene Versammlung zu wählen, in der die Gesetze für alle gemacht werden. Genau wie Botha hofft auch de Klerk, sich um diesen Schritt noch herummogeln zu können, denn in der Konsequenz bedeutete er auch die Wahl der Regierungen und ihres Programms, also den unausbleiblichen Verlust der Macht. Auch de Klerk will schon bald »die Schwarzen« wieder wählen lassen; in gesonderten Wahlen – also nicht als Staatsbürger, sondern als »Schwarze« – sollen sie bestimmen dürfen, wer in ihrem Namen mit der Regierung über eine neue Verfassung verhandelt. Ex-Generalsekretär Walter Sisulu, einer jener heute hochbetagten ANC-

Führer, die 1964 (gemeinsam mit Mandela) wegen Sabotage und Umsturzideen zu lebenslangem Kerker verurteilt, Ende 1989 aber freigelassen wurden, äußerte sich schon bald nach seiner Entlassung zur Bedeutung solcher Wahlen empört: »Wir sehen das als Beleidigung für die Intelligenz des Volkes an«, sagte er scharf. »Der ANC verlangt eine nicht nach Rassen getrennte Gesellschaft. Wir haben Mitglieder aller Hautfarben. Sollen wir etwa jetzt sagen: Ihr Schwarzen dürft wählen, ihr Weißen (aber) habt nichts damit zu tun? Niemals!«[16]

Genau das ist die entscheidende Frage, um die es auch diesmal gehen wird, falls – wie kaum anders zu erwarten – die Mehrheit der Schwarzen auch diese »Apartheid-Wahlen« boykottieren wird. Allenfalls ein Mandela, mit seiner Autorität, kann der Regierung aus diesem Engpaß noch heraushelfen.

Das Ziel seiner Politik sei »die Schaffung einer freien und demokratischen Gesellschaft für alle«, erklären die Anzeigen Präsident de Klerks in den internationalen Medien. Demokratie, also Herrschaft des Volkes. »Wir sind das Volk«, begehren die allzu lange zur Unmündigkeit verdammten Bürger all der angeblichen Volksrepubliken im zusehends auseinanderbrechenden Ostblock auf. »Die Souveränität soll dem Volk in seiner Gesamtheit gehören«, nichts anderes fordern auch die Verfassungsgrundsätze des südafrikanischen Widerstands. »In Ausübung seiner Souveränität soll das Volk das allgemeine Wahlrecht besitzen ...« – von diesem demokratischen Prinzip geht nicht nur der ANC, sondern die geschlossene, erzwungenermaßen außerparlamentarische Opposition, geht also die Mehrheit aller Südafrikaner unter keinen Umständen mehr ab. Dafür haben sie ihr Leben lang gekämpft, und auch noch das verlockendste Angebot, das man dem Häftling Mandela machte, scheiterte in jahrelangen Gesprächen an diesem einzig für ihn wichtigen Punkt. Ohne Zustimmung der Bevölkerung und des ANC könne er sich für keinerlei politische Lösung der regierenden Clique zur Verfügung stellen, von diesem Grundsatz rückte der gewiefte Jurist bisher offenbar um keinen Millimeter ab. Die Zustimmung der Bevölkerung sei jedoch nur auf eine Art zuverlässig zu messen: durch freie und faire allgemeine Wahlen. Jede Mitwirkung ohne solche Zustimmung jedoch sei nicht Kooperation, sondern Kollaboration. Eine auch noch so funkelnagelneue Verfassung, die diesen Tatbestand ignoriere, sei von vorneherein zum Scheitern verurteilt, genau wie Bothas Konstitution, die schon am ersten Tage ihrer Geltung für alle sichtbar gescheitert war. Sie nannte sich selbst »a new dispensation«, und so wurde sie denn auch von vorneherein als von oben verordnete neue Machtausteilung und nicht etwa als Machtteilung und schon gar nicht als »die demokratische Verfassung des souveränen Volkes« aufgefaßt.

Die Grundsatzdebatte über das allgemeine Wahlrecht (*one person* oder *one man – one vote*) kann sich noch jahrelang dahinschleppen; sie wird möglicherweise erst dann offen ausgetragen, wenn echte Verhandlungen begonnen haben, denn vorerst kann man bestenfalls von Vorverhandlungen sprechen, nicht von »talks«, sondern nur von »talks about talks«. Solange jedoch die Gleichheit aller Südafrikaner vor dem Gesetz nicht verfassungsmäßig anerkannt ist, solange die res publica Südafrika nicht dem allgemeinen Wohl, sondern den Sonderinteressen der Herrschenden dient, solange man den verschiedenen Gruppen verschiedene Rechte zugesteht und die einen nur über »eigene«, die anderen aber auch über »allgemeine« Fragen entscheiden läßt, so lange werden sich auch die Regierenden in den Nachbarstaaten nicht als gleichwertige Partner angenommen und behandelt fühlen; deshalb ist diese Frage für unser Thema relevant.

Mag auch der frappierende Unterschied zwischen Bothas bisheriger Peitschenpolitik und dem Zuckerbrot aus de Klerks Körbchen allenthalben Eindruck machen – mit Zuckerbrot und Peitsche, mit Karotte und Stock, domptiert man wilde Tiere, mit diesen Mitteln bändigte man noch allenfalls früher kleine Kinder, für den Umgang mit mündigen Partnern, deren

Souveränität man respektiert, taugen diese Mittel nicht. Solange also die schwarzen Südafrikaner nicht als vollwertige Staatsbürger mit allen dazugehörigen Rechten und Pflichten anerkannt sind, gibt es auch für die Schwarzen der Region kaum Grund, irgendwelchen Versprechungen Pretorias zu glauben, irgendwelchen Friedensregelungen zu trauen, also mehr als die allernotwendigsten Bindungen einzugehen. Automatisch müssen sie den Verdacht hegen, zu abhängigen Homelands degradiert werden zu sollen, auch wenn sie unter de Klerk weniger die Opfer militärischer Interventionen als die Objekte neokolonialer Kontrolle geworden sind. Mag sich der in Fragen menschlicher Würde und Souveränität nicht allzu feinfühlige südafrikanische Außenminister in dieser durch Sanktionen erzwungenen Phase Vorsterscher Diplomatie auch noch so schamlos als »afrikanischer Bruder, Freund und Kollege« anbiedern, wie beispielsweise in seiner großen Rede Anfang 1989 auf der Chemiewaffen-Konferenz in Paris – in Afrika glaubt man dem Afrikaaner nicht mehr. Denn man kann, wie schon Lincoln sagte, durchaus einige Menschen die ganze Zeit und alle Menschen eine Zeitlang zum Narren halten; aber alle Menschen allzeit zum Narren halten, das kann man nicht. Selbst – und das muß man in Pretoria erst noch lernen – Schwarze nicht.

Und doch hat »Pik« Botha natürlich recht, wenn er nicht nur in dieser Rede, sondern immer häufiger in jüngster Zeit, ausgerechnet seinem sowjetischen Kollegen zustimmt: »Afrika braucht Verständnis, Entwicklung und wirtschaftliche Zusammenarbeit; nicht Waffen, Konflikt und Blutvergießen...« Und beschwörend fährt er fort: »Wir können voneinander lernen, wir können einander ergänzen, wir alle sind ein Teil Afrikas.«[17] Nur: hatte man das nicht im März 1984, in Nkomati, wortwörtlich so gehört? Und was war aus diesem vielgepriesenen Frieden geworden, was aus dem damaligen Vertragspartner Machel?

Glaubwürdiger klingt da schon Neil von Heerden, der Director General – eine Art Staatssekretär – in »Piks Kindergarten« (so nannte man auch schon die Mitarbeiter Cecil Rhodes'). Dieser versierte Diplomat, der Anfang der achtziger Jahre ein recht erfolgreicher Missionschef in Bonn gewesen ist, hat sich schon seit geraumer Zeit ausschließlich auf die Afrika-Politik seines Landes konzentriert: »Denn soweit Südafrika betroffen ist, geht es selbstverständlich um das ganze südliche Afrika. Es wäre sinnlos, die Welt zu erobern, im südlichen Afrika aber zu versagen, denn das ist unsere Region. Wir müssen, koste es was es wolle, einen Weg finden, mit unseren Nachbarn in Frieden zu leben und eine positive (constructive) Einstellung zu unserer Region zu entwickeln. Wir haben eine Zeit hinter uns – eine lange und sterile Zeit –, in der die politischen Führer (der Region) nicht miteinander gesprochen haben... Zum Teil sind die afrikanischen Länder dafür verantwortlich, weil sie an den OAU-Standpunkt gegenüber Südafrika gebunden waren. Aber auch Südafrika – wenn wir ehrlich sind – hat dazu tendiert, die Beziehungen zu seinen Nachbarn sich polarisieren zu lassen. Gewisse Vorkommnisse [welch elegante Umschreibung!] in den vergangenen fünf Jahren haben zu dieser Polarisierung, ja zur Feindseligkeit, beigetragen. Wir hoffen, daß jetzt die Zeit gekommen ist, das positive Klima zu nutzen, das durch das Angola/Namibia-Abkommen geschaffen wurde, und zu versuchen, erneut in eine Phase der Gespräche einzutreten, die Hände über die Grenzen hinaus auszustrecken und unser Augenmerk auf die positiven Dinge zu richten, die uns verbinden. Wenn wir sogar mit Moçambique einen modus vivendi finden können, einem Land, mit dem wir recht ernste ideologische Auseinandersetzungen haben, dann muß es doch wirklich möglich sein, auch mit allen anderen Nachbarn in Frieden zu leben.«[18]

Natürlich ist es Wahnsinn, daß seit Jahr und Tag alle Energien und Ressourcen des gesamten südlichen Afrika nicht mit-, sondern gegeneinander eingesetzt werden. Selbstverständlich ist es Wahnsinn, daß – um nur ein Beispiel zu nennen – von den 27,15 Dollar pro Kopf und Jahr, die dem Flüchtlings-Hochkommissariat der Vereinten Nationen für die Ernährung der wenigstens 750000 vor der RNM geflohenen Moçambikaner in Malawi zur Verfügung stehen, 6,67 Dollar (also rund ein Viertel) allein für den Transport der Lebensmittel ausgegeben werden müssen, weil diese wegen der Situation im Nachbarland 3200 Kilometer weit, vom südafrikanischen Hafen Durban durch Südafrika, Zimbabwe, Zambia und halb Malawi mit Lastwagen herangefahren werden müssen, wie der Afrika-Korrespondant der *Frankfurter Allgemeinen Zeitung*, Krabbe, berechnet hat.[19]

Aber natürlich wäre es gleichfalls Wahnsinn, wenn nach dem Niedergang ganzer Volkswirtschaften, von Angola bis Zambia, nun auch noch das *power house* der Region, nämlich die Republik Südafrika, ökonomisch zerstört werden sollte, bevor eine friedliche Lösung gefunden wird. Jedoch »unablässig sollte man sich darum bemühen, die Irrationalität und Heuchelei bloßzustellen, mit der westliche finanzielle und technische Mittel seit Jahren dazu verwendet werden, ein Regime zu stützen, das wesentlich damit beschäftigt ist, jene Volkswirtschaften zu zerstören, die genau die gleichen westlichen Interessen gleichzeitig zu entwickeln helfen«, wie Joseph Hanlon 1986, also noch auf der Höhe Bothascher Destabilisierungspolitik, schrieb.[20]

Die meisten der nahezu fünfhundert SADCC-Programme haben nur ein einziges Ziel, nämlich die Abhängigkeit der Mitgliedstaaten von den Verkehrswegen und Energiequellen Südafrikas soweit wie möglich zu reduzieren, ganz gleich, ob der Unterwerfungswille Pretorias in den Kampfanzügen des Militärs daherkommt oder in diplomatischem Zivil. Gleichzeitig geht es ausdrücklich auch darum, die labilen Staaten der gesamten Region vor weiteren möglichen Schlägen zu schützen, die die instabile Lage in Südafrika selbst auch noch in Zukunft mit sich bringt. Die Kosten gehen in die Abermillionen und behindern infolgedessen jede sonstige Entwicklung. Mehr als eine Milliarde Dollar wurden allein auf der SADCC-Konferenz 1988 den neun Mitgliedstaaten der Organisation von den Gebernationen und der Weltbank zugesagt. »Kann die Abkoppelung von Südafrika den schwarz-afrikanischen Nachbarstaaten aus (ihrem) wirtschaftlichen Desaster heraushelfen? Oder ist dies ein kurzschlüssiges, fragwürdiges Konzept, das im Blick auf die Nach-Apartheid-Ära zukunftsträchtige Möglichkeiten verbaut?« fragt Wolfgang Höpker in der *Afrika-Post*[21] nicht ohne Grund besorgt. Doch heißt die Alternative Unterwerfung, Akzeptanz der südafrikanischen Überlegenheit?

Das ist ja das Bedrückende an der südafrikanischen Situation: daß ein Tertium nicht gegeben ist, solange dort eine Clique herrscht, die Unterwerfung fordert (Kollaboration) und zu Partnerschaft nicht bereit ist (zu echter Kooperation). Und daß dort, solange diese Situation besteht, ungeheure Potentiale vernichtet werden, die zum Vorteil aller 90 Millionen Menschen eingesetzt werden könnten und sollten. Die Überwindung der Apartheid-Ära zieht sich quälend lange hin, und viel zu langsam lernt man in Pretoria, daß auch das reiche Südafrika zunehmend auf seine Nachbarstaaten angewiesen ist: nicht nur auf das Wasser aus Lesotho und aus dem Zambezi, den Strom aus Namibia und Moçambique, das Öl aus Angola, die Diamanten aus Botswana, sondern vor allem auch – und dies bei fortschreitender Isolation um so mehr – auf die Abnehmer seiner eigenen Produkte, auf seinen einzig natürlichen, historisch gewachsenen, an die eigene Infrastruktur wie selbstverständlich angeschlossenen Markt. Südafrika verfügt über die technischen Voraussetzungen, diesen natürlichen südlich-afrikanischen Binnenmarkt zu entwickeln, der allein den leidenden Ländern am Kap die notwendige wirtschaftliche Stabilität und Entwicklung bringen könnte, wenn er nicht durch eine Menschen wie Märkte verachtende Politik mutwillig zerrissen würde.

Das schier grenzenlose Potential dieser gesegneten Region

läßt sich nur dann zum Wohle ihrer Bewohner entfalten, wenn auch das menschliche Potential in all diesen Ländern sich wirklich frei entfalten kann. Das heißt: nicht nur das menschenverachtende System der Apartheid, das den Menschen auf seine Rassenmerkmale reduziert, sondern auch all die anderen afrika-fremden Ideologien müssen überwunden werden, damit die Begabungen aller Menschen genau wie die natürlichen und geographischen Gegebenheiten dieser potentiell reichen Weltgegend zu gemeinsamem Nutzen eingesetzt werden können.

Daß eine solche post-ideologische Ära 1989 nicht nur in Europas Osten, sondern auch in Südafrika mit dem Sturze Bothas und dem Amtsantritt de Klerks quasi automatisch begonnen habe, davon will uns die südafrikanische Propaganda überzeugen. De Klerk ist, wie Mandela ihm bescheinigt, »ein ehrlicher und aufrichtiger Mann«. Doch noch gibt es keinerlei Beweise, daß nicht auch er, genau wie vor ihm Botha, freilich mit besseren PR-Beratern, mit eleganterer Verpackung und geschickterem Marketing, genau die gleiche unverkäufliche Ware verkaufen will: eine Scheinkonkordanz als Kompromiß, die den Weißen die fortgesetzte Kontrolle der Macht garantiert. Den Weißen und nicht den Buren wohlgemerkt, denn just in jenem Augenblick, in dem es möglich gewesen wäre, die rassistische Grundlage des südafrikanischen Systems zu überwinden, indem sich die Afrikaaner als afrikanischer Stamm offen zu ihrem Tribalismus bekennen, haben sie den taktischen Fehler gemacht, englischsprechende Südafrikaner in ihre Reihen, ja in die Regierung aufzunehmen, so daß auch dieses Spiel nicht mehr zieht.

Rien ne va plus: es geht nicht mehr um Reformen, nicht um kleine Schritte in die angeblich richtige Richtung, sondern nur noch um den letzten gewagten großen Schritt: herunter vom Podest der alleinigen Macht. Solange dieser Schritt nicht vollzogen, solange ein möglichst schmerzloser Übergang von der Allmacht zur Ohnmacht nicht gefunden ist, so lange kann

Südafrika nicht zur Ruhe kommen – und gleichzeitig die gesamte Region –, ob das den Freunden Pretorias gefällt oder nicht. Genau wie in den Staaten des real dahinvegetierenden Sozialismus die Untertanen aufbegehren und Demokratie und Rechtsstaatlichkeit fordern, die ihnen von einer alleinregierenden kleinen Clique und mit den Mitteln des Staatssicherheitsdienstes bisher vorenthalten worden sind, so fühlt sich auch die Mehrheit der Menschen in Südafrika von einer Regierung nicht repräsentiert, die zuletzt (im September 1989) nicht einmal von einer der über 33 Millionen Einwohner gewählt worden ist. Sie verlangen mit genau der gleichen Begründung das Recht, endlich mitbestimmen zu dürfen, wer, unter welchen Bedingungen und wie sie regiert. Unter welchem politischen Vorzeichen aber – im Namen welcher Ideologie – der angeblich nicht reifen Masse, nämlich der Mehrheit wehrloser Individuen, ihre aus der Würde des Menschen hergeleiteten Rechte vorenthalten werden, ist so unbedeutend wie die Farbe der Fesseln, in denen man einen frei geborenen Menschen gefangen hält.

Daß die Abschaffung einer Diktatur noch nicht automatisch Freiheit bedeutet, sondern durchaus eine weitere Diktatur bloß anderer Couleur zur Folge haben kann, hat die Geschichte zum Überdruß gelehrt. Je brutaler und verknöcherter das alte System gewesen ist, desto größer ist auch diese Gefahr. Sie darf jedoch wohl in keinem Fall als Begründung dafür herhalten, daß der Versuch nicht gewagt wird, eine Lösung zu suchen, sondern daß man bloß aus Angst vor den Folgen einen als Unrecht erkannten Zustand perpetuiert. Dies gilt genau wie für Europa auch für die Menschen Afrikas. Nachdem Europa ihnen seine Ideen und Ideologien und damit einen geistigen Umbruch aufgezwungen hat, mit dem sie noch immer nicht fertig werden, ist Europa auch dafür verantwortlich, daß den Afrikanern bei der Entwicklung menschenwürdiger Verhältnisse geholfen wird. Wir Europäer, die ihr Wertesystem in hundert Jahren zerschlagen haben, können ihnen jetzt nicht das unsrige vorenthalten mit der zynischen Begründung, daß sie dessen nicht würdig seien.

»Selbst wenn die Einheitspartei und das Militär noch immer die politische Landschaft Afrikas beherrschen, so regt sich auf kommunaler Ebene fast überall ein zartes Pflänzchen der Demokratie«, schrieb Carola Kaps in der *FAZ*, als sie nach mehreren Jahren mit ihrem für die Weltbank tätigen Mannes in Dakar (Senegal) von Afrika wieder Abschied nahm. »Afrika hat viele Pluspunkte, die, richtig eingesetzt, den Abstand zu den anderen Regionen der Erde deutlich verringern könnten. So verfügt der Kontinent noch immer, trotz fortschreitender Verwüstung und ökologischer Gefährdung, über viel nutzbares Land. Afrika hat reiche Bodenschätze und ein schier unerschöpfliches Reservoir an jungen Arbeitskräften, von deren traditionell afrikanischer Mobilität die Industriestaaten nur träumen können. In der regionalen Integration steckt darüber hinaus ein zwar vielbeschworenes, bisher aber völlig brachliegendes Wachstumspotential.«[22]

Diese also längst als notwendig erkannte regionale Integration ist die letzte Hoffnung nicht nur für den Westen oder den Osten Afrikas, sondern vor allem auch für den Süden des vielleicht gar nicht so dunklen Kontinents. Doch der Zusammenschluß zu einem regionalen Binnenmarkt, der den Aufbau einer eigenen produzierenden Industrie überhaupt erst erlaubt, scheint nicht möglich, solange das interne südafrikanische Problem nicht gelöst ist. An ihm führt kein Weg in die Zukunft vorbei. Denn mag auch das Schlagwort von der Neo-Kolonialisierung Afrikas von Südafrika aus schon lange seine Runden machen, mag es sogar von potentiellen Investoren in aller Welt mit Wohlbehagen aufgenommen werden – auch diese Zeiten sind vorbei. Man wird sich endlich mit dem Gedanken befreunden müssen, daß die Bodenschätze der Region weder dem Osten, noch dem Westen, weder der Zweiten noch der Ersten Welt gehören, sondern zuvörderst jenen Menschen, die dort unten zu Hause sind. (Auf den Weltmarkt kommen sie ohnehin.) Und daß die Menschen im südlichen Afrika längst genau gesehen haben, welches Schicksal ihnen in der den weißen Afrikaanern vorschwebenden »Constellation of States« (kurz CONSAS) zugedacht ist: sie konnten und können es ja an der Entwicklung all jener Länder täglich sehen, die seit Jahren Satelliten in diesem südafrikanischen Sonnensystem sind, nämlich Transkei, Bophuthatswana, Venda und Ciskei – an den sogenannten Nationalstaaten mit ihrer beschränkten Souveränität –, aber auch an den international anerkannten Königreichen im Commonwealth, Lesotho und Swaziland. Statt zwei Konzepte einer regionalen Ordnung, die einander zu vernichten trachten, gegeneinander auf- und auszurüsten, sollte sehr viel mehr geschehen, das die kaplastigen Länder Afrikas zu partnerschaftlicher Zusammenarbeit zwingt.

Ein Beispiel: statt in Namibia für Unsummen einen zweiten Hafen zu bauen, der den Außenhandel Südwestafrikas der Kontrolle und der möglichen Behinderung durch Südafrika entzieht, sollte man die Südafrikaner durch massiven Druck dazu bewegen, aus Walfishbay einen internationalen Freihandelshafen zu machen, der von Pretoria und von Windhoek aus zu gleichen Teilen verwaltet wird und unter dem Schutz der Großmächte oder der Europäischen Gemeinschaft steht. Eine solche Lösung der Vernunft wäre auch für Südafrika vorteilhaft, denn durch einen zweiten Hafen mit Anschluß an die Eisenbahnlinie durch Botswana wäre Walfischbai ökonomisch am Ende und künftig ohne jeden Wert.

Noch immer übertrifft der Handel aller SADCC-Staaten mit Südafrika bei weitem jeglichen Warenaustausch zwischen diesen Ländern – 1982 war er siebenmal so groß. Die Republik der Afrikaaner nimmt alljährlich mehrere hundert Millionen Rand an Gebühren für die Benutzung ihrer Hafen- und Eisenbahnanlagen durch ihre abhängigen Nachbarn ein, während diese Einnahmequelle für diese mutwillig zerstört worden ist. Die drei größten Projekte regionaler Kooperation –

Cahora Bassa, das Soda-Ash-Vorhaben in Botswana und die Lesotho-Highlands-Wasser-Nutzung – können freilich auch für Südafrika nur dann auf die Dauer Nutzen bringen, wenn die Region zur Ruhe kommt. Die südafrikanische Energiekommission ESKOM produziert zur Zeit 60 Prozent allen Stroms, der in ganz Afrika verbraucht wird, und hat allein im Jahre 1988 eine Milliarde 300 Millionen Kilowattstunden Energie an die Nachbarstaaten abgegeben, gegen harte Devisen, wohlgemerkt. Und nicht nur der Leiter der Verkehrsbetriebe, sondern auch der Vorsitzende des Elektrizitätsrates dieser ESKOM, John Maree, hat, wie er sagt, »eine Vision«: Elektrizität sollte seiner Meinung nach nicht nur ein Motor zur Entwicklung innerhalb Südafrikas sein (dort leben 20 Millionen Menschen – laut ESKOM – noch immer in Hütten ohne Strom!), sondern auch »eine bindende Kraft im afrikanischen Subkontinent«. Und Maree träumt von »dem ESKOM, das seine Macht dazu benützt, (alle Abnehmer) zur Kooperation zu zwingen«.[23] Wörtlich sagt er: »Es gibt ein enormes Potential für Zusammenarbeit zwischen Südafrika und seinen Nachbarn. Wir sind der einzige Markt für die Produkte vieler dieser Länder und ihre einzige Einfuhrquelle.«

Dies gilt jedoch – und das vergißt nicht nur Maree – zunehmend auch umgekehrt. Je mehr Märkte in aller Welt für südafrikanische Waren geschlossen werden, je größer der Abstand von den hochentwickelten Nationen in Produktivität und Produktionskosten wird, je resoluter die bestehenden großen Binnenmärkte, USA, Japan und nicht zuletzt die EG, zu wirtschaftlichen Festungen ausgebaut werden, desto abhängiger wird auch Südafrika von seinen unmittelbaren Nachbarstaaten. Die einzig realistische, ja die letzte Hoffnung für alle Länder der Region besteht in ihrem Zusammenschluß zu einem gemeinsamen Marktgefüge, zu einem konföderalen Staatenbund, zu einer südlich-afrikanischen Wirtschaftsgemeinschaft oder auch zu den bereits von Rhodes erträumten »Vereinigten Staaten von Südafrika«.

Schon singen die Menschen in fünf dieser Länder die gleiche National-Hymne in jeweils ihrer eigenen Sprache, in Botswana, Zambia und Zimbabwe, in Namibia und (nicht nur unter Schwarzen) in der Republik Südafrika. Es wäre absurd, von diesen Menschen zu erwarten, daß sie eines Tages »die Stem« der Buren zu ihrer eigenen Sache machen, auch wenn ein Maree, ein Loubser oder ein de Klerk noch immer davon träumen mag. Es ist auch nicht länger zu verantworten, die südafrikanische Regierung in ihren irrationalen Träumen zu bestärken, statt ihr den einzig gangbaren Weg zu weisen, der sie und ihre Nachbarn allein noch vor einem Sturz in den Abgrund bewahren kann. Noch ist es nicht zu spät für den Versuch, das physische Überleben der Weißen in Südafrika durch allgemein verbindliche Menschenrechte und durch internationale Garantien abzusichern.

Natürlich gibt es keine Erfolgsgarantie. Natürlich ist es durchaus möglich, daß ein Unrechtssystem wie an vielen Orten der Welt bloß durch ein anderes abgelöst wird. Apartheid hat Haß und Bitterkeit geschaffen, Unduldsamkeit und Intoleranz. Die Unruhen der letzten Jahre und ihre gewaltsame Unterdrückung haben die Jugend polarisiert. Das politische System hat zudem Menschen hervorgebracht, für die Apartheid Sicherheit bedeutet, im Verwaltungsapparat von Staat und Homelands, in Militär und Polizei. Sie werden kaum kampflos ihre Positionen räumen, wenn ihnen niemand klarmacht, daß das auch für sie die einzig zukunftsträchtige Lösung ist. Bei der Überwindung ihrer Ängste kann ihnen von außen geholfen werden.

Wenn es überhaupt – wie ich meine – so etwas wie europäische Verantwortung für das durch seine Berührung mit Europa aus der Bahn geworfene und für immer geschädigte Afrika gibt, dann ist es doch dies: Südafrika vor dem Blutbad zu bewahren, in das es all seine Nachbarländer hineinzuziehen droht. »Blickt auf den gegenwärtigen Zustand«, schrieb Alfred Kerr 1933, »denkt nicht an die unzivilisierten Völker:

sondern an die sozusagen zivilisierten – die aber das Gesetz der Zivilisation kaffrig und bewußt mit Füßen treten... Die Politik der gesamten Welt müßte dazu Stellung nehmen... jenseits von der reinpolitischen Routine... Stellt euch vor, daß künftig an irgend einem Punkt der Erde... ein volkreicher Menschenstamm sich bemerkbar macht, der nicht nur die Zivilisation seines Landes zerstampft, sondern die dazugehörige Wahnsinnslehre möglichst zu verbreiten sucht – soll die Politik des Erdballs dann untätig bleiben? Soll sie warten, bis auch ihre Besitztümer (die greifbaren wie die ideellen) zerstampft sind? Soll sie weiterhin bloß ›Politik‹ machen, also nur fragen: ›Wird unsere Einfuhr in dieses Land gefördert – oder seine Ausfuhr in unser Land?‹ So ist es aber heut, praeterpropter. Die künftige Politik hat nicht Länderpolitik zu sein, sondern Planetenpolitik. In summa: nicht diplomatische, sondern ethische Politik. Dies ist das nächste Ziel der Welt... Auf die Dauer ist die ›edlere‹ Politik auch die gewinnbringendere; die alte Schacherpolitik hat nur kurze Wirkungen; immer bloße Augenblickserfolge; sie muß jedesmal von vorn anfangen. Erst die streng ethische Politik wird auf die Länge die wahrhaft siegreiche, die beherrschende sein, so wie ein Warenhaus mit unreellen Tricks auf die Dauer schlechte Geschäfte macht.«[24] Und Kerr zitiert den Dramatiker Wedekind: »Die Moral ist das beste Geschäft.« Unmoral aber ist kurzsichtig. Unmoral ist dumm.

Zeittafel

1415 Portugiesische Schiffe beginnen längs der Westküste Afrikas stetig weiter nach Süden vorzustoßen.

1485 Die Kongomündung wird erreicht.

1487 Bartholomeu Diaz umschifft das Kap der Guten Hoffnung bis Natal.

1498 Vasco da Gama umschifft Afrika und findet über Melinde (Zanzibar) den Seeweg nach Indien; Portugiesisch-Ostafrika im Gebiet des heutigen Moçambique entsteht.

1550 Portugal und Spanien teilen sich die bis dahin bekannte Welt.

1652 Als Versorgungsstation für Schiffe der Niederländisch-Ostindien-Kompanie wird Kapstadt gegründet. Damit beginnt die europäische Besiedlung der Südspitze Afrikas.

1688 3 Jahre nach Aufhebung des Edikts von Nantes schickt Holland seine Hugenotten-Flüchtlinge zum Kap.

1795 In den napoleonischen Kriegen bittet Wilhelm von Oranien den britischen Vetter König Georg III. um Schutz seiner überseeischen Besitzungen.

1806 Großbritannien okkupiert das Kap.

1820 Britische Kriegsheimkehrer werden nach Südafrika verschifft.

1837 Die Mehrzahl der Buren versucht, sich der britischen Herrschaft durch den Großen Treck nach Norden zu entziehen. In der Folge entstehen die beiden Burenrepubliken Transvaal und Oranje-Freistaat.

1881 Erster Burenkrieg: Die Transvaal-Buren kämpfen um ihre Unabhängigkeit von den Briten und siegen überraschend am Majuba-Berg.

1884 Das deutsche Reich übernimmt die Erwerbung des Bremer Kaufmanns Lüderitz, Deutsch-Südwestafrika, als ersten

Schritt einer eigenen Kolonialpolitik, während der Afrika-Reisende Nachtigal die Kolonien Togo und Kamerun erwirbt. Die Berliner (oder auch Kongo-) Konferenz unter Vorsitz Bismarcks beginnt, auf der sich 14 Nationen in den Besitz Afrikas teilen.

1885 Kongo wird persönliches Eigentum des belgischen Königs Leopold II.; Deutschland erwirbt Tanganjika und Zanzibar (heute zusammen Tanzania) als Deutsch-Ostafrika, und Großbritannien richtet das Protektorat Bechuanaland (heute Botswana) ein.

1888 Nach dreijähriger Besetzung akzeptiert Lobengula, König der Matabele, die britische Protektion und gewährt Cecil Rhodes Bergbaurechte.

1889 Cecil Rhodes' »British South Africa Company« wird gegründet und im Laufe von zehn Jahren bis zum Njassa-See (heute Malawi) ausgedehnt.

1890/91 Festlegung der englischen und französischen Einflußsphäre in Afrika. Rhodes wird Ministerpräsident der Kapkolonie. Deutschland übernimmt die Hoheitsrechte über Deutsch-Ostafrika ohne Zanzibar, das es im Tausch gegen Helgoland an Großbritannien abgegeben hat.

1896 Unter Rhodes' Mitarbeiter Jameson überfallen britische Truppen die burische Republik Transvaal, werden aber zurückgeschlagen. Wilhelm II. verstimmt mit seinem Glückwunschtelegramm an den Burenpräsidenten Paul Krüger England.

1898 Ein Angola-Vertrag zwischen Deutschland und England soll die deutsch-englische Verständigung in Afrika (gegen Frankreich) wieder fördern.

1899 Der Zweite (»Große«) Burenkrieg beginnt, nachdem England für seine Einwanderer in der Goldgräberstadt Johannesburg politische Rechte gefordert und militärisch gedroht hat. Die britische Regierung überträgt die Kriegführung an Lord Roberts und Kitchener. 150 000 Mann werden nach Südafrika geschickt.

1902 Friedensschluß im Burenkrieg. Die Burenrepubliken verlieren ihre Unabhängigkeit und werden unter Selbstverwaltung in das britische Empire aufgenommen.

1904 Der Herero-Aufstand in Deutsch-Südwestafrika wird von General von Trotha brutal niedergeschlagen. Anschließend Kämpfe gegen die Hottentotten unter Hendrik Witbooi.

1906 Burengeneral Louis Botha wird südafrikanischer Ministerpräsident.

1907 Deutsche Schutztruppe wirft erneuten Aufstand in SWA nieder.

1910 Zusammenschluß der vier südafrikanischen Kolonien Kapland, Transvaal, Oranje und Natal zur Union von Südafrika (britisches Dominion).

1912 Der Afrikanische National-Kongreß Südafrikas (ANC) wird als christlich-nationalistische Befreiungsbewegung gegründet.

1914 Die National-Partei der Buren (NP) wird gegründet.

1915 Deutsch-Südwestafrika wird von südafrikanischen Truppen unter General Louis Botha erobert.

1919 Sämtliche deutsche Kolonien kommen als Völkerbundmandate treuhänderisch an die Alliierten; Deutsch-Südwestafrika an die Südafrikanische Union.

1923 Nordrhodesien (heute Zambia) wird britisches Protektorat.

1924 Der antibritische Burengeneral James Hertzog wird südafrikanischer Ministerpräsident.

1939 Nach Hertzogs Rücktritt wird Burengeneral Jan Smuts Ministerpräsident und bricht sofort die diplomatischen Beziehungen zu Deutschland ab.

1948 Wahlsieg der südafrikanischen National-Partei mit ihrem Programm strikter Rassentrennung (Apartheid) und der Unabhängigkeit von Großbritannien. D.F. Malan wird Ministerpräsident.

1950 »Suppression of Communism«-Gesetz und »Population Registration Act« in Südafrika.

1954 Das Anti-Kommunisten-Gesetz in den USA verabschiedet.

1955 Delegation der südafrikanischen Union verläßt wegen der Rassenfrage die UNO.

1957 Der Ovamboland-Volkskongreß (OPC), später die Ovamboland-Volks-Organisation (OPO) und schließlich, ab 1960, die Südwestafrikanische Volksorganisation (SWAPO) wird gegründet.

1958 Der Apartheid-Ideologe Hendrik Verwoerd wird Ministerpräsident der Südafrikanischen Union.

1959 Aufstand in Leopoldville (Kongo).

1960 Schwere Rassenunruhen in Südafrika. Massaker von Sharpeville. 19 Tage später wird Verwoerd bei einem Attentat schwer verwundet.

Wahlen in Belgisch-Kongo bringen Mehrheit für die Nationalbewegung Lumumbas. Eingreifen belgischer Truppen.

Französisch-Kongo wird unabhängig.

Oberst Mobutu ergreift in Belgisch-Kongo durch Staatsstreich die Macht.

1961 Aufstände in Portugiesisch-Angola.

Lumumba wird ermordet.

Tanganjika erhält Autonomie.

Die Südafrikanische Union verläßt nach einem Referendum das Commonwealth und wird Republik.

1963 Nigeria wird Republik, verbleibt jedoch im Commonwealth.

Kenia wird unabhängig.

Die Organisation Afrikanischer Einheit (OAU) wird von den jetzt unabhängigen afrikanischen Staaten (ohne Südafrika) in Addis Abeba gegründet.

1964 Britisch-Njassaland wird als Republik Malawi unter Präsident Banda unabhängig.

Nordrhodesien erhält als Republik Zambia unter Präsident Kaunda seine Unabhängigkeit.

Bildung der Sozialistischen Förderation Tanzania (aus Tanganjika und Zanzibar) unter Präsident Nyerere.

Abzug der UN-Truppen aus dem Kongo.

1965 Einseitige Unabhängigkeitserklärung Rhodesiens durch Ministerpräsident Smith führt zu Wirtschaftssanktionen.

Staatsstreich im Kongo: Mobutu stürzt den Präsidenten und entmachtet das Parlament.

1966 Bechuanaland wird als Republik Botswana unter Präsident Khama unabhängig.

Ministerpräsident Verwoerd wird von einem Weißen ermordet. Nachfolger Vorster setzt die Rassentrennungspolitik fort und führt sie auch in Südwestafrika ein.

Das britische Hochkommissariatsgebiet von Basutoland wird unter König Moshoeshoe II. als konstitutionelle Monarchie Lesotho unabhängig.

1968 Das britische Hochkommissariatsgebiet Swaziland wird unter König Sobhuza II. als konstitutionelle Monarchie unabhänig.

1970 Der Atomwaffensperrvertrag wird ratifiziert und tritt in Kraft.

1971 Die Republik Kongo (Kinshasa) nennt sich in Zaïre um.

Der Internationale Gerichtshof in Den Haag erklärt Südwestafrika/Namibia für illegal von Südafrika besetzt.

1973 SWAPO wird von der UN-Vollversammlung als einzige authentische Vertretung des namibischen Volkes anerkannt.

1974 Umsturz in Portugal.

Moçambique erhält unter der Befreiungsbewegung Frelimo die Selbstverwaltung.

Im Sicherheitsrat der Vereinten Nationen wird der Ausschluß Südafrikas durch ein Veto der USA, Großbritanniens und Frankreichs verhindert.

1975 Moçambique wird in die volle Unabhängigkeit entlassen.

Ab Juli Kämpfe in Angola, ab September südafrikanischer Einmarsch, 11. November Unabhängigkeit unter Präsident Neto.

1976 (16. Juni) Schüleraufstand in Soweto bei Johannesburg; Unruhen im ganzen Land.

Eskalation der Unabhängigkeitskämpfe in Rhodesien; rhodesische Truppen zerstören Guerillabasen in Moçambique.

Der Demokrat Jimmy Carter wird zum US-Präsidenten gewählt.

1977 Der UN-Sicherheitsrat beschließt Waffenembargo gegen die Republik Südafrika.

1978 Übergangsregierung in Rhodesien unter Bischof Muzorewa.

Vorster wird zum Rücktritt gezwungen, und Verteidigungsminister P. W. Botha übernimmt die Macht in Südafrika.

Namibia-Plan der Kontaktgruppe der Westlichen Fünf (USA, Kanada, Großbritannien, Frankreich und die Bundesrepublik Deutschland); UN-Resolution 435.

1980	Rhodesien wird unter Ministerpräsident Mugabe als Republik Zimbabwe unabhängig.
	Der Republikaner Ronald Reagan wird zum US-Präsidenten gewählt.
1983	Referendum über neue Verfassung für Südafrika.
1984	Sicherheitsabkommen zwischen Südafrika und Moçambique.
	P. W. Botha wird Staatspräsident mit diktatorialen Exekutivvollmachten. Schwere Unruhen brechen aus.
1986	In Südafrika wird der landesweite Ausnahmezustand mit verschärften Sicherheits- und Pressebestimmungen ausgerufen, der von nun an alljährlich im Juni verlängert wird.
	Tod des moçambikanischen Präsidenten Machel bei Flugzeugabsturz. Nachfolger wird Außenminister Chissano.
1987	Erneute südafrikanische Offensive in Angola.
1988	Einigung zwischen Angola, Kuba und Südafrika über die Unabhängigkeit Namibias und den Abzug der kubanischen Truppen aus Angola.
	Der Republikaner George Bush wird zum US-Präsidenten gewählt.
1989	P. W. Botha wird zum Rücktritt gezwungen. Nachfolger wird Erziehungsminister F. W. de Klerk.
	Wahlen zur verfassunggebenden Versammlung in Namibia unter südafrikanischer Verwaltung und UN-Aufsicht. Wahlsieg der SWAPO.
1990	Namibia wird unabhängig.

Abkürzungen

AAM	Anti Apartheid Movement
AKP	Afrika, Karibik, Pazifik(-Staaten)
ANC (Südafrika)	African National Congress
ANC (Rhodesien)	African National Council
Armscor	South African Armaments Corporation
BLS	Botswana, Lesotho, Swaziland
BMAT	British Military Assistance Team
BNF	Botswana National Front
BOSS	Bureau of State Security
BSAC	British South Africa Company
CIA	Central Intelligence Agency
CIO	Central Intelligence Organization (Rhodesien)
CONSAS	Constellation of Southern African States
COSATU	Congress of South African Trade Unions
CSO	Central Selling Organization
DTA	Democratic Turnhalle Alliance
ESKOM/ESCOM	Energy Supply Commission
FAPLA	Forcas Armadas Populares des Libertaçao de Angola
FLS	Front Line States
FNLA	Frente Nacional des Libertaçao de Angola
Frelimo	Frente de Libertaçao de Moçambique
GRAE	Governo Revolucionario de Angola no Exilio
IAEA	Internationale Atomenergie-Agentur
IWF	Internationaler Währungsfonds
JSC	Joint Security Committee
LLA/LNLA	Lesotho National Liberation Army
MDM	Mass Democratic Movement
MFA	Movimento das Forcas Armadas
MID	Military Intelligence Directorate
MNRM	Movimento Nacional de Resistencia de Moçambique

MPC	Multi-Party Conference
MPLA	Movimento Popular de Libertaçao de Angola
NGK	Nederduitse Gereformeerde Kerk
NIS	National Intelligence Service
NP	National Party
Nufcor	Nuclear Fuels Corporation
OAU	Organization of African Unity
OB	Ossewabrandwag
PAC	Pan African Congress
PFP	Progressive Federal Party
PIDE	Policía Internacional e de Defesa do Estado
PLAN	People's Liberation Army of Namibia
PLO	Palestine Liberation Organization
RAU	Rand Afrikaans Universiteit
RNM/RENAMO	Resistencia Nacional Moçambicana
RTZ	Rio Tinto Zinc
SACTU	South African Congress of Trade Unions
SACU	South African Customs Union
SADCC	Southern African Development Coordination Conference
SADF	South African Defense Force
SAP	South African Police
SAS	Special Air Service
SATS	South African Transport Services
SWAPO	South West African People's Organization
UDF	United Democratic Front
UDI	Unilateral Declaration of Independence
UNIP	United National Independence Party
UNITA	Uniao Nacional para a Independencia Total de Angola
UPA	Uniao das Populacoes de Angola
UNTAG	United Nations Transition Assistance Group
ZANLA	Zimbabwe African National Liberation Army
ZANU	Zimbabwe African National Union
ZIPRA	Zimbabwe People's Revolutionary Army
ZAPU	Zimbabwe African People's Union

Zwischenstaatliche Zusammenarbeit
im südlichen Afrika

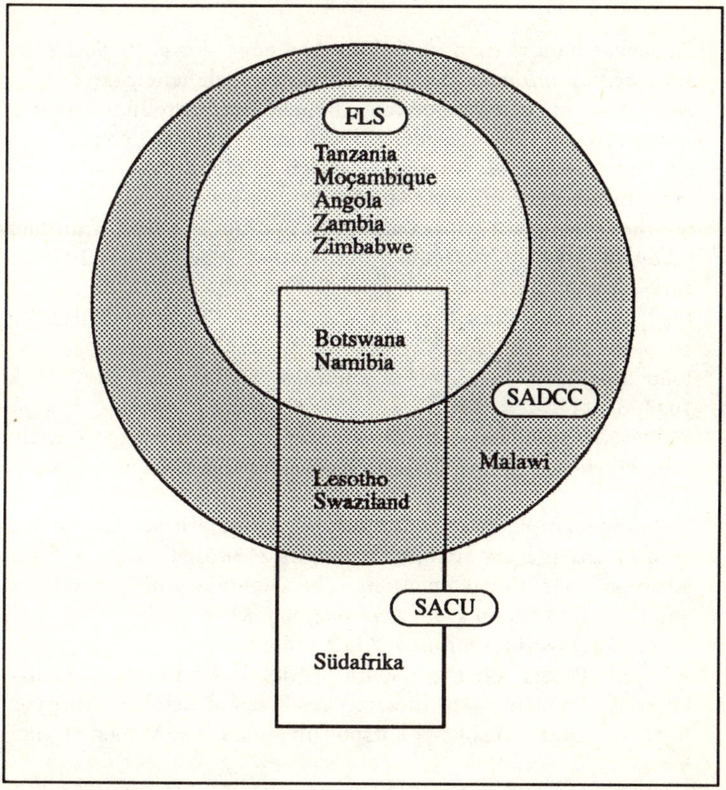

Anmerkungen

Angola

[1] Zunächst nannte man alle »Eingeborenen« der portugiesischen Kolonien *assimilados,* die aufgrund des Eingeborenenstatuts vom Mai 1954 eine den Weißen angeglichene Rechtsstellung erhalten hatten. Ab 1961 konnte jeder »Eingeborene« auf Wunsch portugiesischer Staatsbürger werden, wodurch er allerdings (statt kopf-) einkommensteuerpflichtig wurde.

[2] Southern Africa – The Escalation of a Conflict, A politico-military study by SIPRI (Stockholm International Peace Research Institute), Stockholm/New York 1976, S. 20

[3] Fred Bridgland, Jonas Savimbi – A Key to Africa, Johannesburg 1986, S. 14

[4] John Stockwell, In Search of Enemies; a CIA Story, New York 1978, S. 155

[5] Ryszard Kapuściński, Jeszcze dzień życia, Warschau 1976, englische Übersetzung mit dem Titel »Another Day of Life«, London 1987

[6] Siehe Spanien-Ploetz, Spanische und portugiesische Geschichte zum Nachschlagen, Freiburg/Würzburg 1986 und Ali A. Mazrui, Africa's International Relations, The Diplomacy of Dependency and Change, London a. o. 1977/1984, S. 168 ff.

[7] *Flying Review International,* April 1966, S. 459

[8] Adelphi Papers Nr. 159: South Africa's Narrowing Security Options, London 1980, hier zit. nach der deutschen Ausgabe: Robert S. Jaster, Die Sicherheitspolitik Südafrikas, München 1981, S. 60

[9] South Africa 1984 – Official Yearbook of the Republic of South Africa

[10] Zit. nach Basil Davidson, In the Eye of the Storm: Angola's People, London 1972, S. 290

[11] Vgl. Bridgland, a. a. O., SS. 13, 20f. und 117, Stockwell a. a. O., sowie Jonathan Powers in *International Herald Tribune* am 20./21. August 1988

[12] Jaster, a. a. O., S. 65

[13] Kenneth W. Grundy, The Rise of the South African Security Establishment, The South African Institute of International Affairs, Johannesburg im August 1983, S. 28

[14] Bob Woodward, VEIL. The Secret Wars of the CIA 1981–1987, New York 1987, hier zit. nach der deutschen Ausgabe: Geheimcode VEIL, Reagan und die geheimen Kriege der CIA, München 1987, S. 286

[15] Ebenda, S. 216

[16] Jaster, a. a. O., S. 67 f.

[17] *Rand Daily Mail* v. 25. Dezember 1975, zit. nach Jaster

[18] Kapuściński, a. a. O., S. 136

Von Vorster bis de Klerk

[1] Alan Paton, The Afrikaner as I know him, in: The Afrikaners, Ed. E. S. Munger, Cape Town 1979

[2] *Der Tagesspiegel*, Berlin, 17. August 1989

[3] Zitiert nach J. E. Spence, Foreign Policy: Retreat into the Laager, in: South Africa in Crisis, ed. by Jesmond Blumenfeld, The Royal Institute of International Affairs, London 1987, S. 155

[4] Siehe Richard Leonhard, South Africa at War, Johannesburg 1985 (eine erste Ausgabe erschien 1983 bei Lawrence Hill & Co.), S. 132 ff.

[5] *Sunday Times* (Johannesburg), 11. April 1982

[6] John Marcum, The Angolan Revolution, Bd. II, Cambridge, Mass.

[7] In: Apartheid in Crisis, Voices in South Africa Today, ed. by Mark A. Uhlig, Penguin Books 1986, S. 287

Europa und Afrika

[1] *Frankfurter Rundschau*, 26. Mai 1988

[2] Berücksichtigt wurden hier: Norman R. Bennett, Africa and Europe, From Roman Times to National Independence, New York 1975 und 1984; J. M. MacKenzie, The Partition of Africa, Lancaster

Pamphlets, London/New York 1983; Amadu Sesay, Africa and Europa, From Partition to Interdependence or Dependence?, New Hampshire 1986

3 Siehe auch Dorothea Razumovsky, Von Gott zum Volk des Eigentums erwählt/Ein Versuch, die Afrikaner zu verstehen in: Südafrika – Krise und Entscheidung, Bd. 1, München 1987

4 Archiv Razumovsky

5 Zitiert nach Lois A. C. Raphael, The Cape-to-Cairo Dream, London 1936

6 Raphael, a. a. O., S. 81 f.

7 G. R. Berridge, The Politics of the South African Run, European Shipping and Pretoria, Oxford, 1987, S. 219 ff.

8 G. G. Maasdorp, Transport Policies and Economic Development in Southern Africa, A Comparative Study in Eight Countries, Durban 1984, S. 246

9 Karl Edward Prinslow, Transportation as an Element of Foreign Policy in Southern Africa or The Ties That Bind, Naval Postgraduate School, Monterey, California, June 1985, S. 94 f.

10 Dr. J. G. H. Loubser, Transport Diplomacy, with special reference to Southern Africa, Johannesburg 1980

11 Wilfried Mallows, The Mystery of the Great Zimbabwe / The key to a major archeological engima, London 1985, S. 215

12 Shiva Naipaul, North of South, Harmondsworth (Penguin), 1983 (reprint), S. 45 ff.

13 Mary Catherine Bateson, Mit den Augen einer Tochter, Hamburg 1986, S. 216 ff.

14 International Herald Tribune, 31. Oktober 1988

15 International Herald Tribune, 21. November 1988

16 Loubser, a. a. O.

17 Am 22. April 1975 im Parlament, Hansard, col. 4584

18 Siehe auch Grundy, a. a. O., S. 22 ff.

Zambia

1 Bridgland, a. a. O., S. 75 f.

2 Kenneth David Kaunda, Kaunda on Violence, ed. by Colin M. Morris, London 1980/82, S. 38 ff.

3 Kaunda, a. a. O., S. 41 ff.

[4] Siehe Hofmeier/Schönborn, Politisches Lexikon Afrika, Beck'sche Reihe Aktuelle Länderkunden, München [4]1988, S. 449 ff.

[5] Hofmeier/Schönborn, a. a. O., S. 393

[6] M. R. Bhagavan, Zambia: Impact of Industrial Strategy on Regional Imbalance and Social Inequality, Uppsala 1978, S. 51

[7] Ebenda

[8] Afrika den Afrikanern, Vorkoloniales Erbe und nachkoloniale Entwicklung, Frankfurt/M.–Berlin–Wien, Oktober 1980, S. 86

[9] Hofmeier/Schönborn a. a. O., S. 454

[10] *Washington Post Service*, 12. September 1988

[11] *Der Tagesspiegel*, 27. Januar 1987

[12] Martin Meredith, The Past is Another Country, Rhodesia 1890–1979, London 1979, S. 113

[13] Ebenda

[14] Meredith, a. a. O., S. 114

[15] Meredith, a. a. O., S. 147

[16] Kaunda, a. a. O., SS. 73 f. und 158

[17] Meredith, a. a. O., S. 154 f.

[18] Jaster, a. a. O., S. 62

[19] Meredith, a. a. O., S. 184

[20] J. G. H. Loubser, The Function of Transport as a Line of Communication between States in Southern Africa, Vortrag, ohne Datum, Archiv Razumovsky

[21] *Der Tagesspiegel*, 27. Januar 1987

[22] Siehe Amnesty International, Jahresbericht 1988, Frankfurt 1988, S. 126 ff.

[23] *International Herald Tribune*, 12. September 1988

[24] Chinua Achebe, Anthills of the Savannah, London 1988

Rhodesien/Zimbabwe

[1] Dr. Masipula Sithole, Zimbabwe, Struggles within The Struggle, Salisbury 1979

[2] Meredith, a. a. O., S. 176

[3] Paul L. Moorcraft and Peter McLaughlin, Chimurenga! The War in Rhodesia 1965–1980, Johannesburg 1982, S. 32 f.

[4] Joachim Becker, Angola, Mosambik und Zimbabwe, Im Visier Südafrikas, Köln 1988, S. 262

5 David Martin and Phyllis Johnson, The Assassination of Chitepo, Harare 1985

6 Peter Stiff, See You in November, Johannesburg 1985, auf deutsch erschienen unter dem Titel »Taffy – die unglaubliche und wahre Geschichte eines weißen Killers in Afrika«, Frankfurt/M. 1986, S. 124 ff.

7 Andreas Graf Razumovsky, der Ehemann der Verfasserin, schrieb das Nachwort zur deutschen Ausgabe von »Taffy«

8 Abkürzung für Central Intelligence Organisation. In Rhodesien war die »Special Branch« (SB) der »British South African Police« (BSAP) für die innere Sicherheit zuständig, während die CIO sich um das Ausland kümmerte.

9 Peter Stiff, a. a. O., S. 117

10 Im Juli 1986 erschienen, unabhängig voneinander, in der Weltpresse verschiedene Berichte über diese *vigilantes*. Siehe auch Dorothea Razumovsky und Elisabeth Wätjen, Kinder und Gewalt in Südafrika, München 1988, S. 101 ff.

11 *Herald*, 30. Mai 1980

12 Gedacht ist hier vor allem an André Astrow, Zimbabwe: A Revolution That Lost Its Way?, London 1983; Ruth Weiss, Die Saat geht auf. Eine neue Politik gegen den Hunger in Afrika. Das Beispiel Zimbabwe, Wuppertal 1987; Joachim Becker, Zimbabwe. Wirtschaftspolitik zwischen Reform und Weltmarkt, Marburg 1988; Joachim Becker, Angola, Mosambik und Zimbabwe. Im Visier Südafrikas, Köln 1988

13 André Astrow, Zimbabwe ... a. a. O., S. 173 f.

14 David Martin und Phyllis Johnson berichten in zwei Publikationen von ihren Interviews mit CIO-Generaldirektor Ken Flower sowie einem weiteren CIO-Offizier, der auf Wunsch anonym blieb: The Struggle for Zimbabwe: the Chimurenga War, London 1981 und in Kapitel 1 des von ihnen herausgegebenen Buches »Destructive Engagement, Southern Africa at War«, Harare 1986. Joseph Hanlon bringt in seinem Mocambique-Buch »Mozambique: The Revolution Under Fire«, London 1984 in Kapitel 21. (»Highwaymen«) einige wesentliche Ergänzungen zu Martin und Johnson. Die Verfasserin hatte darüber hinaus wiederholt Gelegenheit, mit dem offen faschistischen italienischen Südafrika-»Korrespondenten« Giancarlo Cocca sowie mit Professor André

Thomashausen, einem Schulfreund Evo Fernandes' und Mocambique-Fachmann am »Instituut vir buitenlandse reg en regsvergelyking« an der Universität von Südafrika, Pretoria, zu sprechen.

15 Es ist natürlich denkbar, daß es schon vor Bothas Machtübernahme – wie in einigen Publikationen behauptet wird – Verbindungen zwischen SADF und RNM gab, wie ja auch die Zusammenarbeit der militärischen Geheimdienste selbstverständlich war; aber erstens fehlt es an Beweisen, und zweitens muß beim heutigen Kenntnisstand davon ausgegangen werden, daß eine etwaige Unterstützung der RNM hinter dem Rücken Vorsters geschah. Als später, nach dem Abkommen von Nkomati im März 1984, von der südafrikanischen Regierung geltend gemacht wurde, die RNM werde jetzt nur noch von »gewissen Kreisen der SADF«, aber ohne Zustimmung der Regierung versorgt, war diese Behauptung freilich nicht mehr akzeptabel, weil mittlerweile SADF und Regierungsspitze identisch waren.

16 *Quarterly Digest of Statistics,* Harare

17 Siehe Joseph Hanlon, Beggar Your Neighbours, Apartheid Power in Southern Africa, London/Bloomington 1986

18 *Hannoversche Allgemeine Zeitung,* 20. November 1981

19 Das interne Memorandum von T. Chiganze wurde angefertigt, weil ein Bericht in »Blick durch die Wirtschaft« *(FAZ)* vom 25. 11. 1988 über den ökonomischen Zustand Zimbabwes unter Experten vor Ort nicht überzeugen konnte.

20 Am 6. August 1988 sagte der Hochkommissar für Flüchtlinge der Vereinten Nationen in Harare, er erwarte bis zum Jahresende eine Flüchtlingszahl von rund drei Millionen, allein wegen der Destabilisierungsmaßnahmen Südafrikas. Monatlich 20000 Flüchtlinge kämen in den längst überfüllten Lagern an (S. A. Barometer, vol. 2, Nr. 16, 26. August 1988)

21 *Weekly Mail,* 5. Mai 1988

22 Dies berichteten westliche Diplomaten aus Washington

23 S. A. Barometer, vol. 2, Nr. 24, 16. Dezember 1988

Südafrikas »totale Strategie«

1 Bibliothek des Institutes »ISSUP«

2 So sah das der Johannesburger Politologe Deon Geldenhuys schon Anfang 1981 in seiner Studie »Some foreign policy implications of South Africa's ›total national strategy‹, with particular reference to the ›12-point-plan‹«, die er für das South African Institute of International Affairs, deren Assistant Director (Research) er zu diesem Zeitpunkt war, verfaßte. Alle Zitate, die den 12 Punkten gewidmet sind, sind dieser Untersuchung entnommen.

3 Towards a Constellation of States in Southern Africa, publ. by the Information Service of South Africa, Pretoria 1980

4 Kenneth W. Grundy, The Rise ..., a. a. O., S. 27

5 Aus der Rede des südafrikanischen Regierungschefs P. W. Botha am 16. März 1984 bei der Unterzeichnung des Nkomati-Abkommens, Archiv Razumovsky

6 Eine Aufstellung der Überfälle, aber auch weiterer destabilisierender Grenzübergriffe der SADF auf direkte oder mittelbare Nachbarländer (wie Angola oder Zambia) gibt das Informationshandbuch S. A. Barometer in Band 1, Nr. 4 vom 24. April 1987 und jeweils zu den betreffenden Daten.

7 ZDF-Dokumentationsfilm am 23. November 1988

8 S. A. Barometer, vol. 2, Nr. 7, 22. April 1988 und folgende Nummern, jeweils zu den entsprechenden Daten.

9 Diese Zahlen wurden vom Londoner Institut für Strategische Studien veröffentlicht und geben die gewöhnlich vorsichtigen Schätzungen dieser international angesehenen Institution wieder.

10 *The Citizen*, 4. September 1985

11 *Business Day*, 26. Juli 1989

12 UN-Resolution 181

13 UN-Resolution 182

14 Listen der an Südafrika gelieferten Waffen erschienen alljährlich in den Berichten »The Military Balance« des Londoner »Institute for Strategic Studies« sowie im jährlichen »Yearbook of World Armaments and Disarmament« des »Stockholm International Peace Research Institute« (SIPRI), Uppsala

15 *Der Spiegel*, 23. Januar 1989, S. 19

16 Abdul S. Minty, South Africa's Military Build-up: The Region at

War, in: Destructive Engagement, Southern Africa at War, Harare 1986

[17] Siehe Ronald W. Walters, U.S. Policy and Nuclear Proliferation in South Africa, in: Western Massachusetts Association of Concerned African Scholars, eds., U.S. Military Involvement in Southern Africa, Boston 1978, S. 172 ff.; Dan Smith, South Africa's Nuclear Capability, in: World Campaign Against Military and Nuclear Collaboration with South Africa, Oslo 1980, S. 8; Richard Leonard, South Africa at War, Johannesburg 1985, S. 145 f.

[18] Vgl. *Hannoversche Allgemeine Zeitung*, 29. Oktober 1987; Abdul S. Minty, South Africa's Military Build-up..., a. a. O., S. 205 ff.

[19] Siehe *Der Spiegel*, 23. Januar 1989, S. 25

[20] *Business Day*, 15. Oktober 1987

[21] Von den »Advanced Nuclear Fuels« (ANF) in Richmond, Washington

[22] Die Waffe wurde von der VOEST unter der Bezeichnung GHN-45 (Gun Howitzer Noricum) unter Umgehung der österreichischen Ausfuhrbestimmungen 1985 an die kriegführenden Golfstaaten Iran und Irak geliefert.

[23] Richard Leonard, a. a. O., S. 134 und S. 141

[24] Leonard führt eine BBC-Fernsehsendung im November 1978, eine Bostoner Fernsehsendung vom Januar 1979 und eine Artikelserie in der *Burlington Free Press* (Vermont) 1979/80 an. Eine Zusammenstellung der bekannten Fakten besorgte James Cason für den »Africa Fund«, New York 1981

[25] S. A. Barometer, vol. 2, Nr. 14, 29. Juli 1988 und ebenda, vol. 2, Nr. 1, 29. Januar 1988

[26] *The Sunday Telegraph*, 14. August 1988

[27] *Newsweek*, 6. November 1989, S. 23

Botswana

[1] C. P. Potholm und R. Dale, Southern Africa in Perspective, S. 107, zitiert nach J. S. M. Matsebula, A History of Swaziland, Cape Town 1976/80, S. 184

[2] Siehe Gavin G. Maasdorp, Transport Policies... a. a. O., Kapitel 3 und die von ihm angegebene Fachliteratur

[3] *Rand Daily Mail*, 11. Mai 1984

[4] *The Herald*, 1. Januar 1985

[5] Der südafrikanische Journalist und Autor J. H. P. Serfontein hat die schönsten Fehlleistungen Bothas damals gesammelt und verschiedentlich publiziert.

[6] Vgl. Joachim Jeske in: Hofmeier/Schönborn, Politisches Lexikon Afrika, München 1988, S. 53

[7] Siehe *FAZ*, 30. August, 3., 5., 6., 9., 17. September und 3. Oktober 1977

[8] Auf seiner sechswöchigen Afrikareise Anfang 1960 sprach der britische Premierminister Harold Macmillan wiederholt von den »winds of change blowing through Africa«, zum ersten Mal auf einem Festbankett zu seinen Ehren in Accra, Ghana, am 9. Januar; doch erst in Kapstadt, am Ende seiner Reise, wurde die volle Bedeutung dieser Worte verstanden.

[9] Rok Ajulu & Diana Cammack, Lesotho, Botswana, Swaziland: Captive States, in: Destructive Engagement ... a. a. O., S. 155

[10] Africa Research Bulletin, Exeter 1979, vol. 16, Nr. 6, S. 5154 f.

[11] *Citizen*, 16. Februar 1978

[12] *Citizen*, 3. September 1984

[13] *The Star*, 7. September 1984

[14] *Rand Daily Mail*, 11. September 1984

[15] File Nr. A37/3/2, Route 260

[16] Telex der SAP Public Relations Division als Antwort auf eine Reihe von Fragen des *Rand Daily Mail* an den Polizeikommissar General Coetzee, RDM, 5. November 1984

[17] *Business Day*, 7. Januar 1986

[18] *The Herald*, 14. Februar 1986

[19] *International Herald Tribune*, 11. Februar 1987

Lesotho

[1] Pieter W. Botha, Südafrika – Perspektiven für die Zukunft, in: Südafrika – Krise und Entscheidung – Band II, Bayerische Landeszentrale für politische Bildungsarbeit, München 1987, S. 18

[2] Kenneth W. Grundy, a. a. O., S. 26

[3] Pieter W. Botha, a. a. O., S. 19

[4] Das Abkommen mit Transkei wurde in der *Government Gazette*, vol. 136, Nr. 5320, am 22. Oktober 1976, das mit Bophuthatswana

in der *Government Gazette,* vol. 150, Nr. 5923, am 6. Dezember 1977, das mit Venda in: »Homeland« Tragedy: function and farce (Johannesburg: SARS/DAG Information Publication), am 6. August 1982 und das mit Ciskei in der *Government Gazette,* vol. 203, Nr. 8204, am 14. Mai 1982 veröffentlicht.

5 Vgl. Dorothea Razumovsky, Afrika den Afrikaanern, *Merkur,* Heft 7, Stuttgart 1984

6 *Die Transvaler,* 5. März 1984

7 Bei einer Pressekonferenz in Pretoria am 8. Mai 1984

8 *Die Beeld,* 5. Juli 1983

9 *Die Vaderland,* 29. Juli 1983

10 Robert Legvold, The Soviet threat to Southern Africa, ein Referat bei der Konferenz »South Africa and its Neighbours: Policy Questions for the 1980's«, gehalten im Hilton, Natal vom 17. bis 20. Januar 1984, veröffentlicht im *International Affairs Bulletin,* vol. 8, Nr. 1, 1984 des South African Institute of International Affairs (SAIIA), Johannesburg

11 Winrich Kühne, Working Paper: A »new realism« in soviet-south african relations? An Analysis of Development since 1986, Stiftung Wissenschaft und Politik (SWP)-LN 2558/English version, Fo. Pl. IV. 3h/88, July 1988

12 AL Bulletin vol. 26, Nr. 3, Pretoria 1986

13 *The Star,* 19. November 1986

14 Lesotho: Problems continue, *AIC* (Africa International Communications)-*Bulletin,* Nr. 8, März 1987

15 Diesen Begriff gebrauchte die *Süddeutsche Zeitung* am 6. August 1988

16 Winrich Kühne, a. a. O., S. 6

17 *Weekend Argus,* 9. April 1988

Swaziland

1 Philip Bonner, Kings, Commoners and Concessionaires, The evolution and dissolution of the nineteenth-century Swazi state, Cambridge 1983, S. 217

2 Vgl. Dorothea Razumovsky in: Südafrika – Krise und Entscheidung, a. a. O., S. 56 f.

3 Philip Bonner, Kings ..., a. a. O., S. 220

[4] Zitiert nach Bonner, S. 201
[5] Philip Bonner, Kings ..., a. a. O., S. 223
[6] Zitiert nach J. S. M. Matsebula, A History of Swaziland, Cape Town, 1972/1980, S. 139
[7] Swaziland Government Archives
[8] Robert H. Davies, Dan O'Meara, Sipho Dlamini, The Kingdom of Swaziland – A Profile, London 1985, S. 6
[9] Hofmeier/Schönborn, Politisches Lexikon Afrika, a. a. O., S. 378
[10] Deon Geldenhuys, Some Strategic Implications of Regional Economic Relationships for the Republik of South Africa, in: Strategic Review, Institute for Strategic Studies, University of Pretoria, 1981
[11] *Hannoversche Allgemeine Zeitung,* 30. Juli 1982
[12] *Rand Daily Mail,* 24. August 1982
[13] *The Times of Swaziland,* 11. Februar 1983
[14] *Sunday Tribune,* 27. März 1983; fast gleichlautend schrieben *Rand Daily Mail* und *The Star* jeweils am 23. März 1983
[15] *Rand Daily Mail,* 29. März 1983, und *Sunday Tribune,* 29. Mai 1983
[16] Archiv Razumovsky; veröffentlicht wurde das Dokument als Faksimile in: Destructive Engagement ..., a. a. O., als Appendix 4, S. 332 ff.
[17] *Rand Daily Mail,* 23. März 1984
[18] *Sunday Tribune* (Durban), 10. Juni 1984
[19] Am 15. Juni 1984

Moçambique

[1] *International Herald Tribune,* 25. November 1987
[2] Bob Woodward, Geheimcode Veil ... a. a. O., S. 371 und S. 518
[3] *Washington Post Service* (IHT), 13. Januar 1989
[4] *Frankfurter Allgemeine Zeitung,* 19. Januar 1989
[5] *Der Spiegel,* Nr. 1/1984, S. 28 ff. und Mosambik-Rundbrief, Nr. 16, 1989, S. 12 ff.
[6] Zu Kaltefleiters Veröffentlichungen gehören Titel wie »Geheimhaltung und Öffentlichkeit in der Außenpolitik« (1974) oder »The Failure of Western Political Strategy (Towards a Grand Strategy for Global Freedom)« (1981)

[7] *Weekly Mail,* 11. Dezember 1987, *New African,* Februar 1988 und *Parade,* Februar 1988. Die Verfasserin interviewte Derek und Trish Hanekom Mitte März 1988 in Harare
[8] *Der Spiegel,* ebenda
[9] *New African,* Februar 1988
[10] David Martin und Phyllis Johnson, Mozambique: To Nkomati and Beyond, in: Destructive Engagement, a. a. O., S. 32
[11] *The Star,* 14. April 1984
[12] Ebenda
[13] *The Star,* 27. April 1984
[14] *The Citizen* (Sapa-AP), 30. April 1984
[15] *Sunday Star,* 17. März 1984
[16] Mosambik-Rundbrief/A, Nr. 16, 1989, S. 14
[17] *The Star,* 14. Juni 1984, s. auch *Der Tagesspiegel,* 1. Juli 1984 u. a.
[18] Vgl. Phyllis Johnson und David Martin in: Mozambique: To Nkomati and Beyond, a. a. O., S. 34
[19] AP und dpa, 21. März 1985
[20] *Financial Mail,* 30. November 1984
[21] Mitschrift Razumovsky
[22] S. auch *Rand Daily Mail,* 2. November 1984
[23] *Financial Mail,* 30. November 1984
[24] The Cahora Bassa Agreement, publ. by the Department of Foreign Affairs, Pretoria, Juli 1984, S. 4
[25] Laut *Frankfurter Allgemeine Zeitung* vom 14. September 1988 bisher eine Milliarde DM
[26] The Cahora Bassa Agreement, a. a. O., S. 6
[27] *The Star,* 14. Juni 1984
[28] *Die Welt,* 6. Januar 1989
[29] *Frankfurter Allgemeine Zeitung,* 27. Januar 1988
[30] Dies meldete Sapa-Reuter am 11. März aus Lusaka
[31] *International Herald Tribune,* 20. September 1985
[32] *The Star,* 2. Oktober 1985
[33] *Business Day,* 2. Oktober 1985
[34] *Beeld,* 2. Oktober 1985
[35] *Business Day,* ebenda
[36] *Business Day,* 4. November 1986
[37] Die Amerikaner Robert Pear und James Brooke sind Anfang 1988 (für die *New York Times*) diesen Spuren nachgegangen. Die Doku-

mentation der »European Conference Against South African Aggresion on Mozambique and Angola« (ECASAAMA), die vom 8. bis zum 10. Dezember 1988 in Bonn stattfand, hat in Anhang IV eine Liste aller bekannten Privatpersonen und Organisationen, die in den USA die RNM unterstützten, zusammengestellt.

[38] Die Welt machte offenbar von diesem Angebot Gebrauch.

[39] Der 8-Minuten-Beitrag wurde am 14. Dezember 1988 im Zeitfunk des Deutschlandfunks gesendet; das Manuskript ist auf den 8. 12. 1988 datiert.

[40] Der Gesetzestext im Wortlaut: (1) Wer eine Vereinigung gründet, deren Zweck oder deren Tätigkeit darauf gerichtet sind,

1. Mord, Totschlag oder Völkermord (§§ 211, 212 oder 220a),
2. Straftaten gegen die persönliche Freiheit in den Fällen des § 239a oder des § 239b oder
3. Straftaten nach § 305a oder gemeingefährliche Straftaten in den Fällen der §§ 306 bis 308, 310b Abs. 1, des § 311 Abs. 1, des § 311a Abs. 1, der §§ 312, 315 Abs. 1, des § 316b Abs. 1, des § 316c Abs. 1 oder des § 319

zu begehen, oder wer sich an einer solchen Vereinigung als Mitglied beteiligt, wird mit Freiheitsstrafe von einem Jahr bis zu zehn Jahren bestraft.

(2) Gehört der Täter zu den Rädelsführern oder Hintermännern, so ist auf Freiheitsstrafe nicht unter drei Jahren zu erkennen.

(3) Wer eine in Absatz 1 bezeichnete Vereinigung unterstützt oder für sie wirbt, wird mit Freiheitsstrafe von sechs Monaten bis zu fünf Jahren bestraft.

(4) Das Gericht kann bei Beteiligten, deren Schuld gering und deren Mitwirkung von untergeordneter Bedeutung ist, in den Fällen der Absätze 1 und 3 die Strafe nach seinem Ermessen (§ 49 Abs. 2) mildern.

(5) § 129 Abs. 6 gilt entsprechend.

(6) Neben einer Freiheitsstrafe von mindestens sechs Monaten kann das Gericht die Fähigkeit, öffentliche Ämter zu bekleiden, und die Fähigkeit, Rechte aus öffentlichen Wahlen zu erlangen, aberkennen (§ 45 Abs. 2).

(7) In den Fällen der Absätze 1 und 2 kann das Gericht Führungsaufsicht anordnen (§ 68 Abs. 1).

[41] Monat April 1989, Arbeitsnummer 220

[42] Drucksachen 11/4925 und 11/4970
[43] *Africa Confidential,* vol. 30, Nr. 14, 7. Juli 1989
[44] Im September 1988
[45] S. steht für September und R. für Richter
[46] ZDF, 23. November 1988
[47] Über Richter, einen etwa 50jährigen, grauhaarigen, relativ kleinen Mann, berichtete auch das ZDF.
[48] Mosambik-Rundbrief Nr. 16, 1989
[49] *Der Spiegel,* Nr. 1/1984, S. 28 f.
[50] *Financial Mail,* 18. Januar 1985
[51] *Financial Mail,* 30. November 1984, s. auch *Sunday Star,* 25. November 1984 u. a.
[52] *Kölner Stadt-Anzeiger,* 18. Januar 1988
[53] *Stern* Nr. 5/88, 28. Januar 1988, S. 191
[54] dpa-Meldung vom 27. Januar 1988
[55] Franz Josef Strauß, Die Erinnerungen, Berlin 1989, S. 525
[56] Vgl. *General-Anzeiger,* Bonn, 16. November 1987
[57] *Frankfurter Allgemeine Zeitung,* 27. Januar 1988
[58] Franz Josef Strauß, a. a. O.
[59] Am 28. November 1988 traf, von Durban kommend, eine erste Schiffsladung nichtkriegerischen, für Cahora Bassa bestimmten Materials im Hafen von Beira ein.
[60] *The Independent,* 3. Mai 1988 und *Weekly Mail,* 13. Mai 1988
[61] *Frankfurter Allgemeine Zeitung,* 14. September 1988
[62] Ebenda
[63] *Business Day,* 1. Juli 1987
[64] *Hannoversche Allgemeine Zeitung,* 27. September 1986 u. a.
[65] Minister Botha legte das Protokoll im portugiesischen Original wie auch in einer vergröbernden englischen Übersetzung desselben vor – Archiv Razumovsky
[66] *Financial Mail,* 24. Oktober 1986
[67] *The Citizen,* 9. Oktober 1986
[68] Work in Progress (WIP), Nr. 45/86
[69] Report of the Board of Inquiry into the Accident to Tupolev 134 A-3 Aircraft C9-CAA on 9th October 1986, Pretoria 1987 (Part I)
[70] Report Part II: Comments by the Mozambique and Soviet Delegations on the Draft Final Report and the Board's Reply thereto, Pretoria 1987

Namibia

Für dieses Kapitel wurde folgende Literatur verwendet:

J. H. P. Serfontein, Namibia? Randburg (Johannesburg) 1976

Gerhard Tötemeyer, South West Africa/Namibia, Facts, attitudes, assessment and prospects, Randburg (Johannesburg) 1977

Gerhard Tötemeyer, Détente or Aggression? South Africa's Namibian Policy, SAIIA (South African Institute of International Affairs), Johannesburg, November 1985

South Africa International, Special Issue on South West Africa/Namibia, vol. 15, Nr. 3, Januar 1985 (Johannesburg)

David Soggot, Namibia, The Violent Heritage, London 1986

A. W. Singham & Shirley Hune, Namibian Independence: A Global Responsibility, Westport, Connecticut 1986

Peter Manning & Reginald H. Green, Namibia: Preparations for Destabilization, in: Destructive Engagement, Southern Africa at War, Harare 1986

Namibia Peace Plan Study and Contact Group – (NPP 435), The Choice!, Namibia Peace Plan 435 or Society under Siege!, Windhoek 1986

1 Die Witwe Machels sprach während ihres Englandaufenthaltes Ende April/Anfang Mai 1988 vor dem Africa Centre und auf einem Empfang der »Ilea« in der County Hall in London. *The Guardian* berichtete am 11. Mai 1988 über beide Auftritte.

2 Dr. Dr. h. c. Heinrich Vedder, Das alte Südwestafrika – Südwestafrikas Geschichte bis zum Tode Mahareros 1890. Nach den besten schriftlichen und mündlichen Quellen erzählt, Berlin 1934, Windhoek 1985, S. 637 f.

3 Ebenda

4 Wortspiel von Andreas Graf Razumovsky in einem Bericht über das Bushmen-Lager »Omega« in der *FAZ*

5 Siehe Kapitel »Von Vorster bis de Klerk«

6 *Der Spiegel,* Nr. 1/1984

7 *Welt am Sonntag,* 5. August 1979

8 *Namibia Nachrichten,* 3. Oktober 1986

9 Angola, Äthiopien, Guinea, Guinea-Bissau, Kongo-Brazzaville, Madagaskar, Mali, Moçambique, Nigeria, Sao Tomé, Seychellen, Somalia, Uganda und Zambia

[10] So zum Beispiel auch Jürgen Todenhöfer bei seinem Gespräch mit *Welt am Sonntag*

[11] Er hatte diesen Posten von 1977 bis 1981 inne

[12] UN-Resolution 3111 vom 12. Dezember 1973

[13] Chester Crocker, South Africa: Strategy for Change, *Foreign Affairs*, Washington, Fall 1980, S. 325 f. Die sogenannten Crocker-Dokumente sind in Richard Leonard, South African at War, a. a. O., in vollem Wortlaut als Anhang veröffentlicht worden.

[14] Report of the International Conference in Support of the Struggle of the Namibian People for Independence, Paris, 25–29 April 1983, New York: United Nations 1983, A/Con. 120/13, S. 60

[15] So z. B. in *The New Nation* und in *Weekly Mail*, jeweils am 30. Juni 1988

[16] *The Washington Times*, 14. März 1988

[17] Franz Josef Strauß, a. a. O., S. 526 f.

[18] *The New York Times*, 25. August 1989

[19] *Frankfurter Allgemeine Zeitung*, 26. April 1988

[20] *Africa South*. Vol. 3, Nr. 1, Oktober–Dezember 1958, S. 7

[21] *Leadership*, Vol. 8, Nr. 3, Mai 1989

[22] *International Herald Tribune*, 8./9. April 1989

[23] *Der Spiegel*, Nr. 15, 10. April 1989

[24] *Frankfurter Allgemeine Zeitung*, 11. April 1989

[25] SWAPO of Namibia, Information & Comments, Namibia's Economic Prospects brighten up. An economic-policy-position-document of the Political Bureau of the Central Committee of SWAPO, 28. November 1988, Luanda, People's Republic of Angola

[26] *Frankfurter Allgemeine Zeitung*, 27. April 1984

[27] *Der Spiegel*, Nr. 15, 10. April 1989, S. 175

[28] Drucksachen 11/3934, 3996 und 4039

[29] Deutscher Bundestag, Stenographischer Bericht, 129. Sitzung, Bonn, Freitag, 24. Februar 1989, Plenarprotokoll 11/129

Die Vereinigten Staaten von Südafrika

[1] Rede des Staatsministers im Auswärtigen Amt, Helmut Schäfer, zum Thema »Politische Rahmenbedingungen für die Zukunft Europas« am 10. September 1988 auf einer Tagung des Politischen Clubs Berlin in Moskau

[2] *Frankfurter Allgemeine Zeitung,* 26. September 1989

[3] per saldo, 30. 9. 89 »Woche der Welthungerhilfe – die EG verhandelt das 4. Lomé-Abkommen« von Franz Lindemair, SWF Baden-Baden

[4] Wolfgang Schoeller, Mosambik – Struktur und Krise einer Dienstleistungs-Ökonomie im südlichen Afrika, in: Afrika-Spectrum, 16. Jg. H. 3, 1981 und bei einem Vortrag am 23. September 1989 an der Ev. Akademie Iserlohn, Mitschrift Razumovsky

[5] *Hannoversche Allgemeine Zeitung,* 30./31. August 1986

[6] Clem Sunter, The World and South Africa in the 1990s, Kapstadt 1987

[7] *International Herald Tribune,* 29. August 1989

[8] *International Herald Tribune,* 13./14. Mai 1989

[9] *Frankfurter Allgemeine Zeitung,* 16. Juni 1982

[10] *Rapport,* 1. Oktober 1989

[11] *New York Times,* 21./22. Oktober 1989

[12] *New York Times,* 8. Februar 1989

[13] Arthur Keppel-Jones, Rhodes and Rhodesia, The White Conquest of Zimbabwe 1884–1902, Pietermaritzburg 1983, S. 384

[14] Sarah Gertrude Millin, Rhodes, London 1933, S. 63 f.

[15] vgl. The Associated Press (AP), Meldung vom 11. Oktober 1989

[16] *Der Spiegel* 49/1989, S. 197

[17] Der Text der Rede R. F. Bothas wurde von der südafrikanischen Botschaft in Bonn verteilt.

[18] Neil van Heerden im Gespräch mit *leadership,* vol. 8, Nr. 1, März 1989

[19] *Frankfurter Allgemeine Zeitung,* 17. Oktober 1989

[20] Joseph Hanlon, Beggar Your Neighbours, Apartheid Power in Southern Africa, London 1987, S. 269

[21] *Afrika-Post,* Nr. 9/1988

[22] *Frankfurter Allgemeine Zeitung,* 15. August 1988

[23] ESKOM-Anzeige in der International Herald Tribune, 18. Oktober 1989

[24] Alfred Kerr, Die Diktatur des Hausknechts und Melodien, Bibliothek der verbrannten Bücher, Frankfurt 1983, S. 49 ff.

Namenregister

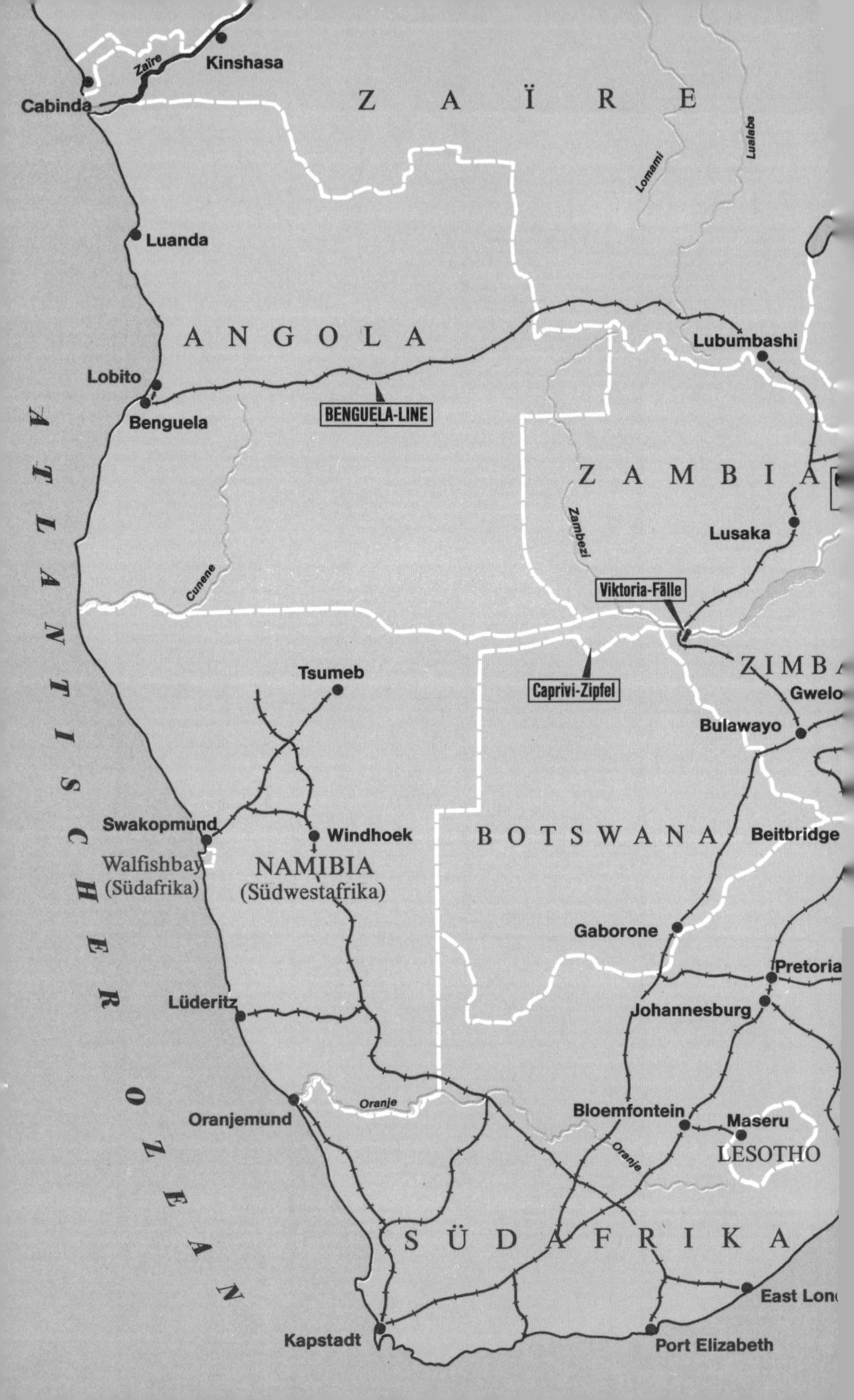
Kinshasa
Zaïre
Cabinda
Z A Ï R E
Lomami
Lualaba
Luanda
A N G O L A
Lobito
Benguela
BENGUELA-LINE
Lubumbashi
Z A M B I A
Zambezi
Lusaka
Viktoria-Fälle
Cunene
Tsumeb
Caprivi-Zipfel
Gwelo
Bulawayo
Swakopmund
Windhoek
Walfishbay
(Südafrika)
NAMIBIA
(Südwestafrika)
B O T S W A N A
Beitbridge
Gaborone
Pretoria
Johannesburg
Lüderitz
Oranje
Oranjemund
Bloemfontein
Maseru
LESOTHO
S Ü D A F R I K A
Kapstadt
Port Elizabeth
A T L A N T I S C H E R   O Z E A N